国家社科基金项目"知识传播与学术转型：中华学艺社研究"
(12CZS041)结项成果
河北大学历史学强势特色学科基金资助成果
河北大学中国史"双一流"建设资助成果

知识传播与学术转型：
中华学艺社研究

范铁权 著

人民出版社

《河北大学历史学丛书》出版缘起

　　河北大学的前身，是成立于 1921 年的天津工商大学，后改称天津工商学院、津沽大学、天津师范学院、天津师范大学。1960年定名为河北大学，1970 年从天津迁至古城保定。河北大学的历史学科，创建于 1945 年天津工商学院的史地系，侯仁之院士出任首届系主任。聘请齐思和教授讲授中国通史，1946 年 9 月至 1948年先后由方豪、王华隆任系主任。1949 年 1 月天津解放，钱君晔任系主任。1952 年王仁忱出任系主任。1953 年史地系分为历史系和地理系。在 20 世纪 50—60 年代，河北大学历史学科以拥有漆侠、李光璧、钱君晔、傅尚文、周庆基、乔明顺、葛鼎华等史学专家，与北京大学、南开大学等创办《历史教学》杂志而著称于世。改革开放以来，河北大学历史学科再创佳绩，获得全国第二批、河北省第一个博士点，建成全国宋史界唯一的教育部"省属高校人文社会科学重点研究基地"。中国宋史研究会秘书处挂靠于此，并负责编辑出版《宋史研究通讯》。2005 年以来，又获得中国近现代史博士点，历史学一级学科博士点，建成历史学博士后科研流动站，河北大学历史学科被评定为河北省强势特色学科，2009 年 1 月河北大学历史学院成立，本学科获得空前大的支持力度，迎来更新更好的发展机遇。2011 年全国学科调整后，中国史成为一级学科博士点，世界史、考古学成为一级学科硕士点，另有中国史博士后科研流动站。宋史研究中心和历史学院的关系是"各自独立，资源共享，密切合作，共建历史学科"；目前共有教职员工 60 余人,下设"三系七所"等教学研究机构。在继续编印《宋史研究论丛》(CSSCI 来源集刊)和《宋史研究丛书》的同时,我们决定隆重推出《河北大学历史学丛书》。该丛书编委会成员除河北大学历史学强势特色学科建设领导小组外,主要有:郭东旭、刘敬忠、郑志廷、汪圣铎、张家唐、闫孟祥、刘秋根、刘金柱、吕变庭、杨学新、雷戈、肖爱民、肖红松等先生。

研究历史,教书育人,奉献社会,是我们的天职。

不吝赐教,日新月进,臻于完善,是我们的期待。

最后,衷心感谢各级领导和各位专家对本学科的长期厚爱和支持。特别鸣谢人民出版社对《河北大学历史学丛书》的鼎力襄助。

教育部省属高校人文社会科学重点研究基地
河北大学宋史研究中心
河北大学历史学院
河北大学历史学强势特色学科建设领导小组
组长:姜锡东
成员:王菱菱、范铁权、丁建军

目 录

CONTENTS

绪　论

一、论题缘起

近代中国对西学的接触，或源于联翩至华的欧美传教士，或来自开明的晚清士人，当然亦少不了日本这一路径。1895年甲午战争中清政府的失败和《马关条约》的签订，无疑对国人的心理构成了猛烈的冲击。梁启超曾总结道："吾国四千余年大梦之唤醒，实自甲午战败割台湾偿二百兆以后始也"①。十年后，科举制被彻底废除，其产生的影响更为深巨。而最直接的影响是，传统士人多年孜孜矻矻的入仕之途被切断，彷徨无依，俨然伫立于十字路口，不得不对个人之前路进行重新思考。在清政府的引导下，许多士人选择赴日留学，1905—1906年间留学日本一度成为"热潮"。这股热潮，持续到辛亥革命爆发才略有降温。对他们中的许多人而言，或许赴日留学是改变自身命运的无奈之举，并非顺意而为之，但他们归国后参与民国的社会建构，一些人还成为书写民国历史不可忽视的要角。

国内政局动荡，兼之一些日本人对他们的歧视或侮辱，在日本的许多中国留学生无法静心读书，日日忙于祖国的救亡图存，或组建社团，或创办发行报刊，或投身其他爱国活动，奔波往返于中日之间，学业时断时续，有的则半途而废。黄尊三就曾在其《留学日记》中感慨道："近顷朋友往来，几无虚日，时间半耗于应酬，殊觉可惜，然此几成为留学界之风气"②。"应酬"风气之形成、社团组织的大量涌现，无疑与留学生的"合

---

① 梁启超：《戊戌政变记》，中华书局1954年版，第1页。
② 黄尊三：《留学日记》，湖南印书馆1933年版，第67页。

群"观念大有关联。留日生组建的社团组织，从性质上来看涵盖政治、教育、艺术、学术诸方面，反映出留日学生志趣之广泛。在众多的社团当中，丙辰学社（后改为中华学艺社）最具代表性。

丙辰学社诞生于1916年，由陈启修、周昌寿、郑贞文等47位留日学生在日本东京发起创建，以"研究真理、昌明学艺、交换知识、促进文化"为宗旨，因当年系中国旧历之丙辰年，遂命名为丙辰学社。就知识背景而言，早期入社社员大都具有留学日本的经历。也正是这一知识背景，构成了社员聚合的基础。日本时期的丙辰学社开展活动不多，同人创刊的《学艺》仅出版了4期，其间因经费短绌及部分社员毕业归国，社务几难以为继。1918年中日关系一再紧张，许多留日生罢学归国，导致丙辰学社陷于停顿状态。1920年，在陈承泽、郑贞文等骨干社员的居间联系下，丙辰学社迁回上海，租借闸北区顺泰里18号建立总事务所，由商务印书馆接手出版学社的《学艺》杂志及其他书籍。1923年，丙辰学社进行改组，根据新社章易名为中华学艺社，组织机构不断完善。除《学艺》杂志继续出版外，中华学艺社还编纂丛书、定期召开年会、举行演讲、成立图书馆、开办学艺大学和学艺中学、组建研究机构，等等，各项活动开展得有声有色。

随着社会影响的不断扩大，申请入社者逐年增多，中华学艺社社员成分也越来越庞杂，而这恰恰给社团的发展埋下了一定的隐患。1931年九一八事变爆发，日本侵华战略开始逐步实施，中日关系因之日趋紧张。1932年，日本在上海策划了一·二八事变，日军进入上海肆意破坏，炸毁了商务印书馆及东方图书馆，令中华学艺社的一些出版物和藏书付之一炬，损失极为惨巨。1933年，中华学艺社迁入位于上海法租界的新社所（今绍兴路7号），在相对安稳的环境下开展了一系列的活动，迎来了短暂的辉煌。无奈1937年7月抗日战争的全面爆发，彻底打断了中华学艺社的发展步伐。八一三事变后，中华学艺社已无法在上海立足，理事会决议内迁西部。因重要文件和图章遗失在寄往重庆途中，中华学艺社社务被迫再度陷于停顿，仅有个别分社勉强维持。战争倥偬，广大社员四处迁徙，饱尝颠簸劳顿之苦。中华学艺社的"留日背景"，令社团之地位颇为尴尬，而社员中出现的"汉奸"离心离德，令原本就苦恼万分的学艺社同人倍感颜面受损。直到 1944 年，中华学艺社才经国民政府社会部立案，正式在重庆恢复。抗战胜利后，中华学艺社复原回到上海，星散于各地的社员们再度聚合到一起，又有新社员陆续加入。中华学艺社协助政府接收日本在台湾的文化事业，成立日本研究委员会，以其"日本优势"开展日本问题研究，并组织学术讨论会、编辑出版《日本研究资料》，等等。中华人民共和国成立后，中华学艺社与其他学术团体经过整顿后，投身社会主义建设，直至 1958 年宣告解体，退出历史的舞台。作为民国时期影响较大的一个综合性民间学术团体，中华学艺社尝试沟通科学与人文，在进行知识传播的同时，致力于中国科学的体制化，积极开展学术交流，在中国现代学术史上留下了浓墨重彩的一笔。

以《学艺》等刊物为舆论阵地，中华学艺社在知识传播和学术转型方面多有建树，既迅捷、有力地传播了西方文化，也为民国的学术转型提供了可资借鉴的经验。中华学艺社在知识传播中采用的各种媒介（渠道）颇具特色，效果堪称显著，既促成了科学知识的广泛传播，也扩大了学社的社会影响。进而，中华学艺社重视开展学术研究，其对待欧美文化、日本文化也有着自己鲜明的立场和独到的见解，中国科学体制化的形成离不开该社数十年的大胆探索与实践。在对待传统的问题上，中华学艺社注重发掘中国古代的科学思想和科学方法，体现出既反省又衔接的立场。中华学艺社积极辑印古书，实现了对中国传统文化的保护。在沟通中西学术方面，郑贞文、王兆荣、周昌寿等中华学艺社的重要人物作出了重要贡献，其活动和历史贡献隐而不彰，有必要得到全面展现。

以往对中华学艺社的研究并不丰富，且多围绕该社的主要活动或某一方面的具体作为入手，以揭示其在中国现代科学史上的地位和作用。此前对民国学术史的研究，从学术思想和学术制度等方面致力者多，且集中在欧美留学群体的贡献上，对留日学生群体的研究、关注相对较少。本书通过对中华学艺社的研究，彰显留日群体在知识传播和学术建构中的作为，厘清民国学术转型与日本学术文化之关系，以期呈现民国学术转型的多重样貌。以留日学生为主体的中华学艺社遭逢变动不居的政局及坎坷的中日关系，却维持了近半个世纪之久，其长期生存之原因亦值得系统探讨。中华学艺社的兴衰历程，为近代中国学术社团发展的一个缩影。笔者在前人研究的基础上，尝试从一个知识群体的生成、发展、衰亡的角度，考察中华学艺社这一知识群体的聚合经过，其内部人员的具体情况以及社团通过各种活动扩展自身空间的努力，进而展示这一知识群体在近代中国的历史境遇和最终命运。通过中华学艺社这一个案，还可大体窥见民间学术力量的兴起与国家主导学术之关系。

当今中国正处于转型时期，加强文化建设已成为国家的一项重要政策，如何在传承中华传统文化的基础上推进中华文化的大繁荣，也就成为政府和社会各界积极探索的一个重要问题。新时代怎样进一步发挥民间学术社团的职能，为推动中国学术的发展作出更大的贡献？中华学艺社的知识传播，其在处理中国传统与西方学术、民间组织与政府之关系等方面留下的经验与教训，可为我们提供一定的借鉴与启迪。

二、学术史回顾

留学史，自 20 世纪 80 年代以来逐渐成为学界关注的一个重要研究课题，研究成果层出不穷，李喜所、王晓秋、周棉、王奇生、黄新宪及日本学者石藤惠秀等均出版了相关论著，这里不再一一列举。① 最近几年来，留学史研究略显"冷寂"，似乎进入了瓶颈期，亟待突破。以往研究，多集中在两个方面：一是就留学生的历史和现状进行整体考察，二是分阶段、国别、专业、个人具体论述留学生与中国社会变迁之关系。

留学生社团也得到一些学者的关注，如对留美生社团——中国科学社的研究成果十分丰富，已出版专著 4 部，发表论文 40 余篇，大陆以樊洪业、张剑、冒荣等的研究为代表，港台及海外学人郭正昭、陈胜崑等的研究成果亦颇为突出。相对而言，对中华学艺社的研究还较为薄弱。有关留学史和专门以留日学生为研究主题的著作，涉及中华学艺社时多语焉不详，或未予提及。董光璧、段治文等有关科技史的著作中或多或少提及中华学艺社，因不是论述的重点，故均未予以系统研究。截至目前，以"中华学艺社"为题的直接研究，仅有 10 余篇论文，如邓牛顿《郭老与"中

① 具体可参见拙著《近代科学社团与中国的公共卫生事业》（人民出版社 2013 年版）绪论部分。

华学艺社"》、杨震方《中华学艺图书馆简记》、范岱年《一个曾致力于人文与科学交融的学术团体及其刊物——中华学艺社和〈学艺〉杂志的兴衰》、张培富等《中华学艺社社员时空分布探析》、李超《中华学艺社与中国现代美术传播》、齐振英《留日学生与中华学艺社的科学文化传播实践》、潘吉玲《中華学芸社の設立：革命から学術救国へ：中国の近代的学術団体草創の一断面》、[日]横井和彦等《民国初期における帰国留学生のパフォーマンスからみた留学生政策の効果（上、下）：中国科学社と中華学芸社の比較を中心として》等。

范岱年《一个曾致力于人文与科学交融的学术团体及其刊物——中华学艺社和〈学艺〉杂志的兴衰》将中华学艺社的发展历程分为五个阶段，逐一考察了各阶段社团所开展的活动，特别是在知识传播方面的突出成绩。[①] 张培富等就中华学艺社吸收社员方式、社员人数、社员情况（籍贯、学科、学历层次等）进行了分析。[②] 徐锋华《中华学艺社与近现代上海的文化传播》爬梳上海市档案馆所藏档案及相关资料，对中华学艺社的创立和结束始末、人员和组织机构、主要事业和活动进行考察，认为其"在不同程度上开启了民智，对上海地区的科学普及和文化传播贡献良多"。[③] 李超在文章中指出，中华学艺社为中国早期开展美术活动提供会场，而且也是相关艺术事件的原发地，其连接着相关的重要学术思想的传播和影响。中华学艺社作为一个重要的文化平台，成为中国近现代美术史研究和考察的重要焦点之一。[④] 柳和城利用上海图书馆藏《中华学艺社辑印古书》原书及其他原始资料，对中华学艺社辑印古书之始末进行了条分缕析，认为此举在中日文化交流史上的有着重要的意义。[⑤] 潘吉玲《中華学芸社の設立：革命から学術救国へ：中国の近代的学術団体草創の一断面》介绍了

① 《科学文化评论》2004 年第 3 期。
② 《科学技术哲学研究》2010 年第 2 期。
③ 上海市社会科学界联合会编：《中国哲学社会科学：自主创新》，上海人民出版社2012 年版。
④ 《中华学艺社与中国现代美术传播》，《美术研究》2009 年第 3 期。
⑤ 《一部不该遗忘的古籍丛书——〈中华学艺社辑印古书〉考》，《出版史料》2009 年第3 期。

中华学艺社初创时期的基本情况、主要活动；① 横井和彦、高明珠在其文章中着力考察了"五校特约留学""庚款留学"政策，并对中国科学社、中华学艺社的核心社员、主要业绩进行了比较②，对笔者颇有启发。

就笔者所见，目前以《中华学艺社研究》为题的硕士学位论文有四篇，即钱益民《中华学艺社研究（1916—1932）》（复旦大学，2001 年）、欧阳亮《中华学艺社研究》（华东师范大学，2004 年）、郭晓波《中华学艺社与中国科学的近代化》（河北大学，2008 年）、齐振英《中华学艺社史考及其科学社会学分析》（山西大学，2010 年）等。其中，钱益民论文分为五章：第一章介绍中华学艺社的沿革、组织与变迁；第二章借鉴"公共领域"理论探讨了商务印书馆与中华学艺社之关系、模式；第三章考察了中华学艺社在争取、经营和使用庚款过程中的具体事例；第四章对中华学艺社的活动进行了较为详尽的分析，涉及科普、出版、兴办教育、参加国际学术交流、制定标准化等方面；第五章探讨中华学艺社组合的社会学意义；结论部分总结了中华学艺社的作用和特点。钱文问世最早，对笔者的研究颇具启发意义。不过，该文的下限止于 1932 年，也就未能全面观照该社发展之全貌。欧阳亮论文对中华学艺社的考察，主要围绕该社发展历程、教育事业、出版事业、学术研究四方面展开。郭晓波论文聚焦中华学艺社的发展历程、组织机构、体制化等方面。齐振英论文分为三章，其中第二章借鉴科学社会学的理论，对中华学艺社群体的组织结构、社员分布进行了重点剖析。几篇硕士学位论文对中华学艺社抗战前的发展历程、主要活动进行了梳理，在研究的具体内容上各有侧重，惜限于篇幅，有些内

---

① 潘吉玲：《中華学芸社の設立：革命から学術救国へ：中国の近代的学術団体草創の一断面》，《アジア太平洋研究科論集》（27），2014—03。

② ［日］横井和彦、高明珠：《民国初期における帰国留学生のパフォーマンスからみた留学生政策の効果（上）：中国科学社と中華学芸社の比較を中心として》，《経済学論叢》66（4），2015—03；《民国初期における帰国留学生のパフォーマンスからみた留学生政策の効果（下）：中国科学社と中華学芸社の比較を中心として》，《経済学論叢》67（1），2015—07。值得一提的是，横井和彦、高明珠围绕"五校特约留学""庚款留学"政策发表了多篇文章，如《中国清末における留学生派遣政策の展開——日本の留学生派遣政策との比較をふまえて》（《経済学論叢》第64卷第1号）、《"五校特约留学"と"庚款留学"の比較研究——〈日本留学中華民国人名調〉と〈清華同学録〉にもとずく留学生群の特征の比較》（《経済学論叢》66卷第2号，2014—09）等。

容未能充分展开。另外，在资料的运用上，诸文均以《学艺》杂志为核心资料，辅以其他相关资料，但未能利用日本、上海等处收藏的有关中华学艺社的档案资料。另外，中华学艺社的另一重要出版物——《中华学艺社报》（1930—1951），上述论文或未予使用，或仅是寥寥数条，利用极不充分。

关于中华学艺社喉舌——《学艺》杂志的研究，姚远《〈学艺〉及其科学传播实践》一文认为，《学艺》站在了期刊科学传播的新高度，营造了人文社会科学与自然科学交融的新氛围，是"五四"前夕树起科学与民主大旗的主力之一，其创刊于日本，开拓了经由日本传播西学与从欧美传播西学的两种途径。[①] 白秀英等《〈学艺〉与量子论和相对论在中国的传播》认为，《学艺》首次在中国介绍引力透镜、黑洞概念，率先引入爱因斯坦的时空观，促进了国人对现代物理前沿的了解和研究，促使理论物理学作为一个独立学科分支在中国的兴起。[②] 徐苏斌《从〈学艺〉看近代留日学生传播信息的媒介作用》一文聚焦中华学艺社及其所办的《学艺》杂志，具体剖析其组织形成动机、成员构成、宣传活动，揭示中华学艺社在宣传新科学和传播信息中发挥的重要作用。同时分析了著名的建筑家、建筑教育家柳士英的代表作品中华学艺社大楼所受的外来影响[③]亢小玉、姚远《〈学艺〉和〈科学〉扶持华罗庚典型个案研究》一文提到，期刊通过大众传播所显示的另一种重要的社会功能——不仅可以识才还可以育才。华罗庚通过《学艺》和《科学》的推介，由金坛中学的庶务会计得以进入清华园，成为清华大学数学系的一名助教，正是源于清华大学数学系系主任熊庆来从期刊上看到了他发表的一篇论文。[④]

围绕中华学艺社发起人陈启修、郑贞文、吴永权等的研究，大多也提到了中华学艺社，但多是一笔带过，未能全面梳理其与中华学艺社的关

---

① 姚远：《〈学艺〉及其科学传播实践》，《西北大学学报》2009 年第 5 期。

② 白秀英、姚远、亢小玉：《〈学艺〉与量子论和相对论在中国的传播》，《西北大学学报》2010 年第 6 期。

③ 徐苏斌：《从〈学艺〉看近代留日学生传播信息的媒介作用》，见张复合主编《中国近代建筑研究与保护》（二），清华大学出版社 2001 年版。

④ 亢小玉、姚远：《〈学艺〉和〈科学〉扶持华罗庚典型个案研究》，《编辑学报》2009 年第 6 期。

系。关于陈启修的研究成果，有刘会军《陈豹隐传》（吉林大学出版社
2009 年版）、［日］芦田肇《陈启修在东京的文学活动》（《中国现代文学
研究丛刊》2007 年第 1 期）和《陈启修，东京におけるその文学の营为
——日本留学から北京大学教授に》（《东洋文化研究所纪要》第 141 册，
东京大学东洋文化研究所 2001 年版）、常裕如《著名经济学家陈豹隐的主
要学术活动与学术思想》（《财经科学》1982 年第 1 期）等。对吴永权的
研究成果有熊飞宇《吴永权君毅先生著译的钩玄提要》（《宜宾学院学报》
2012 年第 4 期）、吴天墀和杨正苞《献身政法教育的吴君毅先生》（《文史
杂志》1998 年第 5 期）等。关于郑贞文的研究成果有谢振声《郑贞文先生
与商务印书馆》（《编辑学刊》1989 年第 4 期）、王治浩等《一代学人郑贞
文》（《中国科技史料》1991 年第 3 期）等。其中，王敏、张培富《中国
近代科学文化体用问题的早期探索——以郑贞文与中华学艺社的科学文化
实践为例》一文通过历史比较法，将郑贞文个人生平置于两个时代背景之
下——中国的时代背景、东亚的时代背景，考察郑贞文在开创发展中国科
学文化事业过程中的大胆尝试。文章认为，郑贞文以其在日本丰富的留学
经历开创了我国近代科学团体科学文化的先河，并吸收了日本科学文化本
土化过程的经验教训，以中华学艺社及其刊物为阵地，致力于弥合科学与
人文之间的鸿沟，改变中国落后的社会局面。① 拙文《王兆荣与中华学艺
社》利用大量的原始材料，在简要介绍王兆荣生平事迹的基础上，对他与
中华学艺社的关系进行了全面考察。② 围绕周昌寿的研究，丁玉琴的硕士
学位论文《近代物理学家、教育家周昌寿》（首都师范大学，2014 年）、
王笑梅的硕士学位论文《周昌寿科学活动与科学精神探究》（东华大学，
2014 年）均提到了周氏在中华学艺社发展过程中发挥的重要作用。

不难看出，较前述中国科学社的研究成果而言，学界对中华学艺社的
研究还远远不足。以往学人对中华学艺社的考察，涉及其创立与发展历
程、组织机构、主要活动及历史功绩，惜受篇幅、资料等因素所限，很多

---

① 王敏、张培富：《中国近代科学文化体用问题的早期探索——以郑贞文与中华学艺社的科
学文化实践为例》，《自然辩证法研究》2015 年第 5 期。
② 范铁权、李倩倩：《王兆荣与中华学艺社》，《自然辩证法通讯》2014 年第 6 期。

还是"粗线条"的，待深挖、精耕之处尚多，在宏观和微观的具体细节上
存在诸多有待解开的"谜团"，而这正是笔者开展此项研究的出发点和努
力方向。

三、基本思路和方法

本书在既有研究的基础上，考察中华学艺社的发展变迁历程，阐述该
社在知识传播、学术转型、对传统科学的研究以及中日文化交流等方面的
历史作为，揭示该社在学术史上的地位。具体思路是，以历史学、知识社
会学、传播学等相关理论为指导，建构研究框架，对中华学艺社的创立与
发展历程、组织变迁做历时性考察，就中华学艺社在知识生产、场域拓
展、教育活动、学术研究做共时性解析，特别是对中华学艺社学术转型中
的努力做细致阐述，揭示中华学艺社与中国现代学术之关系，以得出结
论。中华学艺社历经北洋军阀、南京国民政府、抗日战争、解放战争、中
华人民共和国等几个时期，本书还将从国家与社会的关系角度进行分析，
揭示其与历届政府、组织机构以及日本学界之关联。

在史料的运用上，全书以报刊、原始档案为重点，辅以回忆录、文
集、日记等相关资料。近几年来，学界利用报刊、日记、文集等资料开展
了一些社团史研究，但目前对报刊的利用还很不充分，更罕有对原始档案
的利用。日本、上海相关机构收藏的有关中华学艺社的档案、上海图书馆
收藏的有关中华学艺社的原始报刊及其他原始资料，为笔者对这一课题的
深入研究创造了条件。

在研究方法上，本书以历史学为本位，充分借鉴知识社会学、传播
学、心理学等学科的相关知识与理论，注重实证分析，兼及与其他社团的
比较，从社会文化史的角度展开研究。在借鉴的诸理论当中，值得一提的
是布迪厄的"场域"理论和"社会与国家"理论。

（一）场域理论

布迪厄（Pierre Bourdieu）是海内外知名的法国社会学家，著有《实
践理论大纲》（1977）、《教育、社会和文化的再生产》（1990）、《语言与
符号权利》（1991）、《实践与反思：反思社会学导引》（1992）等书，在

海内外影响很大,而其场域理论近些年来为诸多学人参考借鉴。他提出的场域理论有三个最为核心的概念:场域、资本和惯习。他解释说:"在高度分化的社会里,社会世界是由大量具有相对自主性的社会小世界构成的,这些社会小世界就是具有自身逻辑和必然性的客观关系的空间。"① 这些相对自主的社会小世界,就是场域。在布迪厄看来,场域实质上指的是各种关系所构成的网络,是不同方位之间的关系所构成的客观组成。在这些网络的客观联系中,不同的场域之间都有支配其自行运作的逻辑。简单来说,就是指不同的个体或者共同体之间存在着客观联系,并且这些客观关系依照一定的规律支配着这些个体所构成的主体的运行。

在布迪厄的理论体系中,资本被分为三种形态,即经济资本、文化资本和社会资本。简言之,社会资本指的是个人或群体,凭借拥有一个比较稳定又在一定程度上制度化的相互交往、彼此熟识的关系网,从而积累起来的资源的总和。由此,我们可以说,社会资本是联系场域中的特定的网络,也就是熟人社会。正是在熟人社会的关系网中,一个个社团组织得以建构和生长。惯习,与习惯是互不相同的两个概念,它指某个特定场域中的多个个体在长期稳定的社会生活和实践中慢慢形成的高度相似、较为稳定的品味、信仰和习惯的总和,是该共同体区别于其他共同体的特殊标记,有独属于其特别的身份象征和集体记忆。

学者许纪霖认为,以布迪厄的场域理论来研究都市知识分子共同体,可以获得新的视野和角度。在他看来,从知识分子共同体的内部关系来考察,每一个知识共同体也是一个具有自主性的场域,他们是由一群拥有共同惯习的知识分子所组成的,共同的意识形态或学历出身、知识类型、道德价值、文化趣味、生活品位使得他们物以类聚。知识分子对共同体的选择,也就是看哪一种共同体惯习更符合自身的口味。即使在拥有共同惯习的知识分子共同体内部,也还有许多饶有兴味的问题需要考察:共同体成员们是在怎样的都市空间中进行交往的,咖啡馆、沙龙、聚餐会、书店、同人杂志还是公共媒体?这些内部空间具有什么样的外部氛围,又如何形

---

① [法]布迪厄、华康德:《实践与反思——反思社会学引论》,中央编译出版社 1998 年版,第 134 页。

成价值共识？共同体内部的领袖和权威是如何产生的，又通过什么样的机制提携新人？在各种社会关系网络中，共同体又是通过什么类型的资本活动以获得象征资本？而其象征资本又具有什么样的特色？等等。①

布迪厄提出的场域理论，以及许纪霖上述之阐发，无疑对笔者开展本项课题之研究在理论方法和研究路径上提供了启发和指引。正是一群具有类似惯习的新型知识分子组成了中华学艺社，相近的地域范围，或相似的意识形态、学历出身、道德价值或知识类型，使得他们得以聚合在一起。基于共同的学术认同和事业追求，学艺社同人组建并不断完善组织机构，利用报刊、书籍等媒介进行知识的生产与再生产；借助各种社会关系网络壮大自身规模，获得象征资本；通过召开年会、学术演讲、开展国际学术交流等途径不断扩展知识场域。如此看来，场域理论为笔者深度考察中华学艺社提供了纵横驰骋的空间。

（二）"社会与国家"理论

近些年来，以"社会与国家"或"市民社会与国家"作为理论分析框架对中国近现代史的一些专题进行探讨，似乎已成为中国近代史研究中非常普遍的现象。"社会与国家"这一理论体系，伴随西方市民社会、公共领域理论的引入逐渐为中国学界所注意，国内少数学者将其绍介进来。当这一理论初入中国时，其所面临的问题主要是该理论在中国是否也具有适用性，围绕这一问题的学界论争曾一度较为热烈②。与此同时，史学界不断出现运用"社会与国家"或者"国家与社会"的理论框架，来考察和分析中国近代历史上各方面具体问题的新成果，有力地推进了中国近代史研究。诚如章开沅先生所言："西方学者对于'市民社会'、'公众领域'的讨论，可以促使我们从固有的'线索'、'分期'、'高潮'、'事件'等空

---

① 许纪霖：《都市空间视野中的知识分子研究》，《天津社会科学》2004 年第 3 期。

② 国外学界，萧邦齐（R. Keith Schoppa）、罗威廉（William T. Rowe）、玛丽·兰金（Mary Backus Rankin）等学者持肯定态度，认为清末民初的中国在许多方面已出现了类似于西方市民社会或公共领域那样的情况，对于推动中国现代化发挥着重要的潜在作用，魏斐德（Frederic Wakeman）、孔斐力（Philip Kuhn）等人，认为近代中国有其完全不同于西方的发展特点，并不存在类似于西方那样的市民社会或公共领域，因而用市民社会和公共领域理论来分析近代中国的历史，是不恰当的，也是十分危险的，其结果很容易造成严重的误导。国内学界邓正来、萧功秦、杨念群、许纪霖等人积极参与了这个讨论。

泛化格局中解脱出来，认真研究中国走出中世纪并向现代社会转型的曲折而又复杂的历史过程，现代化的载体及其如何产生、演变以及它的活动空间与活动方式等等。"①

"社会与国家"的理论分析框架使一些研究者拓展了自身的学术视野，开始探讨过去关注较少的诸多新领域，如对茶馆、博物馆、公园等社会公共空间的考察，对民间媒体、报刊等公共舆论的探讨，对各类社会群体的兴衰及其与国家间互动关系的研究等，均取得了许多的研究成果。华中师范大学朱英教授指出，民国时期的许多新兴社会阶层都可以运用"社会与国家"的分析框架进行探讨，而且其中不少都仍属于研究的薄弱环节甚至是空白点。但目前关于社团的研究却仍存在着视野相对狭窄的缺陷，仅仅只是对商会、教育会的研究比较充分，对其他社团的探讨依然薄弱。如果说清末的中国已开始出现各类新式社团，那么到了民国时期社团的种类和数量较诸清末显然更多，很多社团似乎尚未引起研究者的关注。②

此前，笔者在研究中曾尝试利用这一理论探讨民间社团与中国公共卫生之关系。相较中国科学社、中华自然科学社等社团组织，中华学艺社具有一定的特殊性。这主要体现在，中华学艺社成员大多留学日本，归国后与日本学界保持着极为密切的关系。而进入20世纪30年代以来中日关系的紧张、不断恶化，无疑给中华学艺社的发展带来一系列的影响，不仅令其地位日形尴尬，也破坏了中日学界之间的良好关系。由此，中华学艺社与民国历届政府、中日学界之间的关系可谓变数丛生，其中的情势显得极为复杂。而近几年的中日关系，与七八十年前似有相近之处，中日学界之往来也不免受其影响。本书以"社会与国家"分析框架，尝试探讨中华学艺社与历届政府、中日学界之关系，或许于今亦有一定的借鉴作用。

四、主要框架

本书突破已有的研究视角，尝试把中华学艺社放在知识传播和现代学

---

① 章开沅："序"，见马敏《官商之间：社会剧变中的近代绅商》，天津人民出版社1995年版，第2页。

② 朱英：《近代中国的"社会与国家"：研究回顾与思考》，《江苏社会科学》2006年第4期。

术的视野里，探讨中华学艺社的知识传播和学术活动在中国现代知识体系形成中的贡献，考察民国学术转型与日本学术文化资源的关系。进而，剖析不同留学群体在民国学术社会中的处境，揭示留日群体与留学欧美群体、本土科学群体之间的关系，并进而说明来源不同的知识与学术资源在学术转型中的互动与关联。除绪论、结语外，本书共分为十章。

第一章，诞生于日本的丙辰学社。丙辰学社诞生于 1916 年，由陈启修、王兆荣、周昌寿、吴永权等 47 位留日学生在日本东京发起成立，学缘、地缘、亲缘因素是学社群体得以聚合的关键性因素，为群体形成提供了强大的凝聚力，并在日后社团发展、壮大的过程中继续发挥作用。《学艺》杂志之刊行，为学社成立初期的主要社务之一，过程可谓曲折。1918 年西原借款事件被揭露后，留学生集体归国，继任丙辰学社理事的王兆荣被推举为留日学生救国团团长，奔走国事，不能兼顾社务，社务被迫停顿。

第二章，从丙辰学社到中华学艺社。在归国社员郑贞文、陈启修、吴永权等的多方奔走下，丙辰学社成立上海事务所，推举郑贞文、周昌寿为干事。1920 年底，学社迁回上海，由商务印书馆负责《学艺》杂志的印刷等事宜。1923 年，丙辰学社进行改组，易名为中华学艺社。随着学社组织机构的不断完善，各项工作得以陆续开展。

第三章，迁入新楼成"一统"。随着九一八事变、一·二八事变的相继发生，中日关系日趋紧张。战乱中，中华学艺社的社所及其出版物也遭受了一定的损失。1932 年，中华学艺社迁入位于法租界的新社所。针对组织及社员们出现的"低迷"，广大社员围绕社务改革展开了充分的讨论，最终组建了新的领导机构，进一步明确方向，各项工作得以渐入正轨。抗战全面爆发前的中华学艺社，进入了其发展的一个新阶段。

第四章，衰落与消亡。八一三事变后，中华学艺社已无法在上海立足，理事会决议内迁西部，因重要文件和图章遗失在寄往重庆途中，中华学艺社社务被迫再度陷于停顿，广大社员四处迁徙。中华学艺社的"留日背景"，令社团之地位颇为尴尬。1944 年，中华学艺社才得以在重庆恢复。抗战胜利后，中华学艺社重新迁回上海，星散于各地的社员们再度聚合到一起。中华人民共和国成立后，中华学艺社与其他学术团体经过整顿后，投身社会主义建设，直至 1958 年宣告解体，退出历史的舞台。

第五章，群体聚合与组织变迁。中华学艺社以留日学生为主，所学学科遍布自然科学和人文社会科学。本书考察学艺社同人的聚散离合，揭示其间的各种因缘，包括血缘、地缘、业缘等方面。凭借人际网络，学艺社同人加强与政府、机关单位的联系，不断扩展自身的生存空间。社团的自愿性、主动性和灵活性发挥出政府的强制政策所难以企及的优势，而经费匮乏、组织相对松散等问题的存在限制了其功能的进一步发挥。书中还就中华学艺社的组织机构、领导层、分社情况等进行了量化分析。

第六章，知识生产与再生产：中华学艺社的出版物。中华学艺社除发行《学艺》《中华学艺社报》外，还组织编纂《学艺丛书》《学艺汇刊》《学艺文库》等各类丛书、书籍。中华学艺社的知识传播，涉及报刊、书籍、演讲、科学教育、图书馆等多种渠道和媒介，涉及自然科学和人文社会科学诸学科领域。中华学艺社进行知识传播的渠道和媒介呈现多元化的态势，方式亦较为灵活，充分体现了传统手段与现代媒介的结合，实现了知识的再生产。

第七章，知识场域的拓展。与中国科学社侧重于自然科学的传播和研究有所不同，中华学艺社效法西方创建组织机构，通过发行刊物、召开年会、组建研究机构、开展学术交流等途径，致力于自然科学、人文社会科学的融汇，开展科学研究，促进了中国自然科学和人文社会科学诸学科的建设与发展，极大地推进了学术体制与观念的现代转型。

第八章，兴学办校。为了培养新式人才，中华学艺社先后筹办了学艺大学、学艺中学，实属难能可贵。惜受经费、人事等各种因素所限，所办学校维持时间不长，影响亦不大。除此之外，中华学艺社还力所能及开展了其他的教育活动，为中国教育的发展作出了自己的贡献。

第九章，沟通中西学术的尝试。中华学艺社同人留日期间，广为接受经过日本学者输入、吸收、消化、过滤过的欧美文化，亦包括日本学者的本土化研究成果，吉野作造、美浓部达吉、片山正夫、石原纯等日本学者的学术研究对他们产生了诸多影响。与留学欧美学生为主体的中国科学社以及其他一些本土诞生的知识群体不同的是，中华学艺通过日本输入西方文化，并注重汲取日本的学术文化资源，加强彼此间的学术交流。由此，民国学术转型中处处留有日本学术资源的影响因子。

第十章，对传统学术的守护和传承。在反思传统的同时，中华学艺社注意发掘中国古代文化中的科学思想和科学方法，开展了极为丰富、扎实的学术研究。中华学艺社从日本搜集了大量的中国传统典籍，由商务印书馆出版，为抢救中华文化遗产作出了贡献。

最后，全书剖析中华学艺社发展变迁中的成败得失，对中华学艺社进行历史定位，缕析其事业成功的一些经验，尝试揭示其发展过程中暴露出的问题，客观评价其与民国学术转型之关系。

第一章

诞生于日本的丙辰学社

中华学艺社之前身——丙辰学社诞生于 1916 年，是由陈启修、王兆荣、吴永权等留学日本的中国学生发起成立的。作为中国 20 世纪上半叶最重要的学术社团之一，该社在中国现代科学文化事业发展中担当了重要角色，留下了浓墨重彩的一笔。以往之研究成果，对其在日本创建时期的情况多语焉不详。有鉴于此，笔者尽可能搜集国内外相关史料，尝试还原学社创建及其早期活动的若干史实。

一、成立缘起

（一）学社诞生的背景和条件

在遭受两次鸦片战争、中法战争、中日甲午战争以及国内革命风暴的一次次冲击之后，清王朝内忧外患，其统治岌岌可危。特别是甲午一役，对晚清统治者和广大爱国知识分子产生了强烈的震撼。甲午战后，晚清朝野主张效法日本者不乏其人。1896 年，清政府首次派遣 13 个学生赴日，从而拉开了清末中国人赴日留学的序幕。[①] 次年，湖北留日学生监督钱恂倡导留学日本："彼游欧美之学生岂必乏材？徒以程度相去太远，莫由将欧美文明径输我国，而必借道于日本者，阶级不同也。"[②] 1898 年，张之

---

① 李喜所：《近代留学生与中外文化》，天津人民出版社 1992 年版，第 178 页。围绕此说，学者桑兵、吕顺长等有不同之看法，详见刘集林等《中国留学通史·晚清卷》，广东教育出版社 2010 年版，231—232 页。

② 钱单士厘：《癸卯旅行记·归潜记》，湖南人民出版社 1981 年版，第 34 页。

洞在《劝学篇》中直言："出洋一年，胜于读西书五年，此赵营平百闻不如一见之说也。入外国学堂一年，胜于中国学堂三年，此孟子置之庄岳之说也。游学之益，幼童不如通人，庶僚不如亲贵。"在他看来，日本是向西方学习的成功典范，日本富强的重要原因之一便是向国外广派留学生："日本小国耳，何兴之暴也！伊藤、山县、榎本、陆奥诸人，皆二十年前出洋之学生也，愤其国为西洋所胁，率其徒百余人，分诣德、法、英诸国，或学政治工商，或学水陆兵法，学成而归，用为将相，政事一变，雄视东方。"① 张之洞认为，直接向近邻日本学习，是中国自强求富的最佳捷径。

20 世纪初年，清政府被迫推行"新政"。在这一氛围下，张之洞、刘坤一于 1901 年 5 月上呈《筹议变通政治人才为先折》，主张令各省派遣学生出洋游学，"文武两途及农工商等专门之学，均须分门肄习；但须择其志定文通者乃可派往。学成后，得有凭照回华，加以复试，如学业与凭照相符，即按其等第作为进士举贡以辅各省学堂之不足，最为善策。"② 同年 9 月，光绪帝正式发布《广派游学谕》："造就人才，实系当今急务。前据江南、湖北、四川等省选派学生出洋肄业，著各省督抚一律仿照办理。务择心术端正文理明通之士，遣往学习，将一切专门艺学，认真肄业，竭力讲求。"③ 上谕还明确提出，对学有所成者予以奖励。此后，从中央到地方，各种形式的留学生被陆续派出。而日本方面，上自中央机关，下到各地方、教育机构、民间团体，从政府要人到知识精英，多有支持中国学生赴日留学者，尽管其出发点有所不同，但恰好迎合了清政府的实际需要，从而在一定程度上促成了留日潮的出现。④

赴日留学，也成为一些爱国知识分子改变中国目前现状、挽救民族危亡的理想选择。留日生在《浙江潮》上撰文指出："今中国老旧朽腐，至于斯极，将欲新之，断非一手一足所能为力，其不能不有多数之青年子弟

---

① 陈学恂、田正平编：《中国近代教育史资料汇编——留学教育》，上海教育出版社 1991 年版，第 44 页。
② 陈学恂、田正平编：《中国近代教育史资料汇编——留学教育》，第 12 页。
③ （清）朱寿朋编：《光绪朝东华录》（四），中华书局 1958 年版，总第 4720 页。
④ 详见李喜所主编，刘集林等著《中国留学通史·晚清卷》，第 223—230 页。

出洋留学,明矣。"① 另一留日生刊物《游学译编》写道:"今日吾国灭亡
之风潮诚达于极顶,欧美白人曰奴灭我,地跨欧亚二州之黄白两界之俄人
曰奴灭我,并同洲同文同种源大陆之区区日本人亦敢隐计曰奴灭我,无非
以吾国固守旧学,国势日减而民气不伸。……惟游学外洋者,为今日救吾
国唯一之方针。"② 在留日学生编撰的《留学生鉴》中,其救亡之动机被阐
述得可谓淋漓尽致:"吾人不远万里,乘长风,破巨浪,离家去国,易苦
以甘,津津然来留学于日本者,果何为也哉?留学者数千人,问其志,莫
不曰:朝政之不振也,学问之不修也,社会之腐败也,土地之日狭也,强
邻之日薄也,吾之所大惧也。吾宁牺牲目前之逸乐,兢兢业业,以求将来
永永无暨之幸福,此则吾之大愿也。"③ 1905 年,清廷正式废除科举制,
切断了传统士人的入仕之途,使得更多的读书人不得不试图谋求他途。时
文这样写道:"向之极可慕恋之科举的虚荣者,今已为蕉梦矣。而出洋学
成,量与出身,已见明谕。宦达之路,利禄之路,学问之路,名誉之路,
胥于是乎在。"④ 是故,赴日留学者络绎不绝、争先恐后,一度成为热潮。

　　留日学生在追求学业的同时,积极参与政治活动。针对此情况,清政
府逐渐开始加强对留日学生的管理与监督。1905 年,日本文部省公布了
《关于准许清国人入学之公私立学校之规程》,剥夺中国留日学生的言论、
集会、结社、通信等权利,遭到留日生的群起反对,他们纷纷罢课,集体
返国。经此事件后,赴日学生的数量开始减少。此后,清政府在政策上对
留日生进一步予以限制。辛亥革命爆发前后,留日学生大幅度减少。一方
面,是因为一些留日学生回国参加推翻帝制建立共和的斗争;另一方面,
则是出于经济的原因,一些原来享受公费待遇的留日生,由于国内政权变
更,不能继续享受公费,而自费的留日学生也因国内局势混乱,汇兑一时
不通,经济上遇到很大的困难,他们纷纷退学归国。据统计,到 1911 年

---

① 《敬上乡先生请令子弟出洋游学并筹集公款派遣学生书》,《浙江潮》第 7 期,1903 年
10 月。

② 《劝同乡父老遣子弟航洋游学书》,《游学译编》第 6 期,1903 年 3 月。

③ 《留学生鉴》,转见〔日〕实藤惠秀《中国人留学日本史》,生活·读书·新知三联书店
1983 年版,第 148 页。

④ 《游学译编》第 6 期,1903 年 3 月。

12 月初，仅剩下 500 名留日生。[①]

中华民国成立后，孙中山、黄兴等革命党人重视留学教育，留日教育得以重整旗鼓。一些弃学归国的留日学子，也因民国建立、政局稳定，又相率重返日本继续求学。从 1912 年中华民国建立，到 1914 年中国青年学子大批赴日，中国留学生源源不断地来到日本，形成了中国留日史上的第二次高潮。据统计，1914 年在日本的中国学生总数达 8000 余人，"其已入专门普通各学校占有学籍者"有 4000 余人，"其余求入校者，大抵由中国初来，或曾在学校中途辍业，未经转入他校者"[②]。

留日生踏上日本国土后，面临的第一个困难是言语不通。国内的中学并无日语课程，也缺乏日语补习学校。因此，很多留日学生到日本后，先在专门为中国留学生开设的预备学校里学习，如日华学校、同文学校、东亚高等预备学校等。经过预备教育后，再进入日本的专门学校和高等学校以上的学校学习。初期的留日学生选择速成者较多，集中于师范、法政等科。清政府推行"新政"，极力提倡兴革、造就人才，而速成教育在短期内即可培养"新政"所急需的大量人才，故颇受留日学生欢迎。但受各种因素的规约，留日速成生整体质量不高，与清政府的期望相差甚远。针对这一情况，晚清学部于 1906 年通令各省，无论官费、自费、师范、政法，一律停止派遣速成生。之后，清政府考虑在提升留日生质量上有所作为。1907 年 8 月，驻日公使杨枢经与日本方面协商后，达成了为期 15 年的"五校特约"协议，自 1908 年起正式实施。协议主要规定了五所增收中国留日学生的学校，涉及接受人数和补助费，具体是：东京高等师范学校，每年招收 25 人，由中方提供补助费 1980 日元，不再另缴学费；第一高等学校 50 人，每年提供补助费 8768 日元，不再另缴学费；东京高等工业学校 40 人，每年提供补助费 8000 日元，每人另缴学费 50 日元；山口高等商业学校 25 人，每年提供补助费 7000 日元，不再另缴学费；千叶医学专门学校 10 人，无须提供补助费，只收取学费。另外，入学者须具有相当学

[①] 《留日学生之近况》，《教育杂志》第 3 卷第 12 期，1912 年 3 月。

[②] 《国外纪闻·日本留学界之现状》，杭州《教育周报》第 67 期，1914 年 12 月。另据日本学者实藤惠秀估计，1914 年左右的留日学生的数字至少应为 5000—6000 人，见氏著《中国人留学日本史》，第 88—89 页。

力，且通过入学考试。① 五校特约协议作为中日政府间签订的第一份联合培养中国留日学生的正式协议，为中国留日学生在教育条件相对较好的规定学校内保留了一些名额。该计划的实施实现了从以速成留学为主的混乱的留学日本阶段，向以高等专门学校为中心的有秩序的留学阶段的转变。

留日生按学费的来源不同，可分成三种类型，分别是官（公）费生、自费生以及先自费赴日后再考取公费者。当时很多留学生都是先自费赴日，后争取官费。根据中日政府间的协议，自费生如果能考上日本指定的任何一所学校，就由北洋政府给予官费生的待遇，直到学成归国。郭沫若于1913年底自费赴日留学，寄居东京郊区小石川大冢。他一边到神田日本学校补习日语，一边突击基础科学知识。在写给父母的信中，他写道："拼此半年功夫，极力予备，暑假之内，如万一能考得官费学校，则家中以后尽可不必贴补，已可敷用。勤苦二字，相因而至，富思淫佚，饱思暖逸，势所必然，故不苦不勤，不能成业。男前在国中，毫未尝辛苦，致怠惰成性，几有不可救药之概；男自今以后，当痛自刷新，力求实际学业成就，虽苦犹甘。"② 经过五个月的艰苦奋斗，郭沫若于次年7月成功考入东京第一高等学校第三部医科预备班，一年后又考入了冈山第六高等学校，取得官费生资格。陈启修起初也是自费留学，他一心想考上日本高等专门学校，以便取得官费。经过努力学习，他考上了日本东京高等工业学校的应用化学科，但因检查体格被剔除，后又考入东京第一高等学校。

留日学生学习的科目有工科、理科、外语、师范、手工、法政、史地、军事、农牧、商业、体育、医药、染织等，几乎囊括了日本学校开设的所有科目，反映了留日生兴趣之广泛。许多留日学生把读书看成是第一要义，课上课下如饥似渴地汲取西方文化知识，广为涉猎各方面的西学书籍。早期留日学生初到日本，目睹新旧混杂、充满活力的东京，感受到日本明治维新取得的成功，眼界为之大开。但与此同时，他们的内心经历着情感的冲突。因为，他们于此所看到的面孔，正是在一年前结束的、充满

---

① 《学会记事·游学计划》，《官报》第8—9期。转见吕顺长《清末留日学生从量到质的转变——关于清末"五校特约"留学的考察》，《浙江大学学报》2001年第1期。

② 郭沫若：《樱花书简》，四川人民出版社1981年版，第13页。

耻辱的中日战争中的侵略者，中国人称其为"小日本"。受过教育的日本上层大多对中国留学生相对较为友好。中下层则不然，中国留学生在与他们的日常接触中感受的主要是冷漠、敌视的态度。① 郁达夫在散文《归航》中痛苦地写道："啊啊，日本呀！世界一等强国的日本呀！国民比我们矮小，野心比我们强烈的日本呀！我去之后……我的同胞的青年，大约仍旧要上你这里来，继续了我的运命，受你的欺辱的……"② 郭沫若在其自传小说《行路难》中申诉："日本人哟！日本人哟！你忘恩负义的日本人哟！我们中国究竟何负于你们，你们要这样把我们轻视？"③ 忍辱求学的留学生活，加之对日本侵华政策的愤恨，使留日学生的爱国情怀和民族意识不断发酵。留日之初，陈启修志在考入理工方面的学校，对政治运动热情并不高，但在现场聆听 1905 年孙中山在日本的一次演讲后，其思想发生了变动。他回忆说：

> 当天晚上，大家都谈了自己的许多感想，一直到深夜。我在这次演讲会中，受了很大的启发和教育，开始对自己决心要学理工科的想法发生了动摇。同时，对自己只顾读书不问政治的习惯也感觉有些不对头了。但我这种思想还很不稳固。……第二年三月，我投考第一高等学校（大学预科）时，第一志愿还是填的应用化学科，第二志愿才填了政治经济科。发榜后，我被取在政治经济科。这时，我回想起孙中山先生那一次的讲演，觉得也许我学政治经济科同样可以救中国。孙中山先生的讲演使我决心努力走向社会科学的研究方面，同时也割断了我和保皇党一派人的接近，以及对他们底著作的憎恶。在那以前，我相当的爱看《新民丛报》，以后便集中地看《民报》了。④

通过学习，陈启修对中国在国际关系格局中所处的地位更感忧虑："行行五里一徘徊，放眼神州事可哀。东邻虎视西邻逼，安危谁是出群

① Paula Harrell, *Sowing the Seeds of Change：Chinese Students, Japanese Teachers*, 1895—1905. Stanford：Stanford University Press, 1992, pp. 1, 86.
② 郁达夫：《归航》，见《郁达夫散文集》，西苑出版社 1992 年版，第 3 页。
③ 郭沫若：《行路难》，见《郭沫若全集》文学编（9），人民文学出版社 1985 年版，第 309 页。
④ 陈豹隐：《我三次受到孙中山先生伟大人格的影响》，陈拓整理，拟收入《陈启修全集》第 3 卷。详见 http：//blog. sina. com. cn/dorissmiling。

才？"他立志发愤苦读，并积极寻求救国救民良方，以拯救中华民族于水深火热之中。① 1916 年 2 月，吴君毅在致好友张重民的诗中这样写道："绿嫩红娇渐佐春，俊游眼底总成尘。人间风月疑无主，芳草天涯忽忆君。欲语性情悲契阔，每谈匡济惜斯文。垂杨莫共花争发，五字河梁已怆神。"② 拯救国家民族之豪情亦跃然纸上。陈启修、吴永权、王兆荣、郑贞文等留日学生积极加入了由孙中山领导的同盟会，投身革命活动，或批判日本政府的对华政策，或全体罢学归国，成为反对日本侵略的一支重要力量。留日学生还参与了许多的爱国运动，如 1903 年的拒俄运动、1915 年反对"二十一条"和支持护国运动等，他们与国内各阶层的正义力量遥相呼应，为挽救国家危亡作出了自己的贡献。

与此同时，合群观念、相对的个人自由促发了大量留日生社团组织的纷纷涌现。美国学者保拉·哈里尔在《播种变革的种子》一书中指出："在海外的环境中，他们能做在国内无法公开做的事情：建立组织。他们也确实这样做了。他们开展了一系列的课外活动，涉及翻译、新闻和政治。让人困惑的是，这些人每日忙于这些活动，哪有时间去完成作业和学习？但'课外'还不足以描述他们的活动。许多留学生都是学以致用的典范，他们把学习与现实生活结合在一起。他们学习日文后，就开始翻译；他们学习了不同的政治制度，便写文章传播这些理念。这是一群热情、有责任感的年轻人，他们致力于中国改革，为可能承担改变中国公众观念的角色而着迷。"③ 清末留日学生组建的团体种类多样、持续时间较短，有励志会、赤十字社等爱国团体，青年会、军国民教育会、洪门三合会等反清革命团体，东京体育九段教育会、爱智会等学术团体，还有译书汇编社、湖南编译社等翻译团体以及音乐讲习会、春柳社等文艺社团。当然，不少团体的性质不是单一的，因而它们之间也没有严格的界限。各团体的内部成员较为复杂，且不断发生变化。个别团体的发起人或领导者还一身二

---

① 陈寅星、陈若豹藏，陈若豹整理。转引自刘会军《陈豹隐传》，吉林大学出版社 2009 年版，第 14 页。

② 君毅：《丙辰二月寄怀重氏》，《学艺》第 1 卷第 2 期，1917 年 9 月。

③ Paula Harrell, *Sowing the Seeds of Change*: *Chinese Students*, *Japanese Teachers*, 1895—1905. Stanford: Stanford University Press, 1992, pp. 88 - 89.

任，既参加这一组织，又加入另一组织；有的先是这个团体的发起人，又是另一团体的组织者。进入民国后，"暴风骤雨"般的反清革命团体消失，涌现出一批持续时间长、影响较大的社团组织，如学术研究会、丙辰学社、创造社等[1]。1922 年日本外务省《支那关系事务概要》中，将留日学生的组织分为政社与非政社两类：政社里有国民党东京支部、留日学生总会；非政社里有学术研究会、丙辰学社、求是学社、教育研究会以及各省的同乡会。[2] 政社与非政社之间并非泾渭分明，人员间存在着交叉现象。在诸多的社团当中，丙辰学社的创建具有一定的代表性。

（二）成立经过

1916 年（民国五年），留学于东京帝国大学、东京高等工业学校、早稻田大学等校的陈启修、王兆荣、吴永权、周昌寿、傅式说、郑贞文、文元模、屠孝实、杨栋林、杨梓林等 47 人在日本东京发起成立学术社团，因当年为旧历丙辰年，故命名为"丙辰学社"，设事务所于东京小石川原町。学社成立大会于是年 12 月 3 日正式召开，会上正式通过《丙辰学社社章》，就学社纲领、社员、社务、机关、经费等方面作了明确规定。社章规定，学社"不分畛域，不拘党见"，专以"研究真理、昌明学术、交换智识"为宗旨，以发行杂志、举行演讲、刊布图书、搜集书物为学社的主要社务，"皆量力次第举办"，并当"随时扩充事业以图发达"。[3] 大会选举陈启修、杨栋林为正副理事，陈瑾昆为评议长，吴永权为编辑长。

不过，除上述情况外，过往学界对丙辰学社的酝酿、筹备乃至最终成

---

① 学术研究会诞生于 1915 年 8 月，系留日学生李大钊集谢逸如、李复聘、邹卫、潘培敏、朱侣云等在东京组织成立，以"研究学术、砥砺道德、发扬共和精神积及增近国民幸福"为宗旨。1918 年迁回国内，1937 年抗战全面爆发后消亡。学术研究会通过发行《民铎》《民鸣》杂志，编译书籍、举行研究、创办图书馆、开展学术交流等，为促进民国学术的发展作出了积极的贡献。关于该社团目前研究相对较少，详见魏琳《民国时期学术研究会研究》，河北大学 2014 年硕士学位论文（未刊稿）。创造社诞生于 1921 年 7 月，关于该社团以往研究颇多，如黄淳浩《创造社：别求异邦于新生》（社会科学文献出版社 1995 年版）、咸立强《寻找归宿的流浪者：创造社研究》（东方出版中心 2006 年版）、童晓薇《日本影响下的创造社文学之路》（社会科学文献出版社 2011 年版）等。

② 《支那关系事务概要》，《在本邦各国留学生关系杂件·支那留学生部》第 1 卷。日本外务省档案 B—3 - 10 - 5 - 17_ 2_ 001，日本外交史料馆藏。

③ 《丙辰学社社章》，《学艺》第 1 卷第 2 期，1917 年 9 月。

立的诸多细节尚不十分清楚。比如，关于丙辰学社的发起人，就有另外两种看法。有学者认为，该社起初由李大钊在留日期间直接筹划，但由于他先期回国，便将这一任务交给陈启修。陈启修也是在留日期间，在参与各种政治活动中与李大钊结下了深厚的情谊。持"李大钊发起，陈启修接手"这一看法的学者不在少数。① 另有一些学者将丙辰学社的发起者冠于李大钊和杜国庠头上，如侯外庐发表在《历史研究》1961 年第 1 期的悼念文章中说："杜国庠同志在日本认识了李大钊同志，他们共同组织了政治学术团体'丙辰学社'，从事反对袁世凯帝制的斗争"。② 之后出版的有关杜国庠的诸多人物小传的相关研究中，也多遵从"李大钊、杜国庠共同组织"之说③。

但在笔者看来，这两种说法似乎都缺乏直接的史料依据。首先，笔者据朱文通主编《李大钊传》书后附"李大钊生平大事年表"，大体梳理出民国初年李大钊所参与的主要社团④（表 1.1）：

表 1.1　民初李大钊参与的主要社团一览表

社团名称	发起或加入时间	备　注
北洋法政学会	1912 年秋	和郁嶷同任编辑部长
中国社会党	1912 年冬	和中国社会党支部负责人陈翼龙交往，由曹百善介绍加入
中国社会党天津支部	1913 年 2 月 12 日	任总务干事

① 如刘会军《陈豹隐传》（吉林大学出版社 2009 年版，第 17—18 页）；常裕如《一生坎坷的早期经济学家陈启修》（见孙连成、林圃主编《中国当代著名经济学家》第 1 集，四川人民出版社 1985 年版，第 292 页）；王洁主编《李大钊北京十年·交往篇》（中央编译出版社 2010 年版，第 20 页）；等等。

② 侯外庐：《悼念杜国庠同志》，《历史研究》1961 年第 1 期。

③ 熊泽初、黄学胜：《杜国庠传略》，载《杜国庠学术思想研究》，广东人民出版社 1989 年版，第 238 页；《早赋壮怀常落落，晚成大器自磐磐——杜国庠传略》，参见《澄海文史资料》（第 20 辑），第 36 页；李锦全：《墨者·学者·革命者——谈杜老的为人与治学》，中国文联出版社 2000 年版，第 405 页。

④ 朱文通主编：《李大钊传》，天津古籍出版社 2005 年版，第 229—250 页。关于李大钊参与社团状况，在朱文通《李大钊与近代中国社团》（河北师范大学 2013 年博士学位论文，未刊稿）中阐述颇详。

续表

社团名称	发起或加入时间	备　注
中国留日学生总会	1915 年 2 月	曾任文牍干事
神州学会	1916 年春	
中国经济财政学会	1916 年春	
进德会	1918 年 1 月 20 日	由蔡元培发起；为甲种会员
少年中国学会	1918 年 6 月	参加发起。次年 7 月正式成立
北京工读互助团	1919 年 3 月	
北京大学教职员会	1920 年 1 月 20 日	与马叙伦等 55 人发起组织
马克思学说研究会	1920 年 3 月	
北京大学赈灾会	1920 年 9 月 16 日	
北京共产党小组	1920 年 10 月	和张申府、张国焘建立
社会主义青年团	1920 年 11 月	曾任执行委员，负责出版工作
北京大学社会主义研究会	1920 年 12 月	
中国共产党	1921 年 11 月以后	直接领导和创建了北方党的组织
非宗教大同盟	1922 年 3 月 20—22 日	
民权运动大同盟	1922 年 8 月 24 日	当选为执行委员
国民党	1922 年 9 月初	由孙中山亲自主盟加入

　　李大钊于 1913 年底抵达日本，次年 9 月进入早稻田大学政治经济学科本科学习。1916 年 5 月，李大钊"益感再造中国之不可缓"，毅然弃学回国。在留学日本期间，他参与了留日学生总会、神州学会、中国财政经济学会等诸多社团组织的创建。但从笔者掌握资料来看，李大钊之名从未出现在丙辰学社的社员名录和骨干社员的创社纪念文章中，在学社出版物上也没有李大钊与该社关系的相关记载。李大钊参与了丙辰学社的筹备似乎也就无从说起[①]。至于留日期间李大钊与陈启修是否存在交集亦是未知数。留日期间，李大钊联络留日学生，成立留日学生总会，并担任该会文事委员会的编辑主任，主编《民彝》杂志。笔者检诸留日学生总会近百人的职

----

　　① 笔者曾就此请教河北省社科院李大钊研究专家朱文通研究员，他也表示从未发现李大钊参与发起丙辰学社的资料。

员名单，李大钊赫然在列，但并无陈启修之名①，因此说陈为其中的活跃分子之说似乎并不属实。与李大钊关系密切的陈，极有可能指的是该杂志的编辑委员之一——陈溥贤②，此陈非彼陈也。如此来看，"李大钊发起，陈启修接手"说，似乎缺乏史料根据。至于杜国庠，笔者查阅《丙辰学社社员录》，杜确为丙辰学社早期社员。按照入社先后顺序，排在第 92 号，也并非丙辰学社的发起人③。留日期间，杜国庠与李大钊等积极参与各种政治活动，值得一提的是，二人为反袁组织——神州学会的主要人员。神州学会由中华学会和乙卯学会合并而来，前者由李大钊等人发起成立，后者由易象组建，这两个团体表面上是学术团体，实为反袁的政治团体。据此笔者推测，以往学者提及李大钊、杜国庠参与筹备的反袁政治团体，极可能是中华学会或神州学会，并非丙辰学社。

其次，民国初年李大钊更多的是关注政治，而丙辰学社同人则是始终将学术置于第一位。这一点，仅从《丙辰学社宣言书》即可略窥一斑。对于建社之初衷，丙辰学社同人在《丙辰学社宣言书》中进行了详细的论说。《宣言书》提到，纵观中西治学之传统，中国古人钻研格致之"艰苦卓绝固不让今世欧人"。但是，自欧风美雨东临，西人科学日益盛行，而中国虽号称文明数千载，但仅有"一人一家之私说粗具规模"，并且"亦在若存若亡之间"。同人认为，中国学术之不振，由内部观之，主要原因在于"所谓兵农文史名法道德者流，仅成一人一家之私说，不能自具伦脊，始终一贯，条分缕析"。且中国古人治学，多闭门自立，"未闻有群策群力，据学科为标的，以集思广益而互相谈论商兑者"，这使得传统学术无法摆脱支离琐碎之弊端。转观外部，政治对学术之影响仅占"什之二三"，

---

① 总会设有执行部（18 人）、评议部（42 人）、文事委员会（25 人）、经费委员会（21 人成），详见《中华民国留日学生总会会务纪要（甲）总会之组织及进行·总会职员一览表》，《民彝》1916 年第 1 期，第 162—164 页。

② 陈溥贤（1891—1957），字博生，福建闽县人，早年赴日本留学，入早稻田大学经济系。在日期间，与李大钊关系密切，成为留日学生总会文事委员会委员，并任《民彝》杂志编辑委员。从 1919 年 4 月起，他以"渊泉"为笔名撰写文章介绍日本社会主义思潮以及马克思主义。

③ 《丙辰学社社员录》1917 年第 1 卷第 2 期，第 288 页；另据日本编制之《丙辰学社社员录》（1922 年 10 月调查），丙辰学社ヨリ文化事业费使途ニ关シ申出ノ件（自大正 12 年 4 月），《协会关系杂件》第一卷，外务省外交史料馆藏。

而"求学之未得其道者什而八九"。因此，学社同人认为，振兴学术之事"非可望诸政府也"，关键在于学人"善自为之"，并且要着重发挥集群之力量。而在当时世界大通、万国比邻的国际环境下，学术发达与否已成为衡量一国国力的重要标准。因此振兴学术不仅仅是学界内部的要求，还关乎中华民族的生死存亡。由此，学社建立之目的，主要有三点：一是在学校之外培养"精博之学者，切用之人才"，让学生摆脱学校制度之限制，根据自身水平，精进学识，积累实践经验；二是效法西方组成科学社团以发达学术的经验，"聚国中学者而求所以讲究学问之术"，以群体之力推动学术发展；三是继承明代东林党之流风余韵，"转战于此浊世之中"，以学术激发道德力量，激浊扬清，"移此陵夷窳败之风"①。因此，说李大钊参与筹备纯粹的学术组织——丙辰学社，目前看来缺乏史实依据，极有可能是后人以讹传讹的结果。

二、创始人群体分析

丙辰学社创建之初，有 47 位创始人，他们是：陈启修、王兆荣、吴永权、周昌寿、傅式说、郑贞文、文元模、屠孝实、杨栋林、杨梓林、高士光、杨俊生、柳金田、崔士杰、罗鼎、都怀尧、陈文祥、曾天宇、何熙曾、林骙、严智钟、林大中、高铦、张育海、杨凯②、许泽霖、李兴相、何邦著、夏彭年、陈淯、周文昶、蒋继尹、杨景辉、宓齐、萧杨勋、黄伦芳、刘基森、冯元亮、蹇先器、高维魏、周建侯、甘浩泽、叶毅、潘炳华、邓绍先、邹宗孟和陆造时。

47 位创始人之说，最早见于《中华学艺社沿革小史》一文（载于1933 年《学艺》第 11 卷百号纪念增刊）。现存关于中华学艺社（包括丙辰学社）社员的详细记录有两种，一为日本外务省外交史料馆藏《协会关系杂件》第一卷中所收入的《丙辰学社社员录》（1922 年制），其社员登记号数以入社先后顺序为依据，附有姓名、省别、住址、学科索引；二为1935 年修订的《中华学艺社社员录》，社员号数与前者略有不同，以"登

---

① 《丙辰学社宣言书》，《学艺》第 1 卷第 2 期，1917 年 9 月。
② 在 1922 年编制的《丙辰学社社员录》中，杨凯登记为杨学恺。

记先后之号数次序为标准"①，即以修订"社员录"时社员登记先后为序②。学社创始人即是《丙辰学社社员录》中的前47号社员。这47人无疑是丙辰学社筹办时期的创始人、核心力量。那么，是哪些因素使得这47人聚合在一起的呢？

首先是学缘关系。丙辰学社作为一个纯学术团体，创始人的学术背景在社团组建过程中是一个极为重要的影响因素。换句话说，学缘关系作为学人群体的主要联系之一，为学社创始人群体得以形成的重要纽带。在丙辰学社47位创始人中，有32人毕业于日本帝国大学（见表1.2），其中又以东京帝国大学最多（见图1.1）。

表1.2　丙辰学社创始人毕业学校（大学）统计表

姓名	毕业学校	姓名	毕业学校
张育海	东京帝国大学	杨俊生	东京帝国大学
杨凯	东京帝国大学	许泽霖	东京高等工业学校
周昌寿	东京帝国大学	李兴相	东京高等工业学校
柳金田	东京帝国大学	傅式说	东京帝国大学
崔士杰	东京帝国大学	何邦著	东京帝国大学
夏彭年	东京高等工业学校	陈淯	早稻田大学
罗鼎	东京帝国大学	周文昶	早稻田大学
王兆荣	东京帝国大学	何熙曾	东京帝国大学
吴永权	东京帝国大学	陈启修	东京帝国大学
杨栋林	日本大学	杨梓林	东京帝国大学
陈文祥	东京帝国大学	文元模	东京帝国大学
蒋继尹	东京帝国大学	杨景辉	东京帝国大学
曾天宇	东京帝国大学	宓齐	东京高等工业学校
萧杨勋	东京高等工业学校	黄伦芳	东京帝国大学
高炯	东京高等工业学校	刘基淼	东京高等工业学校
冯元亮	千叶医学专门学校	蹇先器	千叶医学专门学校

---

① 总办事处编：《中华学艺社社员录》（第六次修正），1935年出版。
② 抗战胜利后，中华学艺社复原回到上海，对社员进行调查、登记，原本计划刊出《社员录》单行本，但因经费所限，最终刊登在《中华学艺社报》1948年1—3期上。

续表

姓名	毕业学校	姓名	毕业学校
高维魏	东北帝国大学/京都帝国大学	都怀尧	东北帝国大学/京都帝国大学①
郑贞文	东北帝国大学	林骙	东京帝国大学
周豫	东北帝国大学	屠孝实	早稻田大学
甘浩泽	京都帝国大学	叶毅	冈山医学专门学校
潘炳华	东京帝国大学	邓绍先	京都帝国大学
邹宗孟	京都帝国大学	严智钟	东京帝国大学
林大勋	东京帝国大学	陆造时	东京高等工业学校
高铦	京都帝国大学		

创始人校别统计

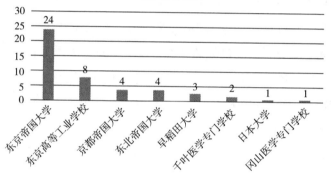

图1.1

　　日本帝国大学的设置，可追溯至1886年（明治19年）《帝国大学令》的颁布。为了以国家力量培养人才，明治政府将当时的东京大学改名为帝国大学，"帝国"二字既彰显了其独一无二的地位，又表现出国家对其培养人才的期望。② 然而，随着人才需求的日益扩大，一所帝国大学已远不能满足国家的要求。于是，自1897年以后，明治政府开始增设帝国大学。同年6月，京都帝国大学设立，原先的帝国大学改称东京帝国大学；1907

---

　　① 关于都、高二人毕业学校，一说为京都帝大（见《民国四年度我国留日学生入日本各帝国大学人数统计》，原载《教育公报》第8期，第3—8页，1915年1月。转引自林子勋《中国留学教育史（1847—1975）》，（台北）华冈出版有限公司1976年版，第395—398页；还有一说为东北帝大（见刘真主编《留学教育：中国留学教育史料》第3册，"国立编译馆"1980年版，第1360页）。

　　② 金龙哲、王东杰编著：《东京大学》，湖南教育出版社1992年版，第41页。

年 6 月，东北帝国大学在仙台设立；1910 年 12 月，九州帝国大学在福冈设立。①

在这几所大学之中，东京帝国大学最负盛名，它在日本教育界的崇高名望是其他学校所无法企及的。早在 1877 年建校之时（当时校名为东京大学），它便是日本第一所综合大学。② 1886 年改名为帝国大学后，更是在一战前日本金字塔式的教育制度中居于顶端地位，承担着为国家培育高级人才的重任。1897 年以来，每年东京帝国大学的毕业典礼，天皇都会亲临现场，并向优等生颁发银表。③ 1907 年日本政府颁布《帝国大学特别会计法》，以法律的形式将东京帝国大学的教育经费固定下来，而同为帝国大学的东北帝国大学和九州帝国大学则因与之相差甚远，未能享此优待。④

据 1915 年《教育周报》载，东京帝国大学"分文法农理工医六科，生徒数千人，大师数百，为全国最高之学府，前后卒业生三千余人，可谓多矣"⑤。再据留日学生马洪焕的观察，该校"分文法理工农医诸科，文法二科规模尚大，理工二科仪器工场均称完备。现因欧战影响，积极扩张而未有已也。医科模样最为宏大，房舍几占全校面积之半，有医院可容病者千余人。每日就诊者数百人，各科皆专门有名博士主持诊病……"⑥。由东京帝国大学之特殊地位可推想其入学竞争之激烈，对于日本本国青年而言尚属不易，而对于名额相对更少的中国留学生来说则更为艰难。丙辰学社创始人之一的何熙曾就在回忆录中提及，时为特约五校之一的第一高等学校，因能直升入东京帝国大学而竞争异常激烈，招收中国留学生的名额只有 50 人（后加为 65 人），但报考的就达三四百人。⑦ 1920 年留日学生监督曾呈请教育部，核准从当年 1 月起，每省每年给每名留日帝大本科生增加书籍

---

① 王桂编著：《日本教育史》，吉林教育出版社 1987 年版，第 187 页。
② 金龙哲、王东杰编著：《东京大学》，第 31 页。
③ 金龙哲、王东杰编著：《东京大学》，第 64 页。
④ 金龙哲、王东杰编著：《东京大学》，第 59 页。
⑤ 《纪闻·日本大学状况》，《教育周报》（杭州）第 85 期，1915 年 5 月。
⑥ 《旧预科毕业生马君洪焕自日本东京帝国大学来函》，《北京大学日刊》第 41 期，1918 年 1 月 9 日。
⑦ 何熙曾："永久团体"杂忆》，《文史资料选辑》（第 80 辑），文史资料出版社 1982 年版，第 75 页。

费日币 50 元，因为"帝国大学在日本为最高学府……故与各校相较，帝大学生实以参考群籍为求学之必要。……我国学生在帝大肄业者，人数颇少，为国家计，既经培植十数载于前，岂复靳惜数十元于后……"①。

在丙辰学社创始人群体中，东京帝国大学的学生占了近半数之多。据 1915 年《教育公报》上登载的一份对当年就读于日本帝国大学的留学生统计，创始人中曾天宇②、罗鼎、王兆荣、黄伦芳、林大勋、何邦著、文元模、周昌寿、林骙、邹宗孟、郑贞文等 11 人，都在当年考入帝国大学。除邹、郑二人分别考入京都帝国大学与东北帝国大学外，其余 9 人考入的皆是东京帝国大学③。除此以外，该年就读于东京帝国大学的创始人还有严智钟等 10 人，其中严智钟就读于四年级，陈启修、陈文祥、杨景辉为三年级，崔士杰、吴永权、杨梓林、傅式说为二年级，林大勋④、柳金田为一年级。都怀尧与高维魏⑤则就读于京都帝国大学二年级⑥。在 1916 年丙辰学社筹办的当年，蒋继尹从第一高等学校毕业，张育海和杨凯由第三高等学校毕业，杨俊生也由第五高等学校毕业，他们都在当年考入东京帝国大学。⑦ 至此，创始人群体中的"东大核心群"得以形成，这一小群体也成为丙辰学社诞生、发展的基础与起点。在如此优越的学校接受较为系统的专业教育，较前述之速成教育不可同日而语。他们以自己扎实的专业素养，为丙辰学社实现以知识挽救民族危亡的理想奠定了坚实的基础。

其实，创始人群体成员之间的学缘联系并不是从大学才开始建立的，早在高等学校时期，其中许多成员便已有同窗之谊。在 47 位创始人中，出身于"大高系"的就有 29 人，几占总数的三分之二，且其进入高等学校的时间较为集中（见表 1.3），这也为这一群体得以形成创造了良好的机遇。

---

① 《公牍·咨各省省长知照核准留日帝大本科生徒九年一月份起每年每名加给书籍费日币五十圆文》，《教育公报》1920 年第 7 卷第 1 期。
② 曾天宇原有京都帝大的学籍，1915 年转入东京帝大。
③ 《民国四年度我国留日学生入日本各帝国大学人数统计》，《教育公报》1915 年第 1 卷第 8 期。
④ 林大勋 1914 年就读于东京帝大造船科，1915 年转入火药科，是故在新考入学生名单及肄业学生名单中均有其名字。
⑤ 关于都、高二人毕业学校，还有东北帝国大学的说法，见刘真主编《留学教育：中国留学教育史料》第 3 册，第 1353、1360 页。
⑥ 《民国四年度我国留日学生入日本各帝国大学人数统计》，《教育公报》1915 年第 1 卷第 8 期。
⑦ 刘真主编：《留学教育：中国留学教育史料》第 3 册，第 1354 页。

表 1.3　丙辰学社创始人就读高等学校统计表

姓名	就读高等学校（本科阶段）	入学年份	毕业年份
陈启修	一高①	1907	1912
杨梓林	一高	1908	1912
文元模	一高	1909 年入一高特预科	1915
蒋继尹	一高		1916
高维魏	一高	1909 年入一高特预科	
周豫	一高		
潘炳华	一高	1908	
傅式说	二高	1909 年入一高特预科	1913
罗鼎	二高	1909 年入一高特预科	1915
吴永权	二高	1908	1912
陈文祥	二高	1909	1912
郑贞文	二高	1909 年入一高特预科	1915
甘浩泽	二高		1917
林大勋	二高		1913
张育海	三高		1916
杨凯	三高		1916
何熙曾	三高	1909	
周昌寿	四高	1909 年入一高特预科	1915
曾天宇	四高	1909	1911
杨俊生	五高		1916
崔士杰	五高	1908 年入一高特预科	1913
何邦著	五高		1915
王兆荣	五高		1915
黄伦芳	五高		1915
林骙	五高		1915
柳金田	六高	1909 年入一高特预科	1913
杨景辉	七高	1908	1912
邓绍先	七高	1912	1915
邹宗孟	七高		1915

资料来源:《民国元年至民国六年留日毕业生统计》（按:存台湾"教育部"档案室），转引于刘真主编《留学教育:中国留学教育史料》第 3 册，第 1320—1362 页;《清末各省官自费留日学生姓名表》，载沈云龙主编《近代中国史料丛刊》（494），文海出版社 1978 年版，第 366—388 页）。

① 一高，即第一高等学校。

1894 年 6 月 25 日，明治政府颁发《高等学校令》，将过去的高等中学改为高等学校，提供大学预科教育，为学生进入帝国大学做准备。截至 1918 年，日本在全国各地设立了八所高等学校①。针对中国留学生，第一高等学校还特设一年的预科，目的是为中国学生补习日语，一年期满后再分配到八个高等学校，再经三年学习，最终进入帝国大学。八所高等学校与各地的帝国大学共同构成了区别于专门教育与私立教育的高等教育体系，而置身其中的学生也自成一体，有"大高同学系统"② 之称。在这样一个系统之下，成员甫一进入高等学校，便产生了从属于"系统"的集体认同感。

其次是乡缘关系。在留日学生群体中，乡缘关系是影响其社会活动的又一重要因素。赴日留学之时，很多便是以省为单位派遣而来的。专为中国学生开设的预备学校宏文学院，其班级更是以省份冠名，如南京普通班、湖北普通班、四川速成师范班等。留日学生中出现了许多"依乡土关系组成的基础组织"——同乡会。同乡会主办的刊物，许多直接以省份命名，如《湖北学生界》《浙江潮》《云南》《四川》等。因此，从乡缘网络的角度考察丙辰学社创始人群体的形成是非常必要的。

丙辰学社创始人群体呈现出了明显的地域特征。四川籍成员共 13 人，他们是：都怀尧、李兴相、宓齐、杨凯、王兆荣、何邦著、吴永权、陈启修、曾天宇、周豫、陈淯、周文昶、冯元亮；贵州籍有 9 人：许泽霖、高炯、文元模、周昌寿、杨栋林、杨梓林、陈文祥、塞先器、夏彭年；广西籍有 4 人：蒋继尹、叶毅、甘浩泽、陆造时；浙江籍 4 人：傅式说、高维魏、林大勋、高铦；江苏籍 3 人：杨俊生、屠孝实、潘炳华；福建籍 3 人：何熙曾、林骙、郑贞文；云南籍 2 人：邓绍先、萧杨勋；湖南籍 2 人：杨景辉、罗鼎；广东籍 2 人：黄伦芳、柳金田；直隶、湖北、山东、江西、河南各一人，分别是：严智钟、邹宗孟、崔士杰、张育海、刘基淼。创始人群体近半数的成员来自四川、贵州两省（见图 1.2），其中川籍成员又占

---

① 王桂编著：《日本教育史》，第 186—187 页。
② 大高同学系统，指日本帝国大学和高等学校出身的人，他们自称为"大高同学"，设有"大高同学俱乐部"，亦叫"大高同学会"。见于郭沫若《采桑子文丛·创造十年》，云南人民出版社 2011 年版，第 27 页；章克标《九十自述》，中国文联出版公司 2000 年版，第 44 页。

多数。贵州籍高炯（号士光）出生于四川资中，其祖父在资中任知州达 18 年，当地后建有高公祠以示纪念①，四川对于高炯而言可以算得上是第二故乡。而另一位创始人林骙（字植夫）籍贯虽然为福建，但他 9 岁就随在川任职的父亲林韶荣入川②，直到 1905 年 14 岁时又被时任贵州巡抚的四伯父林绍年接到贵州③，因此林骙与川、黔两地都颇有渊源。川、黔籍成员（包括与之有关联者），尤其是川人群体在创始人群体中的数量优势表明，地缘关系对于丙辰学社创始人群体的形成起到了重要的纽带作用。④

创始人省别统计

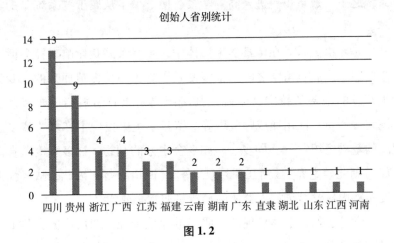

图 1.2

再次是亲缘关系。这里所说的"亲缘"并非只限于狭义上的血缘关系，而是包含了亲友、故交及旧式师承关系等。创始人中，杨栋林、杨梓林为兄弟二人，别号杨十一、杨十二⑤。高炯又是杨氏兄弟之甥，而且

---

① 高言祯：《深切怀念我的父亲高士光》，见李守明主编《贵阳文史》1996 年第 1 辑，第 48 页。
② 蔡干豪：《林植夫》，见中共福州市委宣传部、福州市社会科学所主编《福州历史人物》第 5 辑，第 142 页。
③ 林植夫：《林植夫自述》，见中国人民政治协商会议福建省委员会文史资料研究委员会编《福建文史资料》第 19 辑，福建省委员会文史资料研究委员会 1988 年版，第 7 页。
④ 郭沫若在回忆学艺大学时也提到，"说也奇怪，（学艺大学）教职员中除掉范允臧、方光涛是浙江人外，其余的都是四川人，一个学艺大学就有点儿像是四川同乡会的延长……"见郭沫若《采桑子文丛·创造十年》，第 149 页。
⑤ 《吴虞日记》下，四川人民出版社 1986 年版，第 3 页。

1906 年①他正是在舅父杨梓林（字子南）的带领下东渡日本求学②。值得一提的是，杨梓林是近代贵州选派的第一批留日学生成员，当时主持贵州留日事务的是时任贵州巡抚林绍年，他正是闽籍创始人林骙的伯父。而1905 年护送杨梓林等第一批留日生的教习为周恭寿，其弟周昌寿日后也成为学社创始人之一③。在川籍创始人中也存在亲缘关系，如吴永权（字君毅）是吴虞之堂弟，而曾天宇（字阆君）又是吴虞之妻弟④，吴、曾二人一同参与了丙辰学社的筹建活动也就不足为奇。丙辰学社成立后，吴永权将《丙辰学社宣言》以及多份《丙辰学社社章》寄给老家的吴虞，吴虞将丙辰学社的立社宗旨和学术追求向其周边的亲朋好友散播开来⑤。

　　如此看来，相似的教育背景、共同的理想追求无疑是丙辰学社创始人群体得以聚合的关键性因素，而根植于中国传统文化中的地缘及亲缘关系在这一过程中所起到的作用亦不可忽视。由学缘、地缘、亲缘三种因素主导下的多层次的社交网络为丙辰学社创始人群体提供了强大的凝聚力，并在日后社团发展、壮大的过程中继续发挥着作用。

三、主要活动

　　万事开头难。成立之初，学社经费紧张，"经营一切，备极困难"⑥。

---

　　① 关于高炯赴日年份，《各校各生履历清册》上登记为光绪三十二年，即 1906 年（见"各校各生履历清册"，《清末各省官自费留日学生姓名表》，载沈云龙主编《近代中国史料丛刊》（494），文海出版社，第 388 页）。而高炯之子高言一、高言祯在有关其父亲的回忆文章中写道，其父在约 12 岁时东渡日本，即是 1903 年（见高言祯《深切怀念我的父亲高士光》，载李守明主编《贵阳文史》1996 年总第 1 辑，第 48 页；高言一《贵州职业教育的先驱者——怀念父亲高士光》，《贵州文史资料选辑》第 30 辑，第 286 页）。但是查《贵州省志》可知，贵州第一批留日生在 1905 年才派遣出洋（见贵州省地方志编纂委员会编《贵州省志·教育志》，贵州人民出版社 1990 年版，第 385 页）。因此高炯的赴日年份应迟于 1905 年，所以笔者取 1906 年之说，而非 1903 年。
　　② 高言一：《贵州职业教育的先驱者——怀念父亲高士光》，《贵州文史资料选辑》第 30 辑，第 286 页。
　　③ 贵州省地方志编纂委员会编：《贵州省志·教育志》，贵州人民出版社 1990 年版，第 384—385 页。
　　④ 吴棱：《忆先父吴虞》，见刘运勇《白云山房丛稿》，四川人民出版社 2001 年版，第 248—254 页。
　　⑤ 吴虞 1916 年 12 月—1917 年 4 月间的日记中多有记载，详见《吴虞日记》（上），四川人民出版社 1984 年版，第 272—301 页。
　　⑥ 《丙辰学社启事》，《学艺》第 1 卷第 1 期，1917 年 4 月。

危难之际，梁启超、蔡元培、范源廉、张耀曾、张继、熊希龄、张一麟、李根源、汪大燮、陈国祥、蹇念益、林志钧、黄群、段汝骊、胡景伊、周骏、杨樨林、吴琼、孙仲先等诸多社会名人慷慨捐助，助学社一臂之力，使丙辰学社得以慢慢成长。

创办《学艺》杂志是丙辰学社初期最重要的社务，也是其最主要的成果。从1917年4月创刊到1920年移归国内印刷发行，《学艺》杂志在日本共出版发行了四期，后编为第一卷。然而，就当前相关研究成果来看，学者在论及《学艺》杂志时，时间范围多着眼于1920年移归国内之后，对其在日本时期的状况往往一笔带过。鉴于此，笔者尝试以《学艺》杂志第一卷为研究对象，对该杂志在日本时期的创办发行情况予以简要探讨。

欲了解一份刊物及其背后的同人群体之思想，必先由其发刊词入手。发刊词中包含了同人创刊之目的、意义、背景等，不仅是同人群体的宣言书，还是明确刊物思想方向的航标。① 《学艺》杂志发刊词是由时任编辑长的吴永权撰写的，其中明确提出了创刊宗旨及思想主张。在他看来，一国文化发展程度的高低直接决定了其民主政治兴盛与否。回顾西方历史，其民主发展之所以会呈现"一泻千里之势"，正是因为"文化之大进"，而这又与"自然科学大昌"以及"精神科学大明"密不可分。然而，反观中国，国内诸多学林领袖的关注点"恒在政事人事"，常常身陷政坛人事浮沉之泥淖，难以自拔，其著述也多与此相关，虽然"连篇累牍"，但却"率意为辞，鲜具伦脊"，而对于学术研究则"不甚措意"。学术研究凋敝，则文化"遂无博大光明之象"，文化无发展，则民主衰败，"将成化石"。中西方之间的差距势必会越来越大。鉴于此种现实，丙辰学社同人以"昌明学术，灌输文明"为宗旨，创办《学艺》杂志，欲以微薄之力，行报国之志，用自己研究所得，发扬学术，兴盛文化，期待有朝一日能如康德、黑格尔、卢梭、笛卡尔诸贤那样，以学术之力使"世风为之丕变"。②

《学艺》封面书有德文 Wissen und Wissenschaft，意为知识与科学。但是，学艺同人认为，学社及杂志的内涵并不是"知识"与"科学"二词所

---

① 夏文华：《科普期刊发刊词与民国时期的科普思想》，《自然辩证法研究》2014年第5期。
② 吴君毅：《发刊词》，《学艺》第1卷第1期，1917年4月。

能涵盖的，因而又取中文"学艺"来表达未尽之义。"学"，在中国传统语境中多指知识、学问。但在此处，学社同人赋予了"学"字以新意，即表示科学。在他们看来，科学与学问不同，学问多是人出于自觉而积累的知识，是无条理的、片断的，"未尝以建宗树义，分别部居为事"；而科学作为后起之义，更像是条理学问的范式模板，是"讨论商兑之具者"，它使知识"有组织有联络有系统"，在今世要想于学问上有所建树，则"必须遵守科学之公例大法而后可"。"艺"在此处有两层含义：一曰工作或才能，一曰美感。学社同人将二义并取，但更强调后者。他们认为，当时中国虽然在逐渐重视实务，但对美的追求却远远不足，无论器物、雕刻、绘画，还是建筑、音乐、戏剧，都"去美也愈远"。不仅如此，因缺乏识美之心、护美之术，本国"天然之美、历史之美"都丧亡殆尽，更有甚者，直言本国素无美之追求。在此背景下，学艺同人取"学艺"二字为刊名，用以象征求真求美之途，即以科学求真，以艺术求美，表达了同人欲以此刊来传播科学与艺术，培养真美之国民的目标。[①]

《学艺》杂志第一卷封面图案为一只展翅雏鹰立于学艺二字之上，虽然后来杂志的封面设计几经变化，但是从其演变过程来看（见图1.3），除第二卷、第十六卷、第十九卷是纯文字封面外，图画封面只有第三卷（共10期）采用了人物形象，其余封面主体皆沿用了创刊伊始的"雏鹰"图案，只是在细节上略微有所变化。由此可见，这只"雏鹰"对于《学艺》杂志而言是有特殊意义的。

鹰在西方文化中代表力量与威严，早在罗马帝国时期就是君主权威的象征。后来，德国、美国、俄国更是视鹰为各自民族国家的标志。《学艺》杂志上的这只"雏鹰"既不同于美国的"白头海雕"，也不是俄国的"双头鹰"，而是更像一只"普鲁士之鹰"（见图1.4）——头上带羽，振翅欲起。学艺同人为何如此偏爱德国鹰呢？这就不得不提及德国对于日本近代化的影响。

① 杨适夷：《说学艺》，《学艺》第1卷第1期，1917年4月。

1917年4月——1920年3月	1920年4月——1921年4月	1921年5月——1922年5月
第一卷（4期）	第二卷（10期）	第三卷（10期）
1922年7月—1930年	1931年—1936年12月	1937年
第四卷至第十卷（70期）	第十一卷至第十五卷（55期）	第十六卷（3期）
1947年1月—1947年12月	1948年	1949年
第十七卷（12期）	第十八卷（10期）	第十九卷（4期）

图1.3　《学艺》杂志封面历次变化

图 1.4　德意志第二帝国小国徽

1868 年 4 月，明治天皇颁布《五条誓文》，明治维新就此揭开序幕，而这也成为日本走向近代强国的起点。1871 年，明治政府派出由 51 人组成的使节团赴欧美进行为期一年又十个月的访问学习，使团以岩仓具视为正使，木户孝允、大久保利通、伊藤博文等为副使，这些人皆是明治时期的政治核心人物及政府的高层决策者，由此可见这次海外考察对日本改革之重大意义。[①] 在考察期间，日本使团为德国的铁血文明所吸引。此时的普鲁士刚刚以胜利者的身份结束普法战争，更重要的是，三百多年来德意志分崩离析的状态终于结束，民族统一大业得以完成，统一的德意志帝国最终建立。[②] 相似的历史际遇使得使团成员对德国经验尤为重视。德意志帝国实行的以保证君主充分权力为前提的普鲁士式君主立宪制度，正是明治政府所梦寐以求的。而德国靠实力强权、推崇民族至上的普鲁士精神也与日本尚武忠君的武士道精神相契合。因此，日本在维新改革过程中，政治、军事、教育、医学等方面都借鉴了许多德国的经验。因而在 19 世纪末 20 世纪初，整个日本社会都对德国欣赏有加。曾于 20 世纪初留学日本的章克标先生回忆道："在日本学德语比较便利，他们的军事和医学是取法于德国的，医学院都用德语教材，社会上通晓德语的人较多，课外补习德

---

① 　马克垚主编：《世界文明史》（中），北京大学出版社 2004 年版，第 551 页。
② 　丁建弘：《德国通史》，上海社会科学院出版社 2002 年版，第 221 页。

语的夜学校也较多……"① 资耀华先生在其回忆录中也提到："日本人当时很崇拜德国，不仅崇拜德国科学，还认为德国的普鲁士精神与日本的武士道是相通的。……日本有八个高等学校，分布在全国各大中城市，其中只有三高是以英文、法文为必修课，其他都是以英文和德文为必修课。"② 了解了当时德国文化在日本盛行的情况之后，就不难理解为何学艺同人会选择将德文书写于封面之上，并以德国"雏鹰"为封面主体了。此为原因之一。

原因之二在于，学艺同人认为德国实堪为中国之楷模，其历史经验对中国大有借鉴意义，而其中最重要的经验之一便是以学术救国。丙辰学社创始人之一的文元模就曾写道："十八世纪中叶之德意志，为何如国乎？诸侯割据，百政废弛，未多让于今日之我国也。迨拿破仑铁骑一至，全土为墟，主权国威，丧亡几尽。较诸我国今日尚能苟全性命于列强均势之下者，更有过之。"然而，就是在这样严峻的困境之下，德意志文明不仅没有覆灭，反而发扬光大，"希勒尔、歇鹅、菲希特、特莱奇克诸贤辈出，民德民智，焕然一新，三战三胜，遂建霸业"。在他看来，德意志的勃兴，虽然与政治家之运筹帷幄密不可分，但是"菲希特诸儒之功为尤多"，由此可见学术力量之大。反顾我国，虽然亦处于风雨飘摇之际，但有德国示范在前，"何异北辰在天，示我方向，吾人向之而趋，可也。"③

除上述两个原因外，笔者认为，原因之三是杂志同人欲以"雏鹰"来表达他们对祖国有朝一日能够实现富强文明的殷殷期盼。详言之，中国此时虽然仍去西方甚远，还是一只嗷嗷待哺的"雏鹰"，但只要学人以自己微薄之力发扬学术，以科学知识来"喂养"她，终有一天，她会像普鲁士雄鹰那样，振翅翱翔于世界东方。学艺同人之良苦用心，由此可略窥一斑。

根据《丙辰学社社章》之规定，编辑长负责"综理本社编辑事务"，全权负责《学艺》杂志的编辑发行事宜。因此，研究丙辰学社第一任编辑

① 章克标：《九十自述》，第45页。
② 资耀华：《凡人小事八十年》，生活·读书·新知三联书店2012年版，第32页。
③ 文范邨：《丙辰学社成立周年感言》，《学艺》第1卷第3号，1918年5月。

长吴永权，无疑是了解《学艺》杂志创办情形的"一把钥匙"。吴永权虽然在《学艺》杂志发刊不久，便因毕业归国而辞去编辑长一职，而现在也尚未发现他本人有关《学艺》杂志的私人记录留存于世，但是在其堂兄吴虞的日记中却零星记录了创刊伊始兄弟二人的通信与互动。从这些记录中，我们或许能窥得些许《学艺》初创之曲折。

1917年4月16日，吴虞得知堂弟吴永权主持《学艺》后，次日便和成都著名的书报商陈岳安议定了杂志的代派事宜，"君毅所办《学艺》，岳菴允代派三十份。"① 到6月10日，陈岳安就已在报纸上登载了《学艺》广告。② 岳菴，即陈登弼（1889—1927），字岳安，四川宜宾市江安县人，19岁时到成都就读于四川高等学堂分设中学。1912年中学毕业后投身成都报界"开山祖师"傅樵村门下，逐渐精通编辑、印刷、发行业务，成为成都著名的报人。1915年，陈岳安受傅樵村委托经营其设于成都昌福馆的"华洋书报流通处"，因而他又有了成都报界"大管家"之称。"书报流通处"经由岳安独立经营后，大量发售宣传新文化的书报杂志，为消息闭塞的成都"打开了一个窥测外部世界的窗口"③。陈岳安与吴虞私交甚密，吴虞平日所读的《新青年》《甲寅》《新潮》等杂志皆由其送来。正是有了吴虞牵线，"君毅所办"的《学艺》方能借陈之平台，与其他先进刊物一道向锦城学人传播新知。《学艺》第一期封底标明中华书局为其总代派处，但具体地点在成都，其代派发售很大程度上依赖于吴虞的私人关系。可见，社员的私谊网络在此过程中起的作用不可小觑。

除了经由专门的报刊代派处进行面向大众的发售外，通过名人在其私人交际网络内宣传，亦是《学艺》杂志传播的另一个途径。在吴虞的日记中，就有多次提到他将《学艺》杂志送与友人的记录。如1917年11月29日，《学艺》杂志第二期寄到后，吴虞立即将数册送与孙少荆、余啸风、刘培之等人。④ 1918年11月6日，吴虞给谢达送去《学艺》三本，还嘱咐

---

① 《吴虞日记》（上），第301页。
② 《吴虞日记》（上），第314页。
③ 中国人民政治协商会议四川省江安县委员会文史资料研究委员会编：《江安文史资料选辑》（内部资料）第5辑，1991年印刷，第32—33页。
④ 《吴虞日记》（上），第374页。

他转交杨沧白。① 陈希虞②、祝屺怀、席文光③等人也曾收到过吴虞的赠书。除了赠与友人，吴虞还把杂志捐给学校。仅在 1918 年 10 月 28 日，吴虞就送《学艺》杂志四本给四川法政学校，四本给华西协合大学，四本给杨少荃所办中学，四本给方言学校。④ 不仅如此，他还通过赠阅《学艺》杂志来帮助丙辰学社筹集资金。⑤ 吴虞此举，一方面将《学艺》登载的大量知识学术传播开来，拓展了读者的视野；另一方面，读者们得以了解并认同学社宗旨，或赞助、协助学社的发展，或直接入社，丙辰学社的社会影响得以不断扩大。

经过了第一期出版发行的摸索，到《学艺》第二期发行时，学社就有了几个具体的代派处：上海四马路棋盘街新学会社，上海四马路泰东书局；贵州毕节县南门杨槲林先生；四川成都金丝街七号宓齐先生，四川成都少城栅子街三十二号吴虞先生；北京各大书坊。由此来看，此时《学艺》杂志主要向上海、北京、四川、贵州四地发售。京沪两地向来是新思想新知识的盛行之所，是故杂志集中在这两地发行。至于学艺同人在京沪之外还着眼于川黔，则是完全由私谊网络所决定的。吴虞自不必说，宓齐本人便是丙辰学社 47 名创始人之一，而杨槲林则是创始人杨栋林、杨梓林之兄，且是丙辰学社名誉社员。相较于第一期，杂志第二期的发行更为规范。因邮税太重，第一期《学艺》杂志只好由丙辰学社社员周文昶从日本带回到成都，交给吴虞的也只有二十册。⑥ 而 1917 年 9 月第二期发行时，吴虞开始正式负责《学艺》在成都的代派，杂志由丙辰学社理事兼同乡的王兆荣直接从东京寄回，数量也增至五十册，而且对代派价格也作了明确规定，"每册八折发售，社中向代派处一律收六折"⑦。除陈岳安的"华洋书报流通处"，吴虞还联系了二酉山房作为代售点，每册收银 4 角 3 分。⑧

---

① 《吴虞日记》（上），第 427 页。
② 《吴虞日记》（上），第 402 页。
③ 《吴虞日记》（上），第 424 页。
④ 《吴虞日记》（上），第 424 页。
⑤ 《吴虞日记》（上），第 314 页。
⑥ 《吴虞日记》（上），第 333 页。
⑦ 《吴虞日记》（上），第 350 页。
⑧ 《吴虞日记》（上），第 358 页。

或许是因销量可观，1918 年 3 月 3 日王兆荣来信告知吴虞，他又补邮了四十册《学艺》杂志第一期。[①]

正当《学艺》杂志的编辑发行逐渐走入正轨之时，时局动荡影响了杂志的正常运作。《学艺》杂志第一卷是以季刊的形式发行，第一期出版于1917 年 4 月，第二期出版于 1917 年 9 月。以此推之，第三期正常情况下应大致于 1918 年 2 月出版。然而，直到 1918 年 6 月底，负责成都代派事务的吴虞才从孙少荆手中拿到一册第三期的《学艺》。[②] 在 8 月 26 日，吴虞还写信嘱托吴永权将第三期寄来。[③] 后来，他又于 9 月 14 日特意向王兆荣发函，申明第三期尚未寄到。[④] 终于在 10 月 29 日吴虞才收到王兆荣寄来的第三期杂志。《学艺》第四期于 1919 年 6 月次第完成[⑤]，但直到 1920 年 3 月才出版发行。究其原因，一是由于社员多忙于学业，分散于世界各地，致使社务松懈。二是由于学社经费不足，文稿缺乏，加之日本印刷工人同盟罢业，导致杂志出版一拖再拖。其三则是 1918 年 5 月段祺瑞政府与日本签订《中日共同防敌军事协定》，留日学生群情激愤，欲凭己力拒约救国，遂相议组成留日学生救国团，归国展开救亡活动。丙辰学社理事王兆荣被推选为救国团团长，包括丙辰学社社员在内的留日学生大量归国。[⑥]

四、归国运动

俄国十月革命后，日本欲趁苏俄政权尚未巩固之机，将西伯利亚和北部"满洲"纳入其势力范围。而沿中东铁路北入俄境，并以北满为后方基地成为其最佳选择。因此自 1918 年初开始，日本便开始与中方协商，欲获得派兵东北的合法依据，更重要的是扩大其在华利益，将侵略触角伸向东北。日本外务省在《日中同盟缔结之意义》中便毫不隐晦地表达了其侵略意图："根据日中同盟，帝国将取得绝大利益，即在军事上以协同作战为

---

① 《吴虞日记》（上），第 374 页。

② 《吴虞日记》（上），第 398 页。

③ 《吴虞日记》（上），第 413 页。

④ 《吴虞日记》（上），第 417 页。

⑤ 据《吴虞日记》（上）1919 年六月初五日记载，"东京小石川林町七十番地森方周昌寿丙辰学社通信处来信云，《学艺》四期编辑次第完成"。《吴虞日记》（上），第 465 页。

⑥ 《丙辰学社启事》，《学艺》第 1 卷第 4 号，1920 年 3 月。

理由,可在中国领土内之必要方面,自由出动帝国军队,而且在军事上当然以互相支援之名义,参与编练中国军队;尤为重要的是有利于我控制掌握军火制造的原料。在政治上,基于同盟关系,积极参与其内政,以便于从各方面扶植帝国的政治势力。在经济上,以同盟协作之名,开发其丰富的资源,努力开拓市场,以利于帝国经济的发展。"① 因此,当中日欲缔结军事密约的消息为留日学生获得后,立即引发了广大爱国学生的强烈抗议。

从 1918 年 4 月下旬开始,中国留日学生就纷纷集会商讨应对之法。是时,留日学生中的一些先进分子四处散发传单,进行集会,发表演说,鼓动留日同学回国开展爱国运动。5 月 3 日,东京帝国大学、东京第一高等学校等校罢课,并筹划归国事宜,许多学校予以响应。5 月 4 日晚,各省及各校代表在东京中华留日大商俱乐部举行集会,决定中国留日学生一致归国。5 月 5 日晚,代表们继续开会,决议组建"中华民国留日学生救国团",并确定了"救国团"的组织规则及回国活动方针,当晚还由各省各校各推举代表 1 人组成救国团干部,此为救国团之领导机构。同时,选举丙辰学社之王兆荣为总干事长,阮湘、张有桐为副总干事长,张皇、喻义、张心沛、温立、刘蒙等为财务、总务、文书、交际、劳动等部部长,其他代表均为干事。② 5 月 6 日,救国团干部在东京神田区一名叫"维新号"的中国饭店内继续召开秘密会议,商讨归国问题,当时便组织了十人先行队,待会议结束后便将消息带回国内。但是,当晚开会的代表遭到了日本警察的野蛮羁押③。7 日上午一经释放,干部们又转移地点,继续开会筹办归国相关事宜。因不断遭到日本警察的袭扰,原定于 5 月 8 日出发的先行队,直到 11 日才启程回国。

留日学生分三队归国:一队是上海先发队,由王兆荣、张有桐负责,

---

① 小幡酉吉传记刊行会编刊:《小幡酉吉》,1957 年,第 207 页。转引自张宪文等《中华民国史》(第一卷),南京大学出版社 2005 年版,第 283 页。

② 王兆荣:《关于一九一八年我留日学生反帝救国的留日学生救国团的回忆》,《秀山文史资料》第 3 辑,1986 年,第 55—63 页。

③ 王拱璧:《东游挥汗录》,见中国社会科学院近代史研究所《近代史资料》编译室主编《五四爱国运动》(下),知识产权出版社 2013 年版,第 370—377 页。

领导回沪学生；一队是北京先发队，由阮湘、王希天负责，通讯处为北京湖南会馆；一队为直接回到本省，设立救国团支部。至5月底，归国学生已达3000余人，尚有待发者1000余人，至6月初不下4000人，其中由陆路乘火车归东三省者400余人，由海道归广东、云南者800余人，此外未停沪上，直接回到各省的有900余人。① 大批留学生的陆续回国，使得接受中国留学生的11所东京学校颇受影响，甚至有几所学校不得不休校。

中国留日学生大量归国，丙辰学社社员也在这次活动中几乎全部离日。而学社理事王兆荣因肩负救国团总干事之责，奔走国事，不能兼顾社务，因此学社除维持《学艺》出至第四期外，其他社务暂告停顿。②

---

① 《留日学生大多数归国》，《民国日报》1918年6月5日。
② 《中华学艺社沿革小史》，《学艺》1933年第11卷百号纪念增刊。

第二章

从丙辰学社到中华学艺社

一、首度分散到再度聚集

1918 年西原借款案件被揭露后，留学生激愤不已，奔走呼号，以集体归国作为向日本抗争的手段。王兆荣领导留学生罢学归国运动，不能兼顾社务。丙辰学社成员陈启修、杨栋林、吴永权、杨梓林等人之前已毕业归国，其他成员多因此次运动而散处各地，消息鲜通，致使社务难以为继。

（一）北京、上海：归国社员的两大聚点

丙辰学社骨干社员归国后，星散四处。当时，国内的北京、上海成为许多留日学生归国后谋职的理想之地。关于这一点，留日学生周佛海在其早年回忆中曾写道：

> 我当时有两个打算：第一，最理想的是做北京大学的教授。因为五四的新文化运动以来，大出锋头。陈仲甫、李守常也都是那里的教授。做了北大教授，地位既可以号召，也有相当的虚荣。但是唯其如此，北大教授，是不容易到手的。想的人既多，而当时北京大学学阀的门，又关得相当的紧，那里能够如愿？第二，不得已而思其次，想到上海商务印书馆当编辑。看见很多留日同学，在那里任编辑，薪水最多的，每月是一百五十元。我想如果能得到每月一百五十元，也可心满意足了。但是谈何容易！商务的编辑，虽然没有北京大学教授那

样困难，但是也不容易到手。①

周佛海的这一想法，在当时的留学生当中应具有一定的代表性。丙辰学社的早期骨干中，陈启修、吴永权、杨栋林、杨梓林、屠孝实等谋职于北京，其中陈启修、屠孝实在北京大学任教，吴永权就职于北京法政专门学校，北京的教育机构成为许多社员的理想选择；另有一批社员则到上海安身，郑贞文、周昌寿等供职于商务印书馆。学者王建辉提到，在20世纪前半叶，位于北京的北京大学与上海的商务印书馆，一南一北，中国两个最重要的学术文化机关，构成了中国学术文化的一道景观，堪称中国现代学术文化的双子星座。② 以下笔者就陈启修、吴永权、郑贞文等骨干社员归国前后的情况，略做考辨。

1. 陈启修与北京大学

1917年1月，蔡元培正式就任北京大学校长。随后，教育部根据蔡元培之呈请，聘请陈独秀为北京大学文科学长。陈独秀随即到北京大学文科就职，他主编的《新青年》杂志社也由上海迁到北京，社址位于北池子箭杆胡同9号陈的住宅。③ 蔡元培大刀阔斧对北京大学进行改革，尤为重视吸纳优秀人才。在1917年1月18日致吴稚晖的信函中，蔡氏提到，"大约大学之所以不满人意者，一在学课之凌杂，二在风纪之败坏。救第一弊，在延聘纯粹之学问家，一面教授，一面与学生共同研究，以改造大学为纯粹研究学问之机关。救第二弊，在延聘学生之模范人物，以整饬学风。"④ 身为文科学长的陈独秀向蔡元培推荐了尚在美国求学的胡适，并直接向胡适发出邀请："蔡子民先生已接北京总长之任，力约弟为文科学长，弟荐足下以代，此时无人，弟暂充乏。子民先生盼足下早日回国，即不愿任学长，校中哲学、文学教授俱乏上选，足下来此亦可担任。学长月薪三百

---

① 周佛海：《周佛海回忆录》，龙文出版社股份有限公司1993年版，第32—33页。

② 王建辉：《中国现代学术文化的双子星座——北京大学与商务印书馆》，《北京大学学报》（哲社版）1999年第2期。

③ 王光远：《陈独秀年谱》，重庆出版社1987年版，第35页。

④ 高平叔：《蔡元培年谱长编》（二），人民教育出版社1999年版，第5—6页。

元，重要教授亦有此数。"① 胡适接受了蔡之邀请，于 1917 年 9 月就任北京大学教授。李大钊于 1918 年 1 月也进入北京大学，担任图书馆主任。陈独秀、胡适、李大钊等一大批人才加盟北京大学，壮大了学校的师资队伍。蔡元培采用"思想自由，兼容并包"的办学方针，实行教授治校，提倡学术民主。经过他的大力改革，北京大学面貌为之焕然一新，成为北方的知识重镇、学术的摇篮。

从东京帝国大学毕业后，陈启修回到祖国，并应聘到北京大学任职。关于陈氏归国前后的这段史实，刘南燕撰文指出：

> 1917 年 4 月，陈启修东京帝大毕业，留在日本参加留日学生爱国活动。1918 年 5 月，北京段祺瑞政府为了遏制苏联十月革命的影响在中国扩大，与日本帝国主义勾结，秘密签订了《共同防敌军事协定》，出卖中国领土和军事主权。中国留日学生为此集会抗议，遭到日本军警残酷镇压。为了反抗这次暴行，全体留日学生举行罢课，组织留日学生救国团，一批留日学生回国，在国内主要城市从事爱国宣传。陈启修以留日学生救国团代表的身份回到祖国。他先在上海开展活动，痛陈在东京受辱的情形，后来与黄日葵到北京，代表留日学生继续从事爱国宣传。……1918 年，经吴玉章推荐，陈启修受蔡元培校长聘请，到北京大学法学院任教授，兼政治系主任。②

此文交代了陈启修毕业的大致时间，特别是提到了他以留日学生救国团代表的身份回国后，在上海、北京积极从事爱国活动，之后入职北京大学。据西南财经大学图书馆收藏的《陈豹隐调研提纲》中记载："1917 年 4 月，陈启修从日本东京帝大毕业，留在日本参加留日学生爱国活动。1918 年 5 月，北京段祺瑞政府与日本帝国主义秘密签订了《共同防敌军事协定》，出卖中国领土和军事主权。中国留日学生组织留日学生救国团，一批留日学生回国，在国内主要城市从事爱国宣传。陈启修以留日学生救

---

① 中国社会科学院近代史研究所中华民国史组编：《胡适来往书信选》上册，中华书局 1979 年版，第 6 页。

② 刘南燕：《陈启修：第一位翻译〈资本论〉的中国学者》（上），《前进论坛》2003 年第 9 期。

国团代表的身份回到祖国。他先在上海开展活动，痛陈在东京受辱的情形，后来与黄日葵到北京，代表留日学生继续从事爱国宣传"①。常裕如在其著述中也提到："一九一七年四月，豹隐同志在日本东京帝大毕业，在日本参加了几个月的留日学生爱国活动之后，以留日学生救国团代表的身份，乘学生运动的东风回到祖国"②。上述几处说法大体一致，似乎足为定论。但笔者检诸史料发现，陈启修归国前后的几个问题尚值得进一步探究。

首先，陈启修何时回国？是否参与过留日学生救国团？

1917 年 9 月出版的《学艺》第 2 号有"附卒业归国之前职员"的记载，陈启修以丙辰学社前理事的身份记录在册。另据 1917 年 11 月 13 日吴虞在日记中记载："君毅来信（十月二十五日发），云前月倪公伟之如夫人来京，言在渝闻余已逝世，后得余函始知又属东坡海外故事，嘱余此后寄信勿谈政治。渠与陈惺农同住，每月收入二百余元纸币"③。惺农，系陈启修的字。如此看来，陈启修在 1917 年就已回到国内。鉴于《学艺》以及《吴虞日记》的记载时间较早，可信度较高，因此笔者认为陈启修应该是在 1917 年 9 月之前已经归国，并未参加 1918 年在日本组成的留日学生救国团。

其次，陈启修到北京大学任教的若干史实

陈启修是怎么到北京大学任职的？一种说法，是蔡元培慧眼识英才。郭沫若就曾回忆说："陈启修的政治论文被蔡元培看中了，聘去做了北京大学的教授"④。另一种说法，是由吴玉章推荐，蔡元培聘请。刘南燕之文章、《陈豹隐调研提纲》均提到，"1918 年陈启修经吴玉章推荐，受蔡元培聘请而到北京大学任教"。吴玉章是陈启修的四川同乡。吴玉章与蔡元培交往密切，且曾共同创办留法俭学会及华法教育会等组织，1916 年底同

① 《陈豹隐调研提纲》，西南财经大学图书馆藏。感谢西南财经大学法学院鲁篱教授及其研究生，帮助查阅了陈启修的有关资料。
② 常裕如：《著名经济学家陈豹隐的主要学术活动与学术思想》，《四川财经学院学报》1982年第 1 期。
③ 吴虞：《吴虞日记》上册，四川人民出版社 1984 年版，第 354 页。
④ 郭沫若：《创造十年》，第 25 页。

船归国。陈启修在《思想改造运动检讨书》中也说："1917 年在日本大学毕业后，一心想当国会议员，且因此而与友人创办中华学艺社，但未能如愿，后经吴老玉章（同学）的绍介，入北京大学教授，翌年即代理政治系主任，其后一直续充政治系主任。"① 思想改造书由陈启修个人书写，似应具有一定的真实性。由此，笔者认为，后一种说法的可能性大。

那么，陈启修是何时入职北京大学的？1917 年 12 月 8 日第 2 版《北京大学日刊》刊登了一封法科教务处致陈启修的信，信件内容为：

> 敬启者：本科一年级日文班人数过多，于教授上诸多不便，拟再另分一班。请阁下担任该班讲席，日前面商已承金诺，兹将授课时间表拟定送上，希即查阅赐复为荷，专此并颂公绥。

当日第 2 版"各科通告"也称："本科一年级日文人数过多，教授不便，现将日文甲乙两班改为甲乙丙三班，其丙班日文讲席请陈启修先生担任。"《北京大学日刊》第 27 期（12 月 11 日）"纪事"栏载有"编译会评议员选举票数表"，陈启修得到 3 票。《北京大学日刊》1917 年 12 月 25 日还提到："法科研究所于十二月十二日下午三时，在法科学长室开职员会，讨议各种规则及一切事务，是日到会者为法科学长王建祖、法律门研究所主任黄右昌、政治门研究所主任陈启修、经济门研究所主任马寅初"②。1918 年 1 月 20 日《北京大学日刊》第 51 号开列的《法科教员姓名及籍贯》，陈启修名列其中③。由此，笔者赞同刘会军教授之说法，陈启修于1917 年 12 月前已经入职北京大学④。笔者查阅陈启修在四川财经学院的干部档案，在《大专学校教职员简历表》中其填写的任职北京大学时间为1917 年 9 月，上有个人的亲笔签名。⑤

陈启修在北京大学讲授宪法、统计学、经济学、现代政治等课程，并

---

① 陈豹隐：《思想改造运动检讨书》，西南财经大学图书馆藏。
② 《北京大学日刊》1917 年 12 月 25 日。关于陈启修归国后的情况，感谢在网上交流、惜从未谋面的陈拓兄提供相关线索。
③ 《北京大学日刊》1918 年 1 月 20 日。
④ 刘会军：《陈豹隐传》，第 28 页。
⑤ 《大专学校教职员简历表》，西南财经大学档案馆藏。

参与行政管理工作。1919 年 8 月，在江天铎①、萧志仁②介绍下，陈启修与唐惟淑在北京中央公园来金雨轩举行订婚仪式，证婚人胡适（见下图）③。在陈启修的影响下，唐惟淑亦加入了丙辰学社。

　　1919 年 12 月 9 日，北京大学校长提出的行政会议委员名单（9 人），在临时评议会上经讨论通过。陈启修位列其中，出任预算委员会委员和图书委员会委员。1920 年 4 月，他又当选为政治学系教授会主任，12 日《北京大学日刊》特发启事："政治学系教授会主任，现经二年，任期已满。该系教授三人，互选结果，陈启修先生得两票当选。此后关于该系教

---

　　① 江天铎（1880—1940），广东花县人。1907 年毕业于日本早稻田大学。回国后曾任清廷则例局纂修。1910 年任京师高等警察学堂教习，讲授律例等课程。1912 年后，当选执业律师公会会长、众议院议员。1917 年后，任北京政府农商部次长及代理部长、水利局总裁、扬子江水道讨论委员会副委员长等。1922 年至 1924 年 3 月，任北京民国大学校长。1926 年任内务部次长。次年到上海执律师业。1940 年拒任伪华北学院院长职。同年病逝。参见周川主编《中国近现代高等教育人物辞典》，福建教育出版社 2012 年版，第 164 页。
　　② 萧志仁（1884—1939），字子敬，号一鸣，又号九嶷山樵。宁远人。1902 年（光绪二十八年）成县学生员。入两湖优级师范，结识黄兴、宋教仁等，加入同盟会。1911 年参与策划武昌起义，并参加保卫汉口、汉阳之战。起义后，任旅鄂湖南中学校长。1913 年任湖南强国工艺厂协理。次年赴日本东京法政大学肄业。1917 年归国，与龚昆竹、黄佑昌、侯凝等人先后创办北京《舆论报》、天津《正议报》。因撰文评议金佛郎案、曹锟贿选案，被曹囚于西苑，得冯玉祥援救获释。旋任北京警官学校教授、中国大学教授 10 余年，继任福建省禁烟局科长。1929 年任湖南省清乡司令部参议。因不满国民党统治，于 1930 年辞职回乡，任宁远县教育局长，创办宁沅鸟村师范。见《湖南历代人名词典》编委会《湖南历代人名词典》，湖南出版社 1993 年版，第 402 页。
　　③ 转见 http：// auction. artron. net/paimai – art5074682150/。

授上各项事务，请与陈先生接洽为要……"同年 10 月，陈启修以 23 票当选为评议员，并"被推为本会书记"。1921 年 11 月出任行政会议组织委员会委员，1922 年 12 月任组织委员会委员长。①

2. 归国后的吴永权

关于吴永权归国前后的情况，相关记载不详。不过，从其兄吴虞的日记中可获知一二。1917 年 6 月 29 日的《吴虞日记》提到："都伯约②来谈云，君毅欲运动众议院议员，恐难如愿，卒业后当往北京一行，谋一位置，未知何如"③。7 月 17 日，吴永权给吴虞寄信说："六月十四日试验毕，拟赴北京一行再作归计。"④ 可见，毕业之前的吴永权已有到北京谋职的打算。1917 年 9 月 1 日，他由东京出发，经朝鲜回国。到北京后，他担任北京法政专门学校⑤教授，并兼任北京大学特约讲师。之所以坚持留在北京，在吴永权看来，"北京究为吾国人材荟萃之地，所见人物较多，于四川且公道较彰，怀才抱器之士，来此间者不愁无用武之地。若在四川则徒遭白眼，终无发展之日矣。"⑥

吴永权意识到，归国前的美好理想和国内的现实之间存在着不小的差距。在给堂兄吴虞的信中，他感慨国内状况之不佳："初到此间，万物皆有沉寂之感，而人事则有不安之象。较之日本，恰成反对。日本则万物皆有生气，而人之气象则沉着异常。盖彼则行健不息，故有余力以整事物。此则作伪偷惰，无收拾事物之气力也。满人之亡，亡于驻防饱食无事，故能力消亡。中国之衰，似原于政治之腐败，而尤以作官为甚。一行作官，则利益多而劳力少。中国之最能销磨能力而利益最多者无如作官，且无需

① 《北京大学日刊》716 号（1920 年 10 月 14 日）、889 号（1921 年 11 月 11 日）、1139 号（1922 年 12 月 25 日）。

② 都伯约即都怀尧，丙辰学社创始人之一，与吴永权为四川同乡。

③ 《吴虞日记》（上），第 321 页。

④ 《吴虞日记》（上），第 326—327 页。

⑤ 民国初年的北京法政专门学校是由三所学校合并组成的，一是 1905 年由京师大学堂法律馆奏办的法律学堂，二是 1906 年由进仕馆改办的法政学堂，三是 1909 年清政府度支部设立的财政学堂。1912 年 5 月，北京政府教育部令这三所学校合并为一，定名为国立北京法政专门学校，派邵章为校长。参见吴惠龄、李壑编《北京高等教育史料》第一集（近现代部分），北京师范学院出版社 1992 年版，第 299—300 页。

⑥ 《吴虞日记》（上），第 351 页。

能力，故天下趋之若鹜。于是社会日益堕落，而国事遂败坏于冥冥之中矣。"① 吴永权与高一涵、陈独秀等人常相过往，密切关注时局变化。1921年，他由教育部选派赴欧洲进修，返国后继续在该校任教，兼经济系主任。

3. 商务印书馆中的中华学社社员

商务印书馆 1897 年诞生于上海，以"昌明教育"为宗旨，创办者为夏瑞芳、鲍咸恩、鲍咸昌、高凤池等。起初，该馆只是一个不起眼的"小作坊"，但经过数年的发展，逐渐成长为当时中国最大的出版企业。1907 年，商务印书馆在上海闸北宝山路建成印刷总厂及编译所。1909年，又将编译所收藏古籍善本和参考书籍的图书馆定名为涵芬楼，后改名为东方图书馆，对外开放。到 1914 年初，商务印书馆的资本增至 150万元，职工达 750 人，成为当时国内最大的集编辑、印刷、发行于一体的出版企业。在商务改革发展史上，张元济、王云五前后相继经理馆务，吸纳新式人才，大胆进行改革创新。关于商务印书馆馆史及张、王等主要人物，以往学者多有研究②，但对活跃其间的中华学艺社社员，则相对关注不够。

中华学艺社社员陈承泽、郑贞文、周昌寿等先后任职于上海商务印书馆。其中，陈承泽无疑是个关键人物。陈承泽（1885—1922），字慎侯，号说难、洗心，福建省闽县人。18 岁中乡举。1904 年自费留学日本，1906—1909 年间就读于明治大学。留日期间，"习法政，兼治哲理"，并加入了同盟会。1910 年前后回国，入上海商务印书馆编译所。1911 年，参加

---

① 《吴虞日记》（上），第 349—350 页。

② 宏观代表性研究著作如：［法］戴仁《上海商务印刷馆 1897—1949》（商务印书馆 2000 年版）、杨扬《商务印书馆：民间出版业的兴衰》（上海教育出版社 2000 年版）、久宣《商务印书馆：求新应变的轨迹》（利丰出版社 1999 年版）、李家驹《商务印书馆与近代知识文化的传播》（商务印书馆 2005 年版）、史春风《商务印书馆与中国近代文化》（北京大学出版社 2006 年版）、范军等《商务印书馆企业制度研究》（华中师范大学出版社 2014 年版）。对张元济的研究，如叶宋曼瑛《从翰林到出版家——张元济的生平和事业》（商务印书馆（香港）有限公司 1992 年版）、张荣华《张元济评传》（百花洲文艺出版社 1997 年版）、汪家榕《张元济》（上海辞书出版社 2012 年版）等；对王云五之研究，如蒋复璁等《王云五先生与近代中国》（台湾商务印书馆股份有限公司 1987 年版）、王建辉《文化的商务——王云五专题研究》（商务印书馆 2000 年版）、郭太风《王云五评传》（北京师范大学出版社 2015 年版）；等等。

辛亥革命福建起义，出任福建都督府参事会（后改政务院）秘书长。1912年上半年，曾短期出任南京、北京临时参议院参议员，未待正式国会产生即脱离政界。供职商务印书馆之余，陈承泽致力于研究国语语法，兼为报刊撰写时政论评①。

大约在 1913 年，郑贞文返日途经上海，由同乡陈承泽介绍，和商务印书馆的张元济、高梦旦见面。高梦旦也是福建长乐人，与郑贞文是地地道道的老乡。到日本后不久，受商务印书馆委托，郑贞文约集在日的文元模、周昌寿、林骙、谢六逸、罗鼎等 10 余位同窗，利用课余时间搜集资料，编写《综合英汉大辞典》②。1918 年郑贞文毕业后，应张元济之聘入商务印书馆，成为理化部的一名编辑③。据《商务印书馆编译所人员名册》所示，郑贞文的入馆时间是 1918 年 7 月 2 日。张元济在日记中记载了这一细节："日本留学理科郑君贞文，汉文极佳。与梦商，拟俟伊来沪时约与面谈，再定聘用否"④；"与梦商定，聘用郑贞文，月薪百五十元。"⑤ 150元，在当时来说已属高薪。1916 年 8 月 28 日进入商务印书馆编译所的茅盾，月薪仅 24 元⑥。对此，茅盾在回忆中多少有些愤愤不平："……而我的，是二十四元；据他（胡雄才）说，这是'编译'一级最低的工资。照例，工作一、两年，可以加薪，五元为度，如此递加，最高可达六十元，但那时你大概已在编译所熬上十多年。胡雄才又说，也有一进来就享受五十元以上高薪待遇的，那都是已在社会上做过事，薪水高，请他进来如果薪水低了，他肯么？但这，又要看介绍人的来头，如果介绍人就是编译所中的高级职员，也要看他的地位和势力"⑦。郑贞文能得到 150 元的工资，

① 岳秀坤：《"说难"不是胡愈之——兼议被遗忘的陈承泽》，《清华大学学报》（哲社版）2010 年第 4 期。
② 该书于 1928 年由商务印书馆出版，黄士复、江铁为主编，王云五、何崧龄、陈承泽等参与修订。辞典 1700 多页，收词 13 万余条，内容丰富，具有较高的参考价值。
③ 郑贞文：《我所知道的商务印书馆编译所》，《商务印书馆九十年》，商务印书馆 1987 年版，第 201 页。
④ 张元济：《张元济日记》（上），河北教育出版社 2001 年版，第 527 页。
⑤ 张元济：《张元济日记》（上），第 538 页。
⑥ 1916 年 7 月 27 日，张元济在日记中记载："星期四，用人：伯恒来信，卢鉴泉荐沈德鸿。复以试办，月薪 24 元，无寄宿。试办后彼此允洽，再设法。"《张元济日记》（上），第 123 页。
⑦ 茅盾：《我走过的道路》，人民文学出版社 1997 年版，第 119 页。

除了本人留学生的身份外，或许与陈、高的推荐密不可分。郑贞文入职后，又陆续介绍一大批留日学生到馆任职，如周昌寿、杨端六、何公敢、江铁等。

学社同人大多在商务印书馆编译所工作，当时的工作条件较为艰苦，据茅盾回忆："编译所在长方形的三层大洋楼的二楼。三面有窗，进门先是三个会客室，半截板壁隔成，各有门窗。一道板壁把这些会客室和编辑部大厅分开。这个大厅内有英文部，国文部，理化部，各杂志编辑部，但因各部人数多少不等，而大厅只有如许面积，不能隔成有规则形的小房，只能在统间混合办事，乍一见时，大小桌子横七竖八，挨得很紧，人声嘈杂，倒像个茶馆。编译所所长高梦旦也挤在这'桌阵'中，并没专用的办公室。"① 尽管如此，商务印书馆为许多中华学艺社社员提供了生存空间，为其展示个人才能、实现自身价值提供了场所。

（二）北京、上海的联手：上海事务所的成立

曾负责组织救国团上海先发队的王兆荣，到达上海后创办《救国日报》，积极开展爱国活动。留日学生救国团沉寂后，丙辰学社成员周昌寿、文元模充当了日本地区的通信人，杨适夷和郑贞文则分别担负起了北京、上海两地的通信任务。在他们的积极努力下，国内外社员的消息往来逐步恢复，且日渐频繁。1919 年 10 月，郑贞文赴山西太原，参加全国教育会联合会议。归途经过北京，与陈启修、吴永权、杨栋林、屠孝实等社员聚集，商议整顿学社办法，决定设机关于上海，"联络同志，共策进行"。在上海的王兆荣、陈承泽，在东京的周昌寿、文元模等，"咸赞斯意"，推举郑贞文为编辑主任。在诸多热心社员的支持和参与下，丙辰学社得以东山再起。

1.《学艺》继续出版

鉴于《学艺》所面临的困境，丙辰学社社员经与商务印书馆商妥，由后者负责《学艺》的印刷、代售等事宜，双方签订契约。据郑贞文回忆：

---

① 茅盾：《商务印书馆编译所和革新〈小说月报〉的前后》，《商务印书馆九十年》，商务印书馆 1987 年版，第 144 页。

1920 年，在北京及上海的社友们推我为临时总干事，打算复兴社务。我当即和商务协商，将《学艺杂志》改为月刊，年出十册（暑期停两个月），由学艺社负责编辑供稿，归商务排印发行。学艺社不收稿费，亦不出印刷费，营业盈亏由商务负责。此事由张元济、高梦旦的支持定议成约。学艺社同人公推陈承泽及我为编辑主任（陈担任社会科学，我担任自然科学）。①

1920 年 3 月，恢复出版《学艺》第 4 号。同期登载的《丙辰学社启事》有言：

> ……去岁春夏之交，各地消息始相往来。而又以经费不充，文稿过少，迟至残冬，方克付梓。继以日本劳动问题盛起，印刷工人同盟罢业，于是本志出版之期，又不得不一再迁延。今幸一切纷纭，均已解决，不绝如缕至本志，始得再见于国人，亦可谓本社不幸中之幸也。……方今百度改造，万象更始。我辈青年，何幸逢兹盛会。爰拟自来号改为月刊，由上海商务印书馆代印发行，以应时代之要求，振中邦之文化，庶几面目重新，精神愈奋，凡我同人曷幸乎。②

《学艺》首卷仅出四期，自第 2 卷第 1 号起改为月刊。刊物仍照原定宗旨进行，具体来说：

> 一、本志从科学艺术两方面，发阐自然及人生诸问题
>
> 二、本志以现在为立脚地，企图创造未来之文化，但仍不蔑视过去历史
>
> 三、本志发挥独立之主张，不受任何方面之支配及影响
>
> 四、本志对于各种问题，以研究的态度，发为切实之言论③

丙辰学社还专门成立了学艺杂志编辑处。第 2 卷第 1 号的《学艺》登载了《学艺杂志编辑处启事》，全文如下：

---

① 郑贞文：《我所知道的商务印书馆编译所》，《商务印书馆九十年》，第 209 页。
② 《丙辰学社启事》，《学艺》第 1 卷第 4 号，1920 年 3 月。
③ 《本志特别启事》，《学艺》第 2 卷第 1 号，1920 年 4 月。

一、本志为介绍科学及艺术之机关，取公共的态度，不分社内外人士，惠赐大作，一律欢迎。

一、本志文体及句读法，不加制限，听作者自择，要以简明为主，注释请分注于每段之后。插图须用他纸贴于应补入之处。

一、外国人名地名及专门术语，除习见者外，请注原字。

一、理科方面著作，不必强避高等数学，但解释务求详明。

一、本志登载顺序，先文科次理科，又次小说杂文通信。

一、本志取研究的态度，希望读者不吝评判，以资讨论。

一、所有来稿，无论登载与否，原稿恕不奉还，唯经特别声明者，不在此限。

一、编辑事务通信处如下：

日本东京本乡区森川町一番地本乡馆　　文元模君

北京西城石虎胡同七号　　　　　　　　杨适夷君

上海虬江路馨德坊一号　　　　　　　　郑贞文君

通过邮寄选票的方式，丙辰学社选定郑贞文、王兆荣为驻沪干事；吴永权、杨栋林为北京干事；许崇清、白鹏飞为驻日干事。《学艺》登载"特别启事"云："此后凡有关于本社一切事务，望即就近与上列诸君接洽"①。之后不久，许崇清因自日本归国，辞驻日干事之职，王兆荣因离沪赴都，辞驻沪干事职，丙辰学社推举刘骏业、周昌寿代替。前驻日本京都干事何崧龄回国，由陈达代替。② 鉴于欧美社员逐渐增加，又增设驻欧干事，推举周太玄、曾慕韩、张梦九3人担任。

2. "定居"上海

鉴于上海为"交通孔道，近来社务较繁"，丙辰学社决定于此处设立事务所。1920年9月，租赁闸北区宝通路顺泰里三弄18号，正式成立了上海事务所，推举郑贞文、周昌寿为干事。事务所附设图书阅览室，"楼下阅报，楼上阅书"。10月16日，丙辰学社同人在上海事务所召开会议讨论进行事宜，姜琦、傅式说、高维魏、高炯、李寿彤、王兆荣、邓萃英等

---

① 《学艺》第2卷第5号，1920年8月。

② 《丙辰学社纪事》，《学艺》第2卷第8号，1920年11月。

出席，"异地同志，欢聚一堂，颇极一时之盛"①。丙辰学社为何将上海事务所租定在"闸北区宝通路顺泰里"？关于这个问题，有必要在这里进行简要分析。

闸北区地处上海中心城区北部，东与虹口、宝山为邻，西与普陀、宝山毗连，南隔苏州河与黄浦、静安两区相望，北与宝山区接壤。上海开埠后，新闸及老闸的北面也开始发展，闸北之名旋即出现。1899 年，上海地方绅商为应对租界的大规模扩张，决定加速发展闸北，闸北遂逐渐成为上海华界的中心。第一次世界大战的爆发，为中国民族工商业提供了一个难得的发展机遇，中国资产阶级迎来了"黄金时期"，在上海最明显的表现即为华界闸北地区的崛起。华界因地价低廉，房租也低，房捐税率虽与租界相当，但实际数额则低很多。华界之中，闸北与南市相较，地价、房租、房捐都更低廉。此外，闸北的区位亦更为有利，与南市僻居一隅不同，闸北东、南、西三面被公共租界包围，与沪东、沪西工业区毗邻，遂使之成为"中等以下社会"居地之首选。闸北吸纳人口最突出时期为 20 世纪 20 年代初，此时上海地价暴涨，逼使居住租界的中下层居民纷纷迁到闸北、虹口一带。② 1922 年《申报》以"闸北添筑大批房屋"为题进行了报道。其中有言：

> 年来上海人口，以各地人士俱来谋生之故，日益增多，加以去年交易所发生，房屋价格，增加倍蓰，交通便利地点，房价尤为昂贵，一般市民之觅屋者，遂均以闸北、新闸、虹口等处为尾闾。各资本家迎合时机，在过去一年中，所造新屋甚多。即以闸北宝兴路一带而论，新造房屋，有兆丰里、海原坊及市房等六区，天通庵路有协隆里、浙江里、源源里、滋德里四区，约共四百幢以上。闸北青岛路本有继成里，亦有百余幢，业主为徐春荣，近徐又在青岛路清云桥相近，建筑一极大之里，占地约二十余亩，所造房屋，共有三百余幢，已于本月初动工，约至来春，可以竣工。按本埠最大之里，宝山路有鸿兴坊，新闸路有新康里，哈同路有民厚里，法大马路有首安里，均

---

① 《丙辰学社纪事》，《学艺》第 2 卷第 8 号，1920 年 11 月。
② 张笑川：《近代上海闸北居民社会生活》，上海辞书出版社 2009 年版，第 199—200 页。

有数百余幢。此里一成，其范围当不下于上述四里也。①

作为上海居民主要居住形式的里弄，在民国年间增长很快。1909 年，闸北一带仅有里弄 30 条，1911 年为 39 条，到 1926 年已达到 721 条，比 1911 年增长了 18 倍。而这与闸北地区交通的日益便利密不可分。从 1900 年闸北工程总局成立始，便着手开辟道路。为了打通和南部租界以及县城的交通，在东部修筑了宝山路，走向基本和淞沪铁路平行，为闸北东部的南北干道。后又修建了新大桥路、新闸桥路、海昌路、宝兴路。民国以来，又修建了宝昌路、宝源路、宝通路、虬江路等多条马路，这些马路的建造进一步加强了区域内部的交通联系，使闸北的内外交通问题得到了基本解决。宝通路建于 1915 年，几年后顺泰里（1920）、华益新村（1920）等里弄在这条路上落成。顺泰里，后改名乐善里，共有 4 个弄堂口，至今仍坐落于上海宝通路上。问起弄堂里面的住户，几乎没有人知道中华学艺社，但个别的老住户还能依稀记起位于弄堂北边不远的商务印书馆。②

关于顺泰里的具体变迁，笔者掌握的资料并不完整。中国近现代史上很多的名人曾在这个弄堂居住过，如茅盾、叶圣陶、瞿秋白、王伯祥、顾颉刚等。1923 年 10 月 31 日，《顾颉刚日记》载："文学研究会租宝山路顺泰里一弄一号房屋，留集会处外，转租与伯祥，圣陶，六逸，重九弟。"③陈布雷在回忆中写道，"六月应商务印书馆之聘，赴沪任《韦氏大学字典》编译之职，冯君蕃五所介绍也。既至沪，与蕃五同寓于宝山路顺泰里，每日入所工作七小时。"④ 1923 年 4 月，中共中央机关由北京迁到上海，瞿秋白随之来到上海，主编中共中央机关刊物《新青年》，随后担任上海大学教务长兼社会学系主任。1924 年 11 月，瞿秋白与杨之华在慕尔鸣路结婚。当年年底，他们从慕尔鸣路搬到闸北宝通路顺泰里 12 号，与沈雁冰为

---

① 《闸北添筑大批房屋》，《申报》1922 年 10 月 16 日第 13 版。

② 2015 年 8 月下旬，笔者在上海图书馆陈刚先生的带领下，驱车到宝山路、宝通路一带，找到乐善里，以及商务印书馆的旧址所在地。如今的商务印书馆旧址上，一幢幢的居民楼矗立在那里，看不到了当年的影子。

③ 顾颉刚：《顾颉刚全集·顾颉刚日记卷一》，中华书局 2011 年版，第 412 页。

④ 陈布雷：《陈布雷回忆录》，东方出版社 2009 年版，第 92 页。

邻①。如此看来，顺泰里在当时聚集了众多知识分子，是他们的安身立命之所。这些人平日穿梭于弄堂之间，酬酢往来，分享其对日常琐事、国家大事的感悟，共享交流切磋之乐。

（三）学社的小发展

上海事务所落定后，东京、北京两处事务所也先后成立。东京干事为白鹏飞、张资平，北京干事为陈启修、杨栋林。丙辰学社的一切事务由三事务所干事商议进行，以上海事务所为主体，"自是社务逐渐发达，遂分设事务所于各省要地，及英法德美各国都会。"②丙辰学社之总务，如会计、登记社员进退、编辑社报等，由上海事务所办理。地方社务，由各地已设之干事"就近接洽进行"。国外社员的相关事务如缴费、介绍社员、投稿等，"可由各在地干事转交"。

1921年5月1日，丙辰学社东京社友在东京帝国大学校内第二控所，召开恳亲演讲会，20余人参加。来自上海的何熙曾社友出席会议，介绍社务进行情况及国内局势。继之，张资平演讲"地球之年龄"、殷汝劼演讲"近代人之烦闷"，"以时间太短，均未能畅所欲言，而鳞爪灿然，已属不可多得。"8日，东京社友为即将回国的何熙曾、吴善、罗志濂等9人饯行，同时欢迎郭沫若、马宗荣等24人入社。会上，请何熙曾演讲"内国工业之现在及将来"，"何君根据学理，切应事实，现势沿革，如指诸掌，而于煤铁富强之源，地官矿人之政，尤为详尽无遗，听者大悦。"③

同年12月5日，为丙辰学社成立五周年纪念日，上海、北京、东京等处干事召集学社同人就地开会。当日莅会者，上海17人，北京25人，东京14人。其中，上海方面召集了杭州、苏州、无锡、南京等地社员共同开会纪念，会议讨论修改章程，议决：1.分配杂志。以前是按期分配《学艺》杂志1册，改为月刊后，改送特价券1张，"由社员自行购定，行之两年咸感不便"，经讨论自第4卷第1号起恢复旧办法。2.增加社费。过

①　熊月之：《瞿秋白与上海》，见汤淑敏等主编《瞿秋白研究新探》，南京大学出版社2003年版，第529—530页。

②　《丙辰学社之回顾》，《学艺》第5卷第2号，1923年6月。

③　《丙辰学社社报》，《学艺》第3卷第3号，1921年7月。

去每年缴纳常年社费 2 元，决定自本年起改为 3 年，仍分两次征收。3. 刊社员录。议决由"各处干事协力将各社员通信地址详加调查"。4. 关于此后进行计划，"多有建议，当即向各处干事提出，俟征得同意后，再行发表"。① 东京社友五周年纪念会于位于东京帝国大学校内的第一集会所召开，"时值学款无着，此间人心皇皇，如临饥馑；而莅会者仍能从容镇静，联袂偕临，其坚贞之度，殊足为吾社前途贺也。"纪念会上，王谟演讲"太平洋之地理学的观察"，史尚宽演讲"我国通商条约之改订问题"，廖嗣兰介绍"广州市最近之设施"，王桐龄演讲"北京十年来之状况"，"均洋洋洒洒，务去陈言，条贯赅实，抒为名论"②。京都社友在京大青年会举行纪念活动，与会会员达到 16 人。会上除报告学社历史、各地社员状况及杂志变迁外，社员们就学社发展畅所欲言。有的社员提出，《学艺》杂志宜分文、理两种，月出 2 册；或主张文、理两种交换或按月刊行；或将过偏于一方的研究各稿汇齐，间出特别号。还有的社友提出，正社员间宜分配（按期）杂志，增收社费，这一建议得到大多数与会者的赞成。还有社员提出，每年学社社务、发展状况，应有一次总报告；《社员录》应每年单刊一次，附录于每年总报告之后；新入社社员按月登载于杂志末尾。③

1922 年春，因"社务渐繁"，上海、北京、东京增设干事 2 人，干事增至 4 人。上海方面，范寿康、郑贞文、李希贤、周昌寿 4 人当选；北京方面，吴虞、李贻燕、王兆荣、周建侯 4 人当选；东京方面，龚学遂、刘文艺、杨敬慈、危诰生 4 人当选。同时，推举吴永权（英国）、戴夏和陈大齐（德国）、姜琦（美国）、杜国兴（日本京都）、高炯（南京）、钱宝琮（苏州）、艾华（武昌）、许崇清和黄毅（广州）、陈文祥（长沙）、胡嘉诏（奉天）、何熙曾和刘骏业（福建）、杨梓林（天津）、许泽霖（四川）、钟毓灵（云南）、朱章宝（杭州）为各地干事。④

1922 年 10 月，留欧社员陈大齐、吴永权、戴夏、曾琦提出"发刊有系统的丛书意见书"，上海事务所将这一建议分送各地事务所征求同意。

---

① 《丙辰学社社报》，《学艺》第 3 卷第 8 号，1922 年 1 月。
② 《丙辰学社社报》，《学艺》第 3 卷第 8 号，1922 年 1 月。
③ 《丙辰学社社报》，《学艺》第 3 卷第 8 号，1922 年 1 月。
④ 《丙辰学社社报》，《学艺》第 3 卷第 10 号，1922 年 5 月。

北京、东京、武昌、上海等处召集社员开会讨论,皆大体予以赞同。12月,上海社员大会推举陈大齐为委员长。上海事务所承东京社员会之委托,与北京干事及陈大齐往返磋商,拟订《发刊学艺丛书简章》及《学艺丛书委员会简章》,并推举陈启修、文元模、许崇清等社员 25 人为学艺丛书委员会委员。继《学艺》之外,中华学艺社推出"学艺丛书",作为其传播知识、推进学术的又一途径。

二、改名为中华学艺社

随着学社规模的壮大和事务的不断增多,丙辰学社领导层意识到,"迩来改用干事制度,社务渐举。特因未有系统的组织,尚未能积极进行,同人等鉴于旧章之难行,及现制之有限,再三讨论,佥以社章有根本修改之必要"①。因此,修改社章进入学社之日程。

围绕修改社章之总体方针和具体内容,东京、北京、上海、武昌事务所召开会议进行讨论。1922 年 11 月 11 日,东京事务所在东京神田中国青年会召开社员大会,主席杨敬慈报告东京社务及北京、上海之情形,并讨论此后应办事务。关于"修改社章",建议以上海诸干事为起草委员,参考社员之提议,提出社章中:(甲)社名改作"中国学艺社";(乙)删除"名誉社员"一项;(丙)社务内增加"刊行丛书"一项;(丁)删除"评议部"一项;(戊)"宣言书"宜删去。此外,会议还呼吁社员"多谋会合",加强彼此间的联络。讨论结束后,费鸿年、陈尧成等社友提议,应在相当地点设立社员俱乐部、浏览图书等,以加强社员间的联络。② 12 月 2 日,北京事务所在撷英馆举行六周年纪念会,到会社员 40 余人。主席王兆荣报告社务状况,并就修改社章及讨论情况发表了自己的看法。他提出,"因现章于社务进行,诸多不便,大体均认为有修改之必要,惟时间短促,未及即议,应将草案分配各社员研究签注,汇交上海干事,然后另行正式提出"③。12 月 10 日,上海事务所举行六周年纪念会。会议讨论改

① 《改订丙辰学社社章草案》,《学艺》第 4 卷第 8 号,1923 年 2 月。
② 《丙辰学社社报·本社东京事务所报告》,《学艺》第 4 卷第 6 号,1922 年 12 月。
③ 《社报·北京事务所报告》(其一),《学艺》第 4 卷第 8 号,1923 年 2 月。

订社章及今后进行方针，决议在新章未通过之前，暂以上海事务所代行总事务所职权，选举郑贞文为首席干事，暂行总干事职权。① 12 月 24 日，东京事务所召开六周年纪念大会。大会讨论修改社章草案，选举正、副临时总干事，郑贞文、周昌寿当选。② 12 月 31 日，武昌事务所召开茶话会讨论社务之进行，陈雪涛、周菊村等 13 人参加，与会者对于社章草案大致赞成。③

　　上海事务所"广采众长"，于 1923 年 2 月拟定了新社章草案，向全体社员征求意见。草案的大致内容是：1. 更改社名为"中华学艺社"。东京社员主张用"中国学艺社"，上海社员主张用"中华学艺社"，最终采用"中华学艺社"。2. 废止评议会，以地方干事代其职权。3. 废止理事长名称，改用总干事。4. 改革总干事选举法。5. 废止名誉社员制，得票多数者即可当选。6. 废社员总会为年会。④ 关于改名"中华学艺社"的原因，修正后的社章草案予以详细说明，扼述如下：

　　　　本社原名"丙辰"，除纪念创立岁次外，无所取义。然干支纪年，原系旧习，自改新历，早不通用。数十年后，恐无能道"丙辰"距该时为若干岁者，则并纪念创立岁次之意，亦将不存，一也。立社之初，社员不过数十，今则几臻十倍，多数社员对于"丙辰"岁次，不能发生情感，二也。本社继以昌明学术促进文化为宗旨，则对外国之关系，自不能不预顾及，"丙辰"二字，无从翻译，三也。名以副实，"丙辰"不足以表本社之内容，四也。《学艺杂志》，销行较广，社会上多误认为"学艺杂志社"所发行，反鲜知有"丙辰学社"之存在者，故不如径以"中华学艺社"为社名，将来发行丛书，设立图书馆，皆可以"学艺"二字冠之。顾名思义，殊觉适当。⑤

　　截至 1923 年 5 月 31 日，丙辰学社社员共 559 人。社章草案发出后，

---

① 《丙辰学社上海事务所社务报告》，《学艺》第 4 卷第 7 号，1923 年 1 月。
② 《社报·东京事务所报告》，《学艺》第 4 卷第 8 号，1923 年 2 月。
③ 《社报·武昌事务所报告》，《学艺》第 4 卷第 8 号，1923 年 2 月。
④ 《改订丙辰学社社章草案》，《学艺》第 4 卷第 8 号，1923 年 2 月。
⑤ 《改订丙辰学社社章草案·中华学艺社社章》，《学艺》第 4 卷第 8 号，1923 年 2 月。

得到来自四面八方社员的积极响应。到截止时间 6 月 10 日，赞成者 238
人，附带条件者 10 人。根据旧社章第 6 章第 71 条 "本社章有社员总数全
体三分之一以上之同意始得变更"，238 人超过 187 人（1/3，共 559 人），
新社章得以通过，自 6 月 10 日起正式施行①。《学艺》第 5 卷第 2 期公布
了修订后的《中华学艺社社章》，丙辰学社改为中华学艺社，以上海为总
机关所在地。②

根据新社章之规定，中华学艺社进行了干事选举。1923 年 7 月 12 日
发出正、副干事选举票，截止 11 月 11 日期满共收到选举票 197 张，郑贞
文以 144 票当选总干事、周昌寿当选副总干事。根据社章推举出各科干事：
庶务科干事何崧龄、林骙、郑尊法，文牍科干事江铁、陈掖神，会计科干
事周桂徵、费敏士，编辑科干事范寿康、郭沫若，交际科干事陈启修、许
崇清、艾华、杨梓林、曹慕管、刘海粟、吴瀚淘、温晋城、潘炳华、林
本、李濂钵。12 月 30 日，中华学艺社召开第一次总事务所干事会议，"并
办交代"，定于次年 1 月 1 日各科干事就职，总事务所正式成立，并呈报
教育部予以立案。③ 随后，总事务所又增聘王兆荣、吴永权、杨栋林、陈
达为交际干事；推举曾仲鸣为驻法交际干事，魏国霖为驻日交际干事；美
国西部干事康纪鸿回国，改由李伯贤接替。④

总社更名后，各地事务所振奋精神，积极开展活动。国外方面，东京
事务所于 1923 年 5 月 12 日在神田中国青年会召开会议，刘文艺、杨希慈、
滕固、吴岐 4 人当选本年度干事，改事务所为本乡追分町八（刘寓），并
提议：1. 拟请临时总干事速立募款计划，与组织总事务所同时进行，以固
学社基础；2.《学艺》之佳作，宜选印单行小册，以飨读者；3.《学艺》
之表题目录，宜用外国原文，以便与外国交换杂志，预贮将来图书馆之材
料。⑤ 6 月 20 日，东京事务所举行社友会，庆祝中华学艺社改名，共有 60
余人参加。先由刘文艺报告开会宗旨及改名经过，郑贞文演说学社过去的

---

① 《社报·本社新章正式通过报告》，《学艺》第 5 卷第 2 号，1923 年 5 月。
② 《学艺》第 5 卷第 2 号，1923 年 5 月。
③ 《社报》，《学艺》第 5 卷第 7 号，1923 年 11 月；第 5 卷第 8 号，1924 年 1 月。
④ 《社报》，《学艺》第 5 卷第 7 号，1923 年 11 月。
⑤ 《社报·东京事务所报告》，《学艺》第 5 卷第 2 号，1923 年 5 月。

历史、现在之情形及将来之希望，丁乃刚、马伯援先后演说。随后是有关社务讨论的自由发言，林本、李宗武、方乐周、谭勤余等发表意见，"对于《学艺》之内容，有主张提高程度者，有主张降低程度者，有主张文理分科者，有主张多出专号者。又有提议举行暑期讲演及发行小册子者"。郑贞文一一予以解答，最后决定：1.《学艺杂志》内容仍以现在之程度为标准，不必降低；但过于专门之著作，另刊论文集，不在《学艺》杂志上发表。2. 随时发刊专号，如社员中见有某种问题可以发行专号时，即由发起人招集同志，分任题目，议定办法，负责募稿；一面通知《学艺》编辑处，分函专习此科之社员，广征稿件。3. 随时刊行小册子，或用《学艺汇刊》名义，或用《学艺小丛书》名义，由总事务所酌定。4. 利用暑假联合社员随地举行演讲会，详细办法由总事务所拟定。① 6 月 24 日，京都事务所也举行会议纪念中华学艺社改名，并欢迎总事务所干事郑贞文，33 人出席。讨论事项如下：1. 史维焕提议，以学社改名通过之日为本社纪念日，《学艺》应出一期纪念号；2. 孙德修提出，本年为经济学大家亚丹斯密二百年纪念，由《学艺》杂志刊出"亚丹斯密专号"；3. 郭心崧提议，《学艺》分文理二类，隔月出版，各出一册。②

国内方面，长沙、上海、杭州、南京等地事务所较为活跃。7 月 7 日，长沙事务所开会，社员 10 人参加，会议推举胡庶华为长沙干事。杭州、上海事务所于 8 日召开会议，其中前者增加方文政、杨奎明 2 人为事务所干事；后者由郑贞文报告赴东情形，并由在座社员认定担任《学艺丛书》若干部。同月 12 日，南京事务所召开第一次南京社员会，兼新年恳亲会，"除离省社员外，几全部出席，可称盛会。"干事高士光报告一年来社内情形；商议组建江苏事务所，推举陈鉴湫、熊啸南等 7 人为筹备员。会上，姚律白提议创办《学艺旬刊》，以"登载通俗之科学与艺术，及介绍新智识"为主旨，经与会会员讨论，"谓此议于原则上极应举办，而实行时于（甲）经费（乙）文稿两方面，非有充分之预备不可，在宁社员只能担任

---

① 《社报·东京事务所报告》，《学艺》第 5 卷第 3 号，1923 年 7 月。
② 《社报·京都事务所报告》，《学艺》第 5 卷第 3 号，1923 年 7 月。

（乙）项，故议决作为建议案提交总事务所议决，详加研究，再行举办"①，等等。

三、中华学艺社的早期活动

改名后的中华学艺社，组织机构不断完善，各项事业得以次第展开。1924年1月，王兆荣、何崧龄两社员提出筹办学艺大学案，经总事务所干事会决议，组织学艺大学筹备委员会，推举王兆荣（委员长）、何崧龄、范寿康、周昌寿、郭沫若为委员。一面组成募捐委员会，王兆荣（委员长）等25人为委员。之后，学艺大学得以开办。按照社章，中华学艺社每年召开年会一次。1924年3月15日，中华学艺社假杭州省教育会召开了首届年会，各地均有代表与会。关于学艺大学、年会，留待后文详述。改名之后的几年里，引起中华学艺社格外关注、参与的几件事，笔者于此略作梳理。

（一）日本震灾后的调查与救护

1923年9月1日，日本发生大地震。地震波及方圆六千平方英里的地区，东京大部分地区被毁，横滨港变为一片废墟。地震发生后，中华学艺社总事务所与上海教育团体联合发起上海中华教育团救济日灾会，于9月5日正式成立，中华学艺社被推为干事部之一，郑贞文任文牍干事，刘友惠任交际干事，林骙被推举为该组织代表。中华学艺社总事务所旋即推举林骙、张炽章赴日调查慰问，协助开展救护工作。二人于9月7、8日启程前往日本。张到神户后，因病先期回国。林与东京干事吴岐、社员萨孟武等人冒险进入东京，以留东中华学艺社社员为中心，"从事调查全体留学生被灾情形，设法救护。"②受总社指派，东京社员马宗荣协助林骙等同人的救护工作。他致函郑贞文，详细报告了其在日本地震发生后的所见所闻，载于《学艺》杂志上，及时提供最新震灾信息③。《学艺》杂志注意登载灾后归国社员之名单，第5卷第5期登载了留日黔籍社员傅少华对震

---

① 《社报·南京事务所报告》，《学艺》第5卷第8号，1924年1月。
② 《社报》，《学艺》第5卷5号，1923年9月。
③ 《马宗荣君来函论日本震灾事》，《学艺》第5卷5号，1923年9月。

灾后贵州社员受损情况进行的详细调查。

9月9日，上海社友会在汉口路、广西路口之同瀛会召开，社员10余人参加。郑贞文报告了日本震灾及社员东渡等事宜。与会社员推举何崧龄、朱念祖、温晋城为募捐代表，何崧龄、陈披神、阮湘、余祥森、温晋城、徐世民、高铦、夏桂征、林尊雄、资耀华为临时干事，每星期每人轮值1日，帮助原有干事办理一切事务；选派资耀华赴东京，协助林骙开展工作，并由社员临时捐款300余元，"为此次协济日灾之临时费用"。①

10月12日，林骙回到上海。14日，上海中华教育团救济日灾会假座一品香召开茶话会，到者10余人，由郑贞文主持。关于个人行程及日本灾后情况，林骙报告如下：

> 林君于九月七号由沪乘上海丸东渡；十日抵大阪即投慰问文一篇于《朝日新闻》。十三日抵东京，吾国内地赴日各代表中最先抵灾区者，以林君为第一人。林君抵东后，即与本社东京干事刘文艺君，社员傅少华王泽民萨孟武叶雪汀资耀华（资君后到）诸君设临时事务所于本乡西须贺町村田方，从事调查。是时距震灾火灾已将旬日，吾国留东学生方面，已有日华学会出为救济，于第一第二中华学舍之外，更假第一高等学校明寮收容罹灾学生。对于衣服全烧者，赠以单衣蔽体；对于受伤者，送入医院疗治；对于归国之学生，为之向日本邮船会社交涉备船免费送回；不分曾否罹灾，凡归国者，每名送川资五十元，以资使用；故学生方面几无急待赈救之问题。且带去之款，为数有限，若即以分配被灾学生，势必顾此失彼；故决定先从调查被灾学生情形入手。因列表格，分姓名，年龄，籍贯，学校（科别级别），费别，灾前住所，灾后住所（或已回国），受灾状况，学校存否，备考等项，请各省同乡会代表或经理员帮同负责调查，得有详细报告。②

不难看出，日本发生地震后，中华学艺社积极予以应对，通过各种途

---

① 《社报·上海事务所报告》，《学艺》第5卷5号，1923年9月。
② 《社报》，《学艺》第5卷第6号，1923年10月。

径开展在日社员的损失调查与灾后救护，为此次赈灾中不可忽视的一支民间力量。

（二）关于庚款问题的意见

1923 年 3 月，日本议会通过议案，以庚子赔款的一部分兴办中国文化事业。此议一出，立即引起国内各机关、学术团体的广泛讨论，中华学艺社亦参与其间。3 月 21 日，中华学艺社社员张季鸾、胡政之、殷亦农 3 人宴请日本上海总领事船津辰一郎及驻沪日本新闻记者团。席间学艺社同人表示，"关于此款之运用，当容纳我国人士之意见，并宜于我国文化中心地，设立图书馆博物馆及较完备之学术研究所等。在座日人，甚表同意。当即电达日本当局及各大新闻"。北京政府派朱念祖、陈延龄与日本进行接洽，也提出了大体一致的建议。4 月中旬，东京社员宴请日本新闻记者，重申前述主张。6 月初，中华学艺社总干事郑贞文赴日，拜访与此事有关之日本朝野人士，讨论具体办法。他主张先于上海、北京两处设立图书馆、博物馆、研究所，上海方面以研究自然科学为主，北京方面以研究文化科学为主，数年之后分期筹设图书馆于各省省会，"颇得日人赞成"。

7 月中旬，日本派遣对华文化局主任事务官冈部长景及东京帝国大学医科学长入泽达吉博士，带领译员及学生数人来华，视察文化事业，《申报》对此进行了及时报道。视察团一行于抵沪后当日参观圣约翰大学，晚间郑贞文等在一品香大厅设宴款待，名誉社员蔡元培、北京农业大学校长章士钊作陪。蔡元培因须启程赴欧，扼要表达了他对日本政府提出庚子赔款用于在中国办理文化事业的赞许，"至于措施之法，则完全赞同学艺社所发表设立图书馆博物院研究所之主张。若夫设置次第，则主张宜先在北京开办博物院、图书馆，搜集古物古书，然后分门研究"。郑贞文致欢迎词，入泽博士致谢词，冈部氏提出，"日政府此次特拨巨款发展东洋文化事业主旨至为深远，欲于世界文化上有所贡献，其效果预期在五十年或一二百年之后。区区之款，本不足办此空前之事业。今惟首发其端，仍冀两国合力而发展之"；"至于具体方案，现尚未定。此行往各处调查，将以备实施之参考"。章士钊在演说中提到，"欧战以后，欧人已觉物质文明缺点甚多，欲以精神文化补救之。日本物质文明业已表现实力于世界，今后希望融合两种文明，与中国切实提携，发扬东方文化之光辉。"中华学艺社社员林骙、郭沫若、范寿康也纷纷发表了自己的意见①。

中华学艺社制定了"分年创办中华各省会图书馆案"，以每年退还庚子赔款 150 万元为范围。计划第一年度创设上海、北京图书馆，第二年度设立武昌等地图书馆五所，第三年度设立上海研究所（以理工方面为主）、北京研究所（以文史方面为主）。学社认为，"上海为交通孔道，实业中心，各项设备较为完全。故以设置理工方面的研究所为便；北京有历史上的关系，为文物荟萃之地，故以设置文史方面的研究所为宜"。第四年度设立上海、北京博物院，第五年度以后按年增设图书馆三所，至第九年全部完成。计划建成图书馆 22 个，研究所 2 个，博物馆 2 个，共计 26 个，"以九年创办之力，除研究所博物馆不计外，可设图书馆二十所，凡中国各省要地无不遍及。而自第十年度以后，每年经常费合计 150 万圆，以所余之 50 万圆作公积金，则从此以往经常费用源源相继，不患无着，树永久之计划，立文化之根本，实舍此莫属焉。"②

1923 年 12 月，汪荣宝与朱念祖等与日本方面确定了协议（草案）。协议规定，以庚款用于中国人所办的文化事业，在北京设立图书馆、精神科学研究所，在上海设立自然科学研究所，于适当地点设立博物馆；在济南设立医科大学及附属医院，在广东设立医学校及附属病院。另外，对于留日中国学生亦定有补助学费办法。1924 年 2 月，中华学艺社发表《中华学艺社第二次关于日本对华文化事业之意见》，对此协议"大体可表赞同"；当然，也有不同的意见，主要是"惟本社提案颇留意于文化之普及，故于上项施设之外曾主张分年在各省省会分设规模较小之图书馆，此项希望全为日本当局所忽视"，"至于此后实际进行上本社以为，图书馆及研究所之馆长所长以及各评议会委员之人选问题，大有慎重考虑之必要"。中华学艺社认为，日本此次退还庚款以兴办中国文化事业，"不特可以发挥东亚之文明，实亦中日两国国交前途之曙光。本社深望日本当局于此时机，能

---

① 《日本调查文化委员到沪》，《申报》1923 年 7 月 21 日。
② 《社报·附对于日本以庚子赔款兴办文化事业本社同人发表意见的经过》，《学艺》第 5 卷第 3 号，1923 年 7 月。

取最适当之措置，以收最圆满之结果。"①

围绕各国退款兴学，1924年6月29日中华学艺社召集总事务所干事会议，讨论对于各国退款兴学问题，决定一方面阐发学社大体之主张，一方面组织委员会，详加研究，"冀得一较普遍而公允之用法，以供当世参考"。大体意见如下：

……惟若何设施，而后确能使我国文化收促进之效，诚为第一步应行研究之重要问题。本社同人，窃以为一国之文化，一方固甚有赖于大规模之研究所，图书馆，博物馆等之创设，藉作海内外学者集合攻究之资；而他方文化之发展，甚贵乎普遍的水平的，而不贵乎局部的阶级的。去年本社对于日本在华建设文化事业之意见，除在京沪设置图书馆与研究所外，另有分年建设各地图书馆之条，即本斯旨。换言之，即国家的文化事业与地方的文化事业，二者不可偏废也。因之今后列邦退款兴学之际，其设施之准，本社信为最有效且最平允者，莫若折为二端：

一、以额之三分一，用于国家的文化事业。（但设置地点，不仅限于北京，自不待言。）

二、以额之三分二，分配于各省，作地方的文化事业之用。（其分配之标准，容后拟定。）

至款项之保管，事业之范围，设施之次第，以及其他管理监督等项，应如何规定，均须详加论究，决非片言或一方所能臆断者。②

1924年8月19日，中华教育改进社邀集在北京的教育学术团体集会，讨论反对庚款筑路，中华学艺社交际干事王兆荣应邀参加。大会经议决，发出庚款直接用为全国教育基金之宣言，王兆荣"因本社对于此举，事前既毫无所闻，而自身又非社中代表，遂未签名"，请示总事务所，得到

---

① 《社报·中华学艺社第二次关于日本对华文化事业之意见》，《学艺》第5卷第9号，1924年2月。

② 《社报·中华学艺社对于各国退款兴学意见书》，《学艺》第6卷第2号，1924年6月。

"本社现正组织各国退款兴学研究委员会，应缓发表意见"的回复。会上论及各团体联合之组织，决定"不另定名，凡所议决事件，即由各团体自行署名，至如何组织，则由改进社通知各团体，推举一人或二人代表，集合讨论。厥后各团体并未接到该社此项通知，所谓'全国教育学术团体联系会议'之名称，实定自改进社，而以之号召于各团体者也"。9月1日，中华教育改进社又以全国教育学术团体联席会议名义，召集全国教育会联合会退还庚子赔款事宜委员会、北京国立八校、东南大学、广东大学、中国科学社等在该社开会，王兆荣再次应邀参加。总事务所会议结果，"仍持不加入之议"[1]。

美国为接洽退还庚子赔款余额，于1924年8月下旬派孟禄博士由沪入京。9月6日，中华学艺社北京事务所招待孟禄，席间"各有演说，表明我社目的只在研究学艺改进教育，并无别项色彩，关于退还庚子赔款，望其斡旋"[2]。孟禄演说科学之必要，其要点是："（1）科学有联络各民族之真势力；（2）科学系世界公有；（3）科学对于万人平等；（4）现在中国既感科学如是之必要，当用此款在中学推广科学教育，其方法则在训练中学科学教员。"社员朱家华、张颐、邓萃英相继演说，"阐明本社宗旨，希望将来能与国外各学术团体互相联络。"[3] 次日，北京社友召开干事会，根据孟禄建议，会议议决，由社员艾华将中文社章等稍加修改，由吴君毅完善，另请其他社员译成英文。[4]

值得一提的是，1926年东美事务所干事郜爽秋来函，提出联合在美各团体发起分拨庚款现额之1/10创立中华优才奖学基金，旨在：（一）以树文化事业之基础；（二）谋教育机会之均等。拟定的具体条款是：（一）本基金定名为中华优才奖学基金，专以扶助无力就学之优才生，升入中等以上学校之用。（二）本基金之来源，以庚款总数百分之十充之。遇相当机会，再得接受他项补助金。（三）本基金之保管，托与庚款有关系之相当团体办理，不必另设机关。（四）本基金每年就余利设奖学额若干名，支

---

① 《社报·总事务所报告》，《学艺》第6卷第4号，1924年8月。
② 《社报·北京事务所报告》，《学艺》第6卷第3号，1924年7月。
③ 《社报·北京事务所招待孟禄博士纪略》，《学艺》第6卷第4号，1924年8月。
④ 《社报·北京事务所报告》，《学艺》第6卷第3号，1924年7月。

配于全国中等以上之学校,其区域务求普遍。(五)本基金聘请教育专家,组织审查委员会,请奖者须由所在学校之校长保证,由委员会核定之。①《申报》以《旅美学界请拨款庚款创设"中华优才奖学基金"》为题进行了报道。

总之,围绕日、美等国退还庚子赔款,中华学艺社阐发了自己的看法。广大社员充分利用个人之人脉,多方奔走,力争"分得一杯羹",不仅基于学社自身经济考虑,也是为了发展与繁荣中国学术。

(三)对参与国民会议和外国人入社的意见

1924 年 10 月北京政变后,孙中山应邀北上主持大计,在《北上宣言》中提出召集由各团体代表组成正式的国民会议,以实现祖国的和平统一。11 月中旬,孙氏离粤北上,沿途广为宣传召集国民会议以定国是的必要性与重要性,并指派宣传员分赴各地推动国民会议运动。11 月 28 日,社友罗益增来函提及发起国民会议,"适孤军、醒狮两社开会,商议联络上海各团体,以此推及全国各团体,互商一比较有力的救国办法"。当论及各种团体性质,何者可以联络时,中华学艺社兼醒狮社社员赵曾俦发言,"中华学艺社多我辈友朋,应先请其加入,以便进而联络其他类似之学术团体。"以孤军社友资格列席的中华学艺社社员王兆荣予以反对。当日到会者多主张先决定对外发布宣言,"关于联络何种团体,及其性质之考虑,暂置不议"。罗益增认为,中华学艺社"对于各团体联合,共同应付时局,实有加入之必要",具体理由如下:

> 一、中华学艺社为学术团体,应以专门研究学术为目的;对于一切政治性质的集合运动,不应加入。此种原则,不独益增绝对承认之,凡属社友想亦无不赞同。惟益增同时以为"救亡运动"与其他"政治运动"应加分别,不可并为一谈。换言之,即"政治运动",学术团体,或可"超然物外",不必参加;而"救亡运动",则凡属中国人,皆有必要参加的义务,与不可逃避之责任;故为中国人所组织之学术团体,在平时尽可藉学术团体四字,不事与闻,而当中国国事危

---

① 《社报》,《学艺》第 7 卷第 8 号,1926 年 4 月。

急，"千钧一发"之际，万不能持旁观态度。……此益增主张中华学艺社应加入各团体，共负救国责任之理由一也。

二、近人多误解"学术无国界"一语，以为凡潜心学术者，皆应破除国界之成见，第求"为学术而学术"，有所贡献于世界，即为莫大之光荣，区区本国兴亡，可毋劳措意焉！不知"学术无国界"者，特自研究学术范围，不加制限，运输学术，悉任自由而言之耳。非谓学术之为物，与学术的研究者，丝毫不含有国性之存在。……则益增以为欲为此倡率世界之举，必先我自有其特殊独创之学术的成绩，公之于世，足以招致世界人之钦崇与信仰，然后乃有倡导之资格，不致被人嗤之以鼻！……中华学艺社既为我国较有价值之学术团体，而社中诸子，又皆翘然自负发扬中国独创学术于世界之使命，则对此中国存亡危急问题发生之际，应一面努力于学术之研究与创造，一面共谋保此国家。此益增主张中华学艺社应加入各团体，共负救国责任之理由二也。

三、中国教育不振，学术不能发达，在在皆受恶政治之影响。故欲希望此后中国教育与学术，能勃然大兴，非先澈底拯救国家，解决政治不可。……是故今日而言救国，以治标言，固当先解决政治；以治本言，则非先澄清智识阶级，努力振兴士气，不能使垂死之中国复活也！我中华学艺社诸君子，大都品性高洁，学术湛深，既以学术结社，号召全国，毅然以"狂澜砥柱"自任，颇为内外人士所称美；近复感于网罗国中英彦之未周，鉴于国内教育事业之"江河日下"，而有学艺大学之创设。……今大学虽开办尚犹有待，而我社救国之精神，固已远近共喻。则我社对于现在中国时局之危迫，不仅应与全国一致，共图挽救；且当进一步自立于倡率地位，以树全国风声，俾全国更了然于我社非如他人之徒以言论形式相标榜，乃欲实地奋斗，以身教人也。此益增主张中华学艺社应倡率并加入各团体，共负救国责任之理由三也。

四、中国民性，好抽象之玄谈，而少强毅之实行，致日人德富苏峰讥我为"空谈亡国的支那"，可知为世鄙薄久矣！……质言之，"坐而言者起而能行"，则所讲非空，虽日日讲之，何害？反之：徒事学理之高唱,而于救国之实际行动,淡然而不相与,则真不免蹈宋儒迂阔讲学之陋习,一旦国家土崩瓦解,不唯满腹学理,无所发挥;抑且求为东林复社之抨击奸邪,虽无补于大局,犹能见谅于后世者,亦不可得矣!我中华学艺社诸君子,平时虽兢兢以讲求学理,昌明学艺为己任,而所以为此者,用意固在以朴学救此浮华虚伪之中国,非欲以空疏肤泛之讲学,与国中其他沽名钓誉之学社,争一席之地;然则对于今日之国事,实有共起而为实际奋斗之必要,想为社中诸君子所同声认可者。此益增敢于主张中华学艺社应加入各团体,共负救国责任之理由四也。①

12 月 12 日,总事务所干事会议就罗益增来函进行讨论,赞成、反对者皆有。反对者提出,"学艺社本身乃学术团体,毫无政治意识,社员入社之条件亦在于是。夫以毫无政治意识之团体而令其加入政治运动不可,故即社员中有热心政治之人,亦可以其个人资格参加,不必使学艺社加入。且社员中有各种政党党员,平日对于政治意见多不一致,其平日之所以能合作而无意见者,实因学术本身乃超越一切之故。今者加入政治运动,则社员本身必先生纠纷,或且因此而危及学社,况国民会议能否成立,本不可知,即使能够成立,而对于中国能有多大贡献,亦复疑问。为学社计,更不合冒此危险,以作效果不可必期之事。且此事在社章规定范围外,总事务所尤不敢竟行决定。"② 经讨论,反对加入者占 2/3 以上。总事务所随即向各地方事务所征集意见,并将罗益增来函之全文登载于《学艺》第 6 卷第 6 号。

同一时期,还有一事也引起了中华学艺社社员的广泛讨论。1924 年 11 月 9 日,驻德干事曾天宇来函,提出介绍德国孔威廉博士及经济学家燕玛女士入社。12 月 12 日,总事务所召开干事会议进行讨论,与会者虽皆表示不反对外国人入社,但也有顾虑,"惟此例一开,万一日后外国社员在社内占相当之数时,对于本社是否致生特种之影响(如关于权利上之投票选举等),实有预先顾及之必要。故有主张分别待遇另立社员名称(例如

① 《通讯·社员罗益增君来函》,《学艺》第 6 卷第 6 号,1924 年 12 月。
② 《通讯·复罗益增君函》,《学艺》第 6 卷第 6 号,1924 年 12 月。

特别社员等）以示区别者。"于是，总事务所向各地方事务所征集意见。①

　　围绕两事之意见，京都事务所于 1925 年 1 月 14 日召开全体会议，讨论结果是：1. 对于国民会议，一致反对加入；2. 对于外国人入社，"主张完全拒绝外人入社者有之，主张加以制限而任其入社者有之，主张无限制而使其入社者有之。"经与会者表决，多数赞成加以限制，对如何限制意见不一：（1）名称须用"外国社员"二字，不宜用"特别社员"；（2）外国社员无被选、选举及其他一切表决之权；（3）须由中国人介绍；（4）须为各本国之硕儒或对于中国文化学术上有贡献者。② 1 月 18 日，东京事务所在神田中国青年会召开全体会议，议决：1. 反对中华学艺社参加国民大会运动；2. 赞成外国人入社，但须规定给以特别待遇。③

　　国内各地事务所也纷纷召开会议，进行讨论。对于学社参加国民会议，各事务所均表示反对。杭州事务所赞成社员以国民资格加入，但作为学术团体"固有性质始终应予维护，以期超脱一切政潮以外"④。青岛会员提出，"国是运动，是政治家之本职，与吾专门研究学术之机关当然不关，有人说吾社中政党相歧之分子甚多，而平日能相提携者无非仗于'学艺'二字，此'学艺'之足以尊而与政党之不可同进退者彰然明矣，吾辈亦信其言之不谬也。"⑤ 吉林方面也认为，"本社自始至今，凡所事事无一非救亡者，若舍其平时救亡之策，而趋于一时风尚之途，恐国之亡未救，而本社又将救亡之不暇矣"⑥。

　　对于外国人入社，意见略有不同。一种意见是同意入社，但应有一定的限制或区别。如奉天、青岛事务所提出，外国人可以入社，但须另立社员名称。杭州事务所的建议是，外国人入社，"不如认为特别社员，另订特别章程"；山西事务所持类似看法，"不仅外国人如此，即从前本社所取消之名誉社员，亦应重新征其同意，改为特别社员"⑦。2 月 8 日，北京社

① 《通讯·复曾天宇君函》，《学艺》第 6 卷第 6 号，1924 年 12 月。
② 《社报·京都事务所报告》，《学艺》第 6 卷第 7 号，1925 年 1 月。
③ 《社报·东京事务所报告》，《学艺》第 6 卷第 7 号，1925 年 1 月。
④ 《社报·杭州事务所报告》，《学艺》第 6 卷第 7 号，1925 年 1 月。
⑤ 《社报·青岛事务所报告》，《学艺》第 6 卷第 7 号，1925 年 1 月。
⑥ 《社报·吉林事务所报告》，《学艺》第 6 卷第 7 号，1925 年 1 月。
⑦ 《社报·山西事务所报告》，《学艺》第 6 卷第 7 号，1925 年 1 月。

员召开新年恳亲会，会上关于德人入社问题有三种意见：（甲）反对者谓恐为外人操纵；（乙）赞成者谓学术无国界，应令其加入，不宜特别限制；（丙）折衷者谓，不妨介绍外国人入社，但须以特别社员名义。经表决，多数赞成折衷之说，并建议修改社章如下："凡无中华民国国籍之人，入社须经总事务所之同意，得为本社特别社员。"① 湖南事务所提出，外国人入社应"分别待遇或另立外国人社员名称，以示区别"②。

第二种意见是，暂缓吸收外人入社。南京事务所经讨论后建议，"待本社内容较为充实，对外无逊色时，方可介绍外人入社。至于特别社员一层，拟不必专为外人设之，本社原有名誉社员，自取消后社务进行上诸多不便，故兹赞成于社章中加入'特别社员'一项"③。福州事务所也认为，外人入社"审查不易，将来或有流弊，若分别待遇，似亦未妥"，主张"暂缓介绍外国人入社"④。

第三种意见是，赞成外国人入社并享受同一待遇。贵州事务所于 3 月 28 日进行讨论，对于外国人入社则主张同一待遇，"本社宗旨既在提倡学术，则对于入社社员无论其为本国人或外国人，均应一体待遇，不可漫为区别，且我国学术较之其他先进诸国尚在幼稚时期，我若拒人，于人固丝毫无损，人若因此拒我，则我之受害实大，故以利害论，亦不宜加以限制。若谓将来某国人入社者增多，恐发生意外之虞，则本社社员入社手续现已变更，大可于审查资格之际特加注意，预防一切，何况本社既为学术团体，不挟其他政治意味，即有一二野心外人，妄欲利用，亦不致发生若何影响。"⑤ 广东事务所亦赞同外国人入社，"赞成本社宗旨而有专门学识者，准其入会平等待遇"。⑥

10 月 16 日，德国事务所曾天宇再度来函提及，德国事务所内部也就外国人入社进行了讨论，大体赞同第一种意见，主张"设一种特别会员，

① 《社报·北京事务所报告》，《学艺》第 6 卷第 8 号，1925 年 3 月。
② 《社报·湖南事务所报告二》，《学艺》第 6 卷第 8 号，1925 年 3 月。
③ 《社报·南京事务所报告》，《学艺》第 6 卷第 8 号，1925 年 3 月。
④ 《社报·福州事务所报告》，《学艺》第 6 卷第 9 号，1925 年 4 月。
⑤ 《社报·贵州事务所报告》，《学艺》第 6 卷第 10 号，1925 年 5 月。
⑥ 《社报·广东事务所报告》，《学艺》第 7 卷第 3 号，1925 年 10 月。

收容外国学者，不收其会费，而发表其特别著作，不必按期寄报，而只寄
登其著作之特号，如此办法，则既可广收海外会员，而不至妨碍社务，得
实收推广杂志范围，为别种学会所未有之特别组织"①。

考虑到大家的意见分歧，中华学艺社未就外国人入社出台明确之条
文。此事似乎是不了了之，无形中采纳了"暂缓"这一意见。

四、陷入"低迷"及调整

1925 年 12 月 3 日召开中华学艺社成立九周年纪念会，6 日在总事务所
开会庆祝，社员 30 余人出席，"正午聚餐，二时摄影，以为纪念"②。年内
还举行了第二届总、副干事选举。选举票 8 月发出，截至 12 月底共收到
189 票。12 月 31 日在总事务所召开总事务所干事会议，公布选举结果，郑
贞文 117 票当选总干事，王兆荣、周昌寿为候补总干事。周昌寿 75 票当选
副总干事，范寿康、王兆荣、郑贞文候补副总干事③。依据社章第 35 条，
推举各科干事如下：庶务科干事郭心崧、常云湄、郑尊法，会计科干事费
敏士、杨倬孙，文牍科干事张介石、谭勤余，编辑科干事范寿康、郭沫
若，交际科干事王兆荣、江铁、姜琦、毛毅可、傅式说、傅锐、崔士杰、
胡霖、陈启修、陈方之、许崇清、吴瀚涛。④ 1926 年 6 月 11 日为中华学艺
社更名三周年纪念日，13 日在沪社员在总事务所举行庆祝，共有十余位社
员参加。

相对平静的时局未能得以长久维持。1926 年 7 月，北伐军在广州誓
师，分三路北伐。1927 年初，北伐军兵分三路继续向北推进，3 月 24 日攻
占南京。北伐军出师不到 10 个月，就占领了南方广大地区。1927 年 4 月
12 日和 7 月 15 日，蒋介石、汪精卫相继发动反革命政变。大革命遭到失
败后，一部分北伐军官兵在中国共产党领导下参加了各地的武装起义，一
部分演变成国民党新军阀。动乱时局，兼之经费拮据，令中华学艺社的许
多活动无法正常开展，广大社员也忙于个人生计。据南昌事务所雷宣报

---

① 《通讯·德国事务所干事曾天宇君来函》，《学艺》第 7 卷第 3 号，1925 年 10 月。
② 《社报》，《学艺》第 7 卷第 4 号，1925 年 11 月。
③ 《社报》，《学艺》第 7 卷第 4 号，1925 年 11 月。
④ 《社报》，《学艺》第 7 卷第 5 号，1926 年 1 月。

告，1926 年江西进入战时状态，"八月国民革命军第一次入南昌，复退出"，邓如琢军队入城，大肆劫掠，"同人之未被损失者，仅曾启新君一人，弟为逆军所劫，几濒于厄，当此七月至十一月期间，可称战争期间，社务自未能进行，十一月革命军二次入南昌后，江西全省克复，人民虽得脱北兵劫掠之难，然因劫后余生，能免于死，已属大幸，又因纸币滥发，无法维持，宣告作废，于是全省无一家一人不受损失矣。十一月至三月可称教育停顿期间，我社社员均处教育界中人；劫后余生多感生活困难，四月以后学校虽已上课，而政府方面常呈不安之态，农学会亦纯粹学术团体，且被命令取消，本社社务事势上不能进行，容俟时局稍定，自当再图进展也。"①

1926 年 7 月，中华学艺社总事务所迁移到上海卡德路 83 号，"与裕华公司合租"。受学艺大学停办及时局变迁之影响，中华学艺社一度陷入半瘫痪状态，"社员职务住所之变更者，十居八九，甚至行踪不明，存亡未卜者，亦有之"。1926 年，总干事郑贞文、周昌寿因病辞职，应行递补之王兆荣、范寿康均不在沪，"王君因学艺大学事北行，而范君亦远在粤中，遂至未能改组"②，社中事务由文牍干事谭勤余维持。直到 1927 年夏，王、范两人才正式就职，并推举周昌寿、史维焕两人为庶务干事，江铁、温晋城任文牍干事，谭勤余、王泽民为会计干事，屠孝实、郑贞文为编辑干事，姜琦、傅式说、曾天宇、崔士杰、杨希慈、文元模、胡霖、许崇清、吴永权、傅锐、刘骓业、吴瀚涛 12 人为交际干事。1927 年底，总干事任期已满，理应照章改选，"因当时一般社员，均感觉本社现行社章，有种种不便"，故拟先行修改社章，再按照新章办理选举，委托白鹏飞、屠孝实起草新章。1928 年 6 月裕华公司停办，中华学艺社总社所无适当房屋，暂设通讯处于狄斯威路清源里 12 号，后再迁至北四川路麦拿里 35 号。

鉴于当时所处的低迷状态，中华学艺社意识到必须进行更革，否则"长此以往，本社将陷于涣散之境，非别辟蹊径，无从革新"。1928 年 10 月，距离中华学艺社十二周年纪念会还有两月，总事务所通知各地方事务所召集社员开会，在庆祝的同时谋求解决方案。当日到会者，有南京代表

① 《社报·南昌事务所报告》，《学艺》第 8 卷第 6 号，1927 年 4 月。
② 《社报·总事务所报告》，《学艺》第 8 卷第 7 号，1927 年 6 月。

陆志鸿,杭州代表叶默君,东京代表姜琦、杨云竹,京都代表资耀华,苏州社员顾祖汉,南京社员张连科、滕固、龚学遂,连同在上海社员共计42人。大家就改革学社畅所欲言,纷纷出谋划策。其中,南京社员提案7条,包括:提议修改社章,改干事制为委员制;请总社催社员缴纳会费;将《学艺》杂志分为自然科学与文化科学二种,分别出版,稿件给予报酬;重新登记社员;迁移总社社址到南京;向大学院立案并申请补助费;请总社设立大会筹备委员会等。北平社员提出,整顿社务,实行委员制;设实际事务所负责人,酌给薪水。日本东京社员的提案共有9条,具体如下:

一、请改总干事制为委员制。设监察委员会及执行委员会两部,再由各部委员公推各该部主席委员。

二、请添设赞助社员。

三、请扩张年会权限。

四、请筹款建设学艺总社于上海。

五、请编纂发行百科全书。

六、请改良学艺杂志,其要点是:1. 文理两分册发刊,每年各出五册。2. 社报独立发行。3. 兼重通俗学艺论著。4. 筹给稿费。

七、请规定今后进行方针,并清理社中积务。

八、执行委员会应公推驻会委员1人,从优给薪,专理社务,以专责成。

九、请向国民政府请求补助。

提案还附有具体之理由。如第一项提案的提出,基于"领袖制与委员制各有利弊。现在本社的总干事制度,似类领袖制。拟请改用委员制,而设固定主席委员,期能收领袖制与委员制的优点,而避免其流弊。又本社向来只有执行干事而无评议干事,亦为本社的一弱点。拟请于执行委员会之外,组织监察委员会"。再如第四项提案"请筹款建设学艺总社于上海",理由是:"现代的学术团体,一面固宜精研学术,期有所发明,而于世界学术有绝大的贡献。一面也当对于社会有所指导,——具体的说:如设立公开的图书馆、博物馆,举行学术讲演,从事民众教育等。然欲达此目的,非有特别的建筑物不可。目下本社上海总事务所,系租普通民房充之，且极为狭窄，殊非所宜。故拟请筹资建筑总社于上海"。

京都社员提案 6 条，包括：请以本社经济全力，集注出版事业；请设出版委员会，各委员会给与酬报；请将出版机关独立；改良《学艺》杂志等。其中，改良《学艺》杂志又包括："1. 分自然科学文化科学（或社会科学）两分册发行，每年各出六册。2. 自然科学方面之文字，拟限定为普通高等常识，范围在大学中学之间；既不然，亦应以此为原则。3. 请以不偏党派，公正地采取以学艺上严正态度研究学艺之文字。4. 请给稿费"。日本东部干事部提案中，也提议建设总社所于上海、向国民政府请求补助、澄清教育部立案、从速举行社员总登记等。北平社员艾华提出，请学艺社设法维持铎民小学，改作学艺小学。南京社员史维焕、丘陵提出 3 项提案：1. 关于杂志，"此后宜将内容刷新，且具相当报酬，征求较有趣味之稿件，俾与一般读者之心理相适应。" 2. 关于社费，建议"将此后各地所收社费，归各地支配应用"。3. 关于大学，"目下新都南京，政治中心转移，本社正应趁此良机，进行大学复活运动。前余基金虽属不多，然南京私立大学极少，若重行计划，多方尽力，则本社之学艺大学，亦当可应运而起，以为新都唯一之私立大学，社员之精神亦有所寄托，不致散漫零落，毫无团结矣。"南京社员熊啸南提出，请总事务所尽速迁往首都、恢复学艺大学、派员征收社费等。南京社员陆志鸿提出筹备中华学艺社理化研究所，内容包括物理、化学、农学、工学及医学，"社员中有何种研究问题，提出其研究方法，研究设备，及预算后，即设立某氏研究室。以人为单位，而不以科目为单位。倘社员中无此科专门者，即缺除不设该科，而规定每人研究之经费。一方请国民政府补助基金，一方由社中筹募研究人员，暂除助理办事员外，不支薪金。……研究所地址以上海为便，预定筹备费二十万元"，① 等等。

1928 年 12 月 3 日，中华学艺社召开十二周年纪念会，会上成立社务改进委员会，负责振兴社务，除联络社员进行重新登记之外，主要任务就是修改社章。② 次年 6 月，推举产生委员 9 人，周昌寿、郑贞文、王兆荣、

---

① 《社报·中华学艺社总事务所报告》，《学艺》第 9 卷第 6 号，1929 年 4 月。
② 《社报·中华学艺社总事务所报告》，《学艺》第 9 卷第 6 号，1929 年 4 月。

傅式说、姜琦、范寿康、高士光、朱章宝、周予同当选，谭勤余、沈璿、杨俊生等 3 人为候补委员。具体负责办理：1. 举行总登记；2. 修改社章，采用委员制；3. 结束旧社务；4. 筹划今后进行方针。总事务所一切文件、会计等事，交由改进委员会办理。

1929 年元旦，以周昌寿为首的中华学艺社社务改进委员会发出《中华学艺社社务改进委员会启事》，决定全面整顿会务，修改中华学艺社社章。修改后的新社章于 1929 年 4 月 1 日第三次修正，登载于《学艺》第 9 卷第 8 号上。上任伊始，社务改进委员会诸委员深感肩负压力之大。而上述各地社员的提案，涉及建设新社所、完善组织机构、改革《学艺》等方方面面。在此基础上，社务改进委员会除继续广为征求各方意见外，开始在力所能及的条件下致力于社务之重新振兴。

第三章

迁入新楼成"一统"

中华学艺社自迁回上海后因缺乏固定社址，曾几度搬迁，"殊非所以图长存久安之计"①。在 1928 年 12 月 3 日举行的学社创立十二周年纪念会上公布了众多提案，其中南京、东京社员的提案都明确提到了社所问题。南京社员会议以及南京社员熊啸南均建议，将总社社址迁移到南京；东京全体社员则主张筹款建设上海总社，在他们看来，"设立公开的图书馆、博物馆，举行公开的学术讲演，从事民众教育等。然欲达此目的，非有特别的建筑物不可。目下本社上海总事务所，系租普通民房充之，且极为狭窄，殊非所宜，故拟请筹资建筑总社于上海"②。关于新社所之议，据社员罗宗洛回忆："建筑社所之议初起时，余方学于日本之札幌，距今盖六年有余。民十七冬，社友姜伯韩先生方为留日学生监督，视察至札幌，与余畅谈社事，始知议已成熟"③。最终，东京社员的提案为社务委员会所采纳，在上海建筑新社所随之被提上了日程。

1929 年，中华学艺社成立总事务所建筑委员会，推选毛毓源、傅式说、杨俊生、高士光、王克生为委员，"寻觅地皮并设计方案"④。1930 年 1 月，中华学艺社购得法租界的爱麦虞限路土地"二亩有奇"，之后开始计划投标等事宜。

---

① 柳士英：《小言论·本社新设所建筑计划》，《中华学艺社报》第 1 卷第 5 期，1930 年 10 月。

② 《学艺》第 9 卷第 6 号，1929 年 4 月。

③ 罗宗洛：《新社所落成杂感》，《中华学艺社报》第 5 卷第 1 期，1932 年 8 月。

④ 《中华学艺社沿革小史》，《学艺百号纪念增刊》，1933 年 3 月。

爱麦虞限路（Route Victor Emmanuel Ⅲ），1926 年由上海法租界公董局修筑，以意大利国王的名字命名。1943 年，汪伪政权接收租界时改名绍兴路。中华学艺社新社所就坐落于爱麦虞限路 45 号（今为绍兴路 7 号），现为上海文艺出版社读者服务部。大门东边的墙上赫然竖立写有"中华学艺社旧居"的牌子，隐约向人们述说着当年中华学艺社辉煌的历史。

绍兴路，东起瑞金二路，西至陕西南路，全长 480 米，宽 12.3 米到 18.5米。路的两侧尽是有百年历史的西式洋楼，建筑风格以西班牙三层和四层小楼为主。路边植有高大的梧桐树，树木茂盛，夏日里浓密的树荫令这里变得颇为幽静；冬天干枯的树枝映托着路边的古建筑，则略显出几分寒意。如今的绍兴路 5 号是上海新闻出版局，新中国成立前曾是南市电力公司老板的房子；绍兴路 9 号是上海昆剧院，建于 20 世纪 30 年代，为三层楼建筑，原属法国警察博物馆，当时内设俱乐部、舞厅、剧院、咖啡室和吸烟室等；绍兴路 18 号的金谷村建于 1930 年，曾是旧时俄国人和犹太人的聚居地，里面有 6 排三层楼住宅，共有 99 幢，2005 年被列为上海市第四批优秀历史保护建筑；绍兴路 27 号，是一栋较典型的两层旧式洋房，曾经是杜月笙四姨太的私人住所，如今成为一家花园式的饭店；绍兴路 54 号是一栋三层混合式风格别墅，新中国成立后组建编辑所、出版书籍，现为上海人民出版社的所在地；绍兴路 62 号原是街头绿地，后改成绍兴公园；绍兴路 74 号为现代式花园住宅、钢筋混凝土结构，现为上海文艺出版社的大楼，下辖上海文艺出版社、上海文化出版社和上海音像出版社，更使得绍兴路当之无愧地成为"上海出版一条街"。

一、建筑新社所

中华学艺社之所以选择法租界，有多方面的优势：其一，法租界内的治安状况、市政设施、交通位置、医疗教育等方面，明显比上海其他地区具有优势;其二,法租界标榜言论自由,对进步言论一般不进行干涉,因此成为新知识分子向往的地方;其三,法租界的地价比公共租界要低,这也是资金紧张的中华学艺社考虑的重要因素之一,"以 1930 年为例,这年法租界旧区每亩估价为 100524 元,公共租界中区为 132451 元。"①

社址选定后,中华学艺社委任社员柳士英为建筑师,负责新社所的建筑设计兼监督工程。柳士英早年留学日本,毕业于东京高等工业学校建筑科,回国后在上海参与组建"华海建筑师事务所"。他拥有建筑科背景且有多年建筑经验,可以说是新社所建筑设计的理想人选。

1930 年 8 月初,柳士英从苏州到达上海,着手新社所的设计工作。新社所设计图,由柳士英、朱士圭等人组成的建筑委员会于 1930 年中秋节完成,"为时迫切,期月而成"②,计划建"四层洋房一栋",纯以钢筋水泥建造。房间包括演讲厅、会议室、接待室、陈列室、图书馆、餐厅、特别招待室、宿舍、售书室、理发室、浴室、吸烟室、休息室、娱乐室、花园、网球场,办公场所和娱乐场所分工明确,一应俱全,规模宏大。设计图根据"于艺术上应有彻底之认识,于构造上应有正确之理解,于实用上应有舒适之布置"③ 三大原则规划整体方案。具体来说:

其一,艺术方面。柳士英曾言,中国建筑艺术自 19 世纪后半期开始脱离传统束缚,自从倡导革命以来,建筑大体如罗马式雄伟,追求奢华,或者别求清新光明之路。中华学艺社大楼在借鉴和融合前人雄伟和活跃的建筑风格基础上,更是"以新生命之创造"。学艺社为科学与艺术而结社,所以对于艺术本身要求高,学艺社大楼设计"无丝毫拘泥,纵不见经营五范之遗式,横不见夸尔尼斯之陈迹",以简明之轮廓、清新之色彩,暗示学艺社精神饱满。建筑设计上,体现着新文化运动反对封建礼制、提倡民主和科学、追求"人"的解放的思想。学艺大楼左角塔顶有金色烈焰的造

① 熊月之、高俊:《中共"一大"的历史空间》,北京师范大学出版社 2013 年版,第 109 页。

② 柳士英:《小言论·本社新社所建筑计划》,《中华学艺社报》第 1 卷第 5 期,1930 年第 10 月。

③ 柳士英:《小言论·本社新社所建筑计划》,《中华学艺社报》第 1 卷第 5 期,1930 年第 10 月。

型，寓意"吐其千丈万丈之光芒，示世人以新科学之将昌明，新艺术之将兴作，新世界之将到来"①。

其二，构造方面。建筑以钢筋混凝土为骨干，青砖为壁体，以大理石磨光石子作为装饰，地面铺有亚克地板，"窗求明净，门取捷径"，檐头四角，用线条装饰。设计制作之中，力求点线面的完美相衬。学艺社新社所南北狭长，建筑分为前后两座，中间有空庭连接，如此设计可以使东西面的采光面积更大，有利于空气的流通和预防火灾。新社所整体靠近西边的建筑，使西边"与邻屋接近"；为了符合当时法租界的规定，所以"在邻屋相距六尺三寸内之部分，一律免开窗门之章则"②。在整体建造上，以柳士英为首的建筑委员会充分考虑了采光、通气、消防因素。在设计计算时，采用千分比，使比例更加精确。在建筑地基抗压力方面，当时法租界的建筑法规规定每平方米为1700磅。③ 柳士英在各地积累的丰富经验，使他感觉该法规规定的数字过小，既要符合法规规定，又要发挥最大功效，所以在建造时在泥土内不填打桩木。其他方面，比如湿气的祛除、寒暖的调节、声音的隔绝、照明的装置、排污物的处理以及各种房间内部的装饰等问题，在设计上都进行了认真考虑。

其三，实用方面。新社所设计，分成公用和自用两部分。公用部分包括戏院、食堂、公共浴室、理发店、贩卖店和数十间宿舍，可出租；自用部分用于处理社务，招待社员，如办公室、接待室、会议室、藏书楼、阅览室、仪器陈列室、研究室、娱乐休息室、来宾寝室、浴室以及网球场、上下庭院等，"将来落成之后，诵读有楼，谈笑有室，或则集会以讲学，或则张宴以联欢，凡吾社员得常相聚晤切磋于一堂之中，其必乐也融融，精神于以焕发。"④

---

① 柳士英：《小言论·本社新社所建筑计划》，《中华学艺社报》第1卷第5期，1930年10月。

② 柳士英：《小言论·本社新社所建筑计划》《中华学艺社报》第1卷第5期，1930年10月。

③ 柳士英：《小言论·本社新社所建筑计划》，《中华学艺社报》第1卷第5期，1930年10月。

④ 柳士英：《小言论·本社新社所建筑计划》，《中华学艺社报》第1卷第5期，1930年10月。

随后,建筑委员会第十六次委员会会议决定,由毛毓源、柳士英、胡嘉诏、朱士圭组成投标事宜委员,于 10 月 3 日起招商投标,有十多家公司参与竞标。投标结果于 9 日公布,最终上海竞新公司中标。柳士英拟定的合同,经中华学艺社执委会通过,于 11 月底与竞新公司签约。法租界工部局亦发来建筑照会。①

由于建设新社所花费巨大,中华学艺社为此专门成立了由资耀华、郑贞文、朱章宝组成的募捐委员会,在刊物上登载《本社募捐启事》,向各方募集资金。在第四届年会上,又议决扩大募捐范围,执委会推定史维焕、窦觉仓、刘运筹、胡庶华、傅式说、资耀华、周昌寿、郑贞文、马宗荣 9 人筹划募捐事宜,拟定筹募基金委员 32 人,后又加推委员若干。募捐计划为分期募集,第一期 5 万元由社员分担,每人至少捐款 100 元(向社会热心人士募得此数亦可)。后又向社会各界募集捐款。据资耀华晚年回忆:"我在三高三年级时,还参加了中华学艺社。……在上海的同学筹划建设一个学艺社大楼,楼内设置图书馆、招待所等等。他们找了许多过去留学日本现在国内已成名人的同学捐款,这些人中有:周作民、李铭、张公权、李烛尘、范旭东等等。他们还吁请在帝国大学毕业的日本同学捐助,特别是一些有地位的实业家的帮助。为了募集款项,总社的负责人还亲自来日本找留学的同学。那时,我在东京负责接待他们,陪他们拜访日本同学及有关人士"②。在筹集建筑费的过程中,广大社员和社会各界踊跃捐款,如张学良捐款 1000 元,傅式说捐款 200 元,周昌寿捐款 200 元,林植夫捐款 200 元,戴季陶捐款 200 元,王景岐捐款 100 元。经执委会议决,推定周昌寿、资耀华为资金保管委员。

1931 年 3 月初,新社所正式开工。工程进度分为三期:第一期历时四个月,主要进行骨干工程,包括所有钢筋混凝土部分;第二期为壁体部分,预计三个月完工,主要包括墙壁、门窗、地面、屋顶等工程;第三期为粉刷装修和电气消防设施等工程,预计第三期完工时间为"年尾岁首"。1931 年 10 月,新社所建筑工作基本完成。据工程师报告,"行见四层钢骨

---

① 《总社消息·建筑社所续闻》,《中华学艺社报》第 1 卷第 6 期,1930 年 11 月。
② 资耀华:《凡人小事八十年》,中国金融出版社 1992 年版,第 40—41 页。

水泥之夏屋，矗立于爱麦虞限路上，堂皇霱丽，高于云齐。且内部装饰，亦颇煞费心机，即以一窗一户之微，均求美化"①。

新社所即将落成的同时，社所内部布置与利用问题被提上了日程。经执委会决议，中华学艺社特设新社所布置设计委员会、新社所利用设计委员会，"以主其事，而利进行"。新社所布置设计委员 13 人，即傅式说、刘海粟、欧阳予倩、马公愚、陆桂祥、郑贞文、杨俊生、高士光、马宗荣、吴浩然、谭勤余、柳士英、周昌寿。新社所利用设计会员 11 人，为资耀华、殷铸夫、杨卫玉、朱羲农、朱章宝、周昌寿、俞志瀚、张水淇、王兆荣、江炼百、傅式说。② 1931 年 12 月 13 日，总事务所召集两委员会委员于新社所二楼会议室内开会，讨论如下事项：（1）创办美术陈列室，由刘海粟、马公愚、王济远负责计划设计；（2）创办图书馆；（3）建立寄宿宿舍，用具和布置由柳士英、马宗荣负责；（4）创办科学制品陈列室，由吴浩然负责；（5）利用礼堂创办科学及教育影戏院；（6）食堂招标承办；（7）壁画、家具、装饰等，由刘海粟、王济远、柳士英、马公愚 4 人负责；（8）筹办各种实业夜校，由杨卫玉计划。③

1932 年一·二八事变发生，"当时国难临头，工商辍业，工程至此不停顿而自停顿矣"④。位于北四川路麦拿里 35 号的中华学艺社社所处于交战区，为了安全起见，中华学艺社将一些重要文件转移到安全的法租界新社所，在尚未完工的新社所内设立临时办公室，"藉以保管房屋"。3 月战事结束后，工程得以继续进行，1932 年 5 月新社所"始告落成"，柳士英函请董事会择日验收。6 月 5 日，中华学艺社全体董事到场，宣布正式接收。

新社所之建设，中间历经曲折。因爱麦虞限路地形狭长、方位倾斜，东西方向延伸施工不便，导致与相邻的公司因为通道的宽度问题发生争执。新社所所处地段的地基松软、抗力较弱，为了解决这一问题，不得不

---

① 《总社消息·新社所建筑近讯》，《中华学艺社报》第 3 卷第 4 期，1931 年 10 月。
② 《总社消息·新社所建筑近讯》，《中华学艺社报》第 3 卷第 5 期，1931 年 11 月。
③ 《总社消息·新社所布置利用设计委员会消息》，《中华学艺社报》第 3 卷第 6 期，1931 年 12 月。
④ 柳士英：《建筑社所经过总报告》，《中华学艺社报》第 4 卷第 6 期，1932 年 7 月。

加打桩木以强化地基。地基完成后，残寒未消，温度极低，工程进度被迫放慢。柳士英在《建筑社所经过总报告》一文中专门阐发了个人之感受："本社建筑溯自去岁三月兴工以来，寒暑更迭，壹载有半，其间如施工之斟酌，用材之选择，计划之修正，经济之调剂，以及各方面临时发生纠葛之应付，在在皆有妨碍工程之进行，赖吾社友共同努力，以底于成。"① 罗宗洛在《新社所落成杂感》中亦感慨良多："区区一屋之微，自发议以抵落成，费时几六载，进步不得谓非迟钝。然以吾社经济之拮据，社员之散漫，以言建设，本非易事。即以新社所而论，建筑及设备，所费逾二十万元，未得政府分文之补助，丝毫之助力，一栋一瓦，一椅一桌，无不出于社友之惨淡经营，吾侪亦可以自豪矣。"②

新社所房屋除一部分自用外，其余部分用来出租。出租部分如食堂、写字间、宿舍等房间，采用招商承办或者自行招租方式。中华学艺社聘请柳士英为新社所利用筹备主任，负责拟订出租章程。董事会对于可用于出租的部分订立了4项原则：1. 事务所租给学术团体、自由职业者，及其他正当营业者；2. 宿舍及食堂以招商承办为原则；3. 大讲堂除政治聚会外，其他一切正当集会，均可租借；4. 会议室及其他大房间以不妨碍学会事务为原则，可租予各界举行正当集会之用。柳士英拟订的《中华学艺社租屋章程》经董事会决议通过。随后，董事会通过《食堂出租条件》，内容如下：

1. 食堂由承租人主办。

2. 电，冷热水，蒸汽由社供给。

3. 承租者对于本社所置食堂之桌椅，须负损坏赔偿之责。

4. 厨房用具，及一切磁器金属物件，台布，号衣等，由承租人自办。

5. 自来火管及泥灶，由社敷设，煤气灶由承租人自办，煤气费由承租人自理。

6. 本社收租，依据该食堂每月营业收入，以下列比例征取之：

---

① 柳士英：《建筑社所经过总报告》，《中华学艺社报》第4卷第6期，1932年7月。

② 罗宗洛：《新社所落成杂感》，《中华学艺社报》第5卷第1期，1932年8月。

一千元以下	百元
一千至一千五百元	百五十元
一千五百元以上	二百元
二千元以上	二百五十元。

7. 押租二百元至二百五十元。

8. 租期一年，但可再展一年，收租比例，仍照第六项办理。

9. 租金须按月缴付。

10. 本社有随时查账之权。

11. 本社社员优待九折。①

宿舍于 1932 年 6 月 1 日也开始出租。后又增订《宿舍章程》26 条，"因地点优静，空气新鲜，故入住者甚多"。② 在出租宿舍的同时，食堂也开展招商工作，在《申报》等处登载了招商广告。

中华学艺社决定于同年 7 月 31 日举行新社所落成典礼，委派社员林植夫、张忠道、刘家壎、周宪文、舒新城、王济远、刘海粟、吴浩然、马公愚组成筹备委员会，着手准备新社所落成典礼。委员会于 6 月 9 日、7 月 4 日、7 月 23 日召开三次会议，商议相关事项。第一次会议推选马宗荣为委员长，并进行了具体分工③：

总务：常务董事及总务部担任

交际：林植夫（主任）、欧元怀、张忠道、郑贞文、史维焕、白鹏飞、资耀华、舒新城、周昌寿

编辑：马宗荣（主任）、周昌寿、周宪文、刘家壎

展览：王济远（主任）、刘海粟、刘家壎、马公愚、戈公振、郑君平、林植夫、柳士英、马孟容

布置：柳士英（主任）、傅式说、吴浩然、马公愚、资耀华、谭勤余

---

① 《总社消息·通过食堂出租条件》，《中华学艺社报》第 4 卷第 4—5 期合刊，1932 年 6 月。

② 《总社消息·各宿舍自用各事务室之设备》，《中华学艺社报》第 4 卷第 4—5 期合刊，1932 年 6 月。

③ 《总社消息·推出筹备委员会职员》，《中华学艺社报》第 4 卷第 6 期，1932 年 7 月。

招待:胡庶华(主任)、欧元怀(主任)、朱章宝、林植夫、殷铸夫、唐惟淑、高士光、史维焕、倪文亚、杨卫玉、周桂徵、资耀华、朱羲农、俞志瀚、黄警顽

会议还决定发行纪念册,内含社景、社史、社章等,计划在落成典礼前出版,开会时分赠来宾和社友;举办美术展览会,推选王济远主持定于8月1日举行的美术展览会,展览会分为书法、篆刻、绘书、雕塑及摄影。除此之外,计划放映淞沪战事影片,"以作余兴"。

1932年7月31日下午3点,中华学艺社新社所落成典礼如期举行,到会者除广大社员外还有蔡元培、梁漱溟、叶恭绰等众多各界知名人士百余人。典礼首先由中华学艺社主席傅式说致欢迎词。之后,常务董事马宗荣对中华学艺社的历史和新社所建筑经过作了简要介绍,然后他提出:"今后如何利用此新大本营,谋社务之进展,学艺之昌明,社会之福利,尚希社会人士予以援助,而素来爱护本社今日参与大会之嘉宾,当更能于本社以更大之助力。"① 典礼上有多位著名学者及政府官员进行演说。蔡元培寄希望中华学艺社,更好地发展教育事业,包括恢复学艺大学、建立学艺中学;同时,他还建议中华学艺社在出版方面,每月应有专门的刊物,介绍世界最新的科学,使一般人可以在刊物中了解世界最新的发明。梁漱溟就中华学艺社的发展提出自己的建议。首先,他希望中华学艺社为乡村的发展多做贡献,做到"饮水思源",为乡村人民服务。他指出,中国学术的现状是学术脱离现实,导致很多无用的学问,而中华学艺社做学术应该学以致用,而学以致用最好的机会就是服务乡村。其次,关于乡村学校的问题。梁氏认为,必须要有足够的力量去推动,由德高望重的人担任校长,给学校一部分在乡村中决策的权力。最后,他希望"学艺社不要单被少数人所享用",要为大多数人服务,成为一个有益的社会团体。市党部代表毛云致辞,对学艺社的工作和成绩给予肯定。他认为,在内忧外患的时代,要想救中国必须要有实际的科学研究和教育上的改进,而学艺社一直在为这些事业努力。市政府代表李大超致辞,指出在"无是非之中国",

---

① 《总社消息·新社所落成典礼记事》,《中华学艺社报》第5卷第1期,1932年8月。

中华学艺社还能注意真理的研究，实在难能可贵。下午 6 点，社员及来宾二百余人在食堂聚餐，席间由社员王祉福、张忠道、陈豹隐、马公愚等人进行演说，之后由戈公振报告东北调查经过。聚餐后，在礼堂观看由明星公司提供的淞沪战事影片，观者除社员和来宾外，还有大量闻讯赶来的外界人士，"致使偌大礼堂，几无隙地"。

中华学艺社落成典礼之盛况，亲历者更有发言权。《申报》就登载了叶华女士的文章，谈及当时的场面及个人体会：

> 海上有二大学术机关焉，一为中华职业教育社，一即中华学艺社，前者富办事能力，后者具研究性质。吾国文化之推动，实利赖之。七月三十一日中华学艺社举行落成典礼，是日下午三时，余驱车往爱麦虞限路该社参加。比至，欧元怀，周昌寿等悬挂大红花一朵，下垂黄色招待绶徽，愿勷肃客入场，蔡元培梁漱溟黄炎培何伯丞叶恭绰端坐坛上，准备开会，响铃幕启。该社董事会主席傅式说致辞，常务领事马宗荣报告该社十七稔之历史，坛上各来宾咸有金玉之演辞，蔡操绍兴官话，发挥学术两字，无微不至，梁声大辞长，精神矍铄，此岂老当益壮欤。梁近从事于乡村运动，颇希望学术艺术之实用，普遍乡间而发生功效也。戈公振怕被拉夫说话，中途溜之大吉。主席竟找寻不获。而彼老人家正在西楼一角，临风依栏，向报学社社友谈救国之道。夕阳西下，各来宾参观新舍。该舍占地二亩四分，较中华职业教育社大三倍，为最新式之建筑。完全立体直线，具印度化而兼法兰西化。屋面装饰，如圣诞蛋糕，秀色可餐。陈设亦精致，亦摩登。闻设计造样，悉由社员柳士英义务承办。共费二十万金。可谓价廉物美矣。惟余嫌礼堂构造，发音不聚，且讲坛过小，不克多多利用。①

典礼之后是为期一周的美术展览会，从 8 月 1 日开始，由展览组社员负责。展览分为书法金石雕刻、中书、西书、雕塑及摄影五部分。书法金石雕刻陈列于二楼北部，有古代陶瓷、雕像和书法。中书在二楼南部，有

---

① 叶华：《学艺社落成记》，《申报》1932 年 8 月 10 日。

黄宝虹、陈小蝶、张大千、张善孖、马孟容、马万里、王师子等名家的作品。① 一楼南部陈列西书及雕塑作品，西书以王济远和刘海粟的作品最引人注意，雕塑多是名贵之作。一楼北部为摄影部，所展示的大半是淞沪战事影片及"满洲国"影片，还有上海各救国团体联合会照片和沪案照片百余张，"足引起国人爱国之观念"②。毛仿梅在《申报》摄影社出品展览室中发现日人所制的一条丝织手帕，"详绘奉天吉林黑龙江热河外蒙古诸省地图，与日本隔海而立。以奉天吉林两省为最详，而旅顺威海卫之险要，营口山海关之修阻，阅之一目了然。"手帕下方，附印"满蒙一览"，对毛氏触动很大："吾人观之，可知日人之欲攫取满蒙，其处心积虑，无孔不入，即一手帕之微，亦必联绘满蒙与日本之地图于其上，可谓极侵略之能事矣。尝闻日本人之小学生，对于满蒙之面积人口形势气候物产交通等，皆能了如指掌，而吾中华之国民，反觉茫然，予对此手帕，三复揣摩，实汗颜无地焉。"③ 开幕期间，美术展览会接待参观者 2000 人次以上，可以说取得了圆满成功。

新社所在国难降临之时建成，这给中华学艺社社员带来了些许安慰。但在内忧外患的情势下，中华学艺社该如何把握自己的命运，走出"经济之拮据，社员之散漫"困境？如何改变组织松散状态、增强团体凝聚力，成为该社同人亟须思考并需尽快解决的一个重要问题。

二、围绕社务改革之讨论

针对学社的"低迷"状态，早在新社所建筑之前，中华学艺社就成立了社务改进委员会，修改社章，就社务之改革多有谋划。1930 年 3 月 13 日，执行委员会第七次会议议决发行《中华学艺社报》，每月发行一次，聘请专员出版，由常务秘书辅导办理。《中华学艺社报》篇首登载"小言论"，畅言对中华学艺社改良之见解。如第 1 期登载了傅式说的《有话说在先》一文，谈到了中华学艺社的"现状"：

① 《总社消息·新社所落成典礼记事》，《中华学艺社报》第 5 卷第 1 期，1932 年 8 月。
② 《申报》1932 年 7 月 31 日。
③ 《日人之丝织满蒙手帕》，《申报》1932 年 8 月 11 日。

　　……国内的社友星散各处，各行其道，驯致本社社务靠着住在上海的，尤其会集于商务印书馆的几位社友来撑持。当然，他们亦有忙其所忙的重要职务，不得不将社务摆在次要的地位，有时就不免有懒洋洋的地方。有些社友，看取这种情势，背地里臭骂一顿，就抱有若无的消极态度，因此不缴社费的数亦不少；有的虽缴社费，而看同应酬一样，实际可说是貌合神离呀！有的因为社务弄来弄去，终究是几个人主持，以为这班元老，始终要来把持社务——物议朋兴，高喊着打倒"老朽昏庸"的口号！社友们！这不是元老非元老的问题，更谈不上把持不把持的问题！这是制度和经济的问题！他方面有些社友回国以后，蜚黄腾达，觉得更无与社联络之必要，虽不敢肯定的说他弃社若敝屣，而其对社之态度，当在零度下三十多度。过去的社员不热心社务，确是不可掩的事实！①

　　类似傅氏对学艺社的批评者不乏其人，兹不赘述。如何改变这一现状、振兴社务，社员们各抒己见，其建议主要集中于以下几方面。

　　（一）完善组织机构，增强向心力

　　社员龚学遂认为，改变当时现状的办法首先要注重宣传，"欲求宣传普遍，而有持久性，必要严密的组织，方才不致一盘散沙"。在他看来，可以在各省各地多设分会，指定负责人筹备当地事宜，负责人不宜过多，一般由一人或者两人即可。分会"上承总会，下接会员，为中间枢纽机关，而有永久固定性质。然后良好的计划，方可执行"②。刘家壎主张，应明确总社与各分社的权限范围，详细规定各自的工作，"不致推诿冲突"③。陆志鸿提出，"本社社员各种专门不同，学术上与精神上之团结，当然以志同道合为归。社内不妨设组，如理化组，生物组，工程组，经济学组，法学组，文化组，农林组等等，各组推定负责领导之人，以谋学术与文化上之进展"④。

---

①　傅式说：《有话说在先》，《中华学艺社报》第1卷第1期，1930年6月。
②　龚学遂：《感想》，《中华学艺社报》第1卷第2期，1930年7月。
③　刘家壎：《几个发展社务的意见》，《中华学艺社报》第2卷第6期，1931年6月。
④　陆志鸿：《年会开幕以来》，《中华学艺社报》第1卷第6期，1930年11月。

邱祖铭提出了"团人"这一概念。何谓团人?"小如家庭,俱乐部,以及法团,财团,学术团体,公益团体,大至国家,社会"。怎样能把五花八门、无所不有的社员,组织成一个行动活泼、步骤整齐、精神专注的团人呢?在他看来,

> (甲)个人集合,组织团人,个人要有牺牲个人利益,效劳团人利益的精神。
>
> (乙)学术的团人,不能对于其他学术的团人,有敌对的倾轧的陋习。
>
> (丙)学术的团人,专为阐明知识,交换知识,以探求真理为宗旨,不涉及实际政治活动。
>
> (丁)学术贡献方面,可以分类分组,以选举方法产生组长或会长等职务,并决定施行会务方针之执委会。
>
> (戊)事务方面,如社所管理,书籍印行,会务筹备,以及种种例行事务,应设有给之常任秘书,既专责成,又能有继续性,但施行事务之方针,由选举办法产生之执委会议决。①

罗宗洛提出"社中结社"之主张。他建议,社员就其所学之异同结为若干学会,隶于学艺社统辖之下。自然科学方面,可分为数理、化学、生物、地质矿物及医学等会。专攻应用科学者,可各视其专门之性质,择一而入;如学电气、机械等工业者可入数理学会,学工业化学、农艺化学者可入化学会,农学者可入生物学会。医学原属于应用科学,然因其在科学上的特殊地位,宜另设一会。此种组织之利益:"(一)志同道合,易于团结,集各会于社之下,则易收指臂之效,而社之基础乃固;(二)多互相切磋之机会;(三)易于请求互助之道;(四)可为将来中国各种学会之母体"②。周宪文赞同罗之建议:"本社社员,包含过广,罗宗洛君主张社中结社,确为对症之良药。"他认为,学艺社社员人数众多,但社员组织散

---

① 邱祖铭:《社务管见》,《中华学艺社报》第3卷第1期,1931年7月。
② 罗宗洛:《振兴社务管见》,《中华学艺社报》第1卷第4期,1930年9月。

漫，常常是"入学艺社，徒挂空名"①。

针对社员的散漫状态，白鹏飞认为一方面在于缺乏动力，另一方面则在于没有实际的制度制约，"要解决这个问题，就要干部卖些力气，还要有新的制度保障"。朱章宝提出，"利用各分子的凝聚力，使他自动的结合"。他认为社团的成立和发展，缘于成员间共同的利害关系，"学术团体虽然不是讲经济上的利害关系，但讲的是对于学术上的利害关系"。学艺社应努力研究学术，用研究学术来团结社员。在这一过程中，社员间的关系也就变得日益密切，彼此觉得有相依相辅的必要，社员涣散问题也就得以解决，其他社务也将被带动，学艺社的生命也将会变得有活力。② 雷震建议，在社员较为密集的地区聘请专员，负责联系干事和各位社员，"以收群策群力之效"；针对分社缺乏事业心的问题，他认为要先确立事业的目标，让社员有进步的方向，然后选定"以副众望"有能力的专人负责，"而后社务可以有为"③。

社员瞿荆洲提出，以分社为单位，每星期召集当地的社员聚谈一次，其主要目的是交换知识和讨论社务。他认为，这一方式容易实行，可以把座谈会当成社员间的交际会，在交际中还可以有很多乐趣，如此"对于学艺，对于学艺社，当有不少的裨益"④。瞿荆洲还提出了两个"不限"和"不是"的意见。在他看来，"研究真理，不限于埋头于试验室，伏案于图书馆；昌明学艺，也不限于刊布论文，发行杂志；至于交换智识，决不是和名流往来、要人接近；而改进文化，更不是用刀叉吃番菜，结领带穿西装。"⑤ 陆桂祥支持瞿氏每周聚会一次的提议，认为此举简单有效。他提到，"本社的活动，动而不激扬，动而不活泼"。他提出，"谈话会也好，茶舞会也好，演讲会也好，讨论会也好，室内也好，屋外也好，坐着也

① 周宪文：《我也来谈谈如何可以振兴社务》，《中华学艺社报》第2卷第2期，1931年2月。

② 朱章宝：《社务要怎样振兴？》《中华学艺社报》第2卷第3期，1931年3月。

③ 雷震：《社务改进之我见》，《中华学艺社报》第3卷第6期，1931年12月。

④ 瞿荆洲：《消极的意见和简易的办法》，《中华学艺社报》第6卷第1—2期合刊，1933年3月。

⑤ 瞿荆洲：《消极的意见和简易的办法》，《中华学艺社报》第6卷第1—2期合刊，1933年3月。

好，旅行也好。集结起来，团体便形坚固。集结起来，团体便会活动。本着创造性的本能，向人群中间走着，对着社会谋贡献。"①

（二）改革刊物

周宪文认为，编辑部的使命是办理学艺社的一切关于"编辑"和"出版"的事务。在他看来，"编辑"和"出版"事业并重，所以编辑部至少要有两个委员会，即编辑委员会和出版委员会。因为学艺社经费拮据，在创办编辑部时只组织了编审委员会，使编辑部在组织上陷入畸形的状态。②他提议，在经费问题没有解决以前，编辑部要"最低限度"地做到两点：（1）要用大部分精力为社报服务；（2）《学艺》的理科稿件颇为缺乏，要有研究自然科学的社友来主持编辑部。③胡庶华提出，现在中国科学刊物较少，中华学艺社应择优搜集，出资代印，并给予一定的酬金。他认为，择优出版科学刊物对于学术的发展和学艺社的发展皆颇有裨益。④

白鹏飞提议，编印刊物先要注重数量，"先求量之丰，再求质之美"。雷震也主张进一步充实《学艺》杂志内容，请学识丰富之社友多多投稿，在经费允许的情况下，给予一定的报酬，"以增杂志之权威"⑤；刘家壂提出，《中华学艺社报》的内容宜增加"图书批评"及"调查报告"等专栏，前者对已出版的图书和杂志进行公平批评，后者将调查的材料如参观学校、旅行名胜等记录写成报告⑥；等等。

（三）创建科研机构，开展学术研究

胡庶华提出，中华学艺社应速建理化研究所，寻找研究人才，从事有关各种理化学科的研究，以适应中国发展的需要⑦。周宪文的建议，涉及三个方面：（1）设立学术研究所，分为文理两部，在经济能力允许的情况下，大量配备书籍和仪器；（2）多开各种学术演讲会和学术讨论会，以便

---

① 陆桂祥：《集结与社务》，《中华学艺社报》第6卷第3—4期合刊，1933年5月。
② 周宪文：《畸形的编辑部》，《中华学艺社报》第5卷第2期，1932年9月。
③ 周宪文：《编辑部的过去及今后——过去一年间的事务报告集结与社务》，《中华学艺社报》第6卷第5—8期合刊，1933年8月。
④ 胡庶华：《社务进行之建议》，《中华学艺社报》第1卷第3期，1930年8月。
⑤ 雷震：《社务改进之我见》，《中华学艺社报》第3卷第6期，1931年12月。
⑥ 刘家壂：《几个发展社务的意见》，《中华学艺社报》第2卷第6期，1931年6月。
⑦ 胡庶华：《社务进行之建议》，《中华学艺社报》第1卷第3期，1930年8月。

给社员更多的交换知识的机会；（3）社员应该"为昌明学艺，促进文化计"的目标而努力。①

陆志鸿倡议中华学艺社设立自然科学与社会科学研究所，建议学社"先须竭全力协助政府收回日本庚款之支配权，收回后请政府拨该款一部补助研究所之费用"②。朱章宝赞同陆之建议，他认为经费是学社发展的主要问题。办好社会科学研究会，既要资金，又要有社会调查。③ 对设立社会科学研究会和自然科学研究所之建议，社员谭勤余持保留意见。他说："虽人人知其必要，而无款可办，实现之期，不知何日……本社点金乏术，欲空手办自然科学研究所，无异画饼充饥。"在他看来，设立社会科学研究会和自然科学研究所，并不切合中华学艺社实际，还不如本着学术精神脚踏实地干，一方面尽力搞好学术，另一方面社中开源节流。他认为学艺社是学术团体，所以应该本着学术的精神，脚踏实地，"尽力于学术界，以求有所贡献于国家社会也。"④

（四）维护学社宗旨，妥善处理学术与政治

姜琦认为，中华学艺社不应该把"研究学艺"的目的抛开，"我希望本社今后切勿把原来固有的'研究学艺'的目的抛开，另混以别的作用如政治作用等等，而变成为一个有政治作用之学阀机关。因此我很不愿本社拿任何有政治势力之人物或机关做自己的靠山，也不愿把本社做任何有政治势力之人物或机关的大本营。倘使本社今后对于一切学艺有某种特殊之发明与创造，自成为一个所谓'学艺学派'，是应该做的，否则，如果本社今后仅有'研究学艺'之名，而大有'政治作用'之实，要变成为一个所谓'学艺派'好像'挂羊头而卖狗肉'，是万万不可的。"他还提出：

> 原来所谓"学艺学派"与所谓"学艺派"是有区别的。怎么样说呢？所谓"学艺"，是本社的名称，已成为一个固有名词，复次研究

---

① 周宪文：《我也来谈谈如何可以振兴社务》，《中华学艺社报》第 2 卷第 2 期，1931 年 2 月。

② 陆志鸿：《年会开幕以来》，《中华学艺社报》第 1 卷第 6 期，1930 年 11 月。

③ 朱章宝：《社务要怎样振兴》，《中华学艺社报》第 2 卷第 3 期，1931 年 3 月。

④ 谭勤余：《本学术精神脚踏实地干》，《中华学艺社报》第 2 卷第 5 期，1931 年 5 月。

一切学艺上之学问，是本社之唯一目的，已成为不可磨的，复次本社不但研究，并且要发明与创造，自成一派，是本社之重大责任，也不可不负的；然后合此三者——名称，目的，及责任——而称之曰"学艺学派"。然在反面，如果现在有人窃取本社之名称，离开本社之目的，而另加以别种之责任，泛称之曰"学艺派"；那么，虽则不能够决定其究有某种作用，然而它不是研究学艺的目的，又没有发明或创造学艺之责任，就可以断定了，因为在"派"字之上没有一个"学"字的缘故。

……所谓"学艺学派"，无论在本质上或形式上，都是附丽本社本身而存在的，并且永久地而存在的。如果所谓"学艺派"，论其形式，虽则似乎还附丽于本社身上，然而论其本质，实与本社本身的目的与责任绝缘了。……我是希望本社应该成为一个纯粹的"学艺学派"，而不应该变为一个别有作用的所谓"学艺派"。①

他又进一步说：

我对于本社的希望再要进一解，一方面希望本社同志每研究一种学或艺，必须常常与政治问题——广的说，社会问题——相提携，而成为一种有机的关系；他方面除掉我前次希望本社勿拿任何有势力的机关或人物来做自己的靠山，也勿送给本社去做任何有势力的机关或人物的大本营外，还要希望本社同人应该退居于被支配者的地位，自己先攒入于民众团体之中，熟察社会情形，然后研究种种切于社会的实际需要之学艺。总括说一句：我们把"学"当做"理性社会化的方法"，把"艺"当做"感情社会化的方法"，才是本社之纯粹的真正的目的。②

吴自强支持姜琦的观点，主张中华学艺社应遵照"研究真理，昌明学艺"的宗旨，"不要靠任何势力派作背景，也不要作任何势力派系工具，而研究一种假真理以污坏学艺。"③ 他希望中华学艺社的老社员，要勇于承

---

① 姜琦：《我也对于本社有一个希望》，《中华学艺社报》第 3 卷第 4 期，1931 年 10 月。
② 姜琦：《我对于本社的希望再进一解》，《中华学艺社报》第 3 卷第 5 期，1931 年 11 月。
③ 吴自强：《对于本社老社员之一点希望》，《中华学艺社报》第 5 卷第 1 期，1932 年 8 月。

担学术救国的责任，即使进入其他领域也要记得"学术"二字，做到"振作精神，老当益壮，引导新进的社员，共同向'学术'路上走，以谋中国学术上的开花结实期之发展"①。

王惠中认为，中华学艺社应该研究国内重大问题，比如金贵银贱、撤废领事裁判权等问题，"查本社系由各科专门人才所组织，从事此种问题之研究，自必较其他国内诸学术团体为尤易，且于研究所得，对于国家及民族，贡献亦必尤大。"② 在他看来，研究国内问题对学艺社而言也有好处，可以让社员"交换智识"，达到共同进步，提高学社的知名度和影响力。遇到重大问题发生，总社通告各地分社，分社要召集当地对该问题具有专业知识的社员，然后组成研究会，提出具体意见。

（五）普及科学知识

围绕普及科学文化知识，陆志鸿提出了三点建议：（1）发行《民众科学》杂志。针对中国民众缺乏科学知识的现状，学艺社应发行通俗的科学杂志，杂志程度较浅，内容带有兴趣性。（2）举行通俗演讲会。在假期或适当的时间，由学艺社社员进行演讲，地点最好选在重要的都市，以启发更多民众的科学思想。（3）组织边疆和僻远地区的调查团。学艺社社员组成各种调查团，开展调查研究，将调查成果写成书籍，供国内各界参考。③刘家壂提出，中华学艺社应设立民众图书馆，多开演讲会和展览会、音乐会，这样既可以增加民众的智慧和知识，又可以增加民众对学艺社的认同。吴羹梅主张，举办市民常识讲座及学术讲座，聘请社内外专门学者分赴市区或学校举办市民常识讲座和学术讲座，以提高市民常识和学生对研究的兴趣。④

综上所述，围绕中华学艺社的发展，广大热心社员以《中华学艺社报》的"小言论"为平台，各抒己见，为学社的改良与振兴出谋划策，其主张有的很快付诸实施，有的为学社日后发展指明了方向。但日本侵略和

① 吴自强：《对于本社老社员之一点希望》，《中华学艺社报》第5卷第1期，1932年8月。
② 王惠中：《提案·组织建设问题研究会案》，《中华学艺社报》第2卷第1期，1931年1月。
③ 陆志鸿：《年会开幕以前》，《中华学艺社报》第1卷第6期，1930年11月。
④ 吴羹梅：《任职一年之自述及对于将来理事会之希望》，《中华学艺社报》第7卷第5—10期合刊，1934年10月。

淞沪抗战的爆发，搅乱了中华学艺社原本渐趋平稳的生活。

三、日本入侵与中华学艺社的应对

（一）九一八事变与中华学艺社的应对

趁英美经济危机、中国国内混战之机，1931 年日本发动九一八事变，阴谋快速侵占东北三省，挥师南下，企图把中国变为自己独占的殖民地。针对日军侵略，国内各界纷纷发声，一致呼吁团结抗日。上海亦不例外，诞生了各类抗日救国组织，如上海市教育界救国联合会、上海抗日救国研究会等。

1931 年 9 月 28 日，中华学艺社执行委员会召开第 37 次会议，会议主要议题是关于日本侵占东北事件。与会社员对日军的暴行异常愤慨，一致决议参加上海各抗日救国会，并发起征求救国方案。会议经讨论推选马宗荣为代表加入上海市教育界救国联合会、上海抗日救国研究会；推选周宪文、刘家壎为代表出席抗日救国会；推举叶朝钧、王桐为代表，出席上海抗日救国市民大会。① 马宗荣参加了上海市教育界救国联合会，会上全体委员一致要求南北会议代表，请求发表政见，通电政府，声请惩治张学良，并以武力援助马占山，收复失地。抗日救国联合会决议：（1）国人对于历年在日本铁蹄下东北情形，应有深切之了解；对日本之国势、国情，亦应有相当之明了。教育界大中学生，须进一步作有系统之研究。经执委会议决，推出中华学艺社代表马宗荣，与陈彬龢、郑西谷，拟定大中学学生研究东北及日本之具体方法；（2）应将东北事件真相公诸世界，呼吁各国给予援助。为此，中华学艺社代表与黎照寰、刘湛恩、褚民谊、胡春藻、欧元怀担任国际宣传工作；（3）议决由马宗荣与雷沛鸿、孟宪承、高践四，拟定民众教育计划；（4）举行大中小学抗日救国演说比赛，中华学艺社代表马宗荣与贾佛如、倪文亚被推为中学组干事。② 因战争发生，中华学艺社改选职员等事宜暂时停顿，拟"待中日问题稍得解决后，即着手

---

① 《总社消息·执行委员会消息》，《中华学艺社报》第 3 卷第 3 期，1931 年 9 月。

② 《总社消息·学艺社当选为上海教育界抗日救国联合会执委》，《中华学艺社报》第 3 卷第 4 期，1931 年 10 月。

进行"①。如何抵制日本之侵略，成为中华学艺社的当务之急。学社利用自身优势，开展了一系列的抗日救国活动：

其一，征求抗日方案

中华学艺社发出通告，征求抗日方案，计划在稿件收齐后编辑成册，贡献全国各抗日团体，"冀得实行，藉致日本之死命"。②通告全文如下：

> 敬启者，暴日猖獗占我东北，凡属国民能无发指。社中自此事发生以来即参加上海各抗日救国会，以从事抗日工作。窃以为日本此次之侵略乃有步骤有计划之举动，处心积虑而有今日，吾人从事反抗又岂能瞀乱以行势，非有整个计划不克为功，而经济绝交尤为当务之急，或五年或十年应有具体办法。我社社员学识精邃定有真知灼见，用特函达。敬请拨冗拟一全部或局部之对日经济绝交计划，惠寄来社，俾得汇集成册，以贡献于全国各抗日会，冀其实行，以致日本之死命。不胜盼祷之至。耑此即颂
>
> 中华学艺社启③

通告发出后，得到广大社员和许多读者的关注，他们纷纷发表自己的看法。社员王不艾提出，首先应联合国内各社团，"分电国联各国代表，并世界各国政府及其人民，陈述真相，于民众呼声，唤起正义的同情，以增加我外交的力量"。至于经济绝交，"第一应督促全国商人反省，绝对不办日货；第二应切实使民众正确认识国货与洋货之区别，俾得行使其爱国意志。以上二种工作，应由上海各社团会同商会，组一中心机关执行之，并推及于全国各地。"④丁求真拟定的抗日方案，则侧重军事方面。在他看来，中国在军事上之弱势，首要原因在于军械不精、弹药不足，亟应"努力于军械之发明改良与仿造，及是项人才之培植"，设立军器研究所，或于中央军校内特设兵工学及兵工专科学校；扩充改良各兵工厂，厂内设兵

① 《总社消息·本社改选职员延期》，《中华学艺社报》第3卷第3期，1931年9月。
② 《总社消息·征求抗日方案》，《中华学艺社报》第3卷第3期，1931年9月。
③ 《本社重要启事》，《中华学艺社报》第3卷第3期，1931年9月。
④ 《社员王不艾君电复本社征求"抗日救国方案"的意见》，《中华学艺社报》第3卷第4期，1931年10月。

工研究会，"关于兵工之发明，或派遣留学生，或津贴专家研究，或委托研究院、各大学、学艺社、科学社研究之，并奖励军械学之著作及刊物之出版，以资鼓励。举凡造兵制弹及战舰飞机潜艇等制造法，毒瓦斯及其预防之道，力求进步，而得发明，则非但有裨军实，且可塞每年大宗之漏卮，亦为挽回利权之道也。"①

其二，编辑《日本国势丛书》

中华学艺社认识到，"制敌之道首在明晰敌情"②。既然要抗日，就需要对日本的国情有深切的认识，方能做到知己知彼。学艺社执行委员会决议，由社员郑贞文负责编辑《日本国势丛书》。第一期计划，有资耀华的《日本之财阀》、林植夫的《日本国势概观》、邓深泽的《日本之国体》、刘家壔的《日本之民族》、龚德柏的《日本之外交》、汪向宸的《日本之经济》，共6本著作，计60余万字，限期两个月内完成。第二期计划由《日本之陆军》《日本之海军》《日本之政治》《日本之政党》《日本之社会运动》《日本维新史》组成。③"丛书"涉及日本政治、经济、军事、外交等诸方面，可供国人了解、研究日本之参考。

其三，出版东北问题专号

除组织编纂《日本国势丛书》外，中华学艺社执行委员会决议另出《东北问题专号》一册，由刘家壔、张梦麟两社员编辑，由林植夫、龚德柏、史尚宽撰述，并函请东北大学暨冯庸大学④全体教授及同学，"就其历年所闻见关于日本侵略东北之暴行，详为抒述，投寄本志，以示国人，俾得明了日本觊觎满蒙之野心，东北人民在暴日侵略之淫威下所受之苦，以及此次东北事件之真相"⑤。1931年10月，《东北问题专号》开始印刷，内容包括周宪文的《暴日入寇东北的面面观》、王惠中的《国人对于东北事件应有之认识》、汪向宸的《满蒙问题与世界经济》、瞿荆洲的《东北事

---

① 丁求真：《抗日救国方法》，《中华学艺社报》第3卷第6期，1931年12月。
② 《总社消息·编辑〈日本国势丛书〉》，《中华学艺社报》第3卷第3期，1931年9月。
③ 《总社消息·编辑〈日本国势丛书〉》，《中华学艺社报》第3卷第3期，1931年9月。
④ 冯庸大学于1927年8月正式成立，创立者冯庸。学校分设大学部、中学部，后扩充为工学院、法学院、教育学院，是一所私立公益性大学，1933年并入东北大学。
⑤ 《总社消息·出版东北问题专号》，《中华学艺社报》第3卷第3期，1931年9月。

件之经济的观察》、雷震的《日本之大陆侵略及其应付之方策》等多篇文章。文章均由中华学艺社社员撰写，"诚国难声中，关心国事者之绝好读物也"。①

其四，介绍日本鼓吹侵略中国东北的书籍

九一八事变爆发后，国内各学校和各团体纷纷设立研究会，研究日本侵略中国之阴谋。鉴于此，中华学艺社致函在日本的社员瞿荆洲，委托他将日本最近出版的公然鼓吹侵略满蒙的书籍详细调查，整理汇总，介绍给国人。中华学艺社东京分社积极予以响应，于1931年12月20日召开干事会议。会议决议，在东京的中华学艺社社员，收集关于日本所出的满蒙书籍，然后寄给总社，以求"察知其侵略之手段、以谋抵抗之方法"。东京分社开列的书单达70余种，包括《东亚全局的动摇》《亚细亚的火药库》《对支问题一览表》《支那的真相》《支那的军情》《满蒙的诸问题》《帝国的国防》《支那研究》《满蒙事情十六讲》《松花江沿岸地方经济事情》《北满洲支那农民经济》《满洲的牧羊》《满洲的大豆》《南满洲工业事情》《满洲的棉花》等，载于《中华学艺社报》。② 值得一提的是，东京分社干事瞿荆洲、徐玉相、吴自强、何庭铠靠个人捐款，购置了许多在日本出版的有关满蒙之书籍，其中包括《动乱支那的真相》《满蒙的诸问题》《支那的军情》《东亚全局的动摇》《支那事变与我国民之觉悟》等。③

其五，出版《战争与科学》

中华学艺社同人认识到，中日战争必不可免，"救国之道，厥虽武力抵抗；而武力抵抗之中心焦点，厥惟科学上新颖之战具是赖"④，遂委派社员陆志鸿主编《战争与科学》一书。该书首列各种新式兵器图片多幅，内收载论文17篇：陆志鸿的《兵器研究乃国防之基础》，余纬斯译《现代兵器及其趋势》，汪浏的《化学工业与国防》，陈世鸿的《我国之国防》，李待琛的《枪炮之分类》《我国枪炮之现状》《枪炮概说》，王仍的《轻迫击炮之概要》，何祖铭的《飞机炸弹概说》，朱骥的《化学兵器——毒气》、

① 《总社消息·东北问题专号已发》，《中华学艺社报》第3卷第4期，1931年10月。
② 《总社消息·介绍日本鼓吹侵略东北的书籍》，《中华学艺社报》第3卷第3期，1931年9月。
③ 《总社消息·日本东京分社赠书到社》，《中华学艺社报》第3卷第6期，1931年12月。
④ 《战争与科学》，陆志鸿序，上海良友图书印刷公司1932年版。

《毒气防御及防毒面罩》,张郁岚的《化学兵器战地之运用》,徐镇相的《机关枪之原理及构造》,黄璧的《弹药概说》,赵恩廊的《世界海军之现状》,张连科的《石油常识问答》,上海兵工厂辑印的《各种手榴弹概要》等,并有"摘译""科学新谈"若干篇,15万余字,由上海良友图书公司印刷发行。①

标榜"学术救国"、不参与政治的中华学艺社,对日本侵略极力予以抵制。对此,《申报》进行了报道:"本埠北四川路底中华学艺社,社员大半为留日归国之士,自九一八事件发生后,该社社员等对于救国工作,进行甚力,日人恨之入骨"。②

(二) 一·二八事变与学艺社的应对

1932年1月28日,日军借口"日僧事件"对上海闸北区的国民党十九路军发起攻击,随后又进攻江湾和吴淞。十九路军奋起抵抗,与日军在闸北展开激战,一·二八事变爆发。日本入侵上海后,上海各团体组成各团体救国联合会,以谋求共同抗日。中华学艺社也推派代表加入,被推选为各团体救国联合会常务理事。③

中华学艺社在北四川路的旧社所处于战区之中。战事发生后,北四川路麦拿里一带成为日军防线,经过数日战斗,中华学艺社社所周边的一些房屋遭到日军焚毁,社所虽未受到严重破坏,但也遭到数次搜查,最后被日本司令部封闭。2月22日,日军撤出北四川路麦拿里地区,退去时纵火将学艺社部分物品焚毁,"查该社藏专门图书甚多,约值二十余万元,社员寄存专门图书,约值十万元,此外所存社员交来付印之著作稿件数十种,又该社秘书社会教育专家马宗荣氏,十数年来所搜集之社会教育专门书籍千余册,均成灰烬"。④ 当时各报称,中华学艺社旧社所已被焚毁,因交通阻绝,无从前往查勘。直到3月中旬战事停歇,常务秘书马宗荣协同社中职员驱车前往旧社所,始悉"社屋及社存书籍家具与夫零星什物,损

---

① 《总社消息·战争与科学出版》,《中华学艺社报》第5卷第1期,1932年8月。
② 《日寇焚毁中华学艺社》,《申报》1932年2月24日。
③ 《总社消息·本社加入各团体救国联合会》,《中华学艺社报》第4卷第1期,1932年2月。
④ 《日寇焚毁中华学艺社》,《申报》1932年2月24日。

失尚轻"①。马宗荣还一度被日军抓捕，经多方设法获释，却也饱受惊吓。

与中华学艺社关系密切的商务印书馆，在战事中遭到了巨大破坏。1月29日上午，日本飞机轰炸闸北宝山路商务印书馆总厂，损失惨重。《申报》对此进行了报道：

> 至（上午）十一时许，商务印书馆总厂竟亦着弹，适落天井内，当即爆烈，继即发火，而当时厂内各工人，早已走避。至救火车因在战事区域内，无从施救，乃只得任其延烧。一时火光烛天，照及全市，尤以纸类堆积，延烧更易。片刻间编辑部即遭波及，所装备之各种印刷机器，全部烧坏，焚余纸灰，飞达数里以外，即本馆左右，均有拾得，可见当时火势之一斑。与商务印书馆相对为邻之东方图书馆，因火焰冲过马路，竟亦遭殃，全部被毁。商务印书馆总厂房屋，于下午三时许，即全部倒塌，但火势至五时许犹未全熄。②

中华学艺社交给商务印书馆的一部分书稿被焚毁，大体包括③：

一、学艺论文集：《现代教育哲学的研究》、《中国化学史之研究》（一）；

二、学艺丛书：《高等代数学》、《钢筋混凝土》、《纯正气象学》、《放大照相学》、《认识论入门》、《哲学导论》等；

三、学艺汇刊：《中国大赦考》、《罕森日蚀论》、《春秋长历》、《战国秦汉之历法》等；

四、文艺丛书：《黑猫》；

五、日本国势丛书：《日本国势概观》、《日本之民族》、《日本之财阀》、《日本之国体》、《日本之经济》；

六、辑印古书：《宋刊太平御览》、《宋刊本草演义》、《元刊全相平话》、《明刊古今小说》等。

---

① 《总社消息·沪战期间旧社所幸未全毁》，《中华学艺社报》第4卷第2—3期合刊，1932年4月。

② 《申报》1932年1月30日。

③ 《沪变影响本社出版物之损失》，《中华学艺社报》第4卷第2—3期合刊，1932年4月。

除此之外，中华学艺社送交商务排印的《学艺》杂志，包括《东北问题专号》、"百号纪念专刊"稿件（约60万字）等也被焚毁。中华学艺社损失巨大，"诚令人痛心极矣"。①

在一·二八事变中，十九路军"本其卫国卫民之责，与倭军相周旋，兼旬以来，屡战屡捷，精心浩气，薄于云天"②。为表彰英勇抵抗日本侵略的全体将士，中华学艺社制作绸旗一面赠与十九军将士，正中绣"精忠"二字，上款绣"敬赠忠勇的十九路军将士"，下款绣"中华学艺社赠"，杏黄地黑字，极为壮丽。③ 中华学艺社还拨款200元，委托红十字会购置医药用品及食品等，慰劳后方受伤士兵。

随着民族危机的日益加深，呼吁"中华民族复兴"之思潮勃然兴起④。1933年10月19日，中华学艺社常务董事会召开第四次常务理事会，会议议决征求"复兴民族方案"，其具体条件如下：

1. 投稿于十二月二十日截止；

2. 不拘文言白话，以二万字为限；

3. 来稿由专家审查，甲等一名酬现金二百元，乙等一名一百元，丙等二名各五十元，丁等四名各二十五元；

4. 录取之稿，在《学艺》杂志第十三卷发表。

启事于《中华学艺社报》《申报》刊出后，投稿应征者络绎不绝，截至12月20日收到来稿30余篇，1934年2月达到70余篇。董事会请周宪文、唐庆增、陈柱、陈高佣、林希谦五人负责评审，最终当选者如下：第一名方元英，第二名王淑舜，第三名邱康乐，第四名武陵，第五名金人铭，第六名梁适善，第七名张龙图，第八名郑重。当选者的稿件，陆续编入《学艺》第13卷第3—6期⑤。其中，方元英在《中华民族复兴方案》中将民族衰落的原因归结为"民族精神的丧失"，提出以心理建设为主，政

① 《日寇侵沪我社损失颇巨》，《中华学艺社报》第4卷第1期，1932年2月。
② 《总社消息·本社赠送十九路军大旗一面》，《中华学艺社报》第4卷第1期，1932年2月。
③ 《总社消息·本社加入各团体救国联合会》，《中华学艺社报》第4卷第1期，1932年2月。
④ 详见黄兴涛、王峰《民国时期"中华民族复兴"观念之历史考察》，《中国人民大学学报》2006年第3期。
⑤ 《民族复兴方案审查完竣》，《中华学艺社报》1934年7卷1—3期合刊，1934年3月。

治建设、经济建设、教育建设、国防建设为辅，实现中华民族的全面复兴。邱康乐在征文中认为，中华民族之复兴须具备基本条件，即倡导民族自决、坚定民族自信、努力民族自助、实行民族自立；具体办法，则包括实现民族合作、发扬民族文化、发展民族经济、保障民族独立等四方面。

同年 11 月 24 日，中华学艺社常务董事会召开第六次会议。与会者通过决议，聘请瞿荆洲、刘家墅、林希谦、陈柱、唐庆增、吴泽霖、郑师许、葛绥成、谢介眉、胡一贯、盛叙功、丁绍桓、姚宝贤、陈高佣、梁园东、林众可、张梦麟、袁文彰等为《民族复兴丛书》编辑委员会委员。委员会随后于中华学艺社总社所召开成立大会，瞿荆洲、陈柱、唐庆增、吴泽霖、郑师许、盛叙功、姚宝贤、陈高佣、梁园东、袁文彰等出席，会议除讨论今后进行方针外，并通过委员会章程，互推唐庆增、周宪文、陈高佣、陈柱、郑师许为常务委员，组织常务委员会。12 月 24 日，民族复兴丛书编辑委员会常务委员，于中华学艺社会议室召开第一次常务会议，出席者唐庆增、陈高佣、郑师许、陈柱、周宪文，主席周宪文，会议议决案件颇多，主要有：（1）《民族复兴丛书》分期出版，第一期先出 6 册，自本年 7 月起月出一册，字数议定每册五万字，至十万字，报酬每千字酌给五元，书名及出版次序为：《中国民族复兴方案》（7 月）、《中国民族之发展》（8 月）、《中国经济独立计划》（9 月）、《中国国防建设计划》（10 月）、《中国民俗之研究》（11 月）、《中国民族道德之研究》（12 月）；（2）提请董事会，聘请周昌寿、郑贞文、陈垣、马相伯、梁漱溟、唐蔚之、胡适、陈石遗、傅斯年、陈寅恪、竺可桢、翁文灏、马寅初、徐新六、周鲠生、谢冠生、朱希祖、柳诒徵、孙本文、陶孟和、陈立夫、章太炎、李石岑、舒新城、高一涵、胡朴安、陈公侠、杨杰、陆费逵、王云五、蔡元培、李石曾等为民族复兴丛书审查委员[1]；等等。

不难看出，战争的爆发虽在一定程度上干扰了中华学艺社的发展进程，并给其发展带来一系列的直接或间接损失；但是，以留日社员为主的中华学艺社充分意识到自身之优势，以自己的方式，积极参与反日活动、

---

[1]　《民族复兴丛书编辑委员会成立》《民族复兴丛书编辑委员会第一次常务会议》，《中华学艺社报》第 7 卷第 1—3 期合刊，1934 年 3 月。

谋求民族之复兴，其事迹尤值得称道。

四、全面抗战前的短暂繁荣

位于上海法租界的中华学艺社相对安全。学社采纳、实施诸多社员的意见和建议，各项工作逐渐步入正轨，这种局面一直持续到抗战全面爆发。

（一）总社情况

1929 年冬，中华学艺社具文上海市教育局暨市党部民众训练委员二处，获准立案，领有市教育局立案执照。后奉市教育局上字第 716 号训令转呈教育部，并由部令准予备案。① 次年，中华学艺社聘请朱章宝为常年法律顾问，"以保障本社一切应享之法益"②。

1930 年 3 月 9 日，执行委员会主席屠孝实因赴安徽大学任教函请辞职，根据社章互选傅式说为主席，并聘请马宗荣为常务秘书。23 日，第七次常会决议对总务部组织加以变动，推选周昌寿为总务部长，江铁为文牍干事，高士光为会计干事，谭勤余为庶务干事，屠孝实、朱章宝、杨俊生3 人为交际干事（不久添聘倪文亚），推选陈钟凡、余祥森 2 人为编辑部干事，指定鲁继曾、马宗荣为《学艺》杂志文科编辑主任，周毓莘和沈璿为《学艺》杂志理科编辑主任③。会议还决议即日编印"本社概览"，将社员著述编入，不拘单行本或论文④。在 4 月 22 日召开的第九次执行委员会上，通过了由傅式说拟定的《执行委员会办事细则》（22 条），进一步明确了各部门及各股东职权⑤，具体涉及：主席、总务编辑、部长、常务秘书等办公人员的工作时间；常会时提案、决议之流程；重要文件之处理；财务制度和保管方式；编辑部门工作流程；等等。细则的出台，有利于中华学艺社各项工作的规范化。

在中华学艺社第四届年会（1930 年 12 月）上，"修改社章案"经执

---

① 《教育部批准本社备案》，《中华学艺社报》第 3 卷第 1 期，1931 年 7 月。
② 《总社消息·聘定本社法律顾问》，《中华学艺社报》第 1 卷第 4 期，1930 年 9 月。
③ 《总社消息·执委会易人及各部消息》，《中华学艺社报》第 1 卷第 1 期，1930 年 6 月。
④ 《本社启事二》，《中华学艺社报》第 1 卷第 1 期，1930 年 6 月。
⑤ 《总社消息·通过执行委员会办事细则》，《中华学艺社报》第 1 卷第 1 期，1930 年 6 月。

委会议决通过。之后，中华学艺社成立了由傅式说、周昌寿、朱章宝三人组成的修改社章委员会，负责对社章进行修改。社章草案经三委员开会多次讨论，拟定新社章草案（共7章77条），于1931年3月14日在《中华学艺社报》第4期上登载，广为征求社员之意见，截止日期为7月31日①。社章草案经修改完善后，提交执委会审查，经第36次执委会议正式通过。1931年10月，中华学艺社开始筹备董事选举事宜，将选举票及新社章寄往各社友。原定1932年1月开票，因沪战发生推迟到3月12日，结果周昌寿、郑贞文、马宗荣、傅式说、胡庶华、王兆荣、谭勤余、史维焕、白鹏飞9人当选董事，范寿康、欧元怀、江铁、陆志鸿、陈大齐5人为候补董事。②

1932年3月18日，执委会与董事会召开联席会议，也是董事会成立后召开的第一次会议。会上，执委会将所有印信及文件卷宗等正式移交新一届董事会。会议推举傅式说、王兆荣、胡庶华为常务董事，组成常务董事会。推定傅式说为主席董事，王兆荣、谭勤余为基金监，周昌寿为董事会书记。董事会于3月20日、5月29日召开第二、三次董事会议。董事会聘定各部人员如下：总务部主任白鹏飞，会计干事资耀华，庶务干事谭勤余，暂兼文牍干事；交际干事：艾华、朱章宝等36人。③白鹏飞因事返回北平，董事会聘请马宗荣为总务部代理主任。6、7月间，董事会召开了第四、五次会议，会议推选社所落成典礼筹备员、讨论筹备南京学艺中学等事宜。8月1日举行第七次会议，正式通过南京学艺中学提案，聘请罗宗洛为总务部代理主任。9月5日召开第八次会议，委托陈之霖整理杭州分社社务，加推陈达夫为法国分社干事，王兆荣、吴永权为成都分社干事，聘请周宪文担任《学艺》编辑部主任。

1933年8月2日，董事会召开第十一次会议，傅式说、马继华、谭勤余等6人出席。先由主席傅式说报告最近会务进行情况，然后开始讨论。会议议决，聘请刘百闵为总务部主任，捐款事仍由周宪文、刘百闵负责接

---

① 《中华学艺社社章修订草案》，《中华学艺社报》第2卷第4期，1931年4月。
② 《总社消息·改选新董事》，《中华学艺社报》第4卷第2—3期合刊，1932年4月。
③ 《总社消息·董事会》，《中华学艺社报》第4卷第4—5期合刊，1932年6月。

洽，聘请宋崇文为总务部会计兼文牍干事、王桐为总务部庶务干事、柯瀛为编辑部文牍干事、苏邦民为编辑部事务员。推定潘公展、刘百闵加入董事会，并请社员公决。[①] 刘百闵上任后，将工作的重心放在节省支出以求再能举办其他事业、节省利用学艺社的房屋建筑等方面。1933 年底，他总结和整理了之前年会和董事会的决议，在此基础上提出了六点发展计划：（1）筹办人事咨询所，宗旨是联络机关法团学校工厂商店及公司等机构，解决青年的各种问题，以增加社会福利，其具体职责包括、教育咨询、职业咨询、卫生咨询、法律咨询、出版咨询。（2）筹办航空展览会。中华学艺社和航空协会负责人进行多次协商，决议由航空协会负责搜集材料，由学艺社提供会场，计划在 1934 年春天对航空事业进行宣传，希望唤起国民对于航空事业的注意，并使航空知识普及到一般民众。（3）筹办科学玩具展览会。（4）筹办理化实验所。鉴于上海各中学里的理化仪器设备非常简陋，中华学艺社和中国科学化运动协会上海分会合作，筹办理化试验所。建成以后，用公共汽车把各中学的学生接到学艺社进行实验，使一般中学生对理化学科能产生兴趣。（5）筹办外国语补习学校。中华学艺社已经有英语补习班，计划在 1934 年开办日语、法语、德语、俄语补习班，最终建成一所外国语补习学校。（6）加强社与社员之间的联系。[②]

1934 年 4 月，中华学艺社在北平召开第五届年会。在此次年会上，中华学艺社的发展方向有所改变，"决由一地发展之原则，变为多数标点式的发展之原则"，于总社外"更设三标点于人才荟萃的首都之南京分社，文化中心之北平分社，新进社友云集且与现阶段上主要研究对象有密切关系之留日分社，以期据此四标点以巩固本社之基础势力"，将来之工作目标定为以下四点：（一）工作之多层化，"由高深以迄平易，劈分为多层，以求学艺事业之普及"；（二）工作之多方面化，即"根据总合的砥砺之精神，尽量求多方面增加上之发展"；（三）工作之切实化，适应现阶段之需要，努力从事社友能作之工作；（四）工作之合理化，"不因夸大而使本社

---

① 《总社消息·董事会》，《中华学艺社报》第 6 卷第 5—8 期合刊，1933 年 8 月。
② 刘百闵：《四月以来之经过及此后之计划》，《中华学艺社报》第 6 卷第 9—12 期合刊，1933 年 12 月。

从财政上自戕，不因本社当局者专门学业之故而使工作向某一方面倾重"。① 在此次年会上，傅式说提出"修改社章变更组织案"，社员马宗荣、潘公展、周昌寿、谭勤余、欧元怀、高士光、柳士英附议。变更社章之理由，在傅氏看来，主要有：

1. 董事散处各方，召集不易。往往指定代表出席，但遇重要事故，代表仍难负责。

2. 董事限于社员，而社员限于能力，经济上殊难尽董事之责。

3. 社外热心捐助本社者，依照现章，仅可请其为名誉董事。事实上此种虚誉，不能引起社外人之注意。为增厚本社实力起见，须依照科学社办法，使社外热心赞助者，有担任董事之机会。

4. 依照现在组织，社之中心，似在董事会。董事会组织，既难期健全，社务自无从孟晋。此后似应以社务重心，属之理事会，而以董事会负经济之责。

5. 依照现在组织，总务与编辑分社两部，开费较大。以本社经济之竭蹶，似应合并于理事会下，设总办事处，以期集中社务，节省经济。②

年会议决，将社章依据傅案讨论修改后提交董事会，然后分寄全体社员征求意见。6月，新社章草案寄交各社员征求意见后，各地社员陆续来函发表意见。第十四、十五次董事会议根据各地社员之意见进行修改完善，并正式通过。根据新社章，制定了理事选举之新规：1. 理事定为11人；2. 选举日期自10月1日至12月10日，1935年1月理事会诞生；3. 选举方法用记名式通信选举；4. 选举事务由常务董事负责，交总务部办理。10月20日，总务部将新社章、选举票、各地社员一览表及董事会公函送达诸社员之手。选举结果于12月16日公布，傅式说、马宗荣、潘公展、何炳松、白鹏飞、周昌寿、郑贞文、陈立夫、刘百闵、谭勤余、周宪文等11人当选理事，欧元怀、张梦麟、朱升芹、罗宗洛、史维焕、陆志鸿、陈大齐等7人为候补理事。1935年1月12日理事会成立，并召开了

① 《第五次年会闭会宣言》，《中华学艺社报》第7卷第4期，1934年6月。
② 《社员大会议决录》，《中华学艺社报》第7卷第4期，1934年6月。

第一次理事会议。会议选举何炳松为理事长,刘百闵为理事会秘书,推举蔡元培、吴铁城、吴稚晖、陈果夫、王世杰、何应钦、宋子文、叶楚伧、王云五、孙科、钱新之、朱家骅、陈仪、陈立夫、傅式说、王兆荣、潘公展、郑贞文、胡庶华、周昌寿、陈大齐、陈布雷、陈其采、张群、马宗荣、马洪焕、何炳松等27人为董事。2月26日,举行第一次董事会议,推选陈其采为董事长,潘公展为董事会书记,陈大齐为基金监。①

理事会成立后,遵照新社章取消总务、编辑两部,合组总办事处。第一次理事会议议决,聘请朱章宝担任总干事,因朱氏一再坚辞,于第一次临时会议中议决聘请刘百闵担任总办事处总干事,至3月1日开始办公。第三次理事会议议决聘定总办事处职员,总干事兼任会计干事,文牍干事张味真,编辑兼出版咨询组干事魏肇基,庶务干事李南艻。理事会制定1935年度学社事业进行方案,具体包括:(甲)充实图书馆,添设各种文库,包括亚洲文库、中文文库、日本文库、社员著作文库、普通文库;(乙)整理并进行编译事业,包括民族复兴丛书、学艺丛书、日本名著丛书、学艺丛刊、辑印古书;(丙)研究国乐;(丁)创办自然科学研究所及中学科学实验馆。② 会计兼文牍干事吴羹梅就理事会的组织及运行机制发表了自己的看法,主张"集中事权于总干事"。在他看来,董事会为筹划学社经费、监督学社行政之机关,理事会为议事机关,总干事则相当于政府之责任内阁总理,负责执行社务,应具有行政权,"总干事之人选必须慎重。监督不妨严厉,集权务须专一。否则指挥不灵,社务将莫由推进。而将来之总干事,必须常驻社中,以社务为其专职,故报酬必须相当提高。"③

1937年1月底,理事会屡向中英庚款董事会申请,请求拨给庚款。但到4月初得到的答复是:今年该会所得息金维持以前核准补助之数,尚缺数十万元。董事会成立后,立即向各董事及广大社员发出募捐启事,"集腋可以成裘,无米何能为炊",希望得到来自物质上的援助。一些董事慷慨解囊、热心赞助,如第五届年会由湖北省政府主席张群捐助300元;福

① 《总社消息·理事会》,《中华学艺社报》第8卷第1—6期合刊,1935年5月。
② 《总社消息·理事会》,《中华学艺社报》第8卷第1—6期合刊,1935年5月。
③ 吴羹梅:《任职一年之自述及对于将来理事会之希望》,《中华学艺社报》第7卷第5—10期合刊,1934年10月。

建省政府主席陈公侠表示，自本年 3 月起每月捐助 100 元；等等。在第七届年会上，理事会提出"如何维持本社经费并发展社务案"，内中提到：

> 盖总社社所落成以后，除一座巨厦外，别无基金，且当时因建筑费不足之故，借欠银行巨万，亦别无还债之准备。论经费则每月社所之收入，尚不足以抵偿社所之支出，遑论经常事业及修理等费。而近数年来总社日常经费之得以维持，全恃国内各处之捐款；但此项捐款不独为数不多，无以资社务之发展，而一旦中断，则本社之日常经费，亦将无以支持；且各处捐款，现已有逐渐减少之倾向……①

中华学艺社第一届理事会于 1937 年 2 月底任期结束。1936 年 12 月 14 日理事会召开第 19 次会议，讨论改选事宜。议决遵照社章第 28 条之规定，由理事会就原有理事中于当月内通信互选 5 人为下届理事，结果何炳松、傅式说、陈立夫、潘公展、周宪文当选。其余 6 人依照社章第 27 条于 1937 年 2 月底前推选，最终周昌寿、谭勤余、刘百闵、白鹏飞、王兆荣、瞿荆洲当选理事，罗宗洛、雷震、马宗荣、陆志鸿、郑贞文、陈高佣、欧元怀 7 人当选候补理事。第二届理事会第一次会议于 1937 年 3 月 28 日召开，会议选举何炳松为理事会，决定第八届年会在福州召开，时间定在 7 月 20 日之后。会议还讨论了今后之社务方针。第二次会议（5 月 2 日召开）改推理事瞿荆洲为理事会书记兼总办事处总干事。第二届理事会履职不久，日本全面侵华战争爆发。

（二）分社情况

1929 年 4 月，第三次修改后的《中华学艺社社章》规定，中华学艺社设分社于各省市及国外重要地点，称中华学艺社某地分社。在原事务所的基础上，南京、北平、湖北、江西、福建、广东、湖南等十余个分社陆续成立。抗战全面爆发前，各地分社贯彻总社宗旨，利用有限的经费和人力积极开展活动，也取得了一定的成绩。

福建分社于 1929 年 12 月 22 日在福建学院召开社员大会暨改选职员会。之后，分社社务日有进步。除向福建学院第二院借得房屋三间作为分

---

① 《第七届年会特辑·大会第二日纪事》，《中华学艺社社报》第 9 卷第 3 期，1936 年 9 月。

社社所外，还进行社员登记、筹备演讲，并设立藏书部，定名为中华学艺社福建分社藏书部。① 1930 年开始计划筹建分社的新社所，预计花费 2.5 万元②，由该分社社员负责筹备。1933 年初分社新社所竣工。新社所位于福州乌山路，"规模较总社社所为小"。落成典礼于 8 月 15 日举行，王济远也赶赴参加，并且在新社所举行个人书法展览会，"连日应各界欢迎及演讲甚忙"。到会者众多，包括福建党政要员等数十人，"观览后均极叹赏，对水彩画尤称为国内独步一时之作，陈列画件即时经人订购者颇多……十五日起公开展览，参观者虽在盛署下，犹踊跃前往，每日约记七八百人以上，为福州画展空前盛况云"③。

南京分社于 1930 年 6 月 21 日召集全体分社社员，举行分社干事选举，史维焕、陆志鸿、王兆荣、王惠中、窦觉仓当选为干事，陈锡符、王润宇、陈植当选候补干事。会上重新申明《中华学艺社南京分社社章》（共 19 条），就南京分社的性质、社员权利和义务、分社社务、干事任期、开会时间等方面做了明确说明。④ 分社租定南京新街口 34 号为分社社所，"此后工作既有定所，社务进行，当能益形便利，外埠社员之赴京者，又可按地址往访，藉通声气，以资联络矣"⑤。1931 年 3 月 21 日，召开社员春季恳亲会，社员 23 人参加，上海总社傅式说、郑贞文出席。会议进行干事选举，结果史维焕、雷震、窦觉仓、张忠道、陆志鸿当选干事，史尚宽、王惠中、王润宇为候补干事。⑥ 1932 年 9 月 25 日，南京分社在学艺中学召开社员大会及聚餐会。会上干事史维焕报告上海总社近况、南京分社近况、筹办学艺中学经过等。会议进行干事改选，史维焕、陆志鸿、雷震、李捷才、李贻燕当选⑦。1935 年 12 月 3 日，南京分社召开中华学艺社成立 20 周年纪念会，会上王兆荣报告学艺社成立 20 年来的经过，史维焕报告南京分社成立以来的经过，刘百闵报告总社社务进展。来宾宫碧澄讲"新

---

① 《分社消息·福建分社消息补续》，《中华学艺社报》第 1 卷第 4 期，1930 年 9 月。
② 《分社消息·福建分社消息》，《中华学艺社报》第 2 卷第 2 期，1931 年 2 月。
③ 《分社消息·福州分社社所落成》，《中华学艺社报》第 6 卷第 5—8 期合刊，1933 年 8 月。
④ 《分社消息·中华学艺社南京分社章程》，《中华学艺社报》第 1 卷第 2 期，1930 年 7 月。
⑤ 《分社消息·南京分社社址确定》，《中华学艺社报》第 1 卷第 2 期，1930 年 7 月。
⑥ 《分社消息·南京分社改选干事》，《中华学艺社报》第 2 卷第 3 期，1931 年 3 月。
⑦ 《分社消息·南京分社举行秋季社员恳亲会》，《中华学艺社报》第 5 卷第 2 期，1932 年 9 月。

疆近况"、喻杰才讲"云南近况",社员伯芹讲"国防及兵器问题",等等。

武汉分社于 1930 年 11 月 15 日举行成立大会,社员 28 人参加。会上通过了分社章程,并推选陈雪涛、张有桐为分社干事,社所暂定在汉口福星里 1 号。① 截至 1931 年初,已有社员 50 余人,社务也有明显进展。分社在春季会员常会上决议,在汉口筹备武汉学艺中学,推选陈雪涛、张有桐等 7 人为筹备委员。② 1931 年上半年,武汉发生严重水灾,灾后瘟疫流行,导致分社筹办的中学和图书馆不得不延期进行。1931 年底,武汉分社向总社报告最近半年社务。报告中指出,由于水灾以及政局等原因,社务进展并不顺利,"不惟分社本身事务,未克圆满进展,即总社嘱办事务,亦不能遵照进行,至为遗憾"。除捐款事毫无所获外,武汉学艺中学"正进行时,适逢水灾,停顿至今"。分社选举曾珹益、宋文政为二十年度干事,并就社员登记、社费、社员地址等问题进行反复研究,对未重新登记的社员采取"自明年起,即以非社员论"③。1933 年 4 月 22 日,武汉分社在武昌粮道街召开会议,到会者 20 余人,会议通过决议:(1)迁移社址;(2)修改社章中关于社址位置的规定;(3)请社员设法推销《学艺》杂志;(4)请社员向《学艺》杂志投稿。④ 1935 年 11 月 1 日,武汉分社召开秋季常会,会议主要讨论社务进展和纪念学艺社成立 20 周年纪念办法。会议决议发行学艺社 20 周年纪念专号,商请《武汉日报》于 12 月 3 日发行学艺 20 周年纪念副刊。

广东分社于 1930 年 11 月 23 日召开社员大会,19 位社员参加。会议决议如下事项:(1)未登记的社员进行重新登记;(2)选派社员杜周南为分社全体社员代表参加年会;(3)由杜周南代表分社,在学艺社年会上提交分社之提案;(4)暂时租借广州省留东同学会为分社社址。⑤ 1931 年 2 月 15 日,广州分社在广州文明路留东同学会召开春季分社社员大会,由主席林植夫宣读开会宗旨,由杜周南报告出席年会详情,由干事柳金田作会

① 《分社消息·武汉分社成立大会推选干事》,《中华学艺社报》第 1 卷第 6 期,1930 年 11 月。
② 《分社消息·武汉分社报告》,《中华学艺社报》第 2 卷第 4 期,1931 年 4 月。
③ 《分社消息·武汉分社报告》,《中华学艺社报》第 4 卷第 2—3 期合刊,1932 年 4 月。
④ 《分社消息·武汉分社近讯》,《中华学艺社报》第 6 卷第 3—4 期合刊,1933 年 5 月。
⑤ 《分社消息·广东分社消息》,《中华学艺社报》第 2 卷第 2 期,1931 年 2 月。

计报告。会议主要讨论募捐问题和修改分社社章，决议由干事负责募集捐款，由许崇清等三人负责修改分社社章。讨论结束后，对新社员进行了登记和简单介绍。① 1933 年 4 月 6 日，广州分社社员 30 余人在广州留东同学会召开会议，会上由柳金田报告近些年社务及总社消息，之后改选社员。1934 年 10 月，分社决定租用留东同学会新会所的一部分，作为分社图书馆，"收集中外图书杂志，以供社员之浏览。"②

江西分社于 1933 年 12 月 3 日举行分社成立纪念大会，江西省政府主席熊式辉参加。1934 年初，分社社员作医学、公路、农林方面的演讲会。1935 年 5 月，分社决定筹备建筑分社社所，由各干事负责筹款与选址方面的工作。在新社所建成之前，分社设立在南昌市的俱乐部内。1934 年 12 月 3 日，分社召开中华学艺社成立纪念会。会上由吴自强报告学艺社成立 20 年来的经过，并对分社社务进行讨论，决议举行演讲会和摄影纪念会。分社还在《南昌民国日报》和《新闻日报》出版特刊，纪念中华学艺社成立 20 周年。1935 年 1 月以来，分社举行多次公开演讲，社员熊天珍、胡检如、钟毅分任医学、公路、农林方面。③

东京分社于 1930 年 6 月 4 日召开中华留日青年会，进行改选社员工作，并欢迎学艺社第七次学术视察团到日本。会议选举张凤谦等 4 人为干事，刘伯敏等 3 人为候补干事。会议对分社现状进行了分析，提出了未来几年的发展规划。同年 7 月，分社在干事会议上决议组成参观团，成员以东京分社社员为主，参观地点设在东京晓星中学、中央劳动学院、日日新闻社。④ 东京分社由支部干事推选常务委员 5 人，即张伯符、张凤谦、谢介眉、林本、刘家墭；再由常务委员聘请一些富有专业知识的人员，共同编辑《留学指南》和《参观指南》。1930 年 10 月 19 日，社员马君武、沈璿、柳士英代表学艺社赴日参加日本学术会议。代表抵达东京后，东京分社干事与日本研究会在神田北京亭设宴欢迎。宴后在青年大讲堂举行题为《用什么方法可以使中国和平》的会议，300 余人出席。1931 年 12 月 20

① 《分社消息·广东分社报告》，《中华学艺社报》第 2 卷第 3 期，1931 年 3 月。
② 《分社消息·广州分社》，《中华学艺社报》第 6 卷第 5—10 期合刊，1934 年 10 月。
③ 《分社消息·江西分社》，《中华学艺社报》第 8 卷第 1—6 期合刊，1935 年 5 月。
④ 《分社消息·东京分社组织参观团》，《中华学艺社报》第 1 卷第 3 期，1930 年 8 月。

日，东京分社召开干事会议，瞿荆洲、徐玉相、吴自强、何庭铠四干事出席，会议决议：（1）增加干事人数；（2）请总社将东京社员姓名住址公开，以便邀请社员参加会议；（3）通知在日本的社员，尽力收集日本鼓吹侵略的图书，寄给总社，以帮助国人揭示日本侵略的真相；（4）四位东京干事，每人捐日金三元，作为购书款，购买之后由瞿荆洲一起交给总社。[①]但是东京分社社务进展并不顺利。1932 年 6 月，东京分社向总社报告社务时提到，"九一八事变后，继以上海事变，留东社员，逐渐归国，因之东京社务实属无法进行，只得暂告停顿矣。"[②] 从 1934 年夏开始，东京分社社务稍有起色。分社吸纳了大量新社员，壮大了实力，举行了多场募捐，筹集了一些资金。分社还在组织学术研究会、出版刊物、设立图书馆等方面取得明显的进展。同年 10 月 23 日召开分社社员会议，通过新的分社社章，新社章对之后的社务发展起到了很好的促进作用。

英国分社于 1930 年 1 月 3 日召开聚餐会。会议拟定分社简章，选举职员，2—5 月间召开学术演讲会 5 次，除聘请社会名流、学术专家讲演外，"亦有本社在京社友参加演讲，以冀昌明学艺，发扬社誉"[③]。10 月初分社召开会议，再次申明《中华学艺社英国分社社章》（9 条）；重申分社以"辅助总社昌明学术促进文化"为宗旨。社章还明确了分社性质、召开会议流程、人员职务及分工、财务管理等。[④] 1931 年初，分社向总社报告社员状况、干事分工，还详细介绍了分社举行的两场演讲会。第一场于 1930 年 10 月 18 日由编辑邱祖铭主持，潘渊主讲"行为的动机"、张文理演讲"从经济方面谈谈中国的前途"；第二场于同年 12 月 13 日由会计祝平主持，崔毓珍主讲"中央银行之意义及战后之趋势"。[⑤] 1931 年上半年，英国分社举行了六场演讲会，题目分别为《英国农业政策》（曲直生）、《欧洲文学上之浪漫运动》（朱光潜）、《英帝国会议》（邱祖铭）、《私有财产问题》（卢郁文）、《近对各国国际贸易政策》（郭子勋）、《各国生活指数

---

① 《分社消息·东京分社消息》，《中华学艺社报》第 3 卷第 6 期，1931 年 12 月。
② 《分社消息·东京分社社务停顿》，《中华学艺社报》第 4 卷第 4—5 期合刊，1932 年 6 月。
③ 《分社消息·英国分社报告》，《中华学艺社报》第 1 卷第 3 期，1930 年 8 月。
④ 《分社消息·英国分社报告》，《中华学艺社报》第 1 卷第 5 期，1930 年 10 月。
⑤ 《分社消息·英国分社报告》，《中华学艺社报》第 2 卷第 3 期，1931 年 3 月。

之构造法》（吴定良）等①。这些演讲会的举办，有利于扩大中华学艺社的社会影响，对改进和发展社务颇有裨益。

（三）《学艺》编辑部之改革

这一时期，《学艺》编辑部也进行了调整。第一卷到第九卷的《学艺》杂志均为文理合编，从十卷一号开始，实行文理分册发行，"奇数之号载文科资料，偶数之号载理科资料"②。在第四次年会上，徐玉相提"《学艺》杂志名称文理科区别案"。在他看来，"现在的学艺杂志，文理科资料虽分册编订，但欲使社外人士明了该杂志之系统的性质，以便采购定阅时，仍须在广告上随时说明；'奇数号载文科资料，偶数号载理科资料'，未免麻烦而不醒目，若文理科分称后，则无论何人，一听杂志之名，即知杂志之大概的性质，凡社外人士之定阅者，可仅定文科，或仅定理科，不致混同。"③ 他主张，自《学艺》杂志第 11 卷起，载文科资料、理科资料之两种杂志，分别称为《文科学艺》及《理科学艺》，或《人文学艺》及《自然学艺》，或其他适当之名称。

经中华学艺社执委会议决，推举郑贞文、马继华筹划"学艺百号增刊"，计划在 12 月出版。二人积极筹备，在《学艺》《中华学艺社报》上登载《学艺杂志百号增刊征文启事》④：

> 本志自民国六年创办，迄今垂十五载，历承社内外硕彦踊跃赐稿，继续刊行计达百号，兹经执行委员会议决另编《百号增刊》一册，推郑贞文马宗荣二君主其事，定本年十二月本社十六周纪念日出版，敬祈学界先进本社同人惠赐鸿篇，藉光艺乘，并希于十月二十日以前掷交本社，不胜感祷。
>
> 中华学艺社启

除登报征文外，中华学艺社发出征文信 200 余封，函请社内外人士撰

---

① 《分社消息·英国分社报告》，《中华学艺社报》第 3 卷第 1 期，1931 年 7 月。
② 《总社消息·〈学艺〉第十卷第一号出版》，《中华学艺社报》第 1 卷第 3 期，1930 年 8 月。
③ 《中华学艺社报》第 2 卷第 1 期，1931 年 1 月。
④ 《中华学艺社报》第 2 卷第 6 期，1931 年 6 月。

文。截至1931年11月增刊稿件收齐，共约60万字，送交商务印书馆排印。

承前所述，一·二八事变后商务印书馆被毁，中华学艺社损失严重，准备就绪的增刊稿件及其他诸多稿件被焚毁。经董事会议决，推定周昌寿、马宗荣负责发函征求被焚各稿底本。商务被毁后印刷能力大减，无力承担《学艺》印刷，经多方联系后，确定改由华丰印刷公司承印。1932年9月14日，编辑部成立编审委员会，委员15人，发布《编审委员会规程》（8条），规定编审委员会襄助编辑部办理以下事务：（1）拟订各种编辑计划；（2）审查各种专门稿件；（3）其他事务。编审委员会第一次会议在同日召开，出席委员有张资平、沈璿、罗宗洛、陶炽孙、张梦麟、张定钊、钱歌川及编辑部主任周宪文等共11人，周宪文主持。会议程序如次：（一）主席报告本会筹备经过。（二）总务部主任出席报告该部近况。（三）编辑部主任报告本部最近情形。（四）讨论本委员会规程。（五）讨论本委员会进行事务。关于编审委员会今后进行事务，经出席委员一致议决："本社因经费困难，丛书计划，只得相机进行，惟学艺杂志与学艺百号纪念增刊，当于最近期内复刊，对于学艺杂志之编辑方针，并议决暂取文理科混合编制，一所以便编辑，二所以广推销。"据《编审委员会规程》，互选张梦麟为文学组组长，沈璿为理学组组长。[①] 9月18日，编辑部举行第一次部务会议，会议议决"百号纪念增刊"于次年1月出版。因原稿被毁，编辑部除发函向原著者征求副本外，并向一般社员征求稿件。10月17日、11月11日先后召开第二、三次部务会议。会议议决，到会者拟定改良《学艺》之具体办法，提交下次会议讨论；"百号纪念增刊"之稿件，不再发出普通征稿函，"由本部各就专门学科，分请社内专家担任撰述，并请于年会交稿"[②]。

编辑部第一届编审委员会委员任期届满后，经中华学艺社常务董事会第五次会议议决，聘请武堉干、盛沛东、林希谦、王惠中、周伯棣、瞿荆洲、张梦麟、李季谷、陈柱、张有桐、唐庆增、黎烈文、吴学义、邰爽秋、张素民、王亚南、陈高佣、梁园东、董任坚、张耀翔、陈钟凡、王济远等为文科编审委员；章鸿钊、周建侯、顾寿白、陆志鸿、李俨、陈遵

---

① 《总社消息·编辑部》，《中华学艺社报》第5卷第2期，1932年9月。
② 《总社消息·编辑部》，《中华学艺社报》第5卷第3期，1932年10月。

妧、陶炽孙、张定钊、王兆澄、陈之霖、陶慰孙、罗宗洛、蓝梦九、陈方之、薛德焴、董聿茂、华汝成、王益崖、陈荩民、关实之、熊悛、蔡源明、张作人、忻介六、沈璿等为理科编审委员，成立第二届编审委员会。第二届编审委员自受董事会聘定后，即于 1932 年 12 月 3 日召开首次会议。先由主席报过过去一年编辑部之工作，继由刘百闵报告最近总务部之情形后，讨论今后之进行计划，修改委员会章程，推举罗宗洛、华汝成、陈荩民、陈柱、陈钟凡、张梦麟六委员为常务委员，参与编辑部部务会议，协助编辑部主任编辑《学艺》杂志。①

1932 年 12 月 12 日、1933 年 1 月 10 日，编辑部先后召开了第 4 次、第 5 次部务会议，会议议决如下事项：（1）对《学艺》进行改革。具体来说，内容方面仍采文、理科混合编制；保持过去不避艰深学理的态度，并尽量提高程度；尽量选载有学术价值的时事论文；尽量选择载有价值的新旧文艺作品；尽量登载书报介绍或批评；尽量选载国内外学术界的新闻；酌量登载外国最近出版杂志所载之各种重要论文题目。形式方面，酌量分栏编辑，每卷换印封面一页；版本仍旧；加印全书及全卷的页数。（2）"百号纪念增刊"已有重要论文 20 篇，约 30 万字，决议于 1933 年 3 月出版。（3）中华学艺社与世界书局签订合同，编辑"中华学艺社丛书"，由世界书局负责发行，另外决议成立中华学艺社编辑委员会，负责办理具体事项。（4）《学艺》杂志自从十二卷一号开始，增加印刷数量。因印刷数量增加，导致成本上升，所以价格也略微提高。对三年未缴纳社费的社员停止赠送《学艺》杂志。（5）为提高《学艺》杂志的地位，决议凡已在他处发表过的论文，《学艺》不再予以登载。

1933 年 2 月 7 日，中华学艺社编辑部召开第六次部务会议，提出两点议决：（1）因经费困难，《学艺小丛书》《学艺》所载稿件，不给报酬。经议决，今后每期《学艺》所登载的论文，酌量改排为《学艺小丛书》。《小丛书》一部分赠送作者，另一部分用于出售。（2）鉴于国内高中教科书匮乏，决议出版中华学艺社高中教科书一套。学艺社一方面草拟各门功课的详细目

---

① 《编辑部·第二届编审委员会成立》，《中华学艺社报》第 7 卷第 1—3 期合刊，1934 年 3 月。

录，另一方面与国立编译馆进行交涉，希望得到其援助。① 6 月 2 日、7 月 25 日又先后召开八、九两次部务会议，会议议决：（1）编译世界名著丛书。（2）提倡民众科学。（3）向理科社友征稿。② 9 月 15 日召开第十次部务会议，就编辑通俗科学杂志、编译世界名著丛书两案展开了充分讨论。

总之，编审委员会成立后，围绕《学艺》杂志及其他出版物的发行开展了大量的工作，成效极为显著。

（四）从"介绍职业部"到人事咨询所

针对"社员精神之散漫，热忱之几无"，东京分社在第四届年会（1930 年 12 月）上提出设立"介绍职业部"案。具体办法是：

（1）暂设专门办理此项事务职员一人于本社所在地，次第普及于国内分社所在地域。

（2）常缄问本社社员有否欲就何职，且令其将就职条件回告，并将该员学识经验介绍于本社学报。

（3）该部专员须常与各机关接触，俾求用两方俱便。

（4）介绍就职，须负相当责任以免丧失信用。

（5）其他细则请由本社大会决定。③

结果，社员龚代祥、林希谦的提案，与东京分社大同小异，故得以并案讨论。龚代祥主张添设一部，专司介绍事宜，其办法细则由负责人拟定。林希谦建议设立社员就职介绍部，在他看来，"我国社会怀才者，每苦无以见于用，而欲用才者，每苦才不可得，怀才者与用才者，交相失之，想社友中居于怀才而不见遇者固多，居于欲用才而才不可得者尤不在少，故谦提出职业介绍之案，社友中怀才而未遇者，或求才而未得者，均可函知总社，由社报上发表。"他主张，对于求职者似以匿名为佳，只登记其年龄、性别、经历、意愿、资格等，可征收若干介绍费。④ 这一建议

① 《总社消息·通过执行委员会办事细则》，《中华学艺社报》第 6 卷第 1—2 期合刊，1933 年 3 月。
② 《编辑部·第八九次部务会议》，《中华学艺社报》第 6 卷第 5—8 期合刊，1933 年 8 月。
③ 《第四次年会纪事》，《中华学艺社报》第 2 卷第 1 期，1931 年 1 月。
④ 《第四次年会纪事》，《中华学艺社报》第 2 卷第 1 期，1931 年 1 月。

得到与会社员的共鸣，顺利得以通过，交执委会办理。

围绕组建"介绍职业部"之提议，刘家墣、郎德沛在《中华学艺社报》上载文，积极予以响应。刘家墣提出，"介绍职业部"可采用委员制，邀请较有资望的社员和社会各界知名人士担任，委员人数不加以限制，由委员推选1人为主任①。郎德沛明确提出，设立职业介绍所，"使社员之怀才不遇，或饱学归来者，得一贡献才学与社会之途径。不特人尽其长；社会幸进之风，亦可无形消弭。且社员各得其所，将其学识适当尽量发抒于社会，亦符本社社章交换智识，促进文化之规定也"②。但限于经费，这一想法虽不乏响应者，但并未得到落实。到第五届年会（1934年4月）上，社员向大廷提出"设立社友职业介绍处使机会均等案"。理由是："择人不易，而求事尤非有学问者所屑为。应设法构通使找事与找人者双方有相识之机会。故职业介绍，实为今日之最需要。"办法是："详细考察社友品性学识与专长，登记成册，备人谘询。一面与各方面接洽，俾知何项人才何时何地之需要，尤不宜滥加介绍，以失信用。"③

1932年10月19日，中华学艺社召开第四次常务董事会。会议议决，增设人事咨询所，交总务部负责筹划。会议还讨论通过了《人事咨询所章程》。总务处主任刘百闵受命积极筹办人事咨询所。次年12月，刘氏在述及过去数月之进展时提及，在第四届年会上曾有"应筹办职业介绍所"之议决案，现在将其范围扩大，故易其名曰人事咨询所。人事咨询所以"联络各机关、法团、学校、工厂、商店及公司，办理诸般咨询，解答各种问题，以求适切青年需要，增加社会福利为宗旨"。其事业之范围为：（1）教育咨询；（2）职业咨询；（3）卫生咨询；（4）法律咨询；（5）出版咨询。他提到，经费目前已有着落，预计1934年春便可实现。④

1934年1月，围绕人事咨询所之事宜，中华学艺社邀请出版界人士到

---

① 刘家墣：《小言论·几个发展社务的意见》，《中华学艺社报》第2卷第6期，1931年6月。

② 郎德沛：《增进社员公益之提议》，《中华学艺社报》第4卷第2—3期合刊，1932年4月。

③ 《社员大会议决录》，《中华学艺社报》第7卷第4期，1934年6月。

④ 刘百闵：《四月以来之经过及此后之计划》，《中华学艺社报》第6卷第9—12期合刊，1933年12月。

总社交换意见，朱少卿、章锡琛、沈骏声、舒新城、樊仲云、孟寿椿、陈资生等7人出席。2月，又邀请职业界人士来社交换意见，出席者有王延松、梁晨岚、秦润卿、徐玉书、吴蕴初、邬志豪、胡西园、潘公弼、徐卓呆、孙道胜、王晓籁、钱新之、朱升芹、于基泰、许廷佐等15人。经征求意见、反复讨论后，董事会通过了《人事咨询所组织条例》①。《条例》规定，人事咨询所设所务委员会，委员长1人，聘请潘公展为所务委员会委员长，主持所务。委员会之下，分教育咨询、职业咨询、卫生咨询、法律咨询、出版咨询等五组，各设组长、副组长各1人，即以委员长、各组长、副组长等11人组成所务委员会，各组并设顾问若干人，任期1年。第五条又规定，设总干事1人、干事1人、书记1人，必要时设干事若干，总干事秉承所务委员会之意旨，督率干事、书记办理所务。根据该章程，推举潘公展为委员长，教育咨询组组长董任坚、张耀翔；出版咨询组组长何柏丞、舒新城；法律咨询组组长朱章宝、汪瀚章；卫生咨询组组长陈方之、殷木强；职业咨询组组长王延松、梁晨岚。上述委员，全部由董事会聘任。4月，吴羹梅受聘为人事咨询所总干事。

但因经费困难，人事咨询所"不克聘专员办理，故所务未能如愿发展"。1934年7月9日，先行开办出版咨询组，办理为著作者介绍稿件、为出版者征集稿件等事务，通知各地出版界并登报公布。该组拟定的《中华学艺社人事咨询所出版咨询组简章》规定，为使著作者与出版者及读者与出版者相联络，出版咨询组主要负责下列事务：（1）著作者之稿件登记；（2）著作者之稿件审查；（3）为著作者介绍稿件；（4）出版者之征稿登记；（5）为出版者征集稿件；（6）调查并刊印新刊书籍杂志报章之目录；（7）为读者介绍新刊书籍并代为调查所需之图书。②

7月24日，人事咨询所外稿审查委员会召开成立会议，张梦麟、梁园东、潘公展、谭勤余、舒新城等10余人参加。主席潘公展报告出版咨询组成立经过及开会之意义，以期"联络出版界与著作人，俾能供求相应，而

---

① 《人事咨询所筹备情形》，《中华学艺社社报》第7卷第1—3期合刊，1934年3月。

② 《中华学艺社人事咨询所出版咨询组简章》，《中华学艺社社报》第7卷第5—10期合刊，1934年10月。

使无名作家亦有发表其作品之机会。惟办理此事,于介绍前必须有缜密之审查,如省去审查手续,滥行介绍,则必使介绍稿件之成功率减低,且与本社之信誉有关,殊属不妥"。次由张梦麟提出审查稿件之办法及组织外稿审查委员会之意见,经到会委员详细讨论后通过《外稿审查委员会简则》,推举张梦麟、谭勤余、陈高佣3人为常务委员。①

据统计,出版咨询组开办三个月以来共收到著作者送来稿件10件,介绍成功由各书局收印者3件,尚在介绍中者3件,经外稿审查委员会审查不合格退还者3件,由著作者自行取回1件(见表3.1)。

表 3.1 出版咨询组所收外稿一览表

著作者	稿件名称	稿件种类	字数	审查结果	介绍结果	备注
林祝敔	崩溃	文艺	六千	不合格	未介绍	
林祝敔	世纪末	文艺	四万	不合格	未介绍	
徐碧辉	日本文化史大纲	历史	十五万	合格	由日本研究会收印	给稿费二百元
张尚	罗马法	法律	十万	合格	在介绍中	原著者户水宽 人原本遗失
李慧乔	死病	医学	四万	合格	未介绍	原稿由著作者索回
丁儒侠	厌世哲学	哲学	七万	不合格	未介绍	原著者叔本华
郭振乾 吴龑梅	中等化学问题集	化学	七万	合格	在介绍中	
刘肇龙	电气工学	电工	七万	合格	由中华书局收印	给稿费三百五十元
秦仲云	时间空间与运动	物理	八万	合格	由商务印书馆收印	给稿费二百八十五元
王峰	日本奇语词典	外国语	二十万	在审查中		

资料来源:《总社消息·人事咨询所》,《中华学艺社报》第 7 卷第 5—10 期, 1934 年 10 月。

截至 1935 年底,出版咨询所先后为著者介绍出版稿件 31 部。② 理事会认为,职业咨询所亦有成立之必要,请庶务干事兼任人事咨询所干事着手筹备,"除开始为失业社员介绍职业外,并代各机关或私人物色人材"。职业咨询所成立后,山西、江西、北平等处社友均来函,委托代为物色人材。当然,受人员、经费及局势等因素的影响,原本计划的教育咨询组、法律咨询组、卫生咨询组最终未能建立起来,多少有些遗憾。

---

① 《中华学艺社人事咨询所外稿审查委员会第一次会议记录》,《中华学艺社报》第 7 卷 5—10 期合刊, 1934 年 10 月。

② 《总社消息·总办事处》,《中华学艺社报》第 9 卷第 1 期, 1936 年 4 月。

第四章

衰落与消亡

截至 1936 年底，中华学艺社社员已达 1600 余人。除在上海的总社外，共有 13 个分社，遍布海内外。① 书刊方面，出版了 150 期以上的杂志和百种以上的专著，可谓成就斐然。1937 年 3 月 28 日，中华学艺社第二届理事会正式成立，理事长为何炳松，理事有何炳松、傅式说、陈立夫、潘公展、周宪文、周昌寿、谭勤余、刘百闵、白鹏飞、王兆荣、瞿荆洲；罗宗洛、雷震、马宗荣、陆志鸿、郑贞文、陈高佣、欧元怀为候补理事。② 新成立的理事会制定了发展规划，雄心勃勃，准备大干一场，但抗日战争的全面爆发改变了一切。

一、全面抗战时期

1937 年 7 月 7 日，日军发动卢沟桥事变，抗日战争全面爆发。抗战的全面爆发，彻底打乱了中国科学发展的进程，众多的中国高校、科研机构，以及科学社团都遭受到了一场前所未有的浩劫，中华学艺社亦不例外。

（一）全面抗战期间的中华学艺社

中华学艺社总部因坐落在上海法租界，相对较为安全。但 1937 年 8 月 13 日淞沪会战的爆发，还是打断了中华学艺社的正常进程。原本准备在 8 月由何炳松、潘公展、刘百闵、周宪文、傅式说、王兆荣、叶溯中组成的

① 《中华学艺社概况》，1936 年 7 月，沪档 Y4 – 1 – 589。
② 《中华学艺社报》第 10 卷第 1 期，1937 年 4 月。

赴日考察团,以及寒假在福州举行的第八届年会均无形中宣告破产。1937年7月《学艺》杂志出至第16卷第3号,待出的第16卷第4号被迫停刊。抗战全面爆发后,总社及遍布各地的分社大受影响,无法继续开展活动。10月,经理事会议决,总社社所除保留自用数个房间外,其余自1937年11月起全部租给上海交通大学①,每月租金650元,自第二年每月改为1200元。②

1938年3月,中华学艺社理事长何炳松在汉口召集第二届第七次理事会,决议将总社迁往重庆,改上海为驻沪办事处,由谭勤余等理事负责管理。不久,何炳松返回上海主持社务,将总社重要文件及图章寄往重庆大学的社员胡春藻和候补理事马宗荣,以便于在重庆筹备总社。但因战乱,邮件不慎丢失,且胡当时已经离开重庆大学,马宗荣则已病故。社员由沪撤退后,因交通阻塞,又久难聚会。重庆政府要求内迁社团在陪都重新登记,中华学艺社既缺少必要的文件和印信等物,又无专人经办,超过政府公布之重新登记期限,竟未能及时登记。这样一来,学艺社存在的合法性都成了问题。

1940年,王兆荣、周昌寿、周宪文等理事先后来沪,与理事长何炳松会商数次,议决上海办事处由理事长何炳松与周昌寿、谭勤余两理事共同负责。但因战事未停、经费竭蹶,上海办事处"仅办理社员通讯及管理杂物而已"。1941年,中华学艺社在上海环龙路西菜社召开第九次理事会,决定乘谭勤余赴渝之际,带去第二批印鉴,促成总社迁渝事宜。不久,王兆荣、谭勤余等先后抵沪,即将此项决议转达在渝社员。谭勤余赴渝后,改聘社友徐莲僧继任。1941年12月,太平洋战争爆发,理事长何炳松随同暨南大学③迁避建阳,上海办事处改由周昌寿理事独自负责,加聘社友

---

① 淞沪会战爆发后,11月12日日军占领上海,西迁路线完全被切断。上海租界成为"孤岛"。11月30日,日本宪兵侵占交大校舍,在学校设立"宪兵队徐家汇分驻所"。校舍及未迁走的校产悉数落入敌手,学校不得不借助法租界的中华学艺社,维持上课。

② 《中华学艺社报》第10卷第2期,1938年11月。

③ 何炳松于1935年任暨南大学校长。淞沪会战爆发后,他一面将学校迁入租界,一面自己实地考察分校筹备地点,不久返回上海。

杜佐周为总务干事。但杜干事被迫离沪①，由符彪接任。战乱期间，上海办事处迭遭日军搜索，幸赖周昌寿带领在沪员工苦心支撑，社所及图书得以基本保全，社中全部水汀（暖气）一再为日军勒索，以供军用，"几经苦抗，始获幸免"。然而，一部分建筑零件及家具被盗卖，虽经员工发现追回，但仍损失不少。

上海办事处的经费，主要依赖社所租金。这些租金，除陆续偿还抗战前银行欠款外，自1940年到1941年间分三次汇往重庆，以备迁渝总社支用。随着通货膨胀的日益加剧，租金收入用以维持最小限度之员工生活已属不易。而生活费指数继续增长，租金收入瞠乎其后，导致最低限度之员工生活都难以维持，"希望每人按月能得米四斗，使称满意，亦复煞费经营，始克办到。然我员工，始终不为物诱，茹苦含辛坚守岗位，无一人离去，致能保全社所，迎接胜利之来临"②。

中华学艺社总社之迁渝，得到董事长陈蔼士，理事陈立夫、潘公展、刘百闵，候补理事雷震、史维焕、陆志鸿及社员张梦麟、范寿康、周建侯、杨云竹、龚学遂、何公敢、吴羹梅的热心推动，刘百闵尽力颇多。理事王兆荣、谭勤余、刘百闵，候补理事龚学遂、雷震，社员周建侯、胡春藻、王惠中、张梦麟、吴羹梅发起成立"中华学艺社社务促进会"，于1943年10月23日假百龄餐厅召开成立会议，王兆荣、雷震、刘百闵、胡春藻、何公敢、龚学遂、王惠中、张梦麟、周建侯、吴羹梅、谭勤余等11人出席。会议议决，出席会议社员均为委员，推举理事谭勤余、刘百闵、雷震3人为常务委员，向中国工矿银行借款，筹建社所。12月3日，雷震、杨云竹、刘百闵、郑伯粹、何公敢、张梦麟、范寿康、李毓田等委员假国民参政会召开第二次促进会，推举李毓田为总干事，负责办理备案及社员调查诸事宜。1944年1月，中华学艺社召开第十次理事会议，陈立夫、张梦麟、郑贞文、刘百闵、潘公展等社员出席。会议决议，李毓田正式担任中华学艺社总干事。会议还提出，由上海银行存款中提出21416元，

---

① 杜佐周时任暨南大学秘书长，为保护和抢救在沪书籍图书及组织人员内迁，留在上海。汪伪政权拟聘请他为上海暨南大学校长。杜不为诱惑，严词拒绝，化装离开上海。

② 《社务报告》，《中华学艺社报》第13卷第1期，1946年10月。

今后每人每年征收社费 100 元。1944 年 4 月 15 日,重庆分社即总事务所成立,社址位于重庆林森路中国工矿银行,并重新呈请社会部批准备案。但备案一事颇费周折,直至 6 月 9 日才得到社会部组四第六八七一号指令准予备案,将图章领到,于 6 月 27 日备文呈报启用日期。①

1944 年 7 月 31 日,第十一次理事会会议暨总分社理干事联席会议在林森路中国工矿银行召开。陈其采、雷震、郑贞文、谭勤余、潘公展、何公敢、李毓田、王兆荣、罗宗洛、刘百闵、费鸿年等出席。刘百闵提议,推举代表向市政府请求划借公地,作为重庆分社永久社址案。经议决,推举陈其采、潘公展、雷震、刘百闵、翟温桥 5 人为代表,向市政府交涉。谭勤余提议,推举陈蔼士暂时代理理事长,经讨论予以通过;提议恢复《中华学艺社报》,经讨论由刘百闵负责办理。会议推举潘公展、谭勤余、刘百闵、雷震为常务理事,推举总干事李毓田依照社会部指示拟订分社社章等。②

1944 年 12 月 3 日下午 3 时,中华学艺社第二十九周年纪念大会在林森路中国工矿银行召开,苏孟守、胡庶华、田时雨、杨云竹、马洪焕、钱歌川、张梦麟、吴瀚涛、冯仁同、范寿康、程璐、刘百闵、李毓田、吴伯明等出席。主席胡庶华在致辞中说,"德日两国政治走入帝国主义,固应力予摒弃,但其民族苦干精神,及其对于学艺供献,却未可一概抹杀",他提出中华学艺社今后之工作:"(一)应以纯学艺的立场,供献于社会,同时更应学德日两国苦干精神;(二)德日两国因实行侵略穷兵黩武,将来必定失败,本社应努力唤醒此两国国民,使之与爱好和平国家联合起来,建立永久和平世界"。杨云竹、吴瀚涛、刘百闵先后致辞。最后决议,理事会拟开展如下工作:(一)成立东北、台湾两复员协进会;(二)调查技术人员;(三)征求新社员,由重庆分社办理;(四)请陈蔼士接洽社址问题。③

总社迁渝以后,重新组织分社,重庆、成都、贵阳、台湾 4 处分社陆

---

① 《社务报告》,《中华学艺社报》第 13 卷第 1 期,1946 年 10 月。
② 《社务报告》,《中华学艺社报》第 13 卷第 1 期,1946 年 10 月。
③ 《社务报告》,《中华学艺社报》第 13 卷第 1 期,1946 年 10 月。

续成立。重庆分社成立于 1944 年 4 月 15 日，分社干事为周建侯、杨云竹、吕大昌、苏孟守、翟温桥，通讯处暂设重庆林森路中国工矿银行。成都分社成立后推选郑愈、杨万夫、夏尊法为干事，通讯处为成都新西门外光华村成华大学王兆荣转；贵阳分社成立于 1945 年 12 月 9 日，分社干事为高士光、张廷休等 11 人，通讯处贵州文庙六号贵州省卫生用品经理委员会谭勤余转；台湾分社成立于 1946 年 3 月 6 日，分社干事为范寿康、罗宗洛、姜琦等 9 人，通讯处为台北市省立法商学院周宪文转。①

（二）全面抗战期间的社员

抗战全面爆发后，广大中华学艺社社员再度星散四处。多数社员维护、捍卫中华学艺社，艰难生存，饱尝颠沛流离之苦。薛德焕蛰居上海，其间日伪曾多次以要职相诱，他以化名避人耳目，保持了民族气节。从抗战全面爆发到上海解放这段战乱年代里，周予同身陷"孤岛"②，宁肯挨饿，决不到日伪的学校教书。钱歌川到达重庆，在盟军的翻译中心翻译日军往来电报。周宪文到重庆编辑《时代精神》月刊。陆志鸿带领中央大学员工将实验室的仪器设备、图书，安全运抵重庆。南京失陷后，王兆荣随国民政府内迁武汉，一年后又迁到重庆。刘百闵抗战期间到达重庆，任中国文化服务社社长。

抗战全面爆发后，大夏大学与复旦大学组成联合大学，马宗荣、张梦麟、欧元怀随大夏大学迁到贵阳。罗宗洛、苏步青、陈建功等随浙江大学内迁到贵州。李季谷只身南下，赴西北联大任教授兼历史系主任。1941 年 5 月，周宪文受暨南大学委派赴福建建阳筹设分校，上海成为"孤岛"后他拒不屈从汪伪的淫威，数次回到上海。"孤岛"沦陷后，何炳松将暨南大学关闭，举校内迁。抗战期间，郑贞文到福建省任教育厅厅长，白鹏飞任广西大学校长，周昌寿则随商务印书馆迁往香港。

抗战前后，国内外一些政治势力，如国民党、汪伪政权，甚至日本方

---

① 《社务报告》，《中华学艺社报》第 13 卷第 1 期，1946 年 10 月。
② 经过三个月的战斗，最后一批中国军队在 11 月 12 日撤出上海。自此到太平洋战争爆发前的四年，上海苏州河以南的公共租界和法租界成为被日军和伪政权包围的"孤岛"。租界内仍由英法美等国控制，依靠各国之间的互相利用和暂时妥协，与沦陷区及战乱不止的内地相比，局势相对安定。

面，都想控制中华学艺社为己所用，竞相争夺和渗透。正是在这种情况下，有少数社员宣布退社，有的叛变投敌。1935 年 12 月 3 日，中华学艺社召开第十次理事会，何炳松、谭勤余、周宪文、傅式说等出席。与会者就殷汝耕、邹宗孟、池宗墨、陈大同等四人之叛国问题予以讨论，一致认为四人"叛国有据"，根据社章第十四条开除社籍。[①] 殷汝耕为浙江平阳人，早年留学日本，其间加入同盟会。1913 年再度赴日，入早稻田大学政治经济科，归国后在北京政府、南京国民政府任职。1935 年 11 月伪冀东防共自治委员会（后改为伪冀东防共自治政府）成立后，任"政务长官"。池宗墨为殷之同乡，1908 年赴日本留学，先后在日本东京高等师范学校、日本明治大学学习，回国后历任浙江省首席督学官、北京师范学校教授等职。1935 年春任蓟密区督察专员公署秘书长，后在伪冀东防共自治政府中任秘书长，为殷的第一副手。邹宗孟为中华学艺社的发起人之一，他早年留学日本，先后就读于日本东京第七高等学校、京都帝国大学。他在《学艺》等刊物上发表了《对外贸易政策之原理与关税问题之关系》等文章，为学社的初期发展作出了积极的贡献。归国后，他在北京大学讲授东洋通史、日本近世史等课程。至于邹宗孟、陈大同具体的"叛国证据"，尚须进一步的考证。

另两位发起人傅式说、文元模在抗战全面爆发后也先后"落水"。傅式说，字筑隐，浙江乐清人。早年留学日本，毕业于东京帝国大学。傅曾任中华学艺社社务改进委员会委员、学艺丛书委员会委员、执行委员会委员、董事会常务董事、理事等职，在学社发展过程中扮演了重要角色。抗战全面爆发后，他参与筹划"和平运动"，1938 年后曾任汪伪国民政府铁道部部长、汪伪国民党中央政治委员会委员、中日文化协会常务理事兼总干事。在得知南京国民政府将傅式说列入通缉汉奸之列后，其浙江同乡、八十高龄的张棡在 1940 年初的日记中写道："国府近来通缉中国汉奸有二十五人，而傅式说亦在其列。按此君为傅宗瀛之弟，号复天，平时议论最新，故亦不免有嫌疑之处"[②]。1941 年后，傅式说出任伪浙江省省长、"清

---

① 《总社消息·理事会》，《中华学艺社报》第 8 卷第 8 期，1935 年 12 月。
② 俞雄选编：《张棡日记》，上海社会科学院出版社 2003 年版，第 579 页。

乡委员会驻浙江办事处主任""新国民运动促进委员会浙江分会主任委员""全国经济委员会常委""建设部部长"等职。他一度参与策划日军在浙江省"围剿"抗日武装力量，推行保甲制度。1945年4月任伪中央政治委员会指定委员。学艺社的另一发起人文元模，字范村，贵州贵阳人，1909年进入东京第一高等学校预科，1915年毕业后考入东京帝国大学。文氏于1943年2月出任汪伪国民政府华北政务委员会教育总署署长。1945年2月，任"华北政务委员会常务委员兼教育总署督办"，同年3月任汪伪国民政府新国民运动促进委员会委员。两人抗战胜利后，皆因叛国罪被捕。傅式说1947年被处决；文元模则于1947年春保外就医，不久病故。

二、恢复时期

（一）迁回上海

日本投降后，上海办事处屡次收到总干事李毓田、理事王兆荣和谭勤余来函，嘱即接收社所，并筹备复员事宜。理事刘百闵到沪后积极行动，一面向教育部特派员蒋复璁陈述社产主权，一面又与接收上海交通大学之教务长李熙谋交涉。

1945年10月4日，中华学艺社举行胜利后第一次社员茶会，周昌寿、徐骥、袁文彰、杨子南等社员20余人参加。周昌寿报告了抗战期间驻沪办事处的情况，刘百闵则报告了总社迁渝后的情况。此外，会议还商讨了此后推进社务之基本方针，建议组织社务推进委员会，便于复员工作的顺利进行。11日，社务推进委员会发起会在上海福州路杏花楼举行，刘百闵、周昌寿、江铁、杨梓林、徐骥等出席，主席周昌寿。会议宣布社务推进委员会正式成立，分总务、财务、出服、其他文化事业等四组，具体人员组成是（1）总务组：刘百闵、周昌寿、符彪、袁文彰、徐骥，召集人周昌寿；（2）财务组：杨俊生、瞿荆洲、杨梓林、徐钧溪、戴济民，召集人杨俊生；（3）出服组：周予同、江铁，召集人周予同；（4）其他文化事业组：戈绍龙、沈璿，召集人戈绍龙。社员们认为，重整社务实属刻不容缓，而社中经费分文无着，原无存款，自从抗战后未收社费，上海交大所支付的租金仅食米一担五斗。危难之际，创社人之一杨俊生慷慨借款10万元，供中华学艺社复兴之用。何炳松、周昌寿、徐莲僧向中央信托局借到490万元，以中华学艺社道契为抵押。①

1945年底，上海交通大学未与中华学艺社商议，擅自将社所转让国立临时大学使用。对此，中华学艺社提出强烈抗议。1946年1月，上海交通大学大教务长李熙谋，国立临时大学校长李寿雍在国际饭店宴请中华学艺社全体职员，并请教育部费司长、上海市教育局局长顾毓琇作陪，对事前未征求中华学艺社之同意深表歉意，并声明国立临时大学于当年7月结束，届时将与上海交通大学分担社所修理费，以代租金。

1946年4月13日，何炳松理事长抵达上海。当晚，教育部京沪区特派员蒋复璁在上海办事处宴请何炳松、杜佐周等人，席间谈及了中华学艺社的恢复问题。次日，中华学艺社上海社务推进委员会召开第一次各组联席会议，适何炳松理事长先一日抵沪，主持会议。经讨论，决定与重庆总社联系筹备年会；改选理事、监事，请各董事、理事筹划常年经费；呈请教育部补助中华学艺社事业费等，交何炳松带往重庆，报告总社。后因何炳松留在上海，改由杜佐周带到重庆转达。② 应该说，此次会议所讨论的议题皆紧紧围绕社务之重启。

1946年5月，周昌寿理事由台返沪，王兆荣理事由成都来沪。适理事长何炳松承担暨南大学、上海商学院的复校和教育部上海甄审区等工作，旧疾复发，卧床不起，遂在病榻前集会多次，使得社务得以维持。中华学艺社修葺费估价为五千数百万元，经王兆荣、刘百闵、周昌寿三位理事的努力，上海交通大学出2/3，国立临时大学出1/3。6月23日，中华学艺社召开第十二次理事会，王兆荣、刘百闵、周昌寿、白鹏飞、袁文彰、张梦麟、徐骥、戴济民、何炳松等出席。会上通告了如下事项：（1）中华学艺社之前向中央信托局所借之款，业已偿还；（2）《学艺》杂志拟即予以恢复，托中国文化服务社代印；（3）关于年会究宜在台湾抑南京召开，俟将来决定；（4）中华学艺社社所破坏甚巨，函请交大、临大，请其恢复原状，负担修理费；（5）中华学艺社房屋，如分全部出租或出售，由总社分

---

① 《社务报告》，《中华学艺社报》第13卷1期，1946年10月。
② 《社务报告》，《中华学艺社报》第13卷1期，1946年10月。

租，其分租细则另订；（6）请袁文彰担任总务，干事徐骥担任文书，干事翟温桥担任交际干事。周昌寿提议：（1）总社由渝迁返上海后，驻沪办事处即行撤销；（2）中华学艺社房屋在出租或创办学校外，必须留一部分作为学艺社办公之用。刘百闵提议向国外友好单位、教育部请求，赠送各种科学仪器，作为中华学艺社研究科学之工具。王兆荣提议，出版中华学艺社民国三十一年度至三十四年度社报，由总干事李毓田具体负责;① 等等。7 月 1 日，中华学艺社复员回到上海，进入战后的恢复时期。

（二）恢复时期的中华学艺社

1946 年 7 月 6 日，中华学艺社召开理干事会议，议决年度工作计划：（一）设立数理专科学校兼办补习学校；（二）设立行政法学、中国经济、国语、化学、民族卫生，天文等各研究室。7 月 25 日，理事长何炳松因病逝世。中华学艺社正处于复员、修葺社所之际，不可一日无人领导及主持，经 8 月 11 日第十五次理事会议决，由周昌寿任代理理事长。8 月 15 日，中华学艺社理事会议决：（一）搜集日本出版有关研究我国之文献资料；（二）调查并介绍战后日本之各种设施状况；（三）搜集抗战以来所有日本出版图书杂志；（四）派遣专家赴日本、朝鲜等地，视察当地设施。②随后，中华学艺社向上海教育局提出申请，申请之全文如下：

> 查本社于民国二十六年抗战军兴后即经第十次理事会决议将总社内迁陪都重庆，借用林森路中国工矿银行一部分房屋继续进行各项社务。去年胜利来临，本社理事干事当即陆续复员来沪，于本年七月一日全部毕事迁返上海绍兴路（旧称爱麦虞限路）四十五号原址办公，理合备文呈请鉴核，转报教育部立案，实为公便。谨呈上海市教育局
>
> 中华学艺社
>
> 具呈人
>
> 代理理事长　周昌寿
>
> 中华民国三十五年八月二十三日

---

① 《社务报告》，《中华学艺社社报》第 13 卷第 1 期，1946 年 10 月。
② 《理干事会议决议本位工作计划》，《中华学艺社社报》第 13 卷第 2 期，1946 年 12 月。

9月14日，中华学艺社获准备案并登记。① 因战争影响，中华学艺社理事会之改选被迫一再延期。新理监事会成立前，因事务繁重，曾敦聘各项专家社员担任干事、顾问，协助进行一切，中华学艺社复员工作得以顺利开展。理事会议决定，先期办理社员登记，再进行改选。1946 年 12 月 31 日将选举票寄发各地社员，截至 1947 年 3 月底，共计收到 263 张。4 月正式公布第三届理、监事选举结果，周昌寿、雷震、白鹏飞、罗宗洛、王兆荣、刘百闵、陈立夫、张梦麟、谭勤余、李毓田、胡政之、杨云竹、陆志鸿、潘公展、朱家骅、戴时熙、戈绍龙 17 人当选理事，范寿康、欧元怀、杨俊生、郑贞文、史尚宽、王云五、何公敢、钱歌川 8 人为候补理事；龚学遂、何基鸿、陈其采、陈大齐、周宪文 5 人当选监事，候补监事陈果夫、王宠惠。② 按照理监事之名单上报社会部，社会部 6 月 13 日京组四字第 33449 号指令："呈件均悉，准予立案，并发给社字第二四六号立案证书一纸"。③

1947 年 4 月 20 日，第三届理监事第一次联席会议在总会议室举行，龚学遂、雷震、欧元怀等 10 余人出席，主席陈其采、雷震，记录李毓田。代理理事长周昌寿在报告中说："本社自三十五年七月一日复员以来，一方面交涉收回社所，要求交大临大赔偿费，修葺楼房，重建围墙，培设花园，筹划常年经费；一方面则恢复社报及学艺杂志，创立日本研究委员会，举行社员总登记，选举理监事，均系按照复员预定计划，次第进行，或已完全办理完竣，或仍在继续进行中。"④ 李毓田作会计报告、资产与负债报告。主席宣告新理事、监事正式就任，会议推举周昌寿为理事长，常务理事周昌寿、雷震、罗宗洛、刘百闵、戴时熙，常务监事陈其采。

1947 年 4 月 22 日，理监事第二次联席会议召开，总干事李毓田提出 1947 年度工作计划，经 5 月 17 日常务理事会讨论，议决先将以下各计划付诸实施：1. 继续刊行《中华学艺社报》；2. 继续刊行《学艺》杂志；3.

---

① 《呈为本社总社迁返上海绍兴路原址办公恳请鉴核备案由》收文字 19632 号，上海档案馆藏，卷宗号 Q235 - 2 - 1695。

② 《第三届理事会改选揭晓》，《中华学艺社报》第 14 卷第 1 期，1947 年 4 月。

③ 《社会部颁发本社新立案证书》，《中华学艺社报》第 14 卷第 2 期，1947 年 7 月。

④ 《第三届理监事第一次联席会议》，《中华学艺社报》第 14 卷第 1 期，1947 年 4 月。

筹刊书报月刊；4. 刊行《日本研究丛书》；5. 发行《学艺丛书》（现已有"莫高窟"及"植物系统学"两种送交商务印书馆付印中）；6. 编印新社员录；7. 定期举行学术讲演或座谈会；8. 筹备年会；9. 装修三楼及四楼大礼堂及其他设备；10. 加强社员与社之联系；11. 征求新社员；12. 筹备增设东北、福州、汉口、南昌、长沙各地分社。① 1947 年 5 月 17 日常务理事会议决，除总干事外，另设编辑干事 1 人，主任办事员 1 人，文书员 1 人。②

抗战胜利后，中华学艺社的一项主要业绩是协助政府接收日本在台湾的文化教育事业。中华学艺社以留日学者为骨干，对日本社会有相当了解，是接收日本教育文化遗产的最好选择。国民政府组织的台湾教育文化接收组分两部分，一组接收台湾博物馆，一组接收台北帝国大学并改组为台湾大学。负责接收博物馆的中华学艺社社员有范寿康、陈兼善等，陈兼善任博物馆馆长。接收台北帝国大学的成员，几乎都是中华学艺社成员，社员罗宗洛被指定为台湾大学校长，周昌寿任校长秘书，陈建功为教务长，苏步青任理学院院长。此外，陆志鸿、于景让等社员也都参加了台大接收工作。罗宗洛辞职后，陆志鸿正式接任台大校长。抗战胜利后，范寿康应陈仪之邀，到台湾参加接收工作，任台湾行政长官公署教育处处长。陈仪是留日学生，当时是福建省主席，与周宪文有故交，故邀请周文任台湾法商学院院长。③

1948 年 2 月 24 日，上海报纸载有"政治性活动消息"一则，将中华学艺社列入，引起上海各社友纷纷来电，询问真相。为此，中华学艺社于 2 月 25 日在上海《大公报》刊载"紧要启事"，声明"本社为一纯学术团体，成立三十余年来，从未参加任何政治活动"，后又在《中华学艺社报》上登载"启事"澄清事实，避免以讹传讹。④

1948 年 6 月，理事白鹏飞病逝，由候补理事范寿康递选为理事。1948 年 11 月 6 日下午 6 时，中华学艺社假本社二楼会议厅召开第四次理监联席会议，戴济民、刘百闵、张梦麟、戈绍龙、周昌寿、李毓田、陈大齐、杨

① 《本社本年度工作计划》，《中华学艺社报》第 14 卷第 2 期，1947 年 7 月。
② 《总社组织变动》，《中华学艺社报》第 14 卷第 2 期，1947 年 7 月。
③ 欧阳亮：《中华学艺社研究》，华东师范大学 2004 年硕士学位论文。
④ 《本社特刊启事》，《中华学艺社报》第 15 卷第 2 期，1948 年 6 月。

子南、郎德沛等9人出度。理事刘百闵等临时提出"筹办学艺学院案","金以办学为本社分内工作,过去曾创办学艺大学、学艺中学,且鉴于京沪一带失学众多,筹办学院以救济失学青年,似属刻不容缓",经理监事讨论后一致通过,即以出席9人外加推罗宗洛、王兆荣、蔡宾牟、周予同等4人为筹备委员,筹组"学艺学院筹备委员会",公推周昌寿为召集人,拟于1949年1月招生开课。之后,又连续集会多次,并由蔡宾牟拟订具体计划。此次筹办"学艺学院"为恢复"学艺大学"先声,并拟恢复学艺中学,添设职业补习班。①

1948年12月3日,为中华学艺社第三十二周年纪念日,35人参加。理事长周昌寿主席宣布开会,继由总干事李毓田报告一年来社务,最后讨论要案:(1)修改社章;(2)恢复"学艺大学";(3)紧急措施问题交由理事会全权处理。所有议案经表决一致通过。②

中华学艺社社第三届理事会到1949年4月底,任期届满。正当准备换届之际,上海于1949年5月27日解放,各地联络有所不便,社友地址也多有变更。在第四届理、监事未产生之前,不得不有一个暂时的过渡办法,以免社务停滞。1949年6月27日,经第十次理监事及创办人扩大会议决议,组织成立临时社务委员会,委员有周昌寿、罗宗洛、王兆荣、范寿康、戴济民、谭勤余、张梦麟、李毓田、戈绍龙、龚学遂、周宪文、何基鸿、杨俊生、周予同、李季谷。7月1日,社务委员会召开第一次社务会议,推举周昌寿、罗宗洛、龚学遂、周予同、张梦麟为常务委员,李毓田为总干事。7月3日召开第一次常委会议,推举周昌寿为主任常务委员兼《学艺》杂志发行人。③

复员其间,各地分社陆续得以恢复,各项工作得以重新展开。1946年10月7日,南京分社社员白鹏飞、雷震、李毓田3人具名在中山北路大陆西餐厅举行筹备复原座谈会,李捷才、史尚宽、李毓田等12人参加。会议推举杨云竹、李捷才、钱歌川、陈海澄、史尚宽为干事,郑延卓为候补干

---

① 《筹备恢复学艺大学》,《学艺通讯》第15卷第4期,1948年12月。
② 《本社第三十二周年纪念年会》,《学艺通讯》第15卷第4期,1948年12月。
③ 《一年来之上海总社》,《学艺通讯》第16卷第1期,1949年11月。

事，以杨云竹为召集人，李捷才担任总务，钱歌川担任文书，陈海澄担任交际。12 月 8 日南京分社假碑亭巷举行茶话会，欢迎各地来京社员，并庆祝中华学艺社成立二十九周年，到会社员 39 人，可谓济济一堂。杨云竹主持会议，先报告此次开会之意义，继由王兆荣代表总社致辞，复由陈雪涛、何海秋相继报告北平分社情形，之后讨论南京分社社所问题。北平分社于 11 月 3 日举行恢复座谈会，40 余人出席，推举张伯谨、何基鸿、左宗纶、陈雪涛、陈寿祺 5 人为分社干事，陈雪涛为总务干事，社所决定借用大高同学会会所，因大高同学会所正在修缮中，暂以北平市西单中国文化服务社陈寿祺经理处为通讯处。贵阳分社恢复座谈会于 10 月 26 日举行，30 余人出席，推选何辑五、高士光、胡雪松、张廷休、徐绍彝为干事，何辑五为主任干事，郎德沛为秘书。社所设于贵阳市会文巷贵阳中学内。① 江西分社于 1947 年 7 月 12 日召开成立大会，通过分社章程，选举吴自强、胡嘉诏、李德钊、李为涟、熊悛为干事，互推胡嘉诏任常务，吴自强任文书，熊悛任事务，李德钊任交际，社址暂设于南昌市永和门省立第一中学吴自强处。② 武汉分社于 1947 年 9 月 27 日假武昌胡林翼路上海银行武昌分行召开成立大会，20 人出席，经讨论达成如下决议：原分社社名为湖北分社，此次更名为武汉分社；暂以武昌司门口上海银行为通讯处；推选曾昭安、陈雪涛为干事，分别担任文书、总务之职；推举刘南陔、曾昭安、陈雪涛起草分社办事细则；③ 等等。

到 1948 年底，中华学艺社已有南京、北平、贵州、台湾、成都、江西、武汉、福州、广州、杭州、西康、重庆等十余个分社得以成立（或恢复），并积极开展活动。④ 值得一提的是，1949 年春江西分社亦发行《学艺》杂志，以"向西南发扬学艺"为宗旨，主编为吴自强、熊循典、姚肖廉，第一期（4 月 7 日）刊载《替欧洲人的心目中创造了亚洲——马可波罗游记读后》，第二期（4 月 14 日）登载《大科学家爱因斯坦》《我所知

① 《各地分社近情》，《中华学艺社报》第 13 卷第 2 期，1946 年 12 月。
② 《江西分社成立》，《中华学艺社报》第 14 卷第 2 期，1947 年 7 月。
③ 《武汉分社成立》，《中华学艺社报》第 14 卷第 3 期，1947 年 11 月。
④ 《学艺通讯》第 15 卷第 3 期，1948 年 9 月。

道的科学家——萨本栋先生》《自动电报》等文章①。

(三)《中华学艺社报》《学艺》杂志的恢复

1.《中华学艺社报》复刊

《中华学艺社报》在1940年12月第12卷第1期出版后，由于太平洋战争爆发，以致无法继续刊印。②复员回到上海后，中华学艺社第十二次理事会议决先行复刊《中华学艺社报》，并向社员发出"邀请"："本刊主要使命，在报告社务及社员消息。惟经历八年抗战，一年复员，社友通讯地址变易不知凡几，凡我社友，务请辗转通知，与本社取得联络，庶几社报使命，得以完成，不胜企盼，并请指教。如承以各地社友消息见示，无论其为研究工作，或为个人生活片段均极欢迎。"③《中华学艺社报》于1946年10月1日正式恢复出版第13卷第1期。排版形式为保存过去历史一仍其旧。报头"中华学艺社报"锌版系在重庆时，由谭勤余捐资仿制。④1948年4月30日，接主管机关指示，称"社报"二字不合适，因此从1948年6月1日（即第15卷第2期）起，将《中华学艺社报》更名为《学艺通讯》。⑤

2. 恢复《学艺》

抗战胜利后，中华学艺社着手筹备《学艺》复刊，由张梦麟、于景让等编辑委员积极筹备，向内政部重新登记，征求文、理各类稿件。推举于景让、戈绍龙、史尚宽、王石安、王惠中、石延汉、白鹏飞、余岩、沈璿、李敦化、李毓田、李俨、汪厥明、杜佐周、岑德彰、周昌寿、周予同、周宪文、周伯棣、何公敢、金兆梓、范寿康、徐庆镜、袁文彰、马廷英、梁园东、陈礼节、陈兼善、陈振铎、陈建功、陈遵妫、陆志鸿、张梦麟、郭沫若、章鸿剑、许崇清、曾圣提、舒新城、冯乃超、董聿茂、葛绥成、郑贞文、郑振铎、郑允恭、寿景伟、刘百闵、蔡邦华、钱歌川、戴运轨、魏肇基、魏岩寿、谭勤余、罗宗洛、罗雄才、苏继卿、苏步青56人为编审委

① 《江西分社出刊刊物》，《学艺通讯》第16卷第1期，1949年11月。
② 《复刊启事》，《中华学艺社报》第13卷第1期，1946年10月。
③ 《复刊启事》，《中华学艺社报》第13卷第1期，1946年10月。
④ 《编后记》，《中华学艺社报》第13卷第1期，1946年10月。
⑤ 《学艺通讯》第15卷第2期，1948年6月。

员，由于景让、戈绍龙等 16 人组成编辑委员会，罗宗洛、刘百闵、张梦麟、戈绍龙、于景让 5 人主持编辑事务。

待稿件整理就绪后，中华学艺社一方面向主管机关申请登记，另一方面则与中国文化服务社交涉出版事宜。① 1946 年 3 月办妥登记手续，文化服务社同意代为担任总经售，一切发行及经费仍完全由中华学艺社自行负责。正待付印，不料又接到上海市社会局市第 31033 号批示："呈表均悉，已据转上海市政府鉴核。咨请内政俟部核办复到再行饬遵。在未经核准以前不得先行出版，仰即知照"，《学艺》杂志复刊号再受顿挫，"但同人等认定职责所在，不容阻挠。仍本初衷，一面交涉，一面发排。"② 1947 年 1 月，《学艺》杂志第 17 卷复刊号得以出版，"停顿十年之刊物，由此又再与全国文化界，共同步伐，努力迈进"③。

复刊后的《学艺》杂志人文、社会科学与自然科学分别出版，单号是人文、社会科学，双号是自然科学，每年出 12 册。④ 每期封面登载目录、封底登载英文目录、编审委员名单、版权表，末附编辑后记。除此之外，刊载纯粹文字，不载广告。凡在《学艺》发表文章，一律给予稿酬，每满 1 页国币 2 万元。每期刊行后，加印抽印本 60 册，其中 50 册赠送寄稿人，版权由中华学艺社保留。不可否认，复刊后《学艺》杂志篇幅大大缩小，道林纸⑤封面也被取消。《学艺》杂志复刊后每册国币 1000 元，预订全年十二册 1 万元，快寄挂号另加 300 元。因排工、纸张及邮费均已高涨数倍，从 1947 年第 17 卷第 9 号起调整售价，每册售价国币 8000 元，全年 8 万元，快寄、挂号需另加邮费 2500 元。⑥

复员以来，《学艺》杂志编辑事务由理事长周昌寿兼理。因准备编印《学艺丛书》及出版杂志等工作，中华学艺社的编辑事务日益繁重，须有专人负责。经 6 月 8 日常务理事会议决，授权理事长选聘编辑干事 1 人，

---

① 《学艺杂志复刊经过》，《中华学艺社报》第 14 卷第 1 期，1947 年 4 月。
② 《学艺杂志复刊号出版期近》，《中华学艺社报》第 13 卷第 2 期，1946 年 12 月。
③ 《学艺杂志复刊经过》，《中华学艺社报》第 14 卷第 1 期，1947 年 4 月。
④ 《学艺》第 17 卷第 1 期，1947 年 1 月。
⑤ 道林纸，亦作"道令纸"，最初由美国道林（Dowling）公司制造。用木材为原料制成，按纸面有无光泽分为毛道林纸和光道林纸两种。
⑥ 《学艺杂志调整售价启事》，《中华学艺社报》第 14 卷第 3 期，1947 年 11 月。

复经 6 月 26 日编审委员会议决,聘请郑允恭为编辑干事。郑氏曾历任光华大学教授、商务印书馆编审员并主编《东方杂志》多年,时任改造出版社副总编辑兼主编《改造》杂志①。编审委员会还决定实行轮流主编制,并决定此后各期主编人名单如下:7 期张梦麟,8 期于景让,9 期刘百闵,10 期罗宗洛,11 期刘百闵,12 期戈绍龙。②

1947 年 7 月,中国科学期刊协会成立,《学艺》当选为监事,会员有《科学》《中华医学杂志》《水产世界》《科学大众》《科学时代》《化学世界》等期刊。《中国科学期刊协会成立宣言》明确表示:"我们这些刊物,在过去都是各行其是,努力的方向各殊,相互间的联系确实不够坚强。为了科学研究的振兴,为了中国建设的促进,为了保持并发扬中国科学在世界科学界的地位,我们都应该坚守岗位,同时也应当紧密的团结起来。一方面求科学期刊工作更进一步的推进,一方面以共同一致的力量谋当前困难的解除。"③ 自此,中国科学期刊有了联系和推进的机构。7 月 16 日,中国科学期刊协会召开第一次理监会议,中华学艺社推派张梦麟、郑允恭出席,会议由《科学》杂志总编辑张孟闻主持。会上作出如下决议:一是发表宣言,在各会员杂志八月号上刊登,以后各会员杂志每期登载其他会员杂志的出版及地址;二是会员以科学性定期刊物为限,报纸和副刊不得列为会员;三是应与朝野有力人士取得联络,以推进会务;四是设法向中央信托局申请配纸;五是借科学社开年会之机,举行期刊展览,展出战前战后各项科学杂志。④

围绕今后《学艺》之发展,1948 年初周宪文发表了《关于学艺杂志的一点意见》一文。文章提到,"今天的学艺杂志,并不怎样受人欢迎;我敢相信,没有几位社友会对今天的学艺杂志感到兴趣的。在这点意义上,可以说本社维持学艺杂志是没有多大的意义的;特别是主持编辑的几位先生,他们的苦心,并无得到相当的'反响'"。文章还提到,许多台湾社员主张将《学艺》杂志通俗化,"至少要多登一些比较通俗的文字,使

---

① 《编辑干事到社就职》,《中华学艺社报》第 14 卷第 2 期,1947 年 7 月。
② 《学艺杂志轮流主编》,《中华学艺社报》第 14 卷第 2 期,1947 年 7 月。
③ 《中国科学期刊协会成立宣言》,《学艺》第 17 卷第 8 期,1947 年 8 月。
④ 《中华学艺社报》第 14 卷第 2 期,1947 年 7 月。

大家看了感到兴趣；如此，并可推广销路，多少可以弥补本社对于印刷费用的一点负担，甚而至于还可开出一条'生财'的大道"。周宪文认为，《学艺》杂志是"代表本社的一种刊物，他的性质是等于本社社友的研究报告，那我以为今后学艺杂志的出路，不但不应通俗化，反而应当更加专门化的"。在他看来，《学艺》杂志不受欢迎，决不是程度的问题，而只是性质的问题，"现在像我们的中华学艺社，把所学不同的许多人，组织在一个学社之内，无怪乎所出的机关刊物（学艺杂志），大家不但觉得没有兴趣，甚而至于根本就不要看。"周宪文提出了改革《学艺》的具体办法，包括：其一，《学艺》年出 10 期，由总社在上年末即行决定下年各期的主要内容，例如第 1 期是专门关于经济学的，第 2 期是专门关于生物学的，第 3 期是专门关于教育学的，第 4 期是专门关于物理学的。按此类推，但不称专号。其二，上期的编辑方针决定后，再推选 10 位社员，请其负责集稿。每人每年担任编辑 1 期的杂志，而且还是"他的本行"，工作比较轻松，集稿也比较容易。其三，十期杂志，不必每期都向社友寄赠，"比方我学经济学的，收到关于自然科学的杂志，实在一无用处；所以我的意见，查查各位社友的学科，在原则上，看他学什么的，才寄那一期的杂志给他"。在周宪文看来，上述办法的好处：（1）使《学艺》杂志更加学术化，提高中华学艺社在学术上的地位；（2）使负责编辑的社友，不至于过分吃力，而且容易"做好"；（3）使社友接到杂志，不至于毫无兴趣；（4）减轻印刷费用的负担。①

新中国成立前夕，为发展科技事业，中共中央积极筹备中华全国自然科学工作者代表会议（简称科代会）。1949 年 5 月 14 日，科代会第一次筹备会议在北京饭店召开。会议决定由中国科学社、中华自然科学社、中华科学工作者协会、东北自然科学研究会等 4 个科学社团发起，邀请各界人士及各地区的有关机关和社团代表，共同组成科代会的筹备委员会。筹备委员会成立之前，先组成筹备委员会的促进会，严济慈为召集人，涂长望为总干事。经过一个月的积极努力，科代会筹备委员会促进会第一次会议于 1949 年 6 月 19 日在北平召开。

---

① 周宪文：《关于学艺杂志的一点意见》，《中华学艺社报》第 15 卷第 1 期，1948 年 3 月。

三、中华学艺社的终结

（一）组织与人事变动

1949 年 10 月 1 日中华人民共和国成立，中华学艺社也进入了新的发展时期。10 月 14 日下午 7 时，中华学艺社召开社友座谈会，马公愚、蔡宾牟、许君远、张梦麟等社员出席。总干事李毓田报告，主要内容有：1. 上海交通大学强占中华学艺社社所之事件经过；2. 成立临时社务委员会，向高教处备案；3. 主任委员周昌寿辞职，由龚学遂代理；4. 商务印书馆拖欠三个月房租迁出，后租给南山职业学校，至本年 11 月底期满；5. 中华学艺社参加上海科技联合会及上海科学期刊协会等等。座谈会上，围绕清查社员、组织革新委员会和《学艺》改良等问题展开讨论。林植夫提议举行"清社运动"，把一切反动分子清除出社，以保持中华学艺社的清洁。陈岳生认为，清查社员应有一定范围。在他看来，革新委员会之产生"应先函知在沪社友，请其报名愿为社如何服务，由社汇齐，然后送请当地主管机关圈定"。宋大仁认为，"无论反动与否，其社员资格总应有的，不应取消其社员资格。至于理事资格，当然须经主管机关批准"。周昌寿报告了社委会成立经过，并谓社委会之成立已呈报当局，不宜即刻更动，委员可以增加。罗宗洛也赞成组织革新委员会，以确定中华学艺社今后之发展方向。关于《学艺》之改良，林植夫主张改变方针，"一面须尽量发表新的东西，同时文字方面，应采取浅易的文字，以便工农的阅读。要之，今后的学艺社只要能达到为工农服务的目的，便不会失去我们当初发起本社的本意"。社员盛沛东赞同林之提议，主张向苏联一面倒。张梦麟报告以前文科《学艺》编辑方针：（一）超然；（二）专门；（三）不要翻译，主张今后应要翻译。朱洗认为，《学艺》杂志"内容很好，不一定学时髦，假若今忽然改变方针，一反过去传统，而落于流俗，不见妥当，因为该刊物系代表本社，本社是专门研究'学艺'的，不应搅扰到其他方面去"，郑允恭也反对将《学艺》之现状完全推翻。许君远主张《学艺》不必文理分刊。吴岐主张《学艺》仍以保持高深传统为宜，"可依据辩证唯物论观点撰文，不必问其通俗与否"①。

1950 年 7 月 3 日，上海十科学团体联合大会在中华学艺社大礼堂举行。8 月 12 日，中华学艺社第八次社务会议召开，程时煃、张梦麟、高公度、费鸿年等出席。会议议决，代理总干事费鸿年出席 8 月 18 日北京召开之全国科学工作者代表会议，顺便联络在京各社友，并征询他们对学艺社将来之意见。8 月 18—24 日，中华全国自然科学工作者代表会议在北京清华大学礼堂召开，费鸿年、洪式闾等中华学艺社社员参加。会议决定成立"中华全国自然科学专门学会联合会"和"中华全国科学技术普及协会"。两组织的正式成立，标志着新中国有了两个全国性的科学组织。8 月 30 日，中华学艺社第九次社务会议召开，程时煃、陈岳生、盛沛东、华汝成、张梦麟、李季谷、费鸿年、宋大仁、唐惟淑、张有桐出席。代理总干事费鸿年报告了赴京出席科代会议情形及召开在京社友座谈会的结果。会议议决，科联、科普成立后中华学艺社之进行方针：1. 社务委员会，仍以维持本社为原则；2. 确保收支平衡；3. 开辟书报阅览室，公开供人民阅览；4.《学艺》杂志继续维持出版；5. 与分科学会联络举办演讲或座谈会。会议呼吁，各地分社进一步加强联络工作。②

1950 年 12 月 4 日，中华学艺社举行成立三十四周年纪念会，社员 49 人出席。主席罗宗洛致开会词，称："检讨过去有三种缺点：一、与政治缺乏联系，二、不普及，三、少进步。以后当在这三种缺点上加以改进"。朱章宝认为："本社犹一细胞，政府犹一大脑，细胞本身固然要努力工作，更须与大脑配合相辅而行"，强调了社团与政府之密切关系。来自中国科学社的代表于诗鸢在发言中指出，"中华学艺社与中国科学社有种种相同之点，可谓兄弟的团体，这两团体将来命运如何，我们不必去考虑他，只怕我们无事可做"，似已预见到了两大团体的最终命运③。

1951 年 1 月 10 日，中华学艺社临时社务委员会第一次会议召开，罗宗洛、张梦麟、张有桐、盛沛东、高公度、朱洗、陈岳生、李季谷、华汝

---

① 《社友座谈会》，《学艺通讯》第 16 卷第 1 期，1949 年 11 月。

② 《总社社务会议汇报》，《学艺通讯》第 18 卷第 1 期，1951 年 1 月。

③ 《本社三十四周年创社纪念联欢大会纪闻》，《学艺通讯》第 18 卷第 1 期，1951 年 1 月。

成、宋大仁、费鸿年、欧元怀、程时烺等出席。会议讨论通过了社务委员会章程、本年度工作计划；推举罗宗洛、程时烺为正副主任委员，费鸿年为总干事；设常务委员 9 人，除正副主任委员、总干事为当然委员外，另推李季谷、张梦麟、陈岳生、张有桐、华汝成、盛沛东 6 人为常务委员，范扬、屠模、高公度、朱洗、许君远、宋大仁、欧元怀、杜佐周为委员，周伯棣、陈则道、唐惟淑、高铦、杨俊生、杨鹏、郑允恭、魏肇基为候补委员；设财务、出版、联络、服务 4 个委员会，推举华汝成、高公度筹组财务委员会，张梦麟、许君远筹组出版委员会，李季谷、张有桐筹组联络委员会，陈岳生、宋大仁筹组服务委员会。①

新中国成立以来，中华学艺社社员或参加科联、科普，或在其他高校、科研机构任职，无暇社务，导致中华学艺社开展活动不多。受经费、稿源所限，《学艺》杂志的篇幅大幅减少，由原来的百页以上，下降到 32 页，每期的篇目也减少至 4 篇。从 1951 年 7 月起，《学艺》开始刊登水产类文章，后来基本成为纯粹的水产类期刊，质量不高。刊物不得不聘用广告人员四处拉广告。② 学艺图书馆继续充实图书和设备，扩大阅览地方，到 1951 年拥有藏书 23136 册。1951 年前后，中华学艺社举行讲演 5 次，配合了新中国的经济和文化教育事业。

1952 年 7 月，中华学艺社通过新社章，表示"遵守共同纲领文化教育政策，在当地文教主管机关领导下，以联合文化界同志，研究学术，交流经验，为人民服务为宗旨"③。根据新社章，中华学艺社选举产生了新的理事会，薛德焴当选为理事长，欧元怀、李季谷为副理事长。三人均为华东师范大学的教授，工作繁忙，无暇社务。长期不开理事会，处于无人管理、没有领导的状态。

（二）解散过程

中华学艺社的"萎靡"状态，引起了上海市相关部门的重视。1954

---

① 《学艺通讯》第 18 卷第 1 期，1951 年 1 月。

② 欧阳亮：《中华学艺社研究》，华东师范大学 2004 年度硕士学位论文。

③ 《中华学艺社结束专卷》（一），1952 年 7 月，中华学艺社档案，卷宗号 B167 - 1 - 289，上海档案馆藏。

年 12 月，上海市委宣传部就中华学艺社问题，致函上海市文委和市文化局①：

> 关于你们提出的中华学艺社的问题，经我们与有关方面研究后，认为该社已无存在的必要，可予撤销。但为了上层统战关系及照顾社会影响，故撤销工作应慎重进行，必须经过说服动员，使中华学艺社理事会能自动向政府提出请求撤销。
>
> 在工作步骤上，可由市文委会同市委统战部共同研究具体撤销办法，然后分别访问，动员该社上层人物在社内提出撤销意见；撤销后房屋，图书馆由文化局接受，社内职工就业问题，原则上自行解决，文化局可按需要分配管理图书等工作，剩余人员向劳动局登记后，照顾优先录用。
>
> 为便于统一掌握此项工作应由文委具体负责。此致
>
> 敬礼！
>
> 中共上海市委宣传部
>
> 1954 年 12 月 27 日

1956 年初，上海市人民委员会批示："中华学艺社归口科联领导"，但科联起初并未承担领导职责，"归口后，根据科联要求，曾召开理事会正式宣布归口关系"，但之后科联并未实际担负管理之责，提出"学艺社不是专门性学术组织，且科联本身亦是人民团体，不便领导等为理由，不执行归口处理的决定，因而对该社的问题一味推诿"。② 就中华学艺社自身来看，对结束社务意见不一。1956 年 11 月 25 日中华学艺社召开理事会讨论前途问题，大多数理事赞成结束，但也有不少理事不同意，可以说未达成一致意见，而上海市相关部门似乎也将此事暂时搁置起来。直到 1958 年 1 月，上海市出版局致函市委宣传部：

---

① 《市委宣传部关于对中华学艺社撤销的意见》，中华学艺社档案，卷宗号 B128 - 2 - 1283 - 14，上海档案馆藏。
② 《市委宣传部关于对中华学艺社撤销的意见》，中华学艺社档案，卷宗号 B128 - 2 - 1283 - 14，上海档案馆藏。

市委宣传部:

　　中华学艺社虽系历史较久的学术团体,但解放后该社工作早已停顿,主要理事等于挂名,社务被少数分子把持,所谓《学艺》杂志,学术价值不大,且又乱拉广告,各处反映很多,就目前情况看,该社存在已无作用,建议你部或教育卫生工作部召集各有关方面开会研究处理方案。兹特举中华学艺社情况报告及附件共9份,请查阅。

上海市出版局党组　杨李宏
1958年1月7日

1958年4月29日,上海市出版局局长罗竹风就中华学艺社问题专门致函副市长金仲华,原文如下①:

金副市长:

　　(前略)解放后,该社许多理事、社员都已参加科联。社本身几乎没有什么学术活动。该社理事又长期不开会。正副理事长薛德烜、欧元怀、李季谷等形同挂名。……该社除经营"学艺"期刊外,还有一个图书馆。在经济上主要依靠出租会场演地方戏以及出租房屋的租费收入来维持。故从该社的内部管理及其经营情况看,不但很不健全,也不像一个学术性团体。也就是如果要整顿"学艺"期刊,势必非联系考虑中华学艺社的处理不可,否则难于彻底解决问题。

　　据我们与有关部门民政局等联系,都认为该社的存在确实可以考虑。该社理事长薛德烜、李季谷等也表示,该社的存在作用已不大,不如趁早结束。为此,我们打算通过适当关系请薛德烜等召开理事会,提出申请结束中华学艺社,交给政府处理。具体原则如下:

　　1. "学艺"月刊。由上海水产学院接办。编辑业务,交给科学技术出版社出版,切实整顿,办好这个刊物;

　　2. 图书馆。请文化局接办。学艺剧场,今后不宜再分配剧团去演出,请文化局另作调度。(如文化局不需要该图书馆,可移给中华书

----

① 《市出版局关于处理中华学艺社的意见》,中华学艺社档案,卷宗号 B168 - 1 - 823 - 29,上海档案馆藏。

局图书馆接办）；

3. 学艺社的结束事宜，请民政局进行审批；

4. 该社工作人员（兼职除外）原则上随工作移转，由归口单位吸收。

5. 该社房屋。请房调会即拨给"辞海"编译所及所属中华书局图书馆使用。目前住户请房调会另配房屋，尽速迁社。

以上是否可行，请即批示。

罗竹风

1958 年 4 月 29 日

5 月市人委做出批示，同意市出版局关于处理中华学艺社的意见，要求以出版局为主，与市民政局、文化局、房调会等有关单位研究办理。1958 年 7 月 7 日，上海市出版局召开学艺社、民政局的联席会议，交换有关中华学艺社问题的意见。薛德焴等认为，"解放后各种学术团体都具有专门性，综合性社团在文化革命中不能起多大作用，故已无存在之必要"，且"本社与中国科学社不同，并无基金，一切经费只靠房租收入维持，经常入不敷出，碍难久持"[①]，因此同意结束学艺社。7 月 8 日市出版局致函市文委：

金仲华、赵祖康付市长：

关于中华学艺社问题，自市文委五月五日函批同意我局所提处理原则（学艺结束）以后，经"学艺"薛德焴理事长、李季谷、欧元怀两付理事长考虑，认为：长期以来，"学艺"已无学术活动，且愈来愈难于维持社务，故多数理事久有结束社务的主张。薛等又告，目前只盛沛东（理事，兼代理总干事）以职工不赞成为名而有所活动，且去找吴藻溪（理事，右派分子）商量。我们为了了解情况，协助薛等进行工作起见，七日上午邀请薛、欧、盛三人（李因上课时间冲突，未出席）在局商量。经讨论研究，盛一再自行说明赞同结束原则。解

---

① 《上海市民政局关于结束中华学艺社等社团的请示及有关批复》，中华学艺社档案，卷宗号：档 B168 - 1 - 823，上海档案馆藏。

释找吴藻溪是自己认识不清所致，但又强调职工要安排，强调学艺社现在破破烂烂，要搞些付业（养鱼）弄得像样些再结束。这些说法当场为薛、李所不同意，并反复为之分析。最后商定对结束社务问题由他们拟函征求理事意见，以便根据理事多数意见正式办理结束。

据学艺职工李金荣同志（中共党员，阅览室管理员）和陈锦荣（工会小组长，通讯员）反映，该社九个职工，对结束社务有顾虑的也只个别年老职工（顾虑是否安排，是否马上要退休，安排后工作不自由），多数职工不但不反对，过去私下交谈，且都认为学艺并无前途。对该社内部情况也颇多不满。例如今年初盛沛东等售出"学艺"藏书约600余部，得款约1000多元（据我们向古旧书收购处了解，该社去年12月至今3月，共售旧书5338本，售3439.30元）。今年一月，盛等又售出水汀片约60架，得款1万元左右。又据称告，反右开始，吴藻溪右派面貌未被揭露时，有一时期，吴常去"学艺"。一人在办公室里写东西，也经常有人去"学艺"看他。有些职工对此也颇有不满。

根据这一时期工作，"学艺"结束一事，虽曾遇到个别人（盛沛东）的阻力，但由于它适合学艺的情况需要和内部要求，故已无大多困难。至于"学艺"陆续暴露的一些情况，如盛最近还找吴溪藻以及出售图书等，目前问题性质尚不清楚，今后当续予注意。

此致
敬礼！

罗竹风

1958 年 7 月 9 日

7月30日，中华学艺社向民政局提出结束之申请。原文如下：

我社成立四十年，过去在文化学术上虽也有一些贡献，但很不够。解放后各种学术团体都具有专门性，综合性团体在文化革命中不能起多大作用，故已无存在之必要。且本社并无基金，一切经费只靠房租收入维持，经常入不敷出，碍难久持。故上次理事会开会时，大多数理事都赞成将我社结束，把全部社产及两种业务交给政府统一安排，以便发挥更大效能，当时因有极少数理事未表同意，故迁延至今，迄未实行。现届国家号召总路线，多快好省地建设社会主义的大跃进时期，我们深切感觉到我社再不能拖延下去，因此坚决主张将本社结束，本拟召开一次理事会，只因在学习总路线时期大家很忙，故以通信形式分函各理事征求意见，结果全体理事同意将本社宣告结束，为特函请你局赐予核准，俾早日办理结束事务，至为感荷。

　　此致

上海市民政局

中华学艺社　理事长　薛德焴

副理事长　欧元怀、李季谷

一九五八年七月三十日①

8月4日，民政局通过电话通知同意接受申请。8月5日、6日中华学艺社在《解放日报》登报声明②：

　　我社久无社务活动，迭经理事会研究认为应该结束，全体理事对此均表赞同，并经报请主管机关上海市民政局批准。为此决定：（1）自即日起宣告结束；（2）自登报起3日后将全部财产、业务、人事等交给政府安排处理；（3）有关人欠欠人问题以及其他权益问题，请各关系人自本日起15天内携带证件向本社提出，逾期再不受理。

上海绍兴路七号

中华学艺社理事会启

至此，成立了42年的中华学艺社正式退出了历史舞台。对于中华学艺社的结束，固然其最后之领导有失责之嫌，但是必须指出，民间综合社团的解散在当时来看确实是大势所趋。

---

① 《中华学艺社要求结束该社》，中华学艺社档案，卷宗号：B168－1－823－25，上海档案馆藏。

② 《中华学艺社宣告结束启事》，《解放日报》1958年8月5、6日第5版。

第五章

群体聚合与组织变迁

丙辰学社诞生于1916年，1920年迁回国内，1923年改名为中华学艺社，1932年迁入位于上海法租界的新社所，其在民国学术界的地位和影响日益扩大，一棵小小幼苗逐渐成长为一株参天大树。

一、社员发展状况

丙辰学社最初是由47位留日学生发起成立的，到1917年社员达到153人。[①] 次年，因政局变动、部分骨干社员先后归国，学社几陷于停顿状态。后经郑贞文、陈启修等归国社员多方奔走，才在上海建立事务所，丙辰学社于1920年得以迁回国内。据统计，1920年11月有社员209人，1922年底增加到399人，1923年5月底达559人。1923年6月，丙辰学社通过新社章，改名为中华学艺社。此后，在历次年会、董事会上对社章进行过多次讨论，屡加修订。1929年第三次修正的《中华学艺社社章》规定，中华学艺社社员分为正社员、永久社员和名誉社员，"凡具有专门学识，由本社社员二人以上之介绍，经监察委员会之认可者"为社员；"凡社员一次交足十年之社费者"为永久社员。[②] 1931年第四次修正社章，将社员分为四类，除正社员、名誉社员外，增加了赞助社员和团体社员。据1935年第六次修正的《中华学艺社社员录》，截至当年10月中华学艺社有

---

① 《丙辰学社社员职员录》，《学艺》第1卷第2号，1917年9月。
② 《中华学艺社社章》（第三次修正），《学艺》第9卷第8号，1929年7月。

永久社员 92 人，已登记社员 841 人，未登记社员 1016 人。①

从 1916 年至 1937 年，中华学艺社的社员逐年增长。全面抗战爆发后，中华学艺社未再进行社员的登记与统计工作。直到抗战结束后，中华学艺社才重新进行社员登记。据统计，1946 年社员达到 2000 人。中华学艺社社员增长情况，大体如下（见表 5.1、图 5.1）②。1948 年，中华学艺社重新对社员进行登记，原本计划刊出单行本，但因经费拮据，只得于《中华学艺社报》上连载。

表 5.1　中华学艺社社员历年情况一览表

年份	1916	1917	1920	1921	1922	1923	1924
入社人数	47	153	209	270	399	800	1138
年份	1925	1926	1927	1928	1937	1946	
入社人数	1221	1270	1332	1397	1643	2000	

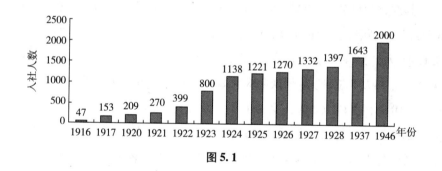

图 5.1

如此众多的中华学艺社社员，可从籍贯、学科、职业分布情况进行简要梳理。首先，籍贯分布。早期社员中，四川、福建籍社员相对较多。但随着中华学艺社的发展壮大，其籍贯分布呈现多元化的态势。截至 1930 年 6 月，在登记的 417 位社员中，浙江 80 人，江苏 49 人，江西 39 人，福建 37 人，贵州 35 人，四川 34 人，湖南 34 人，广东 22 人，湖北 21 人，河北 11 人，山西 11 人，云南 8 人，广西 7 人，吉林 7 人，安徽 5 人，河南 5

---

① 总办事处编：《中华学艺社社员录》（1935 年第六次修正），1935 年。

② 张培富、齐振英：《中华学艺社社员时空分布探析》，《科学技术哲学研究》2010 年第 2 期。

人，陕西 4 人，辽宁 2 人，山东 1 人，甘肃 1 人。[①] 1931 年 8 月登记社员 628 人，其中浙江 116 人，江苏 76 人，江西 55 人，福建 53 人，贵州 49 人，四川 47 人，湖南 45 人，湖北 43 人，广东 39 人，河北 23 人，安徽 13 人，山西 12 人，云南 12 人，广西 9 人，吉林 8 人，河南 5 人，陕西 4 人，辽宁 4 人，山东 3 人，甘肃 1 人，黑龙江 1 人，未详 14 人。[②] 另据周宪文统计，到 1936 年底中华学艺社已登记社员 943 人，其中浙江 161 人，江苏 112 人，江西 82 人，福建 79 人，四川 68 人，湖南 65 人，广东 63 人，贵州 59 人，湖北 55 人，河北 46 人，安徽 29 人，云南 15 人，山东 15 人，广西 11 人，吉林 10 人，辽宁 8 人，山东 8 人，山西 6 人，河南 4 人，甘肃 1 人，黑龙江 1 人，另有 45 人籍贯不详。[③] 浙江、江苏、江西籍社员稳居前三名，这与该地区开放早、相对富饶、出国留学者众多有着一定的关系。

其次，学科分布。早期留日社员中，习法政科者相对较多。据 1930 年 6 月统计，新登记的 417 位社员中，工科 111 人，法科 92 人，理科 53 人，教育 41 人，文科 39 人，医科 31 人，商科 17 人，农科 15 人，艺术及工艺 14 人，军事及体育 3 人。[④] 次年 8 月登记社员达到 628 人，按照学科统计，法科 201 人，工科 162 人，文科 116 人，理科 80 人，医科 38 人，农科 38 人，军事 2 人，艺术 2 人。[⑤] 1936 年底，中华学艺社已登记的 943 名社员中，从国外大学毕业的 604 人，国外专门学校毕业者 180 人，国内大学毕业者 68 人，国内专门学校毕业者 44 人，未详 37 人；从专业来看，工学 208 人，理学 120 人，文学 137 人，法学 362 人，农学 33 人，医学 52 人，艺术 10 人，军事 4 人，未详 17 人。[⑥] 中华学艺社社员的学科分布，亦呈现多元化的态势，但其中又以工科、法科为多。

再次，职业分布。据 1923 年《学艺》第 5 卷第 2 号的《丙辰学社之

---

① 《中华学艺社报》第 1 卷第 2 期，1930 年 7 月。
② 《中华学艺社报》第 3 卷第 2 期，1931 年 8 月。
③ 周宪文：《中华学艺社的社员》，《中华学艺社报》第 9 卷第 4 期，1936 年 12 月。
④ 《中华学艺社报》第 1 卷第 2 期，1930 年 7 月。
⑤ 《中华学艺社报》第 3 卷第 2 期，1931 年 8 月。
⑥ 周宪文：《中华学艺社的社员》，《中华学艺社报》第 9 卷第 4 期，1936 年 12 月。

回顾》一文的统计，已登记的 559 名社员中，专门教授 100 人，技师 59 人，官吏 42 人，校长 24 人，大学教授 16 人，医师 16 人，编辑 14 人，实业经理 14 人，中学教员 9 人，新闻记者 5 人，工厂长 5 人，议员 5 人，银行业 5 人，研究所长 3 人，律师 3 人，在学者 239 人。1931 年 8 月，登记社员达到 628 人，其中教育界 169 人，政界 138 人，在国外留学 110 人，商界 26 人，未详 62 人，工界 54 人，著述 18 人，医师 20 人，党务 9 人，研究 9 人，农 2 人，矿 5 人，新闻 2 人，军界 3 人，艺术 1 人。[①] 1935 年 10 月第六次修订《中华学艺社社员录》中登记的 867 位社员中，教育界 274 人，政界 189 人，工界 62 人，商界 29 人，著述 28 人，医师 24 人，党务 15 人，研究 12 人，军界 8 人，新闻界 7 人，艺术 6 人，矿界 5 人，农界 2 人，国外留学 125 人，未详 81 人。截至 1936 年底，在已登记的 943 位社员中，从事教育 299 人，政界 204 人，工界 64 人，商界 29 人，作家 35 人，医界 27 人，党务 18 人，研究者 15 人，军界及艺术 8 人，新闻 7 人，矿业 5 人，农界 2 人，国外留学 129 人，未详者 93 人。[②] 从事教育的社员，一直占据首位，这颇为正常。因为，民国时期的教育机构，给众多的知识分子提供了生存与发展的空间。投身政界的社员人数逐渐增多，并位居第二，可谓有利有弊。

二、群体之聚合

中华学艺社社员在籍贯、学科、职业方面存在多元化的趋势。那么，如此众多的中华学艺社社员，他们是如何聚合在一起的？布迪厄所提出的场域理论，或许可为解决这一问题提供路径。布迪厄的场域理论，有三个最为核心的概念：场域、资本和惯习。较为稳定的品味、信仰和习惯的总和，是该共同体区别于其他共同体的特殊标记，有独属于其特别的身份象征和集体记忆。一群具有类似惯习的新型知识分子组成了中华学艺社，相近的地域范围，或相似的意识形态、学历出身、道德价值，使得他们得以聚集在一起。

---

① 《中华学艺社报》第 3 卷第 2 期，1931 年 8 月。
② 周宪文：《中华学艺社的社员》，《中华学艺社报》第 9 卷第 4 期，1936 年 12 月。

（一）聚合因素一：传统人际关系

在中国历史的发展过程中，血缘、地缘在人际交往中无疑发挥着不可替代的作用，尤其是传统的宗亲关系、同乡关系，深深地融汇于人与人之间、组织与组织之间。

清末民初，在政府的引导下，各地方、各省份纷纷选派学生赴日留学。这些官费生带有鲜明的省籍意识、地域色彩；与此同时，各地域的自费生亦络绎不绝，当中不乏亲朋好友联袂东渡者。留日期间，处在异国他乡、寄人篱下，此时亲情、同乡之谊也就显得尤为珍贵。早期的 47 位发起人内部存在着诸多的血缘、地缘等传统的人际关系。[1] 在发起人中，四川、福建、贵州籍社员相对较多。丙辰学社建立后，川籍社员吴永权（字君毅）将学社的宗旨、主张介绍给堂兄吴虞，通过吴虞吸收了许多新生力量，他们都是吴的亲朋好友。随后，吴君毅还将吴虞介绍给好友陈启修认识。1917 年底，吴君毅从日本回国后，即住在北京陈启修家里。1921 年初，吴虞赴北京大学任教，因吴君毅将动身去英国，故提前托陈代为照应。1922 年 2 月，吴虞正式搬入陈家，他欲"交房租食费，而惺侬先生，惟淑大嫂（按：唐惟俶，陈启修夫人，唐才常侄女）坚不肯收"[2]。可以说同乡、同籍这一传统的人际网络关系，在中华学艺社初期发展中发挥了重要作用。

迁回国内后，中华学艺社社员不断增加，社员之来源趋于多元化。初创时期的丙辰学社依赖于亲戚、地缘等传统的力量，而发展壮大后的中华学艺社同样离不开这些传统因素。1920 年 9 月，丙辰学社在上海建立事务所，迁回国内。11 月前，有 36 位社员入社。从籍贯上看，贵州 7 人、浙江 7 人、江苏 6 人、福建 3 人、广东 2 人、四川 2 人、江西 2 人、湖南 2 人、湖北 2 人、广西 1 人、安徽 1 人、陕西 1 人。值得一提的是，贵州籍社员中傅荣昌、杨倬孙、陈德溥、郝世泽 4 人均为贵阳人，后 3 人所学专业同为采矿冶金。1917 年秋冬，傅荣昌以优异成绩考取贵州黔中道公费留学，同榜录取的还有刘方岳、李俶元、龙仲衡、刘锡麟、谢六逸、易廷

---

① 详见本书第一章。

② 吴虞：《吴虞日记》下册，四川人民出版社 1986 年版，第 16 页。

鉴、冉楚湘等8人。赴日途中，行至湖南洪江，达德学校（中学部）的老师黄齐生率其外甥王若飞（考取同年贵州财政厅的公费留日学生）加入，一同东渡日本。1918年3月抵达东京，入预备学校补习日文①。杨倬孙、陈德溥则是1918年由贵州省选送的官费留学生。1919年1月，贵州又有留日矿业正取生8名赴日。这批留日学生于1918年7月贵州省财政厅在贵阳招考，当时录取的正取生8名是：张连科、马宗荣、杨倬孙、陈德溥、赵柔远、张梦麟、蒋其俊、文中让，另有备取生5名，即郝世泽、车文忠、龚祥滨、杨德证、花蓬瀛。除正取生外，备取生郝世泽、花蓬瀛等也陆续赴日留学。考送之原意是学矿，在贵州称为"矿八学生"②。正是在留日期间，这些贵州籍社员逐渐相熟。谢六逸到日本不久，便结识了同乡马宗荣，二人结下了深厚的友谊。1944年1月马宗荣逝世后，谢六逸在悼念文章《继华的性格》中说："二十多年来，我们之间没有红过一次脸，更从来没有过一次的争论"，二人关系之密切由此可见一斑。③ 马宗荣、张梦麟约于1921年4—5月间加入丙辰学社④。

此次入社的贵州籍社员还有夏桂徵⑤，系中华学艺社发起人之一周昌寿的妻子。周、夏二人均为贵州麻哈（今麻江）人，先后入社，真可谓"夫唱妇和"。1922年元旦，二人在上海完婚。证婚人郑贞文在致辞中说："他们两位，都是贵州人，他们两家都是名门望族，他们的父亲，都在四川做官，所以他们都生在成都。……他们是中表亲戚，夏女士是周先生姑母的女儿。然而幼年时候就不住在一块，后来虽然同在日本留学，也没有会过面。直到民国七年，周先生到北京，才会了面，后来却少相见的机

---

①　陈江、陈达文编著：《谢六逸年谱》，商务印书馆2009年版，第5页。另一说，傅荣昌获得黔中道尹王伯群招考的半公费留日名额，因经济拮据难以启程，尹笃生约萧子友、萧镜隆、周步瑛、曾庭槐等10位老师共同资助，使傅荣昌得以赴日本留学。详见贵阳市政协文史和学习委员会编《贵阳历史人物丛书》（文化教育卷），贵州人民出版社2003年版，第213页。

②　中国人民政治协商会议重庆市委员会文史资料委员会编：《重庆文史资料》第33辑，西南师范大学出版社1990年版，第21页。

③　陈江、陈达文编著：《谢六逸年谱》，第6页；谢六逸：《继华的性格》，《山花》1980年第8期。

④　《丙辰学社社报》，《学艺》第3卷第3号，1921年7月。

⑤　夏桂徵还是南社社员，1087号。详见温应时《南社社友姓氏录考》，载马以君主编《南社研究》（第2辑），中山大学出版社1992年版，第213页。

会。到去年五月夏女士来上海就医，住在周先生家里，他们渐渐由中表的友爱，变成男女的恋爱了。"①

浙江籍的社员也为数不少。《学艺》第 5 卷第 1 期登载的新入社社员名录中，第 494—500 号社员依次为王骏生、李宗武、孙百刚、谢似颜、戴运轨、魏国霖、鲁钧，他们均为浙江籍，且均在日本东京高等师范就读。据浙人章克标回忆："一同考入东高师的有浙江衢县方光焘，湖南长沙田汉，浙江绍兴李宗武等人，好像浙江籍学生特别多，除此之外有夏振铎（觉民，桐乡）、杨景桐（峄琴，嘉兴）、孙瀚（则伊，海盐）、徐颂薪（逸樵，绍兴府属）、徐增明、谢似颜、毛咏棠（均绍属），还有宁波属的林本、魏肇基、俞元镐、张明镐等等，其他各省的记不清了。……那时浙二中出身在日本的同学，进了东京高工的有冯汝绵（飚云）、吴世煌（怒檠）、邬谟贤（不幸在学中逝世）、仲光然（子明）、吴文伟（欣奇）；在东京高师的有张印通（心符）、夏振铎（觉民）、杨景桐（峄琴）、章克标（恺熙），后三人均此次 1919 年考入；而一高只有陆志鸿（筱海）一人，还有后来继续来的吴乃灿、葛敬铭、徐玉相等多人，也是以猎取官费为目的的。吴学文后来进了岩仓铁道学校，徐玉相经一高进东大。此外进私立大学的还有孙朱坤、陈应鸿等人，至于以后继续来的，记不清楚了"②。如此多的浙江人聚集在日本东京，老乡间的情谊自然越发显得珍贵。

（二）聚合因素二：学缘

中华学艺社的社员中，学缘性极其鲜明，同窗之谊是他们为了共同的理想而成立学会的条件。47 位发起人全是留日学生，分别就读于东京帝国大学、早稻田大学、东京高等工业学校、东京高等师范学校，其中尤以东京帝国大学生居多。相同的留学经历，就读同一学校甚至同一专业，多年的留学生涯使得他们熟知彼此，构成了他们相似的意识形态、学历水平、价值观念，这一切都为学社成立提供了关键性的先决条件。关于这一点，前文已有详述。

迁回国内后，中华学艺社不断壮大自身力量，继续大量吸纳留日出身

---

① 《本社社员周昌寿夏桂徵两君结婚记》，《学艺》第 3 卷第 8 号，1922 年 1 月。
② 章克标：《九十自述》，中国文联出版公司 2000 年版，第 37—39 页。

的社员。张资平加入中华学艺社较早，为丙辰学社第 118 号社员。另一社员郭沫若，早在留日期间吴永权、陈启修、张资平就曾邀请其入社。1921年 1 月，郭沫若在致张资平的信中曾讲道："丙辰学社我本早想入社，前五年吴永权和陈启修两君介绍我，已经把介绍状都寄给了我，我还使用了你们一大卷原稿纸；我因为想做一篇文章，做成了后和我一齐入社，然而至今犹未做成；所以把入社的机会失掉了。后来曾慕韩君又介绍我入社，我因为有前一次的踌躇，所以又推却了。我想做的文章是'我国思想史上之澎湃城'，是我对于秦火以前我国传统思想之一种发生史的观察。……我这篇文章只要我一有暇时，一有多的参考书，——我现在住的这个地方几乎一本中国书也寻不出来——我便要着手，我不管他合时宜不合时宜，我只求我一个人底满足。将来我这篇如能成时，让我带同他一齐来入丙辰社罢。所以我对于你亲切的绍介，此刻也不得不求你再假我些儿时日了"[①]。正是由于张资平的多次推荐、邀请，郭沫若最终于 1921 年 4—5 月间加入丙辰学社。5 月 8 日，丙辰学社的东京社友在东京帝国大学欢迎新入社的郭开贞（即郭沫若）等社友。[②] 1921 年 7 月，郭沫若、成仿吾、郁达夫、张资平、田汉、郑伯奇等在日本发起成立创造社，它是继文学研究会之后成立的又一个新文学社团。创造社的成员，大多也是丙辰学社社员。

《学艺》杂志定期登载"新入社员名录"，通过列表呈现出入社社员的基本情况。且以《学艺》第 4 卷第 7、8 期的第 393—465 号为例。在这 72 位新入社社员中，按照登记的先后顺序，万希章（393 号）、仲光然（395号）来自日本东京高等工业大学，陆志鸿（394 号）来自日本东京帝国大学，三人的通信地址均为东京下谷仲御一之四九吉川松方。虽无直接史料依据，但极可能是三人相约入社。第 417—420 号社员李延禧、周毓莘、薛德育、黄传霖及 422—423 号社员孙振、王其澍均曾就学于日本东京高师，毕业后供职于武昌高师。第 436 号龚树森、437 号周佛海皆毕业于日本京

---

① 《郭沫若先生来函》，《学艺》第 2 卷第 10 号，1921 年 4 月。
② 1921 年 7 月出版的《学艺》第 3 卷第 3 号的新入社社会员名单中有郭沫若。《丙辰学社社报》，《学艺》第 3 卷第 3 号，1921 年 7 月。

都帝国大学;第 461 号社员林国珪、463 号社员何庭流均就读于日本东京帝国大学经济学部,以经济为专业。随着中华学艺社规模的不断壮大,社员的学缘结构也日趋多元化,不再拘泥于初期的日本,求学欧美、国内的入社社员不断增加。

（三）聚合因素三:业缘

广大社员归国后,多在北京、上海等大中城市谋职。民国时期的高校、出版机构聚集了大量从日本留学归国的社员,而他们又利用自己的人脉,将周围的同事纳入中华学艺社这个大家庭。其中,商务印书馆、北京大学俨然成为中华学艺社社员活动的两个大本营。

1. 商务印书馆

中华学艺社社员陈承泽、郑贞文、杨端六、周昌寿、何崧龄、林植夫、江铁等归国后,陆续进入商务印书馆工作。1920—1921 年间,商务印书馆进行改革,采取撤换杂志编辑、改组编译所、整顿财会工作、扶持学术团体和学术刊物等一系列举措。对编译所进行改革是王云五领导进行的,但与胡适的改革意见有着内在关联。① 胡适拜访商务编译所东文部长、《学艺》杂志文科编辑陈承泽,后又与张元济、高梦旦等商务元老及李石岑、郑振铎、郑贞文、杨端六等少壮派新人进行多次交谈,详细听取了商务内部的不同建议。在谈话中,郑贞文、杨端六给胡适留下了深刻印象。胡适在日记中称赞郑贞文"甚有思想"。② 杨端六在与胡适畅谈时,明确指出商务内部存在着弊端,如"馆中无人懂得商业,无人能通筹算","馆中最大的弊病是不用全力注重出版而做许多不相干的小买卖"等,就此提出了自己的建议。胡适认为杨之建议"极中肯要"。胡适在日记里详细记录了郑、杨两人拟订的编译所改组办法。可以看出,胡适提交的对于编译所的改革意见,综合了郑贞文、杨端六等人的建议。

胡适在提出革新提议后并未留在商务,而是举荐了王云五,在商务内

---

① 为了能够聘请胡适,高梦旦在 1921 年 4 月亲身进京,希望胡适离开北京大学,到商务办编译所去工作。胡适答应先对商务进行三个月的考察。《胡适的日记》,中华书局 1985 年版,第231 页。

② 《胡适的日记》,第 144 页。

部提供的候选者为何崧龄。何崧龄（1889—1977），福建闽侯人，毕业于日本京都帝国大学经济系，曾任福建盐政处监督。1920 年参加筹建厦门大学，任总务长。1921 年夏经由郑贞文介绍进入商务，陈承泽把自己主持的法制经济部之位让给他。何与高梦旦的得力助手陈承泽、郑贞文都是闽侯人，一起参加辛亥革命并同在光复后的福建都督府任职。按说，从经历、思想、地域等各方面因素考虑，何接任所长的机会应该更大一些，可最终所长的职位还是落在了王云五头上。据郑贞文回忆，最主要的原因在于何"不会久安于文墨生涯"①；再者，何与高关系过于亲近，委任王亦有避嫌之意，避免遭到商务内部其他派系的攻击。除此之外，王云五与教会有深层次的联系，和商务教会派当权人、经理夏筱芳关系密切，王之当选可以消除"教会派"和"书生派"的一些无谓的争端。王云五就任编译所所长后，对编译所进行大刀阔斧的改革，许多思想落后的老资格的编辑被逐出商务，同时又吸收了大量新型知识分子。据 1924 年《编译所职员录》载，除兼职和勤务员外，编译所人数增加到 240 人，其中郑贞文、何崧龄、黄士复、何炳松、黄宾虹、李石岑六位部长都是中华学艺社社员，六部之下共有编辑 40 人，中华学艺社社员占总人数的 1/6。如此看来，编译所革新之后，中华学艺社社员占有相当大的势力。

以胡适的考察为前提，商务印书馆与杨端六订立筹办新会计制度合同，同年 8 月成立筹备处，又开办讲习所。1922 年初开始实施新式簿记法，代替中国惯用的旧式直行记数法，这一举措使得商务原先混乱的财会工作走上正轨，一举获得成功，由此引起国内其他公司的纷纷仿效。1923 年，杨端六被正式任命为商务会计科科长。可以说，中华学艺社社员在商务印书馆现代管理制度的完善和改革方面发挥了积极的作用。

对商务印书馆的其他事业，中华学艺社社员也极力予以协助。如社员陈承泽为《小说月报》的改革贡献了极大的精力。商务印书馆选择沈雁冰为《小说月报》的主编，以及商议改革全部事宜的具体进程，陈氏都曾亲身参与，为高梦旦出谋划策。陈承泽是高的福建同乡，工作效率高，遇事

---

① 郑贞文：《我所知道的商务印书馆编译所》，见中国人民政治协商会议全国委员会文史资料研究委员会编《文史资料选辑》（第 53 辑），文史资料出版社 1964 年版，第 132 页。

处理果断,是高的得力帮手。改革后的《小说月报》在学界引起了极大的反响,使得该刊成为一块"为人生而艺术"的文学阵地。

不难看出,商务印书馆对其自身进行的改革,是以张元济、高梦旦为代表的老一派和商务内部以中华学艺社为代表的新鲜血液共同谋划完成的。商务印书馆吸收了郑贞文、何崧龄等中华学艺社社员的加入,除了引进新思潮、新制度之外,也缓和了内部不同派系之间的矛盾。与此同时,商务印书馆也为中华学艺社的发展提供了诸多的条件,如包括《学艺》杂志、《学艺汇刊》等诸多中华学艺社出版物的出版发行,皆离不开商务的鼎力相助。商务印书馆在1932年之前一直是中华学艺社最重要的合作伙伴。在商务印书馆的转型过程中,中华学艺社贡献了重要力量,其与商务印书馆的合作具有以下特征:第一,双方的交流合作基于自主自愿,未受到国家、政府部门的干预,凸显出只有公共领域生活中独有的横向组合交流的特色;第二,中华学艺社与商务印书馆的合作带有大企业撑托小团体的特征。丙辰学社归国前后曾因各种原因面临解体的困境,是在与商务印书馆合作后才逐渐走上正轨。这集中表现了以张元济、高梦旦等为代表的商务印书馆领导层扶植学术的高贵品质。中华学艺社的重要成员大多在商务印书馆有一职之位,商务印书馆为他们提供了遮风挡雨的避难所和施展才华的宽广舞台。商务印书馆站在知识分子的一面,通过私营企业为基础,对包括中华学艺社社员的自由知识分子宣扬科学事业给予大力扶持。从知识分子与国家的关系而言,商务印书馆对中华学艺社的支持,改变了国家支配知识分子命运的传统方式,为知识分子安身立命提供了新的活动空间。作为商务印书馆的合作伙伴,中华学艺社是一支重要的馆外学术力量,它与商务印书馆一道运用传播媒介引导并传递公众舆论与意志,输导近代科学文化知识,为提高公众素质不遗余力。如果说商务印书馆可以作为中国近代史上开拓"公共领域"的一个典型,那么中华学艺社便是这个母体中的一个子系统,两者处于水乳交融状态,离开两者中的任何一方,另一方便不能正常的开展事业。[1] 一·二八事变后,商务印书馆遭受重创。恢复后的商务印书馆把原先编译、出版、印刷三项业务改变为出版一项,

---

[1] 钱益民:《中华学艺社研究(1916—1932)》,复旦大学2001年硕士学位论文。

将编译所和在上海的印刷业务全都取消。原先编译所被改组成编审委员会，人数由 300 多人减少到 17 人。郑贞文等中华学艺社社员被迫离开了编译所。在这种情况下，中华学艺社不得不转向其他出版机构寻求帮助。

2. 北京大学

蔡元培执掌北京大学后，任用了大量新式人才，对民间社团组织积极予以扶持。丙辰学社在日本成立后，蔡元培慷慨捐助，并由此成为丙辰学社名誉社员。《学艺》杂志发刊不久，蔡元培就致信《新青年》表达其兴奋之情："近日丙辰学社发行《学艺》第一号（总代派处：上海中华书局）。丙辰学社为东京留学界研究学术之机关，而以其研究所得，揭之于《学艺》。观卷首图案及适夷君《说学艺》篇，知于提倡科学以外，兼及美术，尤鄙人所欢迎也。循览一过，如陈启修君之《国宪论衡》、屠孝实君之《南华道体观阐隐》，允为杰作。郑贞文君之《周期律说》、高维魏君之《连种病之研究》，虽揭载未完，而元元本本，已见一斑。其他各篇，关于政治若工艺者，亦均资参考。近年吾国学者社会之杂志，纯然言学理者，有《科学》。根据学理以谈法政者，有《太平洋》及《新国民》。今《学艺》则兼前两种性质而有之。要之，皆好学者所不可不读之杂志也。"[1] 在蔡元培的盛情邀请下，如陈启修、杨栋林、陈大齐、屠孝实、何炳松、杜国庠、吴虞等一大批中华学艺社社员到北京大学任教职。

北京大学由此成为中华学艺社社员的一个聚集地，一些活动也曾先后在这里举行。1923 年 5 月，在北京大学召开《学艺丛书》委员会成立会，通过《学艺丛书》简章，着手进行审查编纂。1934 年 1 月，中华学艺社筹划在北平召开第五届年会，组成筹备委员会，北平分社白鹏飞（时为北京大学教授）任委员长。筹委会借北京大学法学院大礼堂作为年会大会会场，法学院圆楼中的三室作为年会办公处。当时国内政局不稳，人心惶惶。尽管如此，此次年会最终于当年 5 月举行，北京大学校长蒋梦麟致欢迎词。此届年会的成功召开，应该说是北京大学与中华学艺社之间互相扶持、相互映衬的一个典型例证。

中华学艺社发展初期，商务印书馆、北京大学"一南一北"汇聚了许

---

① 高平叔、王世儒编注：《蔡元培书信集》，浙江教育出版社 2000 年版，第 310 页。

多社员。迁回国内后，随着学社影响的不断扩大，申请入社者逐年增多，中华学艺社社员逐渐遍布全国各地，可谓聚少成多，集腋成裘。这些社员广为供职于从中央到地方的各级各类教育、行政、出版等单位，且多有聚集。而各地事务所、分社的陆续成立无疑也为当地吸收新社员搭建了一个良好平台。工作、生活于共同的空间，他们中的许多人出于对学社宗旨的认同，申请加入中华学艺社，为学术救国贡献自己的力量。

值得一提的是，上述三个聚合因素，有时交织在一起。如入社社员第438—452 号中，除 441 号文佳猷外皆为江西籍。他们大多毕业于日本东京帝国大学、东京女子高师、早稻田大学等校，相互之间不乏同窗之谊。在这 15 人当中毕业回国后有多在本省谋职，其中 438—443 号社员均为江西省立一工教员，第 444、445、451 号社员供职于江西实业厅，447—449 号社员供职于江西女师。① 这种诸因素胶合在一起的情况，并非特例。限于篇幅，在此不再列举。因地缘、学缘、业缘等因素而聚合在一起，社员间关系自然较为密切，由此带来学社整体上的相对稳定性，极强的凝聚力和向心力。当然，不排除会因此产生一定的"派别"倾向，埋下日后社员离散的一个隐患。

三、拓展关系网络

（一）加强与政府的联系与沟通

1908 年清政府公布的《钦定宪法大纲》明确规定："一切臣民于法律范围之内，所有言论、著作、出版及集会、结社等事，均准其自由。"② 民国初年，南京临时政府颁布了《临时约法》，对组建社团从政策上予以支持。北洋政府时期，各路军阀为争夺地盘混战不休，对民众结社活动的控制力一时有所减弱，为社团发展获得了一定的空间。南京国民政府成立后，开展各方面的建设，尤需要各方面专业人才的智力支持。

中华学艺社自成立以来，一直保持相对的学术自主，基本不参与国内的政治活动，但并非与政治彻底隔离，实际上也不可能与政治脱开干系。

---

① 《新入社员名录》，《学艺》第 4 卷第 8 号。
② 故宫博物院明清档案部：《清末筹备立宪档案史料》（上），中华书局 1979 年版，第 59 页。

进而，在民国动荡的政治局势下，要想生存和发展，中华学艺社又不得不小心翼翼地试图建立与政府、社会各界的联系，获取其在经济或精神上的支持，以不断拓展自身的生存空间。具体来说：

1. 社员与政治

丙辰学社成立之初，将社员分为正社员和名誉社员两类。《丙辰学社社章》对正社员入社相对较为宽松，要求符合如下两个条件之一：（1）本社发起人；（2）"有本社正社员二人以上之绍介，经理事认定者"。名誉社员的条件为"捐助款项于本社者""投稿本社杂志登载至三期以上者""本社延聘讲演者""本社曾刊布其著述或编译者""对于本社有各种襄助之盛举者"，且有"备本社之咨询"之义务。① 1917 年，正社员达到 153人，另有梁启超、蔡元培、范源濂、张耀曾、张继、熊希龄、张一麟、李根源、汪大燮、陈国祥、蹇念益、林志钧、黄群、段汝骊、胡景伊、周骏、杨樨林、吴琼、孙仲先、彭清鹏、邹莴芬、韩希琦、章宗祥等 23 位名誉社员。② 随后，又陆续增加名誉社员 5 人，即汤化龙、林鼎华、唐绍仪、林长民、江庸。这些人供职于政界，或军界，或教育界，在丙辰学社创立之初曾慷慨解囊襄助，奠立了学社发展的基础。1923 年 6 月，丙辰学社通过新社章，改名为中华学艺社，新社章"废名誉社员制"③。

1929 年第三次修正的《中华学艺社社章》明确规定，"凡学术上，或经济上能赞助本社者，由执行委员会提出，经监察委员会通过"为名誉社员，有"享用本社设备"之权利、"赞助本社进行"之义务。④ 1931 年第四次修正社章，将社员分为四类，除正社员、名誉社员外，还增加了赞助社员、团体社员。其中，"凡对于本社捐助款项或其他财物者，经董事会通过"为赞助社员，有"享用本社设备之权利"；"凡有公私法人之团体，由本社社员五人以上之介绍，经董事会之认可者"为团体社员，推举 2—5人为代表。据 1935 年第六次修正的《中华学艺社社员录》统计，截至1935 年 10 月，中华学艺社有名誉社员 8 人，以姓氏排序依次为王伯群、

---

① 《丙辰学社社章》，《学艺》第 1 卷第 2 号，1917 年 9 月。
② 《丙辰学社社员职员录》，《学艺》第 1 卷第 2 号，1917 年 9 月。
③ 《中华学艺社社章》，《学艺》第 5 卷第 2 号，1923 年 6 月。
④ 《中华学艺社社章》（1929 年第三次修正），《学艺》第 9 卷第 8 号，1929 年 7 月。

王景岐、马君武、张元济、黄膺白、叶恭绰、蔡元培、郑洪年。①

中华学艺社的社员当中,服务于政界的社员较多。据统计,1923 年 5 月服务于政界的人数为 47 名,占当时社员总数的 8.4%。截至 1931 年 8 月,有登记社员 628 人,其中政界 138 人,占社员总数的 21.9%。1936 年,社员步入政界的人数达到 204 人,占社员总数的 21.6%,从政社员的比例几乎是十三年前的三倍。② 人事的重叠成为中华学艺社与政府加强联系的重要途径。步入政坛的社员,有的成为国家建设的管理者、技术精英,直接或间接参与政府决策的制定和实施。在某种意义上,有着官员身份的社员在学社与政府间走动,可拉近中华学艺社与政府间的距离,从而减小后者对其的制约和控制。

从上文不难看出,中华学艺社对名誉社员、赞助社员和团体社员的条件或要求相对较为宽松,其中不乏政府要员或与政治大有关联者。这些人未必直接参与中华学艺社的社务,但或是在经济上予以援助,或是摇旗呐喊,以壮声势,扩大中华学艺社的社会声誉;或是利用其"关系网",也能直接或间接地对中华学艺社的各项活动施加有利影响。

2. 社团与政府

民国时期,各届政府在建立现代国家时,需要社会各界的襄助,尤需要学术社团的智力支持。而社团为了自身的发展,也希望能与政府加强联系,希望政府能够尊重社团的专业权威,借助政府推行社团关乎国家发展的建议。

(1) 年会上的"唱和"

举行年会,是中华学艺社的固定"节目"之一。正是通过年会的举办,中华学艺社与年会的主办城市的相关单位加强了联系,可以说起到了"合作共赢"的效果。

中华学艺社第四届年会于 1930 年 12 月 3 日在南京举行。年会开幕前,与会社员齐赴总理陵园拜谒,"瞻仰遗容,行礼如仪后,即在墓前摄影,旋赴国民革命军遗族学校参观",下午举行了隆重的开幕典礼。国民党中央委

---

① 总办事处编:《中华学艺社社员录》(第六次修正),1935 年。
② 周宪文:《中华学艺社的社员》,《中华学艺社报》第 9 卷第 4 期,1936 年 12 月。

员何应钦、胡汉民（左恭代），教育部部长蒋梦麟（赵乃传代）、铨叙部部长张难先、南京市市长魏道明（张育海代）、南京市教育局局长张忠道均参加年会并致辞。中央委员何应钦训词提到："现在全国统一，处处须科学研究之协助，以前国家多事，致有限之财力，不能充分予学术团体以便利，此后本人希望政府当尽力帮助贵社之学术研究，救国端赖学术，贵社对于此后之物质建设及精神建设上，实负有重大之责任，幸各努力云。"① 教育部部长蒋梦麟代表赵乃传提出："教育部现在举办科学译名统一及各大学课程标准之编订，希望贵社多予协助，期于最短期内得以成立。"政府要人的训示，令中华学艺社受宠若惊。郑贞文曾就此次年会发表感言，提到异常快慰的三件事，首先便是"当局和社会的同情"："开会时蒙朝野名流莅临赐教，而京沪各报登载特详，并且有数家著有专论，锡我嘉言，尤所感激。三日内午晚两餐均受盛设的招待，参观行政机关和各学校时，俱蒙恳切的指示。"②

　　第五届年会在北平召开，北平市党部委员周炳琳、北平市市长袁良、北京大学校长蒋梦麟、北平大学医学院院长吴祥凤等在年会上致辞，陈立夫、郑贞文等人因事未到发来贺电。周炳琳在致辞中提到，"吾人感觉学艺社作救国工作，一向表示清高，与从事政治工作者不能联合，今中华学艺社有许多本党同人参加，开未有之先例，实属最足欣慰的现象。愿与贵社共同努力，打出中国光明的前途来。"中午的聚餐会在中山公园来今雨轩举行，中华学艺社事先邀请党政各界来宾参加。政整会③秘书长何其巩在致辞中提到："平市戏剧最为有名，本人姑以唱戏为比喻，平市戏剧，所以能为全国之冠者，即为一板一眼，一举一动，莫不各有规矩，现在中国之政治社会，亦为戏剧。其板眼举动之规矩，今后全恃中华学艺社社友加以改正，希望其能与平市之戏一样驰名"。④ 会议期间，北平市党部，河北省党部、北平市政府等党政机构、高校、新闻媒体宴请或以茶话会的形

---

① 《第四次年会纪事》，《中华学艺社报》第 2 卷第 1 期，1931 年 1 月。

② 郑贞文：《第四次年会感言》，《中华学艺社报》第 2 卷第 1 期，1931 年 1 月。

③ 全称"行政院驻平政务委员会"，成立于 1933 年，是南京国民政府为应对华北危机而设立的，目的是利用其特殊地位缓解中日冲突，与日本在华北实现局部妥协，为全面抗战赢得必要的准备时间。随着形势的变化，日本的侵略野心日益膨胀。1935 年，政整会被撤销。详见李凤琴《政整会与华北危机》，《江西社会科学》2005 年第 9 期。

④ 《第五次年会专号》，《中华学艺社报》第 7 卷第 4 期，1934 年 6 月。

式招待中华学艺社。对此次年会，刘百闵颇为感慨："我们看在开会时当局及各界的惠临赐教，新闻界为此撰社论锡嘉言以及对本社年会记事之详尽，北平各机关学校团队欢宴本社社友的有廿余处之多，当局在我们参观游览时给予的种种便利，盛意热忱，流露无遗……"①

第七届年会在江西南昌召开，与会来宾有省党部代表李中襄、省政府代表萧纯棉、民政厅长王次甫、财政厅代表任兆武、市政委员会代表季炳奎、市党部王镜如、省会公安局长黄光斗、建设厅长龚学遂、教育厅长程时煃、南浔铁路局长范致远、江西省立图书馆蔡仲和，以及高校、新闻媒体代表，达40余人，可谓是济济一堂。

（2）协助政府及相关机构

制定工业标准，为"施行工业合理化之重要事件"。1930年12月，南京国民政府将工商、农矿两部合并为实业部，作为掌管"实业行政事务"的最高机关。实业部筹划统一工业标准，为此专门成立了工业标准委员会，以"讨论适合国情之各项工业标准使国内工业趋向合理化"为宗旨，提出"以制定工业标准为施行工业合理化之重要事件"。工业标准委员会致函中华学艺社，希望中华学艺社派员介入工业标准的讨论和制订。② 经执行委员会讨论，中华学艺社推举社员陆志鸿、聂汤谷为代表。陆志鸿曾在南京工业专门学校教课，时任国立中央大学工学院教授；聂汤谷曾经任北平师范学院教授，时任天津渤海化学工业公司经理兼总工程师。后接实业部公函，社员陆志鸿已由江西建设厅推为代表，于是决定委派聂汤谷代表学艺社参加，"本社于接该部公函后，业将所附聘函加封转寄聂君矣"③。

1935年4月，中华学艺社接到教育部训令，要求签注改订度量衡标准制单位与定义之意见。中华学艺社理事会推定周昌寿、谭勤余、曾珹益3人负责起草签注意见。经研究，结果于4月底先后函复到社，当即由总办事处综合整理，并呈复教育部。周昌寿、谭勤余的意见是：（1）南京国民政府1928年7月18日公布的"中华民国权度标准草案"和1929年2月

---

① 刘百闵：《第五次年会感言》，《中华学艺社报》第7卷第4期，1934年6月。
② 《总社消息·推举陆志鸿聂汤谷二社员为出席实业部工业标准委员会代表》，《中华学艺社报》第2卷第5期，1931年5月。
③ 《总社消息》，《中华学艺社报》第3卷第5期，1931年11月。

16 日公布的"度量衡法"，1931 年 12 月 5 日实业部公布的"修正度量衡法施行细则"，皆有再次修改的必要；（2）关于度量衡标准制的定义，赞成 1924 年 3 月 12 日行政院度量衡标准制单位名称与定义和审查会意见；（3）关于度量衡标准制的单位名称，赞成中国物理学会准拟的方案。①

此外，中华学艺社社员还积极参与科学名词的审定工作。关于科学名词审定，教育部 1916 年组织了由江苏教育会、博医会、中华民国医药学会、中华医学会等四团体所组织的医学名词审查会（后改为科学名词审查会），分组审定各项名词。虽对教育部的做法颇有微词②，但郑贞文、周昌寿等以中华学艺社社员的身份参与了相关学科名词的审定工作，作出了积极的贡献。

（二）介入东方文化事业总委员会

为了缓和中日之间紧张的关系，1922 年 2 月荒川五郎等 12 名日本国会议员在第 45 次日本国会上提议将庚款中日本获得的一部分归还中国，作为留日学生的补充学费，另一部分援助日本在华学校及医院，或发展其他的科教文卫事业。山本条太郎等 7 名国会议员也提出加强对于在华宣传文化举措的议案，建议日本政府采取适当方法吸纳中国留学生，或奖励日本在华设立的教育或文化设施。上述两项议案，均经国会议决通过。1923 年 3 月，日本第 46 次国会通过《对支文化事业特别会计法》③。7 月中旬，日本派遣对华文化局主任事务官冈部长景、东京帝国大学医科学长入泽达吉

---

① 《总社消息·签复教部改订度量衡标准制单位与定意》，《中华学艺社报》第 8 卷第 1—6 期合刊，1935 年 5 月。

② 《学艺》1920 年第 4 期登载了朱隐青《驳教育部划一科学名词之咨文》，批评教育部"既无明文规定其资格，而如何审查编订，如何核定颁布，又无一定之手续。漫云委托各地科学学会编订，漫云征求国内多数学者共同讨论"，实则仅据科学名词审查会负责一切。审查会除审定审查科学名词外，还有审查学术团体资格之权，不啻于学术专制。1925 年 9 月郑贞文致函章士钊，亦持类似看法。他认为，"定名者，一学者之事也，非公共团体之事，尤非政府之事也。以文浅识，未闻先进各国，有由政府定名，而强学者以必从者"。他主张："奖励个人或学会，使从事定名，只宜作为草案，供人采用，不宜认为定案，强人必用。所拟之名，如其当也，人必乐用，久则自然统一。如其不当，即藉政府之力，亦不能服学者之心。"章士钊也赞同郑说，"凡名以约定俗成为归，古有常训，若以政府之力，矫为一切，强令学子从之，乃学术自杀之愚计"。详见郑贞文《致章行严先生论部定科学名词函》，《学艺》第 7 卷第 5 号，1926 年 1 月。

③ 特别法要点，基金方面：a. 庚子赔款、山东关系之铁路及公有财产补偿国库证券之本利。b. 山东关系矿山之补偿金。举办之事业方面：a. 日本在华之教育、学艺、卫生、救恤及其他文化事业。b. 对居留日本之中国国民实施与前项同样之事业。c. 在日本研究有关中国问题之学术事业。

博士来华，调查在华文化事业，并在上海与中华学艺社社员交流建议。1924 年 2 月 6 日，达成了《日本对华文化事业协议》。协议公布后的 2 月 20 日，中华学艺社发表《中华学艺社第二次关于日本对华文化事业之意见》，大体赞同该协议，希望图书馆、研究所及评议会人选以纯粹学者为标准，绝对不能起用"官僚政客及政治式的学者"①。根据协议第七项规定，对于第三项至第六项所关各事业，设评议委员会，以中日两国人组成，人数约 20 名，中日双方各 10 名，由两方协商，另选中国人 1 名为会长。1925 年，双方决定委员人选，中国 11 人，日本 7 人。中国委员包括柯劭忞、熊希龄、江庸、王式通、贾恩绂、汤中、王照、胡敦复、邓萃英、郑贞文、王树枏，日本委员为入泽达吉、服部宇之吉、大河内正敏、太田为吉、狩野直喜、山崎直方、濑川浅之进，柯劭忞任委员长。委员会成立之初，称为"中日文化委员会总会"，后改称"东方文化事业总委员会"。

1925 年 11 月，旨在"培养中国人对自然科学高深的研究能力，并促进中国自然科学之发展"的上海自然科学研究所成立，委员名单如下：

中国委员：秦汾（教育部参事）、郑贞文（总委员会委员）、胡敦复（总委员会委员、东南大学校长）、伍连德（中华医学会长）、余岩（云岫医院院长）、章鸿钊（科学社副社长）、文元模（北京师范大学教授）、朱家骅（中山大学教授）、谢应瑞（开业医师）、严智钟（北京传染病研究所所长）。

日本委员：大河内正敏（总委员会委员）、山崎直方（总委员会委员、东京大学教授、理学博士）、岸上谦吉（理学博士）、新城新藏（理学博士、京都大学教授）、入泽达吉（总委员会委员、东京大学名誉教授）、林春雄（医学博士）、庆松胜左卫门（药学博士、东京大学教授）、矢田七太郎（上海总领事）、濑川浅之进（总委员会委员）、片山正夫（理学博士）。②

① 此项意见由北京大学"日本对华文化事业研究委员会"提出，学艺社极为赞成。《中华学艺社第二次关于日本对华文化事业之意见》，《学艺》第 5 卷第 9 号，1924 年 2 月。
② 《日本外交档》S8310－1，第 143 页。转引自黄福庆《近代日本在华文化及社会事业之研究》，《"中央研究院"近代史研究所专刊》（45），第 161—162 页。

1926 年 12 月 5 日至 9 日，上海委员会第一次总会在上海召开，通过《上海委员会章程》，严智钟被推举为上海委员会委员长。余云岫、谢应瑞、郑贞文、矢田七太郎、大河内正敏组成临时事务委员处。中国委员 10 人，其中郑贞文、余岩、章鸿钊、文元模、朱家骅、严智钟 6 人是中华学艺社社员。委员长之职也由社员严智钟担任。日本委员多为社员在日本留学期间的导师辈，亦与中华学艺社有着密切关系，如理学博士片山正夫是郑贞文留学东京帝国大学时的导师。[①] 上海自然科学研究所成立前，先由各委员就自己的专长，进行下列研究的预备工作，前五项预备工作的中国人选都由中华学艺社社员承担：（1）重力及地磁之测定（新城新藏、文元模）；（2）扬子江鱼类的生物学研究（岸上谦吉、严智钟）；（3）扬子江以南地学研究（山崎直方、章鸿钊）；（4）天然无机化合物的相对律之研究（片山正夫、郑贞文）；（5）中国所产发酵菌及发酵菌制品的研究（片山正夫、郑贞文）；（6）中国流行之流行病及地方流行病之调查研究（林春雄、谢应瑞）。[②] 直到 1931 年 4 月 1 日，上海自然科学研究所才正式成立。

（三）与民间组织的合作共生

这里仅以"孤军社"为例。孤军社位于上海租界外的闸北宝通路顺泰里，发行《孤军》杂志，由泰东图书局出版。创刊号于 1922 年 9 月问世，至 1925 年 11 月终刊共发行了 28 期。

《孤军》的发起人陈承泽（1885—1922），字慎侯，号说难、洗心，福建省闽县（今属闽侯县）人。1904 年自费赴日本留学，1906—1909 年间就读于明治大学[③]，"习法政，兼治哲理"，其间加入中国同盟会。1910 年

[①] 郑贞文、严智钟于 1917 年加入学艺社，见《丙辰学社社员职员录》，《学艺》第 1 卷第 2 号，1917 年 9 月。余岩，1920 年加入中华学艺社，见《中华学艺社社录》，上海档案馆藏，全宗号 Q235，目录号 2，案卷号 1695。朱家骅，1923 年 11 月之前已加入中华学艺社，是 788 号社员，见《新入社社员名录》，《学艺》第 5 卷第 7 号，1923 年 11 月。章鸿钊 1924 年 2 月 29 日之前加入中华学艺社，是 849 号社员，见《新入社社员名录》，《学艺》第 5 卷第 9 号，1924 年 2 月。

[②] 黄福庆：《近代日本在华文化及社会事业之研究》，《"中央研究院"近代史研究所专刊》（45），第 167—174 页。

[③] 佚名编：《清末各省官、自费留日学生姓名表》，《近代中国史料丛刊续编》（第 50 辑），（台北）文海出版社 1984 年版，第 88 页。一说，陈承泽在早稻田大学求学，参见陈孟端《商务编辑、〈国文法草创〉著者陈承泽》，《商务印书馆九十五年》，商务印书馆 1992 年版，第 204—205 页。

前后毕业回国。武昌起义爆发时，福建同盟会支部设有总务、文书、交际、财政、交通、庶务、军务、执法、侦探等部，陈承泽任职于文书部。1911年11月12日福建军政府成立，孙道仁为都督，陈承泽为秘书。下设参事会，陈承泽等11人出任参事员。南京临时政府成立之际，根据《临时政府组织大纲》规定，参议院由每省都督府选派3人为参议员，福建方面推选陈承泽、林森、潘祖彝，陈坚请辞，遂改由张继代之①。

陈承泽

之后，陈承泽任上海商务印书馆编译所编辑员，主持法制、经济书籍的编审工作。任职期间，他参与编、译、审校了多部书籍，为清末民初国人了解西学作出了突出的贡献。由此，陈承泽获得商务领导层张元济、高梦旦等人的赏识，成为后者倚重的得力助手、"智囊团"成员。茅盾的回忆录中留下了对这位商务同事的最初印象："在我刚到国文部那一天，他曾和我打招呼。但他的福建口音很浓重，我不懂，有点腼腆；他笑了笑，摸出个名片给我，上面印的是'陈承泽慎侯'。后来，我知道他是清朝举人，曾留学日本，学法制、经济、哲学，参加辛亥革命，曾任福建省都督府秘书长，国会议员，又被推为福建省代表，到南京选举孙中山为临时大总统。此后即进了商务印书馆，主持法制经济书籍的编审工作。"② 除了在商务供职外，陈承泽还曾任《民立报》《救国日报》《独立周报》《法政杂志》《甲寅》《东方杂志》等报刊之编辑。他以"整理国故，传宣文化"为己任，"而于政治之窳败，社会之堕落，则力思有以拯之"。因不满袁世凯专制独裁，陈承泽"得密电数十通，揭诸报端，世始获帝制之确证"③。

---

① 《闽都督为参议员陈承泽辞职公选张继接代呈》，《临时政府公报》第二辑第四册，江苏人民出版社1981年版。

② 茅盾：《商务印书馆编译所和革新〈小说月报〉的前后》，《商务印书馆九十年》，商务印书馆1987年版，第152页。

③ 郑贞文：《陈慎侯先生事略》，《学艺》1922年第4卷第4期。

　　丙辰学社成立后，陈承泽加入其间，成为该社的早期社员。目睹民初政局之乱象，他约集丙辰学社中对政治感兴趣者组织孤军社，发行《孤军》杂志。作为由地缘和学缘集结而生的政论杂志，《孤军》宣称其发刊旨在"供给国民以政治，经济，文化的一般智识和法律的正当观念"。只可惜杂志还未正式问世，陈承泽却因积劳成疾于 1922 年 8 月 8 日离世①。之后，杂志由何公敢、萨孟武接办。何公敢、萨孟武及《孤军》的主要撰稿人林植夫、郭心崧、李希贤、范寿康、郭沫若等人，或为留日同学，或为福建同乡，也都是中华学艺社社员。

　　此外，中华学艺社与创造社、少年中国学会、中国科学社等民间社团均有一定的关系，社员多有交叉，有时还共同开展一些活动。

四、组织机构变迁

（一）机构沿革

　　1916 年 12 月 3 日，丙辰学社在日本东京小石川原町成立，通过《丙辰学社社章》（共 6 章 75 条）。设社员总会、执行部、评议部三个部门。社员总会为学社的最高行政机关，有"造立意思及监督社务之全权"。② 社员总会有通常总会和临时总会两类。其中，通常总会在每年年末举办，"在理事认为必须者""评议部议决者""社员十人以上联名要求者"③ 等情况下召开临时总会。评议长兼任社员总会议长，理事按照社章召开社员总会，当发生理事缺员时可以由评议部代为召集。社员总会由全体正社员三分之一以上到者方可召开，总会提议事件须有到会者三分之一以上投票方可付议，议案只有投票过半方可通过。④

　　执行部为丙辰学社的核心组织，分为正副理事、总务和编辑两科。正、副理事在正式社员中选举产生，得票数需占总票数的 2/3 以上，选举

---

① 陈承泽去世后，被安葬于上海万国公墓。据陈孟端回忆，陈承泽墓地"与李拔可、高梦旦、江伯训等先生坟墓相毗邻，于十年动乱中，均遭掘毁，夷为平地，使后人无从凭吊，实堪痛惜"。参见陈孟端《商务编辑、〈国文法早创〉著者陈承泽》，《商务印书馆九十五年》，第 205 页。
② 《丙辰学社社章》，《学艺》第 1 卷第 2 号，1917 年 9 月。
③ 《丙辰学社社章》，《学艺》第 1 卷第 2 号，1917 年 9 月。
④ 《丙辰学社社章》，《学艺》第 1 卷第 2 号，1917 年 9 月。

时须有全体正式社员的 3/4 以上进行投票，若被选举者票数相同时通过抽签决定。理事可以对社务进行监督和管理，副理事协助理事处理社务。正副理事兼任正副总务干事，任期各一年，可连任。总务部需从正式会员中选出总、副干事各 1 人，庶务干事若干人，会计及书记各 2 人。总务干事负责管理社员处理学社一切社务，副总务干事予以协助；庶务干事负责社内一切庶务；书记处理文录钤记；会计负责社内出纳事宜。各科任期一年，可连任。编辑科的人员也从正社员中选出，设编辑长 1 人和编辑员若干人。编辑长管理社内编辑事务，编辑员处理具体的编辑事项。评议部由评议长 1 人和评议员若干人组成。评议员由社员总会从正式社员中选出，评议长在评议员中选出，代表学社处理部务，任期一年，可连任。评议部具有"纠劾全体社员，监视总会议场，检查各部职员，稽核本社会计，审判社内一切权限上纷争之权"①。丙辰学社的组织结构，如下图所示：

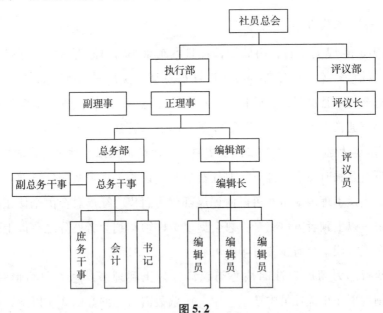

图 5. 2

　　在建社宗旨、组织机构、学社发展规划等方面，丙辰学社模仿西方，遵循西方的民主选举原则，这对一个民间学术组织来说可谓难能可贵。丙

---

① 《丙辰学社社章》，《学艺》第 1 卷第 2 号，1917 年 9 月。

辰学社组织内部各部门分工清晰，各司其职，保障了学社机制的正常运行。

1920 年，丙辰学社将总事务所迁到上海，并在 10 月 16 日召开总部在国内的第一次会议。同年，事务所在北京、东京也接连建立起来，白鹏飞、张资平被选为东京干事，推选陈启修、杨栋林为北京干事。[1] 丙辰学社的主要社务，由三个事务所协商进行。在这之后的一段时期里，上海事务所成为决定全局的力量。随之，各地的事务所纷纷建立起来。到 1922 年底，丙辰学社在国内外各地建立事务所 22 处（见表 5.2）。

表 5.2　丙辰学社各地事务所一览表

社所	干事	社所	干事
上海	郑贞文 周昌寿 范寿康 李希贤	北京	王兆荣 吴虞 周建侯 李贻燕
东京	龚学遂 刘文艺 杨敬慈 危诰生	京都	杜国兴
欧洲	周太玄 曾慕韩 张梦九	广州	许崇清 黄毅
英国	吴永权	德国	陈大齐 戴夏
美国	姜琦	天津	杨梓林
南京	高士光	苏州	钱宝琮
长沙	陈文祥	奉天	胡嘉诏
福建	何熙曾 刘俊业	成都	许泽霖
云南	钟毓灵	杭州	朱章宝
美国（中）	刘崇本	美国（西）	康纪鸿
吉林	蓝昌鼎	江西	雷宣

1923 年 6 月丙辰学社进行改组，通过新社章，改名为中华学艺社。新社章的变化主要体现在：其一，废除评议部，将权力下移至地方干事。其二，修改总干事选举法，将理事长名称废除，以总干事名称代之。原因是"同称干事，无阶级痕迹，各地方机关，不加'分'、'支'等字，亦同此

---

① 《中华学艺社沿革小史》，《学艺百号纪念增刊》，1933 年 3 月。

意"①。其三，进一步完善干事制度。总事务所设总、副干事各一人，下设
庶务科干事、会计科干事、文牍科干事、编辑科干事、交际科干事，各若
干人。总、副干事及总事务所各科干事任期2年，地方干事任期1年，皆
可连任。其四，增加委员会和研究会两大机构，围绕发行丛书、募集基
金、搜集图书等开展工作。② 改组后的中华学艺社，组织结构如下图所示：

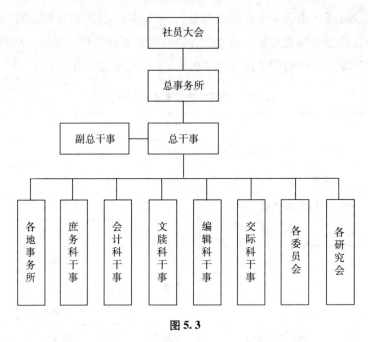

图 5.3

1923年6月中华学艺社总社改组，分布在各地的事务所也随之变化。
到1926年底，中华学艺社共有24个事务所，其中国内16个，美国3个，
日本2个，英国、法国、德国各1个。各地方事务所"司本社与各该地方
社员之联络"，办理该事务所一切事务及总事务所委托事务，如介绍社员
入社、举行各地分社会议及演讲等。而社中会计、登记社员、编辑社报及
《学艺》杂志等事务，由上海事务所负责。国外社员缴费、介绍社员、投
稿等事宜，由各地干事转交上海总事务所办理。

---

① 《改订丙辰学社社章草案》，《学艺》第4卷第8号，1923年2月。
② 《改订丙辰学社社章草案》，《学艺》第4卷第8号，1923年2月。

1928 年底，东京、南京、北平等地社员再次提出对社章进行修改①，随后组成以周昌寿、郑贞文、王兆荣、傅式说、姜琦、范寿康、高士光、朱章宝、周予同 9 人为委员的中华学艺社社务改进委员会。次年 4 月 1 日，表决通过了第三次修改后的《中华学艺社社章》（8 章 68 条），将总干事制改为委员制，成立执行委员会与监察委员会。执行委员会由 9—13 人组成，主席 1 人，由委员会中选举产生。执行委员会下设总务、编辑二部，总务部设文牍、会计、庶务干事各 1—3 人，交际干事若干人，并设常务秘书 1 人。执委会日常会议每月召开一次，特殊情况可临时加开。监察委员会由 5—7 人组成，设主席 1 人，书记 1 人，主要职责是监督学社事务的运行，常会每年召开两次，遇特殊事务也可临时召开。任期均为两年，可连任。根据新社章，选举周昌寿、郑贞文、傅式说、谭勤余、屠孝实、杨俊生、范寿康、江铁、高士光为执行委员，张资平、周予同、朱章宝、高铦、资耀华为候补执行委员；陈大齐、王兆荣、经亨颐、胡庶华、陈方之为监察委员，张资平、郭心崧、周予同为候补监察委员；屠孝实为执行委员会主席兼常务秘书，傅式说为总务部长，范寿康为编辑部长，经亨颐为监察委员会主席。1930 年 4 月，执行委员会主席屠孝实赴皖任安徽大学教授，辞主席及常务秘书职，改选傅式说为主席，周昌寿为总务部长，聘马宗荣为常务秘书。

社章还规定，中华学艺社设分社于各省市及国外重要地点，称中华学艺社某地分社。分社设干事 1—5 人，居间负责总社与各该地社员之间的联络，办理分社一切事务及总社委托事务。分社直接受理事会领导，当时中华学艺社共有 13 个分社，其中日本有东京、京都 2 个，国内有南京、北平、湖北、江西、福建、广东、湖南、山西、四川、云南、贵州等 11 个。此次修订后的中华学艺社组织结构情况，大体如下图：

---

① 东京全体社员提出："领袖制与委员制各有利弊，现在本社的总干事制度，类似领袖制。拟请改用委员制，而设固定主席委员，期能收领袖制与委员制的优点，而避免其流弊。又本社向来只有执行干事而无评议干事，亦为本社之一弱点。拟请于执行委员会之外，组织监察委员会。"《社报》，《学艺》第 9 卷第 6 号，1929 年 4 月。

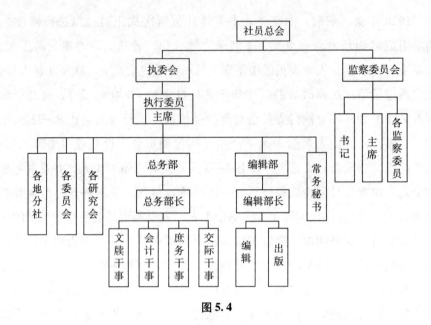

图 5.4

1931 年 12 月 1 日,中华学艺社社章(第四次修正,7 章 77 条)经表决通过,撤销执、监两委员会,成立董事会、总务部和编辑部。董事会由 9—11 人组成,董事由正式社员及团体社员代表中选出,任期三年,期满后由董事会就原有董事中抽签决定其 1/3 为下届董事,其余董事从正社员及团体社员中选出。董事会的职责包括"筹集及保管本社社产""订立本社一切规程及细则""决议本社进行方案""指挥并监督本社一切进行事宜""决议本社预算及临时费用""核审本社决算""报告预算决算于全体社员""办理本社一切选举事宜""召集社员大会、年会及各分社干事联席会议""聘任总社分社重要职员""延聘名誉董事""对外代表本社"等。董事会设常务董事 3 人,基金监 2 人,书记 1 人,主席董事 1 人,并设名誉董事。① 1932 年 3 月,根据新社章,中华学艺社成立了董事会,周昌寿、郑贞文、马宗荣、傅式说、王兆荣、白鹏飞、胡庶华、谭勤余、史维焕为董事,傅式说、马宗荣、胡庶华 3 人为常务董事,主席傅式说,王兆荣为基金监,书记周昌寿,总务部主任白鹏飞,编辑部主任周昌寿。此时,中华学艺社的组织结构又有了明显的变化(见图 5.5)。

---

① 经董事会通过,凡对中华学艺社捐款 1000 元以上,即为中华学艺社名誉董事。

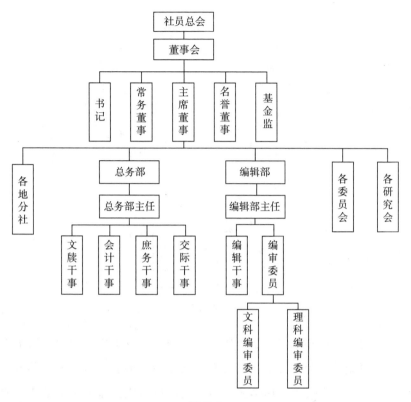

图 5.5

在 1934 年的第五届年会上，傅式说再次提议对社章进行修改。在他看来，经费问题应是董事会的责任，应由社会上有名望、有地位的学者组成。修改后的社章规定，理事会下设总办事处，设总干事 1 人专责执行，然后再设各种专门委员会负责出版、教育等事业。同年 12 月 16 日，何炳松、傅式说、周昌寿、郑贞文等 11 人当选为理事，何炳松当选理事长。1935 年 1 月，理事会聘请蔡元培、吴铁城、吴稚晖、王云五、孙科、陈蔼士、王兆荣、何炳松、周昌寿、马宗荣、傅式说、潘公展、郑贞文、陈大齐等 27 人为董事，选举陈蔼士为董事长，潘公展为书记。理事会聘刘庄为总干事（不久刘辞职，由周宪文继任），潘公展为书记，傅式说、陈大齐为基金监，李南圬为文牍及庶务干事，苏邦民为会计干事，由罗宗洛、陆志鸿、王占鲁、邓深泽组成编辑委员会。中华学艺社组织结构，日趋于成熟。（见图 5.6）

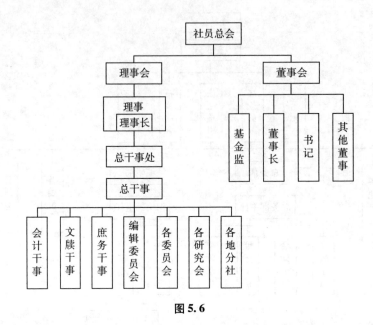

图 5.6

随着时间的推移，中华学艺社的规章制度、组织机构历经几次重大转变，从干事制转变为委员制，又从委员制变为董事会，最后则是董事会和理事会并举。理事会由中华学艺社的精英社员组成，作为中华学艺社的领导核心，负责各项科学事业的顺利进行，也可免受外界干扰，保证学社的独立发展；董事会则由各方社会贤达组成，对于扩大中华学艺社的影响力具有积极作用。中华学艺社的组织机构正是在不断摸索中逐渐走向成熟。中华学艺社历次领导机构变更情况，详见表 5.3：

表 5.3 中华学艺社领导机构一览表

理事制时代（第一届，1916）	执行部	理事长	陈启修（正）、杨栋林（副）
		庶务干事	周昌寿、王兆荣、傅式说、张育海、钟毓灵、鲜于提、刘基森
		会计干事	何邦著、陈文祥
		书记	赵录翰
		编辑长	吴永权
		编辑员	31 人（名单从略）
	评议部	评议部长	陈瑾昆
		评议员	许泽霖、杨凯、林骙、黄毅、陆造时、蒋继尹、黄伦芳

续表

理事制时代（第二届，1917）	执行部	理事长	王兆荣（正）、傅式说（副）
		庶务干事	张育海、钟毓灵、鲜于禔、刘基淼
		会计干事	柳金田、杨俊生
		书记	赵录翰
		编辑长	文元模
		编辑员	26 人（名单从略）
	评议部	评议部长	陈瑾昆
		评议员	许泽霖、杨凯、林骙、黄毅、陆造时、蒋继尹、黄伦芳
理事制时代（第三届，1918）	执行部	理事长	王兆荣（正）、周昌寿（副）
		庶务干事	张育海、钟毓灵、鲜于禔、刘基淼
		会计干事	柳金田、杨俊生
		书记	赵录翰
		编辑长	文元模
		编辑员	26 人（名单从略）
	评议部	评议部长	陈瑾昆
		评议员	许泽霖、杨凯、林骙、黄毅、陆造时、蒋继尹、黄伦芳
干事制时代	第一届（1920）	干事	郑贞文、王兆荣
		编辑	郑贞文、陈承泽
	第二届（1922）	干事	郑贞文、周昌寿、范寿康、李希贤
		编辑	郑贞文、范寿康
	第三届（1924）	总干事	郑贞文、周昌寿
		各科干事	26 人（名单从略）
	第四届（1926）	总干事	郑贞文、周昌寿
		各科干事	21 人（名单从略）
社务改进委员会时代	1928 年	委员	周昌寿、郑贞文、傅式说、王兆荣、姜琦、范寿康、高士光、朱章宝、周予同

续表

委员制时代（第一届，1929）	执行委员会	屠孝实（主席兼常务秘书）、傅式说、周昌寿、郑贞文、范寿康、杨俊生、江铁、高士光、谭勤余		
		总务部	总务部长	傅式说
			文牍	谭勤余
			会计	高士光
			庶务	朱章宝
			交际	周昌寿、杨俊生、江铁
		编辑部	编辑部长	范寿康
			编辑	14人（从略）
			出版	郑贞文、周昌寿、江铁、谭勤余
	监察委员会	经亨颐（主席）、陈大齐、王兆荣、胡庶华、陈方之		
委员制时代（第二届，1930）	执行委员会	傅式说（主席）、马宗荣（常务秘书）、周昌寿、郑贞文、范寿康、江铁、屠孝实、杨俊生、高士光、谭勤余		
		总务部	总务部长	周昌寿
			文牍	江铁
			会计	高士光
			庶务	谭勤余
			交际	屠孝实、杨俊生、朱章宝、倪文亚
		编辑部	编辑部长	范寿康
			编辑	17人（名单从略）
			出版	郑贞文、周昌寿、江铁、谭勤余
	监察委员会	经亨颐（主席）、王兆荣、胡庶华、陈方之		

续表

董事制 时代 (1932)	董事	傅式说（主席兼常务董事）、胡庶华（常务董事）、马宗荣（常务董事）、王兆荣（兼基金监）、谭勤余（兼基金监）、周昌寿（兼书记）、郑贞文、白鹏飞、史维焕		
	总务部	主任	白鹏飞（1932年8月起由罗宗洛代）、刘庄（1933年8月起）	
		会计干事	资耀华（1932年10月止）、谭勤余（1933年8月止）、宋崇文（1934年5月止）、吴羹梅（1935年2月止）	
		文牍干事	谭勤余（1933年2月止）、王桐（1932年8月止）、宋崇文兼任（1934年5月止）、吴羹梅兼任（1935年十10止）	
		庶务干事	谭勤余（1932年2月止）、符源（1933年4月止）、王桐兼任（1933年8月止）、苏邦民（1935年2月止）	
		交际干事	32人（名单从略）	
	编辑部	主任	周昌寿（1932年8月止）、周宪文（1934年5月止）、张梦麟（1935年2月止）	
		干事	柯瀛（1934年8月止）	
		编审 委员	1933年	15人（名单从略）
			1934年	文科22人（名单从略）
				理科24人（名单从略）
理事会、 董事会 并举 时代	理事会 （第一届）	理事	何炳松（理事长）、傅式说、马宗荣、潘公展、白鹏飞、周昌寿、郑贞文、陈立夫、刘百闵、谭勤余、周宪文	
		总办 事处	总干事	刘庄（不久刘辞职，由周宪文继任）
			书记	潘公展
			基金监	傅式说、陈大齐
			文牍及庶务干事	李南芗
		编辑 委员会	罗宗洛、陆志鸿、王占鲁、邓深泽	
	董事会 （第一届）	蔡元培、吴铁城、吴稚晖、陈果夫、王世杰、何应钦、宋子文、叶楚伧、王云五、孙科、钱新之、朱家骅、陈仪、陈立夫、傅式说、王兆荣、潘公展、郑贞文、胡庶华、周昌寿、陈大齐、陈布雷、陈其采、张群、马宗荣、马洪焕、何炳松		

续表

理事会、董事会并举时代	理事会（第二届）	理事	何炳松（理事长）、傅式说、陈立夫、潘公展、周宪文、周昌寿、谭勤余、刘百闵、白鹏飞、王兆荣、瞿荆洲
		总办事处 书记兼总干事	瞿荆洲
		总办事处 基金监	傅式说、陈大齐
		总办事处 文牍及庶务干事	李南芗
		编辑委员会	罗宗洛、陆志鸿、王占鲁、邓深泽
	董事会（第二届）		蔡元培、吴铁城、吴稚晖、陈果夫、王世杰、何应钦、宋子文、叶楚伧、王云五、孙科、钱新之、朱家骅、陈仪、陈立夫、傅式说、王兆荣、潘公展、郑贞文、胡庶华、周昌寿、陈大齐、陈布雷、陈其采、张群、马宗荣、马洪焕、何炳松

资料来源：中华学艺社总办事处编：《中华学艺社概况》，1936年。

总社之外，还有各地的事务所，也就是后来的分社。它们能够建立则是某一城市社员聚集的结果，是总社在国、内外的分支机构。如果说总社是大树的树干，各事务所、分社就好比是遍布在周边的枝叶。星星之火，可以燎原，总社与分社的密切配合，一方面加强了社员间的联系和沟通，增强了中华学艺社的凝聚力；另一方面，分社紧紧围绕总社的既定宗旨开展工作，分社由此也成为沟通总社与广大社员、民众的一个中间桥梁。

（二）主要领导人分析

随着学社组织机构的不断变迁，其领导层也在浮动变化。令人扼腕的是，中华学艺社的这些领导，曾为该社的发展作出了自己的贡献，但有关其生平事迹却大多却湮没于无闻。以下笔者尝试撷取34位中华学艺社的主要领导人略作考察，围绕其籍贯、留学等基本情况入手，由此分析探讨领导层中存在的一些规律（见表5.4）。

表5.4　中华学艺社主要领导人一览表

姓名	字号	生卒年代	籍贯	留学情况	简要情况
陈启修	又名豹隐，笔名有陈勺水、陈惺农、罗江等	1886—1960	四川中江	1907年赴日留学，1917年东京帝国大学法科毕业	中华学艺社发起人之一。我国早期著名马克思主义经济学家。曾任北京大学教授、四川财经学院教授等职。著译有《资本论》《财政学总论》等。西南财大出版社2013年出版《陈豹隐全集》（前2卷）
杨栋林	字适夷，别号杨十一		贵州毕节	就读日本大学政治学系，1917年毕业回国	中华学艺社发起人之一。任教于北京大学史学系，讲授中国近世史、欧洲社会变迁史等课程。著有《缩小省区问题》等
吴永权	字君毅	1888—1961	四川新繁	1917年毕业于日本东京帝国大学法科	中华学艺社发起人之一。回国后，历任北京法政大学、成都大学、四川大学、北平商学院等校教授。中华人民共和国成立后，在四川大学从事研究工作。后曾任四川省文史馆馆员、省政协委员
陈瑾昆	曾名文辉、辉庭，字克生	1887—1959	湖南常德	1908年留学日本东京帝国大学法律学系，1917年获法学士学位	曾任中华学艺社第一届评议部部长。回国后，任奉天省高等审判厅庭长、北洋政府司法部参事、大理院推事等职。
王兆荣	字宏实	1888—1968	四川秀山	1906年赴日求学，1915年东京帝国大学政治科肄业	回国后，历任北京法政专门学校教务长、安徽法政专门学校校长、四川省教育厅厅长、两广政治分会建设委员会专门委员。1929年任南京国民政府考试院编纂，1931年被选为国民会议代表，1932年任四川大学校长

续表

姓名	字号	生卒年代	籍贯	留学情况	简要情况
傅式说	字筑隐	1891—1947	浙江乐清	1905年赴日留学，获东京帝国大学工学学士学位	回国后，任通易矿务公司、汉冶萍煤矿公司、鄞乐公司工程师。1924年在沪创办大厦大学，任校董、教授兼总务长、会计室主任等。1927年任交通部上海电报局监理，财政部煤油特税处处长等职。1940年后任汪伪政权浙江省省长、建设部部长等职。抗战胜利后，被国民政府以叛国罪判处死刑。著有《化学概论》等
周昌寿	字颂久	1888—1950	贵州麻哈（今麻江）	1906年留学日本，于东京帝国大学攻读物理学，1915年获博士学位	回国后，任职于商务印书馆，任物理化学部编审。1945年辞去商务印书馆工作，赴台接收台北帝国大学，即台湾大学，任校部秘书长，嗣后回沪，先后在大厦大学、复旦大学、交通大学任教。著有《相对论的由来及其概念》《天体物理学》等
郑贞文	字幼坡，号心南	1891—1969	福建长乐	1907年留学日本，后考入东北帝国大学攻读理论化学，1912年回国	历任厦门集美学校教务长、商务印书馆编辑所理化部主任、福建教育厅厅长等职。著有《无机化学命名草案》《有机化学命名草案》等
范寿康	字允臧	1896—1983	浙江上虞	1913年留学日本，毕业于东京帝国大学，获教育与哲学硕士学位	1923年回国任商务编译所编译、中山大学秘书长、春晖中学校长、安徽大学文学院院长、武汉大学哲学系主任等职。著有《中国哲学史通论》《朱子及其哲学》《教育哲学大纲》等

续表

姓名	字号	生卒年代	籍贯	留学情况	简要情况
何炳松	字柏丞	1890—1946	浙江金华	1912—1916年在美留学,先后就读威斯康辛大学、普林斯顿研究所,攻读政治学	曾任职于北京大学、浙江省第一师范、商务印书馆、暨南大学。著有《中古欧洲史》《近世欧洲史》《历史研究法》等
李希贤	字闪亭		湖南永州	日本京都大学经济系就读	曾任中华学艺社上海干事(第二届,1922年);"孤军派"健将,被称为"中国马克思"。曾任湖南大学教授等职。著译有《财产进化论》等
姜琦	字伯韩	1886—1951	浙江永嘉	先后就读于日本东京高等师范学校、明治大学政治科	曾任中华学艺社干事。1925年获哥伦比亚大学教育硕士学位。回国后历任暨南学校校长、上海浦东中学校长、国立厦门大学教育行政系主任等职。著有《中国民众道德概念》《西洋教育史大纲》《教育史》等
高士光		1891—1972	祖籍贵阳,生于四川资中	随舅父东渡日本,就读东京高等工业学校电机系,1915年学成归国	曾任中华学艺社贵州分社首任干事、总事务所建筑委员会委员。历任南京工业专门学校、苏州工业专门学校、上海商船学校、上海中华职业学校等
朱章宝	字隐青	1888—1968	浙江金华	日本东京帝国大学	曾任中华学艺社社务改进委员会委员。历任浙江省督学、国民党浙江省党部委员及厦门大学、暨南大学、大夏大学、上海法学院等校教授。著有《行政法总论》等

续表

姓名	字号	生卒年代	籍贯	留学情况	简要情况
周予同	原名毓懋,学名豫桐、蘧	1898—1981	浙江瑞安	未出国留学(就读于北京高等师范学校(北师大前身)国文部,1921 年毕业	历任厦门大学教员、商务印书馆编辑、《教育杂志》主编等职。1932 年后历任安徽大学、暨南大学、复旦大学教授等
屠孝实	字正叔	1898—1932	江苏武进	1913 年赴日本工科大学留学,后转入日本早稻田大学,获文学士学位	曾任北京大学、北京法政大学等校教授。在中国论理学方面颇有造诣,著有《名学纲要》,被学人广为称道
经亨颐	字子渊,号石禅,晚号颐渊	1877—1938	浙江上虞	1903 年东渡日本,就读于日本东京高级师范专科学校,专攻教育与数理	1907 年毕业,回国后任浙江两级师范学堂教务长。辛亥革命时,曾任浙江省政府教育司长、浙江省立第一师范学校校长等职
江铁	字炼百	1892—1973	江苏上元	留学日本,京都帝国大学工学士	任职于商务印书馆编译所等。著译有《留声机》《综合英汉大辞典》《地狱变相》等
谭勤余	原名谭文英	1895—1968	贵州清镇	1917 年底留学日本,先后入日本东京高级工业学校、东京工业大学研究部,研究有机色素化学	1925 年回国,入商务印书馆编审部,任编译员、编审,专门编辑和翻译化学书籍。积极参与中华学艺社活动,任该社干事、编辑、常务董事。1941 年到重庆,成立商务印书馆编审部,并受命将中华学艺社总社迁重庆

续表

姓名	字号	生卒年代	籍贯	留学情况	简要情况
杨俊生	字杰如	1890—1982	江苏淮安	1911 年，入日本东京第一高等学校预科学习。后考入日本熊本第五高等学校、东京帝国大学船舶工学科	中华学艺社发起人之一。中国现代造船业先驱，大中华造船厂创办者。他为中国的民族工业在重工业领域里争取到一席之地。除了兴办实业以外，杨俊生一生还热心教育事业和学术事业。他从1946 年起，先后任教于同济大学造船工程系、交通大学造船工程系
胡庶华	字春藻	1886—1968	湖南攸县	1913 年留学德国，获德国柏林工业大学铁冶金工程师学位	曾任同济大学、湖南大学、重庆大学教授、校长，国民党政府立法委员、监察委员，三民主义青年团中央副书记长等职
马宗荣	号继华	1896—1944	贵州贵阳	1919 年留学日本，先后肄业于东京第一高等预科、名古屋第八高等本科、东京帝国大学教育学科	1929 年归国，任上海市教育局督学、1930 年任大夏大学图书馆长兼社会教育系主任、江苏省立民众教育学院教授、中华学艺社常务秘书等职
白鹏飞	字经天，号擎天	1889—1948	广西桂林	1911 年留学日本，毕业于东京帝国大学，修兽医、统计、政治、经济、法律诸科，获硕士学位。1924 年回国	历任无锡国学专科学校、暨南大学、北京朝阳大学、清华大学、北京大学、广西大学等校教授。著有《法学通论》《行政法总论》《劳动法大纲》等

续表

姓名	字号	生卒年代	籍贯	留学情况	简要情况
史维焕	字奎光	1895—1945	贵州贵定	日本京都帝国大学法学士	中华学艺社董事会董事（1932年度），倡议并参与筹办学艺中学。历任国立北京法政大学教授、审计院审计等。译有《富之研究》《交通论》等
周宪文	字质彬，号毅恒，笔名惜余	1907—1989	浙江黄岩	1928年赴日本京都帝国大学，专攻经济学，1931年毕业	1933年任中国驻日本留学生监督；回国后，任国立暨南大学教授。抗战期间在重庆主编《时代精神》月刊。抗战胜利后，任台湾省立法商学院院长等职
张梦麟	字伯符	1901—1985	贵州贵阳	1930年毕业于日本东京帝国大学文学系	历任东京中国留学生监督处学务科长，上海私立大夏大学英文系讲师，上海中华书局编辑，贵阳第二联大外文系教授、系主任，贵州贵阳第一中学校长，重庆英国大使馆新闻署编辑，中华书局编审等职，曾主编《中华少年》
潘公展	名有猷，字干卿	1895—1975	浙江吴兴	未出国留学（1911年就学于上海圣约翰大学外文系）	先后任教于上海大学、国民大学、南方大学。1927年任上海市工商局局长、教育局局长、社会局局长。1940年起，任独立出版社总经理、《中央日报》总主笔、《申报》社长等。译有《儿童爱》《遗产的废除》，著有《中国学生救国运动史》等
陈立夫	原名祖燕	1900—2001	浙江吴兴	1923年留学于美国匹兹堡大学，获采矿学硕士	历任国民党中央和政府的调查科长、秘书长、组织部部长、教育部部长、立法院副院长等职

续表

姓名	字号	生卒年代	籍贯	留学情况	简要情况
刘百闵	名学逊，以字行	1898—1969	浙江黄岩	公费留学日本政法大学和早稻田大学哲学系。1930年毕业回国	主编《日本评论》。曾任南京中央大学、中央政法学校、复旦大学、大夏大学、暨南大学教授。1948年当选第一届立法委员，继任中国文化服务总社社长
瞿荆洲		1902—1992	湖北黄梅	1924年赴日本留学。第二年，获得湖北省政府教育厅的留学官费，考入北京商科大学，修业七年。1932年以学士学位学成归国	归国后，先任中央银行经济研究处协纂，并为《中央银行月报》及《金融周报》担任编辑工作。1935年，兼任中国实业银行专员。1937年，一度调任湖北省政府建设厅秘书。1939年初，任江西裕民银行副总经理。同年秋，兼任中国茶叶公司江西省茶叶管理处副处长
陈大齐	字百年	1886—1983	浙江海盐	1903年留学日本，入仙台第二高等学校，后入东京帝国大学文科哲学门，专攻心理学，获文学士学位，1912年毕业	曾任浙江高等学校校长，北京大学教授、系主任、代理校长。去台后，任台湾大学校长、国民党中央评议委员。著有《心理学大纲》《现代心理学》等
陈方之	字方于	1884—1969	浙江鄞县	1912年留学，毕业于日本仙台第一高等学校及日本帝国大学医学院，1926年获东京帝国大学医学博士学位后回国	曾任国民革命军总司令部军医处处长、内政部卫生司司长、国民政府侍从室医官、中央卫生试验所所长、南京市鼓楼医院院长兼第一内科主任等职

姓名	字号	生卒年代	籍贯	留学情况	简要情况
费鸿年	字希生	1900—1993	浙江海宁	1921 年入日本东京帝国大学动物系学习，1923 年回国	曾任北京农业大学教授，中山大学、广西大学教授兼生物系主任。中华人民共和国成立后，历任农业部参事，水产部副总工程师，中国水产科学研究院南海水产研究所研究员、副所长等职

不难看出，中华学艺社的 33 位主要领导人中，留学日本 28 人，留学欧美仅 3 人（何炳松、胡庶华、陈立夫），在国内接受教育者 2 人（潘公展、周予同）。在留学日本的 28 人当中，有 15 人曾就读于东京帝国大学，占留日者的一半。再从籍贯来看，浙江 14 人，贵州 6 人，四川 4 人，江苏、湖南各 3 人，湖北、福建、广西各 1 人。领导人中，很多曾任职于北京大学、商务印书馆、北京法政大学等高校及科研机构。如此看来，在领导人中，亦明显存在着前面提及的地缘、学缘、业缘等因素。

第六章

知识生产与再生产：中华学艺社的出版物

自成立以来，中华学艺社借助《学艺》杂志、《中华学艺社报》，加强社员间的联系与沟通，积极传播"学艺"；与此同时，中华学艺社还组织编纂了《学艺丛书》《学艺汇刊》等多种丛书，由商务印书馆等机构出版，销售到全国各地，其生产与再生产的各类知识得以广为传播。

一、发行《学艺》杂志

中华学艺社最早、也是最为重要的一项社务即发行《学艺》杂志。对于发行此刊的原因，《发刊词》曾言："十八世纪以来，自然科学大昌，其研究方法应用于精神科学，而精神科学因以大明。自时厥后，两者连镳而前，泰西文化为之大进。……欧洲半纪乃胜于诸夏千年……同仁有鉴于此，特刊此志。"①《学艺》杂志于 1917 年 4 月创刊，以"昌明学术，灌输文明"为宗旨。刊物设有撰著、评论、译丛、杂俎、通讯、来件、附录、文苑等栏目。初为季刊，采用竖排本，到 1920 年 3 月共出 4 册。1920 年 4 月改为月刊，年出 10 册（一、七月休刊），改用横排本，由商务印书馆印刷出版。1937 年 7 月，抗战全面爆发后《学艺》停刊。1947 年 1 月复刊，年出 12 册。1949 年上海解放，同年第十九卷仅出 4 期（分别为五、六、七、八月）。1950 年 7 月改为双月刊，1957 年再恢复为月刊，直至 1958 年 4 月停刊。可以说，《学艺》杂志伴随中华学艺社之始终。

刊物出版后，《申报》在"绍介新刊"中予以推介："东京留学界组

---

① 《发刊词》，《学艺》第 1 卷第 1 号，1917 年 4 月。

织丙辰学社，编辑季刊题曰学艺，以阐发学理、灌输文化为主旨。一卷首号为篇三十为页三百，业已在沪发行。经理处虹口塘山路澄衷中学校曹慕管君，寄售处四马路泰东图书局交通路新学会社。如向经理处批发，每册收回印费二角半。特志之以为绍介。"① 通过《申报》等媒介途径，《学艺》杂志流向各地的读者。

《学艺》编辑部注意接受社员、读者的建议，随时进行改革，力求能够满足不同读者的知识需求。针对《学艺》1920 年改为月刊，徐巽来信予以肯定，并提出自己的建议："学艺自改成月刊后，我觉得很有进步，欣快得很；我对于将来还抱了绝大的希望。我一方面生了希望的心，他方面又生出要求来了，要求的甚么事呢？第一件是望诸位不要再存敷衍的心：譬如一篇文字，不研究得十分结果，不要着笔；不做完也不要登出。"他提到，第一卷第一号里面陈启珍、杨适夷等的文章只登了一期便没有下文，"何以只登第一期就没有了呢？若是有甚么不能继续登载的苦衷，何以不向读者声明一声呢？恐怕有多少读者都是同我一样叫苦，所以希望以后不要如此，并且盼望陈杨诸君有始有终，赶紧将未做完的文章，继续做出来；还望发行方面将从前出过的几本再版行世。第二件是关于印刷的事：我觉得两行之间，相距太密，我们看的不很醒目，若是能够照《北京大学月刊》一样，那是我们很感激不尽的。再有一层，是印刷广告；广告是直行的，论文是横行的，每篇论文后必有一二段广告，觉得看得不很清楚，不如将广告登在最末几页，就是直行也不妨事；或者用别种颜色，如红色绿色的纸，夹印在中间几页，也就无碍了，不知诸君的意思，以为如何？"② 郑贞文在回信中提到，"本志承先生指正，感谢得很。要求各事切中本志的弊病，都是记者所希望改良的。"③当然，类似这样的互动，在《学艺》杂志早期的"通讯"刊中多有登载。

自成立以来，中华学艺社以《学艺》杂志为主要阵地，展开丰富的知识传播和学术研究。《学艺》杂志尝试沟通"学"与"艺"，登载内容涵盖自然科学和人文社会科学，成为民国时期知识生产的一个重要阵地。

---

① 《绍介新刊》，《申报》1917 年 8 月 8 日。
② 《通讯·徐巽先生来函》，《学艺》第 2 卷第 5 号，1920 年 8 月。
③ 《通讯·覆徐巽先生来函》，《学艺》第 2 卷第 5 号，1920 年 8 月。

（一）自然科学

1. 天文学

关于天文学，《学艺》杂志载有王应伟《特种绝对向心运动之轨道方程式》（2/3）、周君适《说星体》（8/3）、程苑岑《宇宙之论理性》（8/5）、徐玉相《日影之轨迹》（8/7）、陈遵妫《天文学在科学体系中之位置》（10/4）和《行星凌日》（14/2）、沈璿《水星近日点之运动》（10/4）和《行星之一般摄动论》（11/9）、丁伋《日晷及其构造》（15/1、2、4）等文章。在《天文学在科学体系中之位置》一文中，陈遵妫详细梳理了文艺复兴以来西方对科学的分类，指明了天文学在科学体系的不同地位。蔡源明《地球内部之状况》（11/2）从温度、物质、硬度、地壳的现状、地热的由来等方面解释地球的内部。王石安发表了多篇文章，如《太阳论》（14/6）、《行星论》（14/7）、《月球论》（14/9）、《日食论》（15/1）、《月食论》（15/2）、《彗星论》（15/3）、《流星论》（15/4）、《恒星论》（15/5-8）等，显示出作者在天文学方面的造诣。

2. 数学

中华学艺社借助《学艺》杂志积极向国人传播数学知识。代数方面，《学艺》刊登了钟岳灵《最小平方算》（3/2）、张世勋《五次方程式之公式解法》（8/4、5）、赵修乾《方程式的物理的解法》（5/1）、王邦珍《双曲线函数》（5/10）和《二元一次方程式之混合比较法》（14/8）、苏家驹《代数的五次方程式之解法》（7/10）、蓝梦九《最小律与递减率》（10/2）、钟毓灵《三四次方程式之数字的解法》（12/7-9）、庞守白《变分学概论》（12/10、13/1-5）等文章。其中，苏的《代数的五次方程式之解法》由于在解法上存在错误，被华罗庚发现，并在《科学》杂志上撰文指出，华也正是因为此文被调到清华大学任教，走上了数学研究之路。几何学方面，《学艺》载有王邦珍《神秘六边形定理》（2/6）和《几何命题新解》（3/9-10）、钟岳灵《几何新解》（4/4）、钟毓灵《几何比例定理之新证法》（4/8）、汤天栋《过任意点平分三角形面积之讨论》（6/7-9）、金来临《圆积线及任意等分任意角之研究》（8/10）、孙雄鲁《过任意点等分三角形面积新论》（15/9）等文章。仅仅三角形面积就引起数学家们的极大兴趣，《学艺》为此刊登多篇文章，如钱宝琮《通过一定点作直线平分三角形面积之又一解法》（4/6）、钟毓灵《对于钱君平分三角形之讨论》（4/10）、伍孔湘《通过一已知点作直线二等分三角形面积之初等解法》（5/5）、汤天栋《过任意点平分三角形面积之讨论》（6/7—10）等。钟毓灵就原有通过边线内一点平分三角形面积的解法进行了新的研究，证明出过任一点平分三角形面积的五种解法。

3. 物理学

《学艺》注重对国外物理学知识的介绍，涉及相对论、量子、原子等当时风靡全球的理论。在相对论方面，据科学史家戴念祖考证，许崇清《在批判蔡孑民先生在信教自由会演说之订正并质问蔡先生》是国内最早提到相对论的文章。周昌寿在《学艺》上发表了《相对律之由来及其概念》（3/1–2，10）、《相对律之文献》（3/1）、《爱因斯坦底宇宙论和思维底究极》（译作，4/5）等多篇文章。其中，《相对律之由来及其概念》一文分总说、噶剌略奈端之时空观、能媒说之时空观、罗伦彻转换、新宇宙观、万有引力新说、哲学的批评七部分，详细叙述了相对论原理的由来及基础原则、相对论已取得的成就和将来发展的趋向、哲学界对相对论的批评。文章发表后，读者"向上"来函提到，"先生所著之相对律之由来及其概念颇饶趣味"，"惟末段关于闵可夫斯奇用四元向量解析学证明爱因斯坦选用罗伦彻转换之详细结果略去，读者深以未睹全豹为憾，欲读闵可夫斯奇的原文而登载此项论文之杂志已无从购得。先生有暇，可否将闵氏原著译为中文，介绍与读者"[①]。周昌寿回复道："先生给我的信，已收到了。先生命我译闵可夫斯奇的原文，是我很情愿做的，只可惜我现在一时没有工夫，辜负了盛意，真是憾事。将来一有余暇，一定勉力一试。先生若想读其原文，到可不必一定在从前登载的杂志中去寻。……先生若要参考，还是看 laue 的书，比较适宜些。"[②]《爱因斯坦底宇宙论和思想底究极》一文原作者为日本学者石原纯。该文把相对论作为一种哲学加以探讨，认为科学不外乎将思维的内容变成必然的东西，超经验的人类思维涵泳着人类

---

① 《通讯·向上君来函》，《学艺》第 3 卷第 6 号，1921 年 11 月。
② 《通讯·覆向上先生函》，《学艺》第 3 卷第 6 号，1921 年 11 月。

的神性，在科学发现中具有重要意义。为方便读者进一步理解相对论，周昌寿还根据 *Nature* 杂志编成《相对律之文献》，收录 1892—1921 年的相对论专著 80 种，供读者参考。《学艺》介绍相对论的文章，还有文元模《现在自然科学之革命思潮》（2/3）、《论现代科学革命者爱因斯泰因的新宇宙观》（2/4），张心沛《相对性理论与哲学之交涉》（5/4）等。

在介绍量子、原子、分子等方面，《学艺》杂志也走在前列。在《光波诱电论》（2/3－4）中，周昌寿叙述了爱因斯坦光电效应的发现及相关的各种物理问题，从早期实验到光的温度、强度、波长与物质之间的关系，包括量子论、统计理论和光电效应的应用等，都一一作了论述和评价。在《热辐射律及其作用量元之假说》（2/9）一文中，周昌寿首次介绍量子假说，介绍了早期辐射定律的矛盾及普朗克的量子说缘起。陆志鸿译《原子构造概论》（6/6－9）、曹任远《原子价论》（11/2、6、8）、石延汉《放射能与原子理论》（15/10）等文章介绍了原子理论，极为全面。此外，范寿康介绍柏格森的时空论（2/9），周昌寿介绍旋回分子说（2/10），高昌逵介绍布朗的运动与分子学说（6/4），李书华介绍无线电的沿革及其最新进步（3/8－9），曹仲渊介绍世界最大的无线电信台（3/1），等等。

4. 化学

《学艺》刊登了梁国常《无机化学命名商榷》（3/6）、高昌逵《新周期律说》（7/1－2）、曹元宇《放射化学浅说》（8/8）、姚万年《接触化学概要》（9/8）等文章。在《接触化学概要》一文中，姚万年对"接触化学"进行了解释，即我们今天称之为有催化剂参与的化学反应。作者指出，接触化学应用非常广泛，有机化学、无机化学、工业化学、生理化学利用接触化学，既省时又可以减少物质的损耗。高昌逵《新周期律说》深入介绍了化学元素周期律。

值得一提的是，郑贞文在《学艺》上发表化学论文多篇，如《化学定名说略》（1/4）、《无机化学命名规约》（2/1）、《有机化学命名之讨论》（2/6）、《法国所定的原子量表》（4/1）、《化学小史》（9/3）等。郑贞文按照元素的物理性质，将气态元素加"气"字头，液态元素加"三点水"或"水"字部，金属元素加"金"字部，矿物元素加"石"子部，为中国化学名词的统一作出了巨大的贡献。对郑贞文的研究成果，王确临来信提到,"我从去年九月起,才购买《学艺杂志》第二卷第一号,得拜读大著《无机化学命名规约》和《电子》;觉得很爽快,以后就陆续在湖南常德商务印书馆定购这杂志,又得读大著《科学之体系》和《有机化学命名之讨论》;复补读《学艺》第一年第一二号上载大著《周期律说》,实在高兴极了。"① 围绕郑贞文的《有机化学命名之讨论》一文,程延庆、郭廷英来信参与讨论,一度掀起了学术讨论的小高潮。

程延庆来信中提到,"赵修乾先生转来先生的'有机化学命名之讨论'一篇。诵读以后,觉得先生的意思与鄙意有相同之处;例如,先生所说'讨论之案,当以包罗全部确成系统之一种草案为主。……'以及'讨论之时间,须有相当之长日月。……'等条,均与鄙意相符合。鄙人以为,我们所要定的既是系统学名,当然所定的命名法,要能成一个系统……不必把锁状化合物与环状化合物分开。"郑贞文在回信中提到,"来信主张不把锁状化合物和环状化合物分开命名一节,我极赞成。我并曾用此种方法,作过有机化学命名草案,觉得简单得多。先生将科学名词审查会的议案,列成表解,以供读者参考,固属甚善。但我更望先生发表意见,详加批评,以资大家讨论。"②

郭廷英在信中指出,"今观大著有机化学命名之讨论。所载各家意见,大略稳健派虽主张创造汉字学名,而不愿另造新字;激烈派则不欲有汉字学名。不欲有学名者,派既不同,今且不论。而同为命名派又不愿造新字者,吾不知其何说也。若谓吾国汉字已多,苦难遍识。故不宜多增字数,更益其难。若然,则吾国字不过五万三千有奇。较之二十五六万之英语,则不可谓多也,而 ABC 等二十六字母,非文字也;乃点横直钩等同意味之笔画耳。吾有笔画者八,彼有笔画者二十六,彼多而我少也。彼则以文明日进,有增无已,吾之增者,非无由也。"③ 郑贞文在回信中说:"来信及尊著华字化学命名法三册均收到;诵读一遍,苦心孤诣,极所钦佩。但鄙见颇有出入者;(一)元素之名,若悉从金旁,则初学之士,顾名思物,

① 《通讯·王确临先生来函》,《学艺》1921 年第 3 卷第 3 号,1921 年 7 月。
② 《通讯》,《学艺》第 2 卷第 8 号,1920 年 11 月。
③ 《通讯·郭廷英先生来函》,《学艺》第 2 卷第 10 号,1921 年 4 月。

对于金属非金属之观念，易滋误解。（二）成分比例，以千字文表示，恍若电报号码，难于记忆，况现在学校已不习千字文乎。（三）新造之字，其形固有条理可按，而区别音读，亦甚难事。因尊著未全脱稿，且不易提要，故未尊嘱节登。他日大作完成，尚望举其梗概，俾资讨论。"①

5. 生物学

《学艺》登载了大量有关生物学的文章，如蒋继尹《闵德氏之遗传律》（1/3）、顾复译《植物杂种之实验》（2/7、10）和《植物杂种之研究》（2/9）、胡步蟾《动物的亲与子》（2/10）和《生物学上的生死观》（4/1－2）、费鸿年《非达尔文主义》（4/3）与《两性的本性及其作用》（7/5）、魏岩寿《新细菌一种》（7/6）、华汝成《云台山之植物》（10/6、8）和《植物的种子》（11/9－10）、薛德焴《动物生理学大纲》（10/2、4、6、8、10，11/6）和《动物的门纲目的检索》（13/3－5、8，14/3/5）、罗宗洛《植物原形质之等电点》（12/2）、秉志《生物学研究之基础》（12/6）、于景让《论生物学的实验》（17/6）、刘颐屏《用微生物防治植物病害》（20/2）等。蒋继尹《闵德氏之遗传律》一文分缘起、概说、余论三部分，较为详细地介绍了孟德尔及其学说，指出孟德尔的单位性状遗传因子与达尔文的泛生子"适成反对"，后者"纯属想象"。该文是介绍孟德尔遗传学说的一篇重要文献。何定杰、张光耀的《遗传与环境》一文译自美国胚胎学家康克林（E. G. Conklin）的著作，从《学艺》第7卷第1期开始登载，一直连载到第8卷第4期，具体分发展的事实与因子、遗传现象、遗传与环境之细胞的基础、环境之势力、优生学、生展学与伦理等几部分，内容颇为丰富，后结集成书，收入中华学艺社的"学艺丛书"。

6. 医学

医学方面，《学艺》及时载文介绍国内外医学前沿方面的研究成果，如余云岫《科学的国产药物研究之第一步》（2/4－5）、杜亚泉《中国医药的研究方法》（2/8）、刘文艺《内分泌说》（8/1）和《免疫血清学》（8/2）、陶烈《日本之精神病院》（9/10）和《脑之研究》（11/4、10；12/4－5、9；13/2－7；14/1）、陶炽孙《我国的卫生学的生态统计成绩二三》

---

① 《通讯·复郭廷英先生来函》，《学艺》第2卷第10号，1921年4月。

（15/8）等。陶烈在《日本之精神病院》中详细介绍了日本精神病院的法令、实况、经营管理等，为我国建立精神病院提供了模式。在介绍与人类健康密切相关的营养、分娩孕育以及疾病防治方面，如胡嘉训《虫样垂炎（盲肠周围炎）之诊断及治疗》（8/1）、谢治英《人体寄生虫与疾病》（11/4）、刘以祥《人工妊娠法》（5/10）、陶炽孙《关于天花传入中国的历史》（14/2）、谢治英和陆新三《人体寄生虫与疾病》（14/4）、魏怡春《肠伤寒经过中之血小板态度》（15/7）、黄演燎《发癌物质和抗癌物质研究近况》（20/1）等。

此外，《学艺》在工、农、林等方面也登载了大量文章。在工业方面，学艺社员大多求学日本，目睹了日本工业的飞速发展，意识到工业对一个国家的重要性。《学艺》创刊号载有重民《吾国纺织工业之前途》、陈季云《晚近锌工业之发达及其用途》等文章。《吾国纺织工业之前途》一文认为，我国纺织业不发达的原因是技术的落后，应将纺织工业列为"二三最重要之工业"予以保护，并"奖励输出、抵制输入"。《学艺》还登载了陆造时《我国之机械业》（1/4）、凌飞《石油在国防上及产业上之真价值》（5/8－9）、郑尊法《对于漂白粉工业的我见》（5/9）、龚学遂《新疆油矿与世界石油问题》（6/2）、方乘《绿气与造纸工业》（6/3）、韩组康《钴化合物在制陶工业中之用途》（6/7）、高昌逵译《大规模的土砂制造工业》（6/8）、徐炳熙《接触作用及其在工业上之用途》（7/7）、沈九如《紫外线对于蚕茧之制丝并化学的研究》（9/9）、张鼎译《水之化学工业分析法》（12/7－8）、胡星伯《工场管理之理论与实际》（13/2－7）、邱建中《木炭煤汽车之研究》（15/7）等文章。在农业方面，中国是一个传统的农业大国，但历来却很少采用新技术成果，所以农业产量很低。有鉴于此，《学艺》介绍了许多实际的、有利于农业增产增收的文章，创刊号登载高维魏《连种病之研究》，第2号予以连载。在《中国之棉丝业》一文中周建侯指出，棉花属于天然自花授粉，容易自行杂交，造成品种不纯、品质低劣，因此要人为防治棉花天然杂交，并列举了国外的一些常用方法。其他有关农业的文章，还有周建侯《人造肥料对于中国农业之价值》（1/3）和《碱土与种稻之关系》（2/4－5，7；3/4－5）、汪厥明《棉花天然杂交之研究》（6/7）、刘守初《北平西郊几种天然肥料之研究》（14/

1)、林景亮《土壤中植物之有害成分之研究》（14/6）和《土壤中之微生物种类及其检查法》（15/9）等。在林业方面，林骙发表了《森林与人生》（1/1）、《林业改造之第一问题》（2/3）、《何谓林业》（2/9）、《北满林业概论》（3/2－4）等多篇文章。在《何谓林业》一文中，作者从木材与人生的关系讲起，然后述及森林、林业之意义，最后详细阐述了林业的分类及其具体内容，认为"夫林业为经济事业之一，故若就农工商三方面观察之，可分为森林农业，森林工业，与森林商业三种"，等等。

（二）人文、社会科学

1. 政治

《学艺》在创刊早期，登载了大量有关政治学的文章，这与当时的环境有颇有关系。当时，国际上正值第一次世界大战，而国内北洋军阀统治刚开始。留日学生希望效仿西方，在中国实行总统制、两院制和代议制。《学艺》登载有关政治学的文章，仅在创刊号上就载有陈启修《国宪论衡》和《欧洲大联邦国论》、邓孝思《论两院制》、杨适夷《中华民国地方制度商榷书》、王宏实《代议政治平议》等多篇文章。在《国宪论衡》一文中，陈启修指出，应在中国制定宪法，实行三权分立、庶民主义及设置民选代议机关。杨适夷在《中华民国地方制度商榷书》一文中阐述了他对联邦、自治问题的看法。他主张实行单一民主国之地方自治，反对实行联邦制。他甚至认为主张联邦制不是争民权争自由的"政治"改革，而是争地方独立权、自主权的"国家"改革，其不合国法，"与主张帝制，主张复辟者之违反国法相去实无几许"。关于政治的文章，还有王兆荣《中华民国临时约法上之总统任免权与国务员之副署》（1/2）和《临时参议院与国际评议员会》（1/2）、杨适夷《社会改造论》（1/4）、马洪焕《地方自治》（3/8－10）、龙守贤《政党政治论》（6/1）和《论选举之制度》（6/3）、李治民《列国在华领事裁判权概论》（9/9－10）、张敬原《省制平议》（17/7）等。

2. 经济

《学艺》登载的有关经济的文章，如陈启修《中日贸易与日本产业发达之关系》（1/1）、守素《经济浅说》（1/1－2）、邹宗孟《对外贸易政策之原理与关税问题之关系》（1/2－3）、林文琴《论世界各国现行货币本位制之优劣暨对于我国币制改革之意见》（1/3）、吴永权《货币价值之成立》（2/1）、康宝志《今后世界金融市场之中心点》（2/3）、徐式圭《中国财政史略》（3/10）、罗鼎《币制改革之第一步》（4/6）、资耀华《经济阶段发达说之研究》（6/7）和《中国国际贸易之真相》（7/2）、周宪文《统治经济之研究》（11/9）和《经济政策学原理》（11/5、7）、卢勋《经济学说之历史性》（13/5）和《战时经济之本质》（15/1）等。其中，康宝志《今后世界金融市场之中心点》一文中从自然、心理、政治、经济条件，对世界金融市场中心伦敦、纽约、柏林进行比较，认为一战后德国经济紊乱，柏林地位下降，"是则将来能为世界金融市场之中心者，全伦敦纽约而外，莫之属矣"。罗鼎在《币制改革之第一步》一文中指出，我国当时的货币制度存在很大弊端，而经济的活用资金为我国发展实业之第一要件，所以必须推进我国的币制改革，而首要的任务就是组织强有力的中央银行。

为了纪念英国经济学大家亚当·斯密，《学艺》第5卷第7期特辟"纪念亚丹斯密专号"，由留学日本京都帝国大学同人发起，孙德修主持组稿等事宜，何崧龄校阅。当期除附有亚当斯密的塑像、照片、书影、笔迹外，还收入阮湘《亚丹斯密之根本思想》，黄典元《亚丹斯密非资本主义者说》，萨孟武《亚丹斯密之经济思想与儒家之经济思想之差异》，史维焕《亚丹斯密之价值论》，周佛海《亚丹斯密之租税四大原则》《亚丹斯密先生年谱》，戴时熙《亚丹斯密之工资论》，郭心崧《亚当丹密之自由放任政策论》，李超桓《亚丹斯密之中国经济观》，孙倬章译《亚丹斯密之经济学之渊源》，资耀华《亚丹斯密与马克思之关系》，林骙译《亚丹斯密先生传》等多篇文章，对亚当·斯密生平及其学说进行了多方面的介绍和研究。

3. 哲学

《学艺》登载了许多有关哲学的文章，如许崇清《哲学新义》（1/2）、《美之普遍性与静观性》（1/3）、《我之唯物史观》（1/4），李春涛《唯物史观公式》（2/9），冯友兰《论"比较中西"》（3/10），蒋径三《新康法派的美学说》（9/7）、《现象学派与新康德派》（11/1），范寿康《教育哲学的体系》（4/1，2）、《现代哲学的研究方法》（10/1），林履信《一元论》（12/3）等。蒋径三在《新康法派的美学说》中指出，新康法德派是"以返于康德哲学的立脚点，复活康德哲学，而彻底于先验的理想主义为目的的一派新兴的哲学"。陈大齐在《新旧和是非》中指出，当时思想界认为"一切新的都是好的"是错误的，与中国旧有的认为"一切旧的都是好的"犯了同样的错误，正确的态度应该是"以是非为是非"，不以"新旧为是非"。这种方法即使在今天仍然可取。为了纪念德国哲学大家康德诞辰200周年，《学艺》第6卷第5号特辟"康德纪念专号"。在"弁言"中，云庄阐述了康德的生平事迹、哲学思想。专号收入范寿康《康德知识哲学概说》、虞山《康德道德哲学概说》和《康德审美哲学概说》、周昌寿《康德之时空论》和《康德之运动论》、张心沛《康德之目的论》、郑贞文《康德之天体论》、余祥森《康德之宗教论》、陈掖神《康德之历史哲学》、陶汇曾《康德之法律哲学》、张心沛《康德先验演绎论之中心问题》、罗鸿诏《康德伦理说略评》、张水淇《康德与自然科学》、萨本炎《康德与社会主义》、张铭鼎《康德学说的渊源与影响》等十余篇文章。

4. 教育

《学艺》登载了许崇清的《国民教育析义》（1/1）、《欧美大学之今昔与中国大学之将来》（2/3）、《学校之社会化与社会之道德化》（2/7）、《产业革命与新教育》（3/3）、《教师与社会》（3/4）等多篇文章。在《国民教育析义》中，许崇清研究了国民教育的概念，从制度、内容上进行分析，并介绍了当时著称于世的普鲁士国民学校各科教学的内容和方法。在《欧美大学之今昔与中国大学之将来》中，他详论了英、法、美、德、日等国大学发展的沿革，比较了各国的学位制，就欧美大学的异同以及综合大学与独立学院的区别进行了分析，还对我国大学的建设以及中等教育的配合提出了建议。姜琦亦有《社会教育诠释》（1/3）、《教育史原论》（1/4）、《修身科德目问题的研究》（2/1）、《西洋教育学史》（3/1－2）等文章发表。其他有关教育的文章，还有林炯《女子教育之历史的观察》（2/1）、郑贞文《学制系统案会议之经过及进行之讨论》（3/7）、马宗荣《游乐园的教育》（5/8）、范寿康《卢梭的教育学说》（6/3）、谭仲逵《教育之使命与教育家之责任》（6/6）、徐之圭《教育的新意义》（6/9）、曾天宇《德国之补充教育制度》（7/10）、徐式圭《中国教育史略》（8/7，9，10；9/7，8；10/3，5，7，9）等。刘家墉在《世界各国高等教育概略》中介绍了英法两国的高等教育，包括英国的牛津大学、剑桥大学，法国的巴黎大学、法兰西大学等，并指出发展高等教育的重要性，不仅教授国家需要之学术，而且关系到人类社会的幸福。熊寿文在《最近欧美教育之三大新倾向》（11/9、12/1）中提出三大倾向，即教育国家化、教育实业化、教育民众化。

围绕郑贞文《学制系统案会议之经过及进行之讨论》（3/7），《学艺》第4卷第1号登载了常宗会的来函。信中提到，"春假的时候，到周太玄家坐坐，便中看见了《学艺》，打开来一看，头一篇就是郑贞文先生的学制系统案，篇中使我得益的地方真是不少。但是怀疑的地方，亦有两处。现在我且将法国的学制情形，挂一漏万的写点出来。或可作国内教育家万分中之一分的参考，再将我的怀疑地方写在底下。"① 他的怀疑主要集中在两个方面，一是大学学生学习两种外文，二是大学与专门学校的分别。郑贞文回复指出，"大学规程内容问题，不必规定于学制系统之内。……二种以上外国文之中，当然分为第一外国文和第二外国文等。第一外国文务求精通，期能达到写读说俱长的程度。第二外国文，限于时间的关系，或且办不到写说自如，亦要以能读原书为最低限度。现在的中学校，虽然只教一种外国文，将来的高等中学，当然有第二外国文的选修科目。且大学校里，亦可设各种外国文的选修科；不怕没有学习二种以上外国文的机会"；"大学和专门学校的解释，确有研究的价值。法国的大学标准，定得很严，是因为受历史上习惯的影响。欧洲各国，多半如此；但美国就不大相同。若还入学的资格和毕业的年限，都是一样，似亦不必计较名称划分阶级。"②

5. 图书馆学

在图书馆学方面，《学艺》也着力不少。在日本主攻图书馆学的马宗荣，1920年夏利用假期回国考察江南一带图书馆教育现状，"藉以作研究

① 《通讯·致郑贞文先生论学制系统案》，《学艺》第4卷第1号，1922年7月。
② 《复常宗会先生函》，《学艺》第4卷第1号，1922年7月。

的参考"，然所得结果"就馆数与阅览人数的统计上说，已令人不胜浩叹；再一实地参观其内容，若组织，若设备，若管理诸方面，多名存实亡，尤令人悲观"①。他深刻认识到中国发展图书馆事业的重要性，在日期间他经过搜集文献、刻苦钻研，发表了《现代图书馆的研究》（5/9，10）、《现代图书馆经营论》（6/4、8；7/7－10）、《现代图书馆事务论》（8/4－5）、《中国图书馆事业的史的研究》（10/3，5，7）等多篇文章。马宗荣的"现代图书馆"观，强调"机会均等"。他认为，图书馆是"使公众由最简单的方法，得自由阅览的教育机关"，"须尽力求阅览手续的简单，撤去阶级的制限，使凡属民众，均得自由的利用"。马宗荣还主张，图书馆应"毫无重彼轻此"地广泛收藏各类书籍，书库开放，实行借出制，实行分馆制，回应民众的质问，容纳民众的意见等。另外，关于图书馆方面的文章，还有吕绍虞译《经济恐慌下之图书馆》（12/7）、《图书馆通论》（14/5－6、8－10；15/1、3－5）等。

6. 文学艺术

文学方面，《学艺》杂志登载了刘伯明《文学之要素》（2/2）、潘力山《言文接近论》（3/1）和《言文一致的讨论》（3/9）、谢六逸《人生与文学》（4/3）、施畸《科学的文学建设论》（3/2、4）、黎烈文《十八世纪法国文学的古典精神》（12/1）、余祥森《德国写实派文学与其反对派》（4/10）、郭沫若《文学的本质》（7/1）等。潘力山的文章对言文一致论提出了修正性的意见。马盲来信提到，"我读贵杂志第三卷第一号，见潘力山君所著之言文接近论一文，即以为能于文学上有所表树。及统统将大著读了一遍，果然出人头地。至钦至钦。"②谢六逸《人生与文学》发表后，同济医工学校的周志道来信，认为《人生与文学》"立论透辟，为近来文艺界稀有之产品"，"惟鄙意略与谢君稍有不同，第一，吾国现时，不宜过偏文艺，因科学不发达，一般人的脑筋极幼稚，若再鼓吹他们习文艺，则清谈之流，恐将弥漫于国内，故鄙意不赞成国内之人，人人皆为文学家，甚望人人皆能为科学家。其次，谢君所言浪漫派与人生关系之点，鄙意亦有不同，据

---

① 马宗荣：《现代图书馆的研究》，《学艺》第5卷第9号，1924年2月。

② 《通讯·马盲先生来函》，《学艺》第3卷第4号，1921年8月。

愚个人所知,浪漫派甚轻视人生,极重艺术,故有'为艺术的艺术'之称,于人生关系绝少,质之谢君,以为如何?"谢六逸回信,"辱教至感,《人生与文学》一题,蓄意颇广,非浅学如愚所能罄其万一"①。

艺术方面。《学艺》第 1 卷第 3 号登载天虹一友的《艺术浅说》,此后陆续登载了郭沫若《艺术的象征》(3/1)、滕固《艺术学上所见的文化之起源》(4/10)、黄鸿诏《法国现代美术展览会中画家及作品》(5/4)、钱宝琮《中西音律比较》(6/6)、黄金槐《西洋音乐浅说》(6/2 – 4、6、8,7/6)、汤鹤逸《艺术与社会》(8/6)、蒋径三《艺术的领域》(9/3)、钱歌川《奥尼尔的生平及其艺术》(11/9)等文章。

《学艺》载有大量的文艺作品,包括散文、小说、诗歌、戏剧等,如郑贞文《隐痛》(2/2)、沈雁冰《错》(2/4)、文范村译《十年后》(3/3)、王独清译《吊希腊歌》(4/1)、余祥森译《神经病》(4/1)、郭沫若《万引》(6/7)和《湖心亭》(7/1)等。《学艺》还在一些卷期的开头登载国内外著名画家的作品,如在第二卷第 10 号登载罗丹的 4 幅作品《老女奥密儿》《巴尔萨勒象》《素描》和著名的《思考者》,米开朗琪罗、凡高、莫奈、塞尚、雷诺阿及国内刘海粟、马孟容等人的作品都曾在杂志上予以登载。

此外,在社会学、心理学方面,《学艺》也登载了许多文章。社会学方面,如张有桐《社会之动态的观察》(6/3)、张百高《社会学的国家论》(13/2)、熊得山《从生物学说到社会学》(13/9)、张葆恩《怎样研究社会学》(15/2)、林履信《社会问题与社会学》(15/9)等。心理学方面,如潘菽《心理学的过去与将来》,朱有瓛和钱苹《从中古时代到近代心理学的进展》(12/5)、《十八世纪之欧洲心理学界》(12/6)、《近代之英国心理学》(13/5),邓梦鱼译《欧美近四十年来之心理学》(15/3)等。

二、发行《中华学艺社报》

1930 年 3 月 23 日,经中华学艺社执行委员会第七次常委会决议,发行《中华学艺社报》,发行该刊主要基于以下两方面的考虑:其一,许多

---

① 《通讯》,《学艺》第 4 卷第 5 号,1922 年 11 月。

社员受各种因素所限，不关心社务；其二，社员"散处各方，难得机会互通消息，更难共聚一堂交换意见。向来社务状况，虽附在学艺卷末报告，因印刷所不能按时交货，每成昨日黄花，且只有总分社的报告而没有社员发表意见，商榷讨论之方便；可说是千余人的团体之大缺憾！"因此，《中华学艺社报》之问世，其使命主要为"谋本社与社员间之联络"；刊物计划每月一期，"并添聘专员，由常务秘书辅导办理"①。

《中华学艺社报》第1期于1930年6月2日出版，设有"言论""总社消息""社员消息""出版图书一览"诸栏目，由民益印刷所承担印刷。封面题字马公愚。马公愚（1893—1969），浙江永嘉人，本名范，初字公驭，后改公禺、公愚，晚号冷翁，别署畊石簃主。1929年，与兄马孟容②等在上海创办中国艺术专科学校，曾任大夏大学教员③。兄弟二人均为中华学艺社社员。④据郑逸梅回忆，"永嘉二马驰誉艺坛，一马孟容，一马公愚，他们昆仲二人都是书画名家"，公愚之书法"真草取法钟王，笔力雄厚，气魄醇雅；篆刻功力弥深，篆宗《石鼓文》、《秦诏版》；隶书取法《石门颂》"⑤。刊物登载《学艺社报简则》，向社员和读者广为征稿，详情如下：

> 一、本社报注重报告本总社与分社情形，传递社员消息，凡关于本社总社与分社社务之进行，社员个人之现状及活动状态均当尽量登载。
>
> 二、本社报主要内容如左：
>
> 1，总社报告
>
> 2，各分社报告
>
> 3，各社员消息
>
> 4，学术界近况

① 傅式说：《有话说在先》，《中华学艺社报》第1卷第1期，1930年6月。

② 马孟容，书画家，浙江永嘉人。中华学艺社新社所建成前后，他"以社员倡为美术展览会，穷日犇走，意兴甚豪，并作画以赠社……"（傅式说语）。1932年去世后，《中华学艺社报》发行"追悼社友马孟容先生专号"，以示纪念。蔡元培为遗像题词，包括于右任、马公愚、傅式说在内的诸多亲友纷纷撰文题诗，表示悼念之情。详见《中华学艺社报》第5卷第3期，1932年10月。

③ 熊月之主编：《上海名人名事名物大观》，上海人民出版社2005年版，第7页，"马公愚"条。

④ 马孟容、马公愚入社登记号分别为649、650号。《中华学艺社社员录》（1935年第六次修订），第77页。

⑤ 《忆书家马公愚》，见郑逸梅《艺海一勺》，天津古籍出版社1994年版，第95—97页。

5，新刊介绍

6，趣谈

三、本社社员均负投稿之责。

四、来稿文体不拘语文，但字迹须明白清楚，并加新式标点。

五、来稿登载与否由总社决定之。

六、本社报一月或两月出版一次。

七、来稿请寄上海北四川路麦拿里三十五号"中华学艺社"。①

自第 1 卷第 6 期开始，社报封面增加"雏鹰"标志，封二增加"总理遗像"及总理遗嘱。自第 5 卷第 1 期起，增加"学术界消息""文艺"两栏。前者以"刊载国内外学术团体之近况及科学界之新发明等消息"为主；后者"凡小说诗歌散文戏剧文艺评论等"皆予登载，不拘翻译或创作。② 自第 6 卷（1933 年 3 月出版）起，刊物封面有所变更，标明了刊物的实际发行人兼编辑人——傅式说、发行所（中华学艺社）、印刷者（民益印刷所）及具体的联系方式。自 1935 年 5 月第 8 卷第 1—6 期起，何炳松代替傅式说。

第 10 卷第 1 期于 1937 年 4 月出版。之后，受抗战全面爆发影响，第 2 期到 1938 年 11 月才出版，该卷仅出 2 期。第 11 卷第 1 期于 1939 年 12 月出版，第 12 卷第 1 期 1940 年 12 月出版。太平洋战争爆发后，该刊被迫停刊。抗战结束后，中华学艺社由重庆迁回上海。经第十二次理事会议决，"先行复刊社报，以资联络。"③ 第 13 卷第 1 期原定 7 月出版，但因"总社各种文件，一时未能由沪寄齐"，结果到 1946 年 10 月才得以出版，发行者为周昌寿。报头"中华学艺社报"系在重庆时由谭勤余捐资仿造。12 月出版第 2 期，自该期增加"社友动态"栏目，来稿"或庄或谐，皆所欢迎"。第 14 卷第 1 期于 1947 年 4 月出版，自第 2 期起增加"社友茶话"一栏。第 14 卷第 2 期起，编辑李毓田，发行周昌寿。因经费紧张，中华学艺社"社员录"单行本无法刊印出版，只得自第 15 卷第 1 期起连载于《中华学艺社

---

① 《中华学艺社报》第 1 卷第 1 期，1930 年 6 月。
② 《本报启事》，《中华学艺社报》第 5 卷第 1 期，1932 年 8 月。
③ 《复刊启事》，《中华学艺社报》第 13 卷第 1 期，1946 年 10 月。

报》。第 15 卷第 2 期，《中华学艺社报》改名为《学艺通讯》①，该卷出版了
4 期。16 卷第 1 期，于 1949 年 11 月 30 日出版，仅出 1 期。17 卷出版两期，18
卷第 1 期于 1951 年 1 月 31 日出版（编辑费鸿年，发行罗宗洛），之后便没有了
下文。关于《中华学艺社报》各卷刊行之情况，详见表 6.1：

表 6.1　《中华学艺社报》各卷刊行情况一栏表

卷别	1	2	3	4	5	6	7	8	9	10
期数	6	6	6	6	6	12	10	8	4	2
卷别	11	12	13	14	15	16	17	18		
期数	1	1	2	3	4	1	2	1		

《中华学艺社报》除登载总社消息、分社消息、社员消息外，还定期、
不定期开设"出版图书一览""国内新刊介绍""日本新刊介绍"等栏目，
提供国内外出版图书的相关信息，供社员及国人参考之用。

三、编译书籍

（一）《学艺丛书》

中华学艺社另一项传播科学的重要途径即发行丛书。1922 年 10 月，
欧洲社员陈大齐、曾琦、吴永权等人提议发行有系统的丛书。在他们看
来，"近年以来，国人深感智识的饥荒，很想输入西洋的学术，以资补
救……杂志只能登载短篇译著……若欲关于某种学问，得一系统的智识，
则不能依赖杂志，非求之于丛书不可"②。发行丛书的主旨是普及学术，书
成之后可以作为有志者的自修书，也可以供学者查阅、参考之用。提议附
有详细的"办法大纲"（10 条）。北京事务所于 12 月 2 日召开的中华学艺
社成立六周年纪念会上进行了讨论，议决"组织委员会，并订发刊及经理
各项规则"③。上海事务所经与北京干事及陈大齐反复磋商，草拟《发刊学

---

① 对此，《中华学艺社报》登载启事予以说明，原文如下："本社社报近因向主管机关登记，
据示'社报'二字不适合，应另易名称。兹遵令从第十五卷第二期起将《中华学艺社报》更名为
《学艺通讯》。"《本社报更名启事》，《学艺通讯》第 15 卷第 2 期，1948 年 6 月。
② 《发刊有系统的丛书的意见书》，《学艺》第 4 卷第 7 期，1923 年 1 月。
③ 《社报·北京事务所报告》，《学艺》第 4 卷第 8 期，1923 年 2 月。

艺丛书简章》和《学艺丛书委员会简章》，分送各地事务所征求意见①。

1923 年 5 月，学艺丛书委员会正式成立，委员会由社员 25 人组成②，陈大齐任委员长。委员会发出《学艺丛书委员会启事》，向社内外同人征稿。《学艺丛书》以"普及学术，阐扬文化"为宗旨，遵循"用通俗的态度说明学术，使适合于中国毕业者之参考"的原则。截至 1930 年上半年，《学艺丛书》共出版 20 种，另有 9 种尚在印刷中。③ 1932 年一·二八事变后，印刷中的 14 种书稿被毁，只得重新向作者征求副稿。到抗战前，《学艺丛书》共发行 25 册（见表 6.2）④：

表 6.2　中华学艺社《学艺丛书》一览表

序号	作者	书名	序号	作者	书名
1	屠孝实	名学纲要	14	罗鸿诏	哲学导论
2	陈大齐（译）	儿童心理学	15	王邦珍	轨迹问题
3	王其澍	近世生物学	16	王邦珍	定量问题
4	魏肇基	英语发音学	17	罗鸿诏	认识论入门
5	刘振华	蒸汽机	18	陈作梁、刘家塽	比较教育
6	张资平	普通地质学	19	徐式圭	中国大赦考
7	王其澍	遗传学概论	20	瞿荆洲	会计学纲要
8	胡庶华	铁冶金学	21	文介藩、彭丰根（译）	肺结核疗养新术
9	张资平	社会学纲要	22	王邦珍	近世几何学
10	何定杰、张光耀（译）	遗传与环境	23	刘世仁	中国田赋问题
11	陈钟凡	两宋思想述评	24	周宪文	经济本质论
12	白鹏飞	行政法总论	25	刘运筹、崔廷瓒（译）	农畜饲养学
13	王邦珍	极大极小问题			

① 《社报》，《学艺》第 5 卷第 1 期，1923 年 5 月。
② 即陈启修、许崇清、李书华、文元模、吴永权、屠孝实、王兆荣、杨栋林、吴虞、杜国庠、何崧龄、赵修乾、钱宝琮、杨树达、白鹏飞、戴夏、周豫、艾华、郭开贞、成灏、杨梓林、傅式说、范寿康、周昌寿、郑贞文。
③ 《中华学艺社报》第 1 卷第 1 期，1930 年 6 月。
④ 因提交商务印书馆的书稿被毁，早期列入的一些书稿，如《铁筋混凝土》（陈之达编）、《高等代数学》（陆志鸿编）、《纯正气象学》（沈慭德编）、《放大照相术》（曹元宇编）、《道路工程学》（何惟华编）、《潘氏世界史纲》（顾绶禄译）、《实用最小二乘法》（陆志鸿编）、《世界文学概观》（张资平著）等，最终未列入《学艺丛书》出版。这些书，有的最终未能问世，有的则转到其他出版社出版，如《道路工程学》等。

屠孝实的《名学纲要》对于名学网罗诸说，折衷众长，分为思维、悬拟、引申、实证、谬误五篇，目的在于借思维之法用以明其体构之价值。全书重心在于机能，为便于初学，取材遣词均极审慎。该书于 1925 年 1 月初版，当年 10 月再版，1926 年 6 月三版，到 1929 年 10 月已出至第五版，1933 年 4 月国难后一版，1935 年 6 月国难后二版，十年内重版七次，其在读者心目中受欢迎的程度可见一斑。德国高柏（R. Gaupp）著，陈大齐译的《儿童心理学》内容分为导言，幼儿期、小学儿童的心理，儿童时代男女的差异，成熟中的青年等四章。此书"说理明显，材料详备，于实用一点尤为致意"，对于儿童的心理讨论尤详，可供从事教育者之用。王其澍的《近世生物学》从生物的起源讲起，次及生物作用及性之决定，再论遗传变异与淘汰、优生学与教育、生物与环境，最后详述进化论、动物心脏的进化，以及动物与人之关系。前后十七章，"以实用为主旨"。张资平的《普通地质学》内容分为三篇，第一篇为地球地质学，由地球之诸性质及其三界说到构成地壳之材料；第二篇为构造地质学，论沉积岩之构造，火成岩与矿床之产状，以及岩石之节理；第三篇为动力地质学，又分为外营力内营力两篇。全书叙说透彻详尽，具有较高的参考价值。白鹏飞的《行政法总论》一书分为两章，第一章为行政法之基础概念及基础规律，包括行政权、行政法、行政行为通论及公法关系等项；第二章为行政，包括一般行政组织法及行政诉讼法等项。书中博采诸家学说及当代诸国之法制，并与中国成法进行比较，为行政法研究之佳作。

（二）《学艺汇刊》

早在 1923 年 6 月，东京事务所在神田日华学会召开东京社友会，上海总事务所干事郑贞文与会。会上就社务之改进展开讨论，最后议决"随时刊行小册子，或用《学艺汇刊》名义，或用《学艺小丛书》名义"[①]，提交总事务所定夺。总事务所经讨论后，通过这一决议，并很快付诸实施。《学艺》第 5 卷第 6 期登出《学艺汇刊出版广告》，述及发行之缘起："学艺杂志发行以来历有六年，现已出至第五卷，其前诸卷虽未完全售尽，然

---

① 《社报·东京事务所报告》，《学艺》第 5 卷第 3 号，1923 年 7 月。

所余亦已无几，又都残阙不能汇成整部，致购者多感不便，其中佳构不在少数，苟任其散失，未免可惜，用特择其精者汇成小册分别发行，又有一部分投稿，因其分量过多不适于学艺登载者，亦归入此汇发表，统其名曰《学艺汇刊》"①。提交商务印书馆的书稿，有些在一·二八事变期间被毁，包括沈璿译《罕森日蚀考》《春秋长历》《战国秦汉历法》，黎学澄的《股份有限公司论》，耿文田译的《毕达案拉斯定理证法》，郭步陶的《中国实用修辞学》，曹任远的《原子价论》等。即便这样，据统计到1936年底《学艺汇刊》共出版著作39种，排印中者16种。② 笔者尽可能对《学艺汇刊》出版书籍情况进行了统计，特绘成如下表格（见表6.3）：

表6.3　《学艺汇刊》出版著作情况一览表

序号	作者	书名	序号	作者	书名
1	周昌寿	相对律之由来及其概念	2	范寿康	教育哲学大纲
3	费鸿年	杜里舒及其学说	4	潘大道	诗论
5	刘正华	内燃机关	6	马宗荣	社会教育概说
7	黄金槐	西洋音乐浅说	8	陆志鸿（译）	原子构造概论
9	张资平	地质学者达尔文	10	文元模	短篇小说集（一）
11	徐式圭	中国财政史略	12	何崧龄等	唯物史观研究
13	屠孝实等	国故论丛	14	文元模等	自然科学之革命思潮
15	钱宝琮	古算考源	16	马宗荣	现代图书馆序说
17	费鸿年等	性论	18	马宗荣	现代图书馆经营论
19	刘文艺等	石油与石炭	20	周昌寿	电子与量子
21	张资平、黄嘉今（译）	生物地理概说	22	杨鹏等	法制论丛
23	曾世荣	支配铁路货车概要	24	高铦（译）	胶质化学概要
25	王邦珍	算术原理	26	蔡源明（译）	威格那大陆浮动论
27	李俨	中算史论丛（一）	28	李俨	中算史论丛（二）
29	李俨	中算史论丛（三）	30	张敏成	实用无线电浅说
31	刘正杰（译）	法律思想史概说	32	熊梭	儿科医典
33	徐式圭	中国教育史略	34	章康直（译）	物质波与量子力学
35	于景让（译）	细胞之生化学	36	徐式圭	中国田制史略
37	万希章	矿物颜料	38	沈璿（译）	中国上古天文
41	黄恢权	机械装置及管理法			

资料来源：参阅读秀、国家图书馆、北京大学图书馆及孔夫子旧书网等处登载的《学艺汇刊》之封面制成。39、40尚付阙如，待考。

---

① 《学艺汇刊出版广告》，《学艺》第5卷第6号，1923年10月。
② 谭勤余：《二十年来中华学艺社之出版事业》，《学艺》第16卷第1期，1937年1月。

鉴于以往"算术书多详于法则及演法，而略于理论，学者习之知其所当然，不知所以然，遂有盲从之病"，王邦珍《算术原理》一书"专详理论而略于法则及演算，以补普通算术之不及"。该书内容分绪论、整数、分数、小数、开方及求积、级数等六编。附录集录算术上最有名或难解之问题，予以详细解释；最后"且示算术问题之代数诱导法"，"则平时视四则问题为畏途者，得此破其难关，获益非浅也"。[1] 考虑到"儿科医籍浩繁，亦不能仓卒浏览者"，熊悛参考了大量医学名著撰成《儿科医典》，收入各年龄之药量表、体格发育表、乳儿食饵之热量表、正常血液表等18种儿科临床医用表格，"将儿科有关系之各种表格数字集为一篇"。[2] 该书由商务印书馆1931年5月初版，1933年2月国难后1版，1935年4月国难后2版。马宗荣的《社会教育概说》一书分为四编，对于社会教育之意义、主体、客体、目的、方法、机关等，"靡不阐明，而于事业一项，说述尤详，如图书馆，博物院，职业指导局，育婴事业，感化院，演戏，电影，夏季殖民等二十七项之社会事业，无不论及"，"末附我国政府所颁布关于社会教育之法规，以资参考"。[3] 黄金槐《西洋音乐浅说》一书介绍西洋音乐之常识，内分概论、管弦乐、乐曲之种类及形式、近代名家略传及其事迹、歌剧等五章，"书中附图甚多，颇合于中学生及小学教员参考之用"[4]。万希章在为《矿物颜料》所作"自叙"中提到，编写该书的目的，主要是供工业学校及职业学校之采用，"同时亦可为从事斯业者参考之一助"。该书共10章，于1931年秋脱稿、排印，可惜于一·二八事变中随商务印书馆葬身火海，后作者利用课余闲暇苦战三个月才使得该书得以问世，"诚不胜桑田沧海之慨"。[5]

（三）《学艺小丛书》

因中华学艺社经费困难，发表在《学艺》杂志上的文章"向不给酬"。有鉴于此，在1933年2月7日召开的《学艺》编辑部第六次部务会议上

---

① 《学艺汇刊续出一种》，《中华学艺社报》第2卷第6期，1931年6月。
② 《学艺汇刊续出一种〈儿科医典〉》，《中华学艺社报》第3卷第1期，1931年7月。
③ 《学艺社出版物一览》，《学艺》第10卷第1号，1930年1月。
④ 《学艺社出版物一览》，《学艺》第10卷第1号，1930年1月。
⑤ 万希章：《矿物颜料·自叙》，商务印书馆1935年版。

议决，"今后每期学艺所载论文，得酌量改排为学艺小丛书，除用以赠送著者，藉示谢意外，并备社内外人士出资购买"①。据统计，到抗战前《学艺小丛书》出版了陶烈《心理生理学序论》、郑师许《近三十年来中国治文字学者的派别及其方法》和《吉金彝器之辨伪方法》、李俨《中国数学史导言》、张梦麟《萧伯纳的研究》、陈植《十五年来中国之林业》、章鸿钊《十五年来中国之地质研究》、郑贞文《化学命名法草案初稿》、陈柱《研究文字学之几条方法》、章鸿钊《读白鸟库吉博士"大秦之木难珠与印度之如意珠"一文辩答》等 11 种著述。

郑师许《近三十年来中国治文字学者的派别及其方法》一书共 10 部分，介绍文字学的界说、商朝甲骨文发现的意义、中国文字学未来的新趋势、日本的中国文字学者，以及中国文字学的古文派、今文派、新今文派、科学派等。张梦麟《萧伯纳的研究》一书从身世、剧作、思想、人生观等方面对萧伯纳进行了较为全面的论述，并重点评价了《人与超人》一剧，认为萧伯纳不同于一般的"写实主义者"，"他同时是写实主义者，又是个理想主义者"。陈植在《十五年来中国之林业》一书中提出，要振兴中国林业，必须要有自上而下的林业专门机构，健全的科学研究体系和森林立法；要培养林业人才，必须设立独立的林业院校；等等。这些见解对中国林业的发展颇具指导意义。

（四）《学艺文库》

基于"近世教育机会日渐均等，而学艺亦须具社会化之精神"，1930年初中华学艺社决定出版《学艺文库》，搜集专门名著，"内分基础科学（可作高中参考书，或大学讲义用之程度）、实用科学（如养蜂学，养鸡学，会计学，工场管理法，商店组织法，家庭医学等）及最新思潮三部分"，由郑贞文、朱章宝、江铁、马宗荣四人负责筹划。② 经马宗荣居间联系，中华书局愿意承担《学艺文库》出版事宜。1931 年，双方签订正式的出版契约，规定：1. 中华书局承担所有制版、印刷、广告等费。2. 每售出一部，照定价提版税 15%。3. 书稿十万字以内，如无特别情形，交稿后

---

① 《编辑部·第六次部务会议》，《中华学艺社报》第 6 卷第 1—2 期合刊，1933 年 3 月。
② 《编印社会化的学艺文库》，《中华学艺社》第 1 卷第 1 期，1930 年 6 月。

六个月出书；十万字以外者，出版期可酌量延长。4. 乙方书稿甲方认为不能印行者，退回乙方。有修改必要者商请乙方修改。①

全面抗战爆发前，《学艺文库》先后出版了资耀华《国外汇兑之理论与实务》、袁汝诚《近世道路工程学》、卢勋《战争与经济》、徐式圭《中国监察史略》4 种书籍。上海银行总经理陈光甫在为资耀华一书所作序言中提出，"研究我国国外汇兑之专书反不可多得，而融和国外汇兑的理论与实务之专书，则更绝无而仅有焉……耀华为敝行调查部经理，才学兼长，服务精勤……于行务之暇，将国外汇兑之理论与实务，融和一炉，成为专书，藉供国人之参考。吾不嘉其著述成功，而嘉其能利用行务之余暇，从事学理上之研究；更嘉其能注意谋银行与商人之合作，故乐为之序"。《近世道路工程学》一书分为 27 章，内容丰富，且具有突出的实用价值。时任河南省国民政府建设厅长的张静愚高度评价此书："阐述道路之精奥，至为详尽，取材颇新，更属此书之特色"②。时任南京市市长的石瑛在序言中也指出，该书"对于各种道路之设施，莫不详细论列，并能顾及我国经济状况，侧重于次级路面之计划，诚为国内修筑道路者之重要参考书"③。

（五）《中华学艺社丛书》和《中华学艺丛书》

一·二八事变后，商务印书馆总厂被毁，虽后来有所恢复但印刷能力大为减少，"本社丛书，即无形停顿"。有鉴于此，中华学艺社于 1932 年 12 月至 1 月间召开部务会议，决定编纂《中华学艺社丛书》。经与世界书局联系，双方于 12 月间签订出版契约，编辑事宜由中华学艺社负责，世界书局负责《中华学艺社丛书》的出版等事宜。④ 第一种是《唐庆增经济演讲集》，内收作者 1926—1931 年间有关经济学及中国经济问题的演讲稿 28 篇，具体涉及经济学的基本概念、经济学的方法论、经济思想史、货币学说及生产、劳资、合作运动、帝国主义侵略等专题。另有《最小二乘法》

① 《本社与中华书局订立出版学艺文库契约》，《中华学艺社报》第 3 卷第 6 期，1931 年 12 月。
② 张静愚：《题袁汝诚所著近世道路工程学》，《近世道路工程学》，中华书局 1933 年版。
③ 《近世道路工程学》，中华书局 1933 年版，石瑛序。
④ 《中华学艺社丛书契约成立》，《中华学艺社报》第 5 卷第 4—6 期合刊，1933 年 1 月。

（陆志鸿编）、《日蚀论》（沈璿编）、《新中国政治道德论》（王恒编）等，送交世界书局排印。但除《最小二乘法》一书外，笔者查阅各种资料，并未找到其他几种出版的信息。

中华学艺社的《中华学艺丛书》由群众图书公司出版发行，抗战全面爆发前出版了姜琦的《教育哲学》一书。该书内容由绪论、教育哲学本质论、教育哲学研究方法论、教育本质论、教育目的论、教育方法论、教育价值论、结论八章组成。全书20余万字，"材料丰富，立论正确，为姜先生多年研究之结晶"①。

（六）其他

除上述丛书外，中华学艺社还组织编译《学艺论文集》《文艺丛书》《世界名著》《日本语讲座》《自然科学丛书》等。《学艺论文集》由社员的英文论文汇集而成，由商务印书馆发行，到1930年底出版了张颐的《英文赫氏伦理探究》（*Hegel's Ethical Teaching*）、魏岩寿的《微生物学研究》（*Researches on Microorganisms*）两种，另有姜琦的《现代教育哲学的研究》、郑贞文的《中国化学史之研究》（一）两书书稿在一·二八事变中付诸一炬。中华学艺社征集社员创作的文艺作品，汇成《文艺丛书》，由商务印书馆印刷，到1930年11月出版了郭沫若的《塔》、张资平的《雪的除夕》《不平衡的偶力》3种。

1930年初，本着"介绍世界专家代表著作"之宗旨，中华学艺社决定编译《世界名著》，内容包括社会科学、自然科学、哲学、文学，最初计划推出100种，由周昌寿、张资平、夏丏尊、马宗荣四人负责，印刷方面由开明书局担任。② 双方签订契约规定：1. 选择名著原本及翻译等，由中华学艺社负责；印刷发行等事，由开明书局负责。2. 开明书局收到稿本，应于2个月内出版；字数在10万以上，或有图表，或同时有数种书稿待出版，出版期可酌量延长，但至多不得超过3个月。3. 版税在最初发行之两

---

① 《中华学艺丛书第一种教育哲学出版》，《中华学艺社报》第6卷第5—8期合刊，1933年8月。

② 《编译〈世界名著〉》，《中华学艺社报》第1卷第1期，1930年6月。

千部，照定价抽 15%。两千部以上，照定价抽 20%。① 只是，在与开明书局签订协议后，此事一直没有进展。1933 年 9 月，编辑部召开第十次部务会议，围绕编译世界名著丛书展开讨论，议决首先向社内征求意见，当即分函社内各科专家，原函内容如下：

○○先生大鉴。

　　径启者：本社前为介绍世界学术，发扬文化起见，曾有编译世界名著丛书之计划；后因种种事故，迄未实现，深为惋惜。本部现拟继续进行。然因兹事体大，非集思广益，难期有成，刻经本部第十次部务会议议决，先向社内各科专家征求高见，再由本部加以归纳，酌量经济能力，次第进行；用特函请先生指示关于○○方面有何名著应先行翻译。如蒙进而赐示各书内容大要，约略字数，以及何人可任此项翻译工作，尤所企盼！顺颂撰安！②

中华学艺社的《世界名著》到底出版了哪些书籍？限于史料，目前尚不可考。为方便国内人士与赴日留学者学习日语，中华学艺社还邀请社员江铁、马宗荣筹划编辑《日本语讲座》，推举谢六逸、毛秋白、江磐等社员担任编辑，"此举实为谋中日文化贯通最重要之工作，固不仅为便利初学日语者也"③。待一切筹备就绪后，1930 年 6 月 3 日召开编辑委员会，就相关事宜展开讨论，最终决定：讲述方面，由葛祖兰、周昌寿、江铁、谢六逸、马宗荣、毛文麟、江磐、周桂徵、谭勤余、文中让等 10 人负责；学程方面，包括口语文法、文语文法、口语文读本、交语文读本、实用会话、高级会话 6 种。要求"叙述力求简明恳切，俾能便利初学日语者之自修"④，计划秋季出版。《日本语讲座》拟出版书籍如下：《口语文法》（葛祖兰）、《文语文法》（周昌寿、江铁）、《口语文读本》（谢六逸、马宗荣）、《文语文读本》（毛文麟、江磐）、《实用会话》（周桂徵、谭勤余）、

---

① 《订立合印汉译世界名著契约》，《中华学艺社报》第 1 卷第 2 期，1930 年 7 月。

② 《编辑部·分函社内各科专家请拟订应行翻译之世界名著书目》，《中华学艺社报》第 6 卷第 9—12 期合刊，1933 年 12 月。

③ 《编辑"日本语讲座"》，《中华学艺社报》第 1 卷第 1 期，1930 年 6 月。

④ 《编辑日本语讲座小委员会开会》，《中华学艺社报》第 1 卷第 2 期，1930 年 7 月。

《高级会话》（文中让）等。出版预告曾在《中华学艺社报》上连续登载，但未见到最终问世的消息。

　　1937 年 6 月 7 日，中华学艺社第二届理事会第三次会议在中华学艺社会议室召开，潘公展、瞿荆洲、刘百闵、周宪文、傅式说、何炳松等出席，会议就"编译自然科学丛书应如何办理案"展开讨论，会议议决：1. 沈璿等社友所拟简章修正文字通过；2. 聘请沈璿、罗宗洛、陆志鸿、马廷英、董聿茂、苏步青、张定钊、曾广方、周昌寿等 9 人为自然科学丛书委员会委员。该丛书由商务印书馆出版发行。① 中华学艺社的《自然科学丛书》出版了郑贞文、张定钊、陈之霖译《化学本论》（1939），罗宗洛译的《植物系统学》（1947）两书。其中前者曾被列入中华学艺社的《世界名著》，并在《中华学艺社报》上登载广告。

　　总之，中华学艺社自成立以来，借助《学艺》杂志等媒介，积极进行知识生产。而中华学艺社组织编纂的《学艺丛书》《学艺汇刊》等系列书籍，无疑是对《学艺》所载系列文章的汇集或延伸。其以单行本的形式出版，极大地便利了专门学者。而这些书籍的一版再版，反映了读者对书中知识的喜爱，代代相传，使得很多的读者由此产生兴趣，积极开展个人研究，实现了知识的生产与再生产。从这个角度上说，中华学艺社的出版物，充当了知识生产与再生产的工具。而广大读者，也在一定程度上不断地生产、再生产知识。

---

① 《总社消息·第二届理事会第三次会议录》，《中华学艺社报》第 10 卷第 2 期，1938 年 11 月。

第七章

知识场域的扩展

自成立以来，中华学艺社开展了大量活动，借助年会、演讲、研究所、图书馆、展览等途径，不断扩展自身的生存空间和知识场域①，从而推进了中国科学的体制化进程。以下分而述之：

一、召开年会

召开年会是中华学艺社的一项重要社务，《中华学艺社社章》第44条规定："本社每年举行年会一次，报告本社进行状况，由总干事召集之。"②1929年第三次修正的《中华学艺社社章》第48条中将年会的性质定为恳亲会，由执行委员会召集，以"联络感情、报告社务、发表研究"③为目的。到抗战全面爆发前，中华学艺社共举行五次年会（见表7.1），筹划中的第二、第三届年会受时局影响均未能召开。

---

① "知识场域"概念参照法国社会学家布迪厄的场域（field）理论。知识场域（intellectual field）作为场域概念的典型代表之一，是随着专门化的文化生产者团体的兴起，而出现的一个潜在的、权力等级化的并具较高自主性和独立性的文化领域。在知识场域中，居于不同知识位置（intellectual positions）的诸多行动者或要素，如知识个体、群体、机构通过对文化生产场域的参与、互动、竞争与对抗，以获得知识或思想的既成体制、学术研究工作、文学艺术创造的合法性承认或垄断权，并对其学术观念、职业利益、政治行为等产生决定性影响。见戴维·斯沃茨著，陶东风译《文化与权力：布尔迪厄的社会学》，上海译文出版社2006年版。

② 《中华学艺社社章》，《学艺》第4卷第8号，1923年2月。

③ 《中华学艺社社章》，《学艺》第9卷第8号，1929年7月。

表7.1　中华学艺社年会一览表

届数	一	二	三	四	五	六	七
地点	杭州	因故未开		南京	北平	武昌	南昌
时间	1924年3月			1930年12月	1934年4月	1935年4月	1936年7月

资料来源：据《学艺》杂志、《中华学艺社报》有关年会信息制成。

　　1924年3月15日，中华学艺社第一届年会在杭州省教育会召开。出席社员60余人，北京、上海、武昌、长沙、南京、苏州、福建、德国、美国和日本均有代表参加。此次年会分报告社务、举行演讲两部分。首先，由周昌寿致开幕词，随后由周昌寿报告中华学艺社成立经过、学社事业、对于庚款退还之意见、创立学艺大学等情形；最后，由各科干事和各地干事报告总社及分社情形。此次年会确定，下届年会将从青岛、武昌两处择一地召开。[①]

　　中华学艺社原定于1925年10月28—30日在武昌商科大学举行第二届年会，武昌事务所为此专门成立总务股、文牍股、庶务股、招待股、卫生股五股，并制订了年会日程安排。[②] 会前收到社员提交的论文多篇，如魏岩寿《新细菌之一种》、陈方之《血蛭病之研究》、高昌逵《锡锑合金之色与构造之关系》、谭勤余《色与化学构造之关系》、杨鹏《中华民国修订民法应取之方法》、曾天宇《苏俄最近之国际商业政策及中俄商约会议之要点》等[③]。但适逢10月中旬苏浙地区战事，武昌也处于战乱之中，交通中断，致使第二届年会被迫取消。中华学艺社第三届年会原定于1927年2月27日—3月1日在广州举行，并推选傅锐、王兆荣、郑贞文、周昌寿、许崇清等21人为筹备委员，傅锐为筹备委员长，许崇清为筹备主任，可惜又因北伐战事的影响而被迫延期，最终也未能召开。

　　由于第二届、第三届年会的流产，中华学艺社的第四届年会经过了缜密的准备。当时国家名义上获得了统一，政局相对稳定，在此背景下中华学艺社第四届年会于1930年12月3日在南京举行。年会召开前，中华学

① 《社报》，《学艺》第5卷第10号，1924年3月。
② 《社报·武昌事务所报告》，《学艺》第7卷第2号，1925年9月。
③ 《社报·总事务所报告》，《学艺》第7卷第2号，1925年9月。

艺社还从铁道部、招商局为参加年会的社员取得了往返车船的减价票。此次年会，到会社员及来宾共 121 人。国民党中央委员何应钦，教育部部长蒋梦麟，铨叙部长张难先，南京市教育局局长张忠道均参加年会并致辞。[①]社员提交论文 21 篇（见表 7.2），在年会上予以宣读。

表 7.2　第四届年会提交论文一览

作　者	论　文
林植夫（丘景尼代读）	三民主义之研究
杨栋林	缩小省区问题
马宗荣	图书馆教育独立论
陈钟凡	清代三百年学术的趋势
杨遇夫（陈钟凡代读）	古文中用词的变化
陈柱（陈钟凡代读）	数名古义
郑贞文	中国炼丹术史的研究
章鸿钊（李学清代读）	地质学界两大迷信和今后发展的趋势
张定钊（曹元宇代读）	理想气体定律对于实际混合气体的差异
曾广方（曹元宇代读）	东北产杞柳之近似成分
陶慰孙（曹元宇代读）	稻米淀粉之生物化学的研究
殷木强（陈方之代读）	长江下游各地丝形菌之蔓延状况
戈绍龙（陈方之代读）	扁桃腺性肾脏炎研究之实验
魏岩寿（聂汤谷代读）	横泾酵母之应用
罗宗洛（王兆澄代读）	高等植物之硝酸及碙精的吸收
陈之霖	西湖骸泥之化学的研究
韩组康、朱济李	醋酸铅之敏捷分析法
韩组康、赵宗焕	微量末点滴定法
陶烈遗著（陶炽孙代读）	中枢神经机能研究
费鸿年	南中国产尖口蟹类之研究
王兆澄	国产维他命之制造

资料来源：《中华学艺社报》第 2 卷第 1 期，第 7—14 页。

[①] 《中华学艺社报》第 2 卷第 1 期，1931 年 1 月。

上述论文都是社员在各自领域的研究新作，内容涉及政治、文化、物理、化学、地理、农业、医学等方面，具有一定的学术价值或现实意义。

大会收到总社、各地分社及社员个人提案 32 项①，涉及整顿社务方面，如筹集本社基金案、振兴社务案、本社应从速筹办自然科学研究所案、本社内设民众科学普及委员会案、组织建设问题研究会案、创办本社图书馆案、筹设印刷所于首都案、《学艺》杂志文理科区分案、请本社设法筹设留日高等预备学校案、本社设立介绍职业部案、征收社费应以总社所在地上海通用之国币为标准案、学术视察团应规定方法案、在北平购买房屋以建设北平事务所案、修改社章案、本社今后之工作应以三民主义为中心发扬学艺案、在首都筹设学艺中学案、介绍社员应取宁缺毋滥方针案、筹设武汉学艺图书馆由总社拨给基金案等。关于宣扬学术方面，如请本社发起影印《四库全书》发扬我国固有文化案、本社应征求有系统之科学著作代为刊印并酌给酬金以谋学术发展案、出版航海图书案、联络国内外学术团体文化机关以谋进益案等。关于建议当局的提案，如请本社呈请政府从速向日本政府交涉解决退还庚子赔款案、请本社呈请国民政府于各国退还庚款项下拨出巨款补助全国优良私立大学以充实自然科学之设备及图书馆之内容并补助学术团体实际研究专门学术案、请国民政府补助学术团体设立自然科学研究案、请本社呈请国民政府交主管机关举行升学检定试验以谋教育机会之均等案、请国民政府命令学校注重自然科学案、建议中央设立中央图书馆案、呈请国民政府转令立法院刻期规定庙产兴学办法通令全国一体遵行案、建议中央尽量推广职业教育并免除学校学费案，等等。

提案均附有提案人或团体的理由和具体办法。大会最后通过议案 22 件。有的提案，在当时来说很难实现。有的需要的经费较多，以中华学艺社当时的经济实力无法解决；涉及政府方面，政府也未必会真心采纳。由此看来，议案能否落实，谁来执行，是一个难以解决的问题。对此，郑贞文就有"决而不行，行而不通"的无奈②。年会还议决，以后每年召开年

① 《中华学艺社报》第 2 卷第 1 期，1931 年 1 月。
② 《中华学艺社报》第 2 卷第 1 期，1931 年 1 月。

会一次，"以年会在冬季举行，因气候及时间等关系，均有不便之处，议决改为每年春假时举行，而第五届年会当于明春柳暗花明时举行焉"①。

国家时局的变迁直接影响中华学艺社的发展。1931 年以来，受东北、平津等处战事的冲击，社会动荡，人心惶惶，中华学艺社的年会也未能按时举行。1934 年 4 月，中华学艺社克服重重困难，在形势依旧严峻的北平召开第五届年会，可以说"是在悲痛回忆中的一种悲壮的成功"②。年会从 1934 年 1 月起开始着手筹备，成立年会筹备委员会，由北平分社白鹏飞任委员长，负责一切筹备事宜；成立秘书处，下设文书组、议事组、论文组、招待组、庶务组、演讲组、会计组、宣传组等，负责具体的筹备事宜。筹委会借北京大学法学院大礼堂作为年会大会会场，以法学院圆楼中的三室作为年会办公处。

年会首先由主席团成员王兆荣致开幕词，随后北平市党部委员周炳琳、北平市市长袁良、北京大学校长蒋梦麟、北平大学医学院院长吴祥凤等也在年会上致辞。年会除了报告、讨论社务外，宣读论文 26 篇（见表 7.3）。

表 7.3　中华学艺社第五届年会宣读论文一览

作者	题目	作者	题目
魏岩寿 金培松	紫外线下微生物之观察	刘百闵	《周易》的处世哲学方法论
陆志鸿	水敏土之风化试验	戈绍龙	扁桃腺问题之我见
黄宾虹	书法要旨	刘鸿万	论物价指数
陈钟凡	艺术进展的阶段	刘伯文	木莲子粘液质之凝胶性的研究
易希陶	日本产 Dueterophlebia 之观察	陈立夫	生的原理之研究
陈柱	儒道墨法四家异同论	罗登义	北平产二三蔬菜营养价值之研究
虞绍唐	物性论	周建侯	冰粉子 Ficus Awokestsang 之化学成分之研究
朱升芹	纺织工业与民生之关系及推进中国纺织工业之方策	丁乃刚	色彩感觉之色子感应说

---

① 《中华学艺社社报》第 4 卷第 2—3 期合刊，1932 年 4 月。
② 刘百闵：《第五次年会感言》，《中华学艺社社报》第 7 卷第 4 期，1934 年 6 月。

续表

作者	题目	作者	题目
陈柱	说文或体字五十五例表	周宪文	农村复兴的根本问题
陈豹隐	中国农村破产救济问题之理论的考察	崔敬伯	现代租税制度之三大类型
陶炽孙	江苏无锡地方居民之统计卫生学的调查及其与江苏省一部份教育生态统计之比较	章鸿钊	螺化论与地质学
沈嗣芳	公用事业之特性	张景汉	明初中国北部之移民
周建侯 罗登义 陈朝玉	北平附近农民之营养问题	魏岩寿	第二报 Rhizopus 属之观察

资料来源:《中华学艺社报》第 7 卷第 4 期, 第 11—12 页。

年会收到提案 35 件, 涉及修改社章、教育、出版、学术、社务建设、学艺社人事及第六届年会地址等方面①。在修改社章方面, 傅式说等社员提出, 董事会应负责经费问题, 其成员也应该由社会上有地位、有声望的人士组成, 不必拘于由社员内部选出。而社务应交给社员组成的理事会, 理事会成为实际的领导层, 下设总办事处, 设总干事 1 人专责执行, 然后再设各种专门委员会负责出版、教育等事业。关于教育方面, 李贻燕认为, 总社每年应该补助学艺中学经费五千元; 刘世仁建议募集基金重建学艺大学; 郎德沛主张设立民众职业学校; 艾华建议在北平建立一所小学以普及教育。出版方面, 虞绍唐认为, 可以不定期出版英文专刊, 把社员创作的有价值的科学论文刊为英文, 介绍给全世界, 供学者批评研究; 编辑委员会建议编辑 "百科大辞典"; 刘伯文主张编辑 "中华学艺文献总览" 等。学术方面, 向大廷建议学艺社社员开展分科研究, 刘世仁建议发起组织欧美考察团前往欧美各国考察。社务建设方面, 编辑部编审委员会主张扩充学社图书馆, 戈绍龙等社员建议在北平购置房舍便于北平分社社务的展开。人事方面, 向大廷建议设立社友职业介绍处, 为社友提供均等的就业机会, 等等。

年会受到北平当局及社会各界的热忱支持, 北平新闻界对年会及时、详尽地进行了报道, 北平党政机关学校新闻媒体学术团体积极参加, 借此

① 《社员大会议决录》,《中华学艺社报》第 7 卷第 4 期, 1934 年 6 月。

宴请中华学艺社社友达二十余次。在年会闭会宣言上，中华学艺社重申了"学艺救国"的主张，并将该社发展方向由一地发展的原则变为多地标点式的发展原则，即除以上海总社外，再选择南京分社（首都人才荟萃）、北平分社（文化中心）、东京分社（新进社友云集、研究力量强大）三处，"据此四标点以巩固本社之基础势力"。中华学艺社将来工作之目标，总结为"四点"：（1）工作定位多层化，由高深转为平易，以求学艺事业的普及；（2）工作多面化，尽量求得多方面的发展；（3）工作切实化，努力从事社友能够胜任的工作；（4）工作合理化，"即不因夸大而使本社从财政上自戕，不因本社当局者专门学业之故而使工作向某一方面倾重"①。

1936 年 7 月，中华学艺社在南昌教育厅大礼堂举行第七届年会，该年会也是中华学艺社抗战全面爆发前的最后一届年会。到会社员及来宾百余人，其中包括政府机关、学校代表、报社记者 40 余人。主席程时煃把这届年会的意义，归纳为交换知识、增长阅历、发展社务。② 首先由理事长何炳松和总干事周宪文报告总社社务，继由各地分社代表报告社务。大会收到提案 16 项（见表 7.4）：

表7.4 中华学艺社第七届年会提案一览

提案人	提案
理事会	如何发展学艺中学案
理事会	如何维持本社经费并发展社务案
理事会	如何改革学艺杂志案
江西分社	学术救国方案
雷震、马宗荣、邓深泽、李贻燕、史维焕、魏肇基	请总社仍照此前每月提款 150 元补助学艺中学，并请将学艺杂志编辑职务交由学校负责办理而此项编辑费每月 120 元，亦拨交学校支配案
叶青	请举行学术褒扬以鼓励研究而促进文化案
周宪文	建议政府速定经济建设之根本方针案
白鹏飞、周建侯、艾华、马宗荣	全国小学教育宜绝对禁止体罚并确定赏罚种类案
龚代祥	以一省为单元制成全国建设实施计划提交政府采用施行案

---

① 《第五次年会闭会宣言》，《中华学艺社报》第 7 卷第 4 期，1934 年 6 月。
② 《第七届年会特辑》，《中华学艺社报》第 9 卷第 3 期，1936 年 9 月。

提案人	提案
李南芗、陈高佣	整顿图书馆案；编纂中国学术史与中国艺术史案
陈遵妫	学艺不可改为季刊；停办学艺中学
陈配德	请举办学艺讲座以发扬学艺之效用案
史绍桑	请创办学艺大学案
日本东京分社	请实施历届议决案
日本东京分社	拟请全体社友各月储二角以备补助社友发明试验金案
日本东京分社	建议政府实施非常时之民众教育案

资料来源：《第七届年会特辑》，《中华学艺社报》第 9 卷第 3 期。

　　针对当时国难的日趋深重，江西分社提出了学术救国方案。在他们看来，学术救国应以"适应国难时期的需要，保卫中华民国的领土与主权完整"为目标，以"建设中国本位文化，研究国防科学，确定负责、进取、乐观、民族的救国态度，阐发知行合一的学说"为学术救国原则。至于具体方法，应从政府、学艺社自身两方面考虑。首先是政府方面，建议由中央研究院切实研究国防学术及学术救国方案；通令各大学及专门研究机构组织各种国防研究会，如航空研究会、兵器化学研究会等；通令各大学特设时事讲座，如航空讲座、国防军事讲座等；奖励出版与救国有关的各种刊物，如爱国歌曲、国防图说等；通令各教育机构，组织时事宣传队及救国剧团向民众宣传严重的国难情形，以唤起民众的爱国思想；通令各省市组织大规模的音乐会，以搜集爱国歌曲并组织集体演唱；由国立编译馆特别供给各中小学校国防科学常识资料；通令各学校组织学生时事讨论，使青年认识到国难的严峻形势。二是学艺社自身建设。建议分科组织各种学科研究会，并将社员研究所得发表于《学艺》或供给政府参考；社员应将在国内或国外当地社会情形报告总社，在《学艺》杂志上随时出版边防研究、国际问题、军事科学等专号研究；每届年会应设法参观当地国防建设工作，编辑国防丛书，联络其他学术团体商讨学术救国方案等。[①]

　　社员周宪文建议政府速定经济建设之根本方针。在他看来，政府将来

---

① 《第七届年会特辑》，《中华学艺社报》第 9 卷第 3 期，1936 年 9 月。

之经济建设，应以下列两点为根本方针：（一）在手段上，必须藉以增强反抗列强对华侵略之力量；（二）在使命上，必须推进生产事业，期以增加人民之收入，改善人民之生活。东京分社建议政府实施非常时期的民众教育，方法包括：以各国退还庚款作为民众教育的经费；请教育部严令各省市县教育行政机关分期完成民众教育；开办民众教育师资训练班；实施军事训练等。还有社员提出学艺中学具体的经营方法，也有社员主张彻底停办；关于《学艺》杂志，有社员主张改为季刊，也有社员予以反对。年会决议"议而不决"的现象，在此次年会上再度引发了社员们的讨论。

此次年会，除报告社务、社务讨论外，社员提交并宣读论文15篇，具体详见表7.5。除在会场宣读外，还在《南昌日报》上专载。

表7.5　中华学艺社第七届年会提交论文一览

作者	论文
陈钟凡	二十年我国之国故整理
孙泽瀛	Conditions De Cauchy—Riemann
陈柱	九书论
何炳松	国史整理问题
周建侯	萝卜芥菜及大白菜之食盐腌渍与添加米糠腌渍时维生素 B 含量之比较研究
陈高佣	秦汉以后中国历史循环发展的原因
周宪文	中国经济出路问题
刘赋强	Richard 氏病之分类法
魏怡春	肠伤寒经过中之血小板态度
王子夷	人乳反应对于脚气诊断之新知见
刘百闵	行政学的方法论
吕瀚璿	南昌市下水道隔油井之设计
张天荣	江西产纸之调查报告
杜佐周 张化清	小学静读练习片的编制与试用
邱建中	木炭煤汽车之研究

资料来源：《第七届年会特辑》，《中华学艺社报》第 9 卷第 3 期，1936 年 9 月。

第八届年会，原定于 1937 年寒假在福州举行。后因八一三事变发生，上海、南京、杭州等地相继沦陷，第八届年会最终流产。到抗战全面爆发前，中华学艺社实际上只召开了五次年会。

1947 年 12 月 3 日，中华学艺社举行抗战胜利后的首届年会暨中华学艺社成立 30 周年纪念会。鉴于"交通梗阻，旅费浩大"①，年会采取分区召开的方式举行。共分九区，除京沪杭为一区外，北平、天津为一区，重庆、成都为一区，广州、香港为一区，汉口、武昌为一区，福州为一区，南昌、九江为一区，贵阳为一区，台湾为一区，雅安为一区，其他地区可以采用聚餐的方式纪念，日本、华盛顿也有集会庆祝活动。年会分为学术演讲、宣读论文、讨论提案、游览聚餐等环节。

京沪杭区年会在上海绍兴路会所举行，社员 70 余人出席。程时煃在致辞中提出三点意见：（一）各就专长学术，发挥研究能力；（二）本社在日本成立，对于日本问题，应有特殊研究；（三）我国应遵循民主和平大道，负起复兴东亚文化之使命。次由理事长周昌寿报告年会筹备经过。教育部代局长李熙谋、中国科学社代表任鸿隽、中华学艺社名誉社员张元济先后致辞，各分会代表及总干事李毓田报告各地社务及年会任务。② 年会上，电动华文打字机发明人高仲芹表演华文电动打字机的功能和构造。之后是宣读论文。此次年会宣读论文 8 篇，主要有朱洗的《蛙卵体外成熟的新研究》《种稻研究》《中国昆虫史略》等。然后由程时煃演讲《中国之教育情形》；慎昌洋行工程师陈子良表演发明的电子能机械，受到在座社员的赞许。最后是讨论社务，讨论理事会所提之议案，涉及延聘特约社员案、举行学术演讲案及电化教育案、加强日本研究案等十余件。年会期间还举办了文物展览，展出物品主要是古代俑像及壁画，有唐代胡人俑、唐代壁画和鸵鸟化石等，"壁画雕工细致，化石有五千万年的历史，极为名贵"③。

台湾分社年会于 1947 年 12 月 6 日在台湾大学法学院召开，共有 60 多名社员参加。年会宣读论文 16 篇（见表 7.6）。

---

① 《本年度年会筹备委员会议》，《中华学艺社报》第 14 卷第 3 期，1947 年 11 月。
② 《申报》1947 年 12 月 4 日。
③ 《本社京沪杭区三十周年举行胜利后首届年会》，《中华学艺社报》第 15 卷第 1 期，1948 年 3 月。

表7.6 台湾分社年会（1947年）宣读论文一览表

作者	题目	作者	题目
黄滨燎	发癌物质与抗癌物质	戴运轨	直流高压电源
叶曙	癌肝浸膏之起癌作用	杨云萍	校勘学的机能；鮚埼亭集校后记
陈礼节	结核治疗之进步	许寿裳	读了敦煌本尚书盘庚微子二篇之后
林本	我国中等课程之研究	陈兼善	记中国产横口鱼类
马廷英	由植物化石生态推测新生代末叶以降亚洲地理环境之变迁	周一凯	社会组织与基层组织
马廷英	台湾过去及现在珊瑚礁发达情形	魏岩寿	白气氮至烧碱之研究
马廷英	兰屿现代造礁珊瑚	汤器	新鲜肌纤维分离法之研究
张定钊	硫醇、喹啉之错盐	Chueh-Ming Wang	Methods of Determining the Degrees of Freedom for Errors

资料来源：《中华学艺社报》第15卷第1期，第3页。

通过举办年会，中华学艺社传播了科学知识与科学原理，促进了学术交流，同时也扩大了自己的社会影响。

二、举行演讲

丙辰学社成立之初，即把举行演讲作为其社务之一。中华学艺社的演讲分为年会演讲、定期演讲等。各地分社积极贯彻总社精神，也利用各种场合开展演讲。

（一）年会演讲

举行演讲是中华学艺社历届年会的重要内容之一。1924年第一届年会的一项重要内容即举行演讲，三天共举行演讲17场，详见表7.7：

表7.7 第一届年会演讲一览

演讲者	题目	地点	时间
聂汤谷	最近之德国	浙江省教育会	3月16日下午
郭沫若	文学之社会性	浙江省教育会	3月16日下午
周昌寿	相对性原理	浙江省教育会	3月16日下午

续表

演讲者	题目	地点	时间
余祥森	德国文学的派别	宗文中学	3 月 16 日晚上
范寿康	人生观的重要问题	宗文中学	3 月 16 日晚上
林植夫	新农业家的使命	农业学校	3 月 17 日上午
何熙曾	中国之基本产业问题	农业学校	3 月 17 日上午
康纪鸿	康健国民体格	女子职业中学	3 月 17 日下午
郑坦	近世的三大不平	女子职业中学	3 月 17 日下午
钱琢如	中西音律比较	杭州第一中学	3 月 16 日晚上
杨适夷	我之历史观	杭州第一中学	3 月 16 日晚上
聂汤谷	欧洲风俗与资本主义之关系	女子中学	3 月 18 日上午
殷亦农	我之文艺观	女子中学	3 月 18 日上午
康纪鸿	中国政治生活之改造	安定中学	3 月 16 日晚上
顾寿白	人体之防御装置及其作用	安定中学	3 月 16 日晚上
聂汤谷	德奥盐业的视察	盐业中学	3 月 16 日晚上
高士光	电与实用	盐业中学	3 月 16 日晚上

资料来源：《社报》，《学艺》第 5 卷第 10 号，1924 年 3 月。

演讲面向的听众，主要是杭州各界渴求知识的学生。演讲者大都是从海外留学归来的学术界精英，演讲对于他们来说游刃有余，如周昌寿"在讲坛上步来步去，妙喻取譬地讲得头头是道。满场的听众都肃静无声，听得十分专一"[1]。演讲的题目门类齐全，涉及文化、政治、世界观等各个方面，且具有很强的实用性和针对性，面对不同的学生选择演讲题目。演讲受到杭州学界的热烈欢迎。

1930 年 12 月 3 日，中华学艺社在南昌举行第四届年会，此次年会共举行演讲十四场（见表 7.8）。

---

① 郭沫若：《学生时代》，人民文学出版社 1979 年版，第 177 页。

表7.8　中华学艺社第四届年会演讲一览表

演讲人	题目	演讲人	题目
胡庶华	创造的精神	徐世民	民国十五年来土木工程界概况
李待琛	高温度时钢之性质	聂汤谷	中国建设程序中之预备工作
陆桂祥	无线电政之方面	韩组康	醋酸铅之敏捷分析法
郑贞文	中国炼丹术史之研究	陈之霖	西湖骸泥之研究
马宗荣	图书馆教育独立论	舒新城	我和教育
何炳松	整理中国史之我见	刘运筹	民食问题与埋葬制度
杨栋林	缩小省区问题	林希谦	欧战后各国政治之趋势

资料来源:《社报》,《中华学艺社报》第2卷第1期。

韩组康在《醋酸铅之敏捷分析法》一文中指出,过去用磷酸或硫酸蒸馏来检定醋酸铅中醋酸的含量,一是费时太多,二是磷酸硫酸也有被蒸馏的危险。他们发现的新方法则是用硫酸使铅沉淀,并析出醋酸,剩余硫酸与醋酸则用"本在定"使硫酸沉淀,从而分离出醋酸,时间仅为原来的1/5。[①] 中国古代化学起源于炼丹,郑贞文在《中国炼丹术史之研究》一文中认为,中国最早、最有价值的炼丹术书为魏伯阳之《周易参同契》[②]。马宗荣的《图书馆教育独立论》详细介绍了图书馆教育的意义、主客体、必要性、效果及缺陷、方法(包括智育、德育、体育等方面)以及图书馆事业的经济问题。[③]

在1934年召开的第五届年会上,崔敬伯、戈绍龙分别作了题为"财政学方法论的检讨""世界卫生教育之趋势"的学术演讲,其中戈氏从资本主义国家的卫生教育、近代国家的卫生教育和中国现状下的卫生教育三个方面展开,他指出资本主义国家采用卫生保险制度,以防止社会破坏,是一种改良主义;近代国家以苏联为例,苏联十分注重卫生教育和民族健康,已经培养了数以万计的医生,卫生教育已经由普遍化向专门化转型;而中国的卫生教育仍旧十分落后,医学校少,经费少,参考书也很少,鼓

---

① 《第四次年会纪事》,《中华学艺社报》第2卷第1期,1931年1月。
② 《第四次年会纪事》,《中华学艺社报》第2卷第1期,1931年1月。
③ 《第四次年会纪事》,《中华学艺社报》第2卷第1期,1931年1月。

吹旧的医学，缺少物理、化学等科学教育。① 章鸿钊的演讲"玉与中国民族性之关系"、罗宗洛的演讲"植物学研究之趋势"、马宗荣的演讲"社会教育是全民教育"，因时间关系未能进行。年会期间，北平各大学请中华学艺社社员作公开演讲，议定 9 日上午 8 时王兆荣、潘公展赴法学院演讲，下午 3 时王兆荣、潘公展赴商学院演讲；10 日上午 9 时，周宪文、罗宗洛赴农学院演讲；11 日上午 9 时，林本赴女子文理学院演讲，刘百闵赴中国大学演讲。②

（二）定期演讲

除年会演讲外，中华学艺社总社还利用纪念会、假期举行演讲。1917年 12 月 1 日为丙辰学社成立纪念日，"旅京同人念既往之不易，卜未来之可期，咸欢欣鼓舞思有以庆之"，延请日本学者吉野作造、吉田熊次、金子筑水诸教授及美国经济名家蒲勒士演讲。当天道路泥泞，行走艰难，并且接近考试时间。尽管如此，"诸博士咸欣然莅止。我国学子联袂而来者，已不下百余人，亦可谓盛矣"。午后 1 时开会。吉野博士讲"战后欧洲之新形势"，"博士辩同河泻，尽倾胸中蕴蓄。自一时至三时半始草草作结"；金子教授讲"东西文明之比较"，"亦复提要钩元，不为肤论，以如是大题，而能于一勾半钟之内，释其概略，非所谓善奏庖刀者欤"；蒲勒士教授演讲"国民道德之原理"③，因时间太晚，"不能畅所欲言，略述一斑即止"。

1923 年暑期，宁波、绍兴两府学界假白马湖春晖中学举行夏期讲演会，函请中华学艺社派员讲演。中华学艺社推举周昌寿、郭开贞、滕固、林本、李宗武前往，"初拟周君讲科学，郭君讲文学，滕君讲艺术，林君讲教育测验，李君讲历史哲学"。因暴风突降，船舶停驶，只有林、李 2人如期出席。会上林本讲演教育测验，李宗武讲演历史哲学。④

为提高市民的常识及学生研究的兴趣，中华学艺社还请社内外专门学者到各市区或学校举办市民常识讲座或学术讲座。1934 年，上海市教育局

---

① 《第五届年会专号》，《中华学艺社报》第 7 卷第 4 期，1934 年 6 月。
② 《中华学艺社报》第 7 卷第 4 期，1934 年 6 月。
③ 《周年纪念讲演会记事》，《学艺》第 1 卷第 3 号，1918 年 5 月。
④ 《社报》，《学艺》第 5 卷第 4 号，1923 年 8 月。

为提高市民知识起见，举行定期学术演讲，中华学艺社免费提供该社大礼堂作为演讲场所。截至 1935 年 5 月，共举办演讲 11 场①，取得了较好效果。

鉴于此，1936 年上海社会局邀请与中华学艺社合办定期学术演讲，定于 11 月 15 日至次年 6 月底每隔两星期开讲一次。上海市社会局对此非常重视，专门制定具体办法。1936 年 11 月 13 日《申报》就此进行了报道："……兹自二十五年度起，为进行顺利计，特与中华学艺社联合举办，业经协订办后，积极筹备，并经聘定讲师，制定本学期演讲历，及本局所属各机关各学校教职员出席暂行办法。"合办主旨及具体办法如下：

1. 合办主旨　辅导中小学教职员，社会局所属各机关职员及一般民众之进修；

2. 演讲范围　以教育为主其他学术为辅；

3. 讲师人选　由上海市社会局及中华学艺社会商聘任；

4. 演讲会场　由中华学艺社供给；

5. 演讲日期　以每月两次为原则，其日期由上海市社会局会同中华学艺社订定，以例假日为限；

6. 会务执掌　日常会务由上海市社会局及中华学艺社各派一人联合主持演讲，会场职员由上海市社会局及中华学艺社临时选派充任；

7. 听众　中小学教职员及社会局其他所属机关教职员均由上海市社会局订定办法抽调参加，一般民众方面由上海市社会局及中华学艺社登报公告；

8. 经费　除会场费用由中华学艺社支拨外，其余费用上海市社会局担任；

9. 附则　本办法，上海市社会局及中华学艺社协订施行。②

办法规定，各机关、学校抽调 1/4 教职员准时前往参加，不足 4 人者"由各该机关学校主管人员，轮流抽调"。次日，《申报》再发《中小学职

① 《中华学艺社报》第 8 卷第 1—6 期合刊，1935 年 5 月。
② 《社会局学艺社办学术演讲会》，《申报》1936 年 11 月 13 日。

员出席学术演讲办法》,进一步予以强调:本年度拟举行演讲 4 次,社会局所属中小学小及各机关教职员,每人至少须出席 1 次;出席学术演讲会时,应于社会局指定地点签名报到,不得冒名代签;听讲者提前 30 分钟到达,须遵守会场秩序,不得中途早退;听讲者应将听讲所得随时报告未出席各教职员,等等。上海社会局对此次演讲之重视,由此可见一斑。到 1936 年底,共举办了 4 场演讲(见表 7.9)。

表 7.9　中华学艺社与上海社会局合办演讲情况一览表

场次	时间	演讲人	题目
第一场	1936 年 11 月 15 日	马宗荣	我国最近行政教育之趋势
第二场	1936 年 11 月 29 日	樊仲云	绥远战争与国际形势
第三场	1936 年 12 月 10 日	杜佐周	教师应认识之问题及其准备
第四场	1936 年 12 月 24 日	张耀翔	关于手性的各种学识

资料来源:《中华学艺社报》第 9 卷第 4 期,1936 年 12 月,第 4—5 页。

鉴于 1936 年合办之演讲"成绩颇佳",上海社会局与中华学艺社 1937 年继续合作举行。该年度上半年的演讲,由董任坚、何炳松、周予同、邰爽秋依次担任第五至八场的演讲人,时间为 3 月 14 日、4 月 18 日、5 月 16 日、6 月 13 日,讲题涉及教育、政治经济、教育师之新职业等。抗战全面爆发后,中华学艺社各项活动受阻,演讲也就无从谈起。

中华学艺社复员回到上海后,举办定期演讲仍是其社务的一项重要内容。1950 年下半年,中华学艺社举行了多次学术演讲。前两次由社员罗宗洛、朱冼主讲米丘林学说,第三次由社员屠朴、曹仲渊主讲东化工业及华东教育会议,第四次由李纯青主讲朝鲜问题,到会者极为踊跃。[①] 第五次由社员蔡宾牟邀请冯定作关于土地解放运动的演讲,第六次由总干事费鸿年演讲。1950 年 12 月 4 日,在中华学艺社成立 34 周年纪念大学上,为宣传抗美援朝、唤起人民认清抗美援朝保家卫国的必要,社友唐惟淑演讲"我们为什么抗美援朝","内容丰富,条理清晰"。[②]

---

① 费鸿年:《中华学艺社一九五〇年度社务总报告》,《学艺通讯》第 18 卷第 1 期,1951 年 1 月。

② 《本社三十四周年创纪念联欢大会纪闻》,《学艺通讯》第 18 卷第 1 期,1951 年 1 月。

中华学艺社 1951 年的年度工作，有关于定期举行科学学术演讲的计划，从 2 月起实行，每月举办一次。[①] 第一次由社员、时任中国科学院生物研究所发生生理室主任朱冼向大学教育系学生及各单位文教工作者讲演"巴夫罗夫的条件反射理论对于教育与学习的关系"，第二次由国立航务学院教授陈维新博士向大中学生讲演"飞行原理浅释"，听众达到 600 余人。中华学艺社把广大劳动人民作为演讲对象，演讲以提高劳动人民的生产技术和政治水平为目的。1951 年 9 月 8 日，中华学艺社社员、时任华东纺织管理局专门委员吴欣奇给上海的棉纺工人主讲"纺织理论和郝建秀工作法的精神"，听众都是棉纺工人，当日大雨滂沱，但演讲时间还未到，会场已经被拥挤得无立锥之地。10 月 17 日，中华学艺社社员、时任华东军政委员会副秘书长金学成主讲"日本人民决定反对美英单独对日媾合"。11 月 17 日，社员、震旦大学法学院院长漆琪生主讲"工人阶级在新民主主义经济建设中的任务"，听众达到 800 余人，演讲有力地配合了新中国的经济和文化教育事业。中华学艺社通过这一时期的演讲，教育了广大群众，增加了他们的科学文化知识，为社会主义建设作出了自己的贡献。

（三）分社演讲

各地分社、事务所利用开社员大会的机会举行演讲。1921 年 12 月，东京分社在东京帝国大学举行五周年纪念会。会上，王谟讲演"太平洋之地理学的观察"，史尚宽讲演"我国通商条约之行政问题"，廖嗣兰讲演"广州市最近之设施"，王桐龄讲述了"北京市年来之状况"，[②] 演讲会一直持续到晚上 6 点才结束。1930 年 11 月 3 日，东京分社和日本研究会在神田欢迎中华学艺社学术视察团，并邀请马君武在青年大讲堂作了题为"用什么方法可以使中国和平"的演讲，演讲长达两个小时，听众达到 300 多人，现场气氛热烈。

1924 年 12 月 7 日，北京事务所假石驸马大街太平湖饭店召开会议，与会者 27 人。吴昆吾、刘聘业、杨栋林、杨梓林等相继演说，"兴会甚

---

① 《中华学艺社一九五一年度工作计划》，《学艺通讯》第 18 卷第 1 期，1951 年 1 月。
② 《丙辰学社社报》，《学艺》第 3 卷第 3 号，1921 年 7 月。

佳，欢声雷动，颇足以打破从来沙漠中干燥寂寞的空气，而振起同声相应踊跃迈进的精神。"① 1931 年 2 月，北平分社举行聚餐会，由陈豹隐（陈启修）演讲"新马尔萨斯主义之批评"，戈绍龙演讲"产儿限制法"。

1925 年 11 月 7 日，江西事务所在江西省第一师范学校开演讲会，演讲者为朱念祖（时任江西省教育厅厅长）和张有桐（时任市政处行政科科长），朱演讲的题目是"我国国民之优点及劣点论"、张演讲的题目是"为什么要市政"，听众逾百人。② 1934 年 12 月 3 日，江西分社举行中华学艺社成立周年纪念会，并于 1935 年 1 月举行公开学术演讲，熊天珍、胡检如、钟毅分别从医学、公路、农林等方面进行了演讲。

英国分社于 1930 年 2—5 月举行学术演讲 5 次，除了中华学艺社社员担任演讲外，还邀请到一些社会名流和学术专家担任演讲嘉宾。10 月 18 日，英国分社在华英楼举行学术演讲：潘渊演讲"行为的动机"，张文理演讲"从经济方面谈谈中国的前途"，到会 20 余人；12 月 13 日，在驻英国民党党部举行演讲，崔毓珍演讲"中央银行之意义及战后之趋势"③，到会 19 人。1931 年上半年，英国分社举行学术演讲 6 次（见表 7.10）。

表 7.10 英国分社演讲一览

作者	题目
曲直生	英国农业政策
朱光潜	欧洲文学上之浪漫运动
邱祖铭	英帝国会议
卢郁文	私有财产问题
郭子勋	近对各国国际贸易政策
吴定良	各国生活指数之构造法

资料来源：《分社消息》，《中华学艺社报》第 3 卷第 1 期。1931 年 7 月。

1936 年 12 月 3 日为中华学艺社成立 20 周年纪念日，各地分社纷纷举行纪念会及演讲。江西分社由刚从法国归来的社员张凤举演讲，南京分社

① 《社报·北京事务所报告》，《学艺》第 6 卷第 5 号，1924 年 11 月。
② 《社报·江西事务所报告》，《学艺》第 7 卷第 6 号，1926 年 2 月。
③ 《中华学艺社报》第 2 卷第 3 期，1931 年 3 月。

由来宾宫碧澄演讲"新疆事情"，喻杰才演讲"滇省边地同胞之情况"，社员李伯芹演讲"国防及兵器问题"，吴昆吾演讲"最近教育之两大病态"。①

1947年9月，值社员王惠中到贵州视察铨政，贵州社员杨家祥到南京资源委员会工作，中华学艺社贵州分社举行欢迎（欢送）社友大会，到会社员36人，社员王惠中、杨家祥、王佩芬先后发表演说。10月4日，贵州分社在贵州省立贵阳中学举行学术演讲，社员谭可敏作题为"我国边疆问题"的专题演讲，出席报告的有社员、各文化团体和学校师生300多人。

1947年12月3日，在纪念学艺社成立32周年年会上，各地分社举行演讲。成都分社由社员周太玄演讲"生命之科学观"，陈筑山演讲"中国学艺之前途"②，听众兴致勃勃，现场气氛热烈。广州分社则推请学术界名流到广东新闻处广播电台作学术演讲广播，社员黄典元讲"恢复银本位问题之商榷"，罗祝年讲"英美科学界近况"，黄友谋讲"台湾自然科学研究之设施"，张良修讲"行宪与建国"。③ 会议决议，今后每两周举行通俗学术广播演讲一次，每月举行公开学术演讲一次。武汉分社经与教育当局接洽，聘请专家或中华学艺社社员前往华中大学民众教育馆等处演讲，其中周鲠生演讲"国际问题"、夏维海演讲"新疆问题"、杨适夷演讲"数学逻辑"。④ 江西分社由社员胡献可演讲"南昌市区各级学校学生患砂眼症及色盲之调查"。⑤ 台湾分社举行学术演讲三场：第一场，马廷英在省立师范学院讲"古气候"；第二场，李季谷、程祥荣在省立女子师范讲"如何教育历史"及"理化教育之目标及方法"；第三场，廖鸾扬、余书麟在福星小学讲"中国学制问题"及"学术与教育"等。⑥

中华学艺社的演讲内容涉及方方面面，或为社员个人的研究成果，专业性极强；或向民众介绍国内外的学术研究进展，知识含量高。通过总社

① 《中华学艺社报》第9卷第4期，1936年12月。
② 《中华学艺社报》第15卷第1期，1948年3月。
③ 《中华学艺社报》第15卷第1期，1948年3月。
④ 《武汉分社报告》，《学艺通讯》第15卷第4期，1948年12月。
⑤ 《江西分社三十二周年年会报告》，《学艺通讯》第15卷第4期，1948年12月。
⑥ 《台湾分社年会报告》，《中华学艺社报》第15卷第1期，1948年3月。

及各地分社不同形式的演讲,大量的专业及科普知识得以传播到各地。

三、研究机构

中华学艺社将组建学术研究会及研究所作为其既定规划,但限于资金及人员等方面的原因,一直未能如愿。1928 年,中华学艺社募集到用于成立研究所的捐款 10 多万元。随后,南京社员陆志鸿提议筹办中华学艺社理化学研究所,内容包括物理、化学、农学、医学等。在他看来,研究所成立后,"社员中有何种研究问题,提出其研究方法,研究设备及预算后,可设立某氏研究室"。自此,中华学艺社在组建研究机构方面进行了多次尝试。

(一)组建中华学艺社组康化学研究室

1932 年,为提倡自然科学之研究起见,中华学艺社筹办化学研究室,拟由社员韩组康担任研究工作,定名为"中华学艺社组康化学研究室"。韩曾任清华大学及中央大学教授,"学识经验,俱臻上乘"。中华学艺社拟定了合作契约,内容如下:

> 一、中华学艺社将上海爱麦虞限路社所二楼第二〇六号大房一间并较小而适二人住居之寝室一间借给韩组康作为分析化学研究室,以十年为期,不收房金,并由社中担负在室中装设电线自来水煤气管等件
>
> 二、韩组康将其个人之研究室设备迁入社所后,每年至少应有研究论文二篇在《学艺》或其他国内外之学志中发表,凡本研究室发表之论文皆应载入"中华学艺社组康研究室"字样,并应交单行本三份存于学艺社之图书室中
>
> 三、本研究室中之化学仪器药品书籍杂志木器等,概由韩组康私人购备之,将来亦永为韩组康之所有物
>
> 四、本研究室中所消耗之电气蒸气及自来水由社中担负,至于煤气则由韩组康自行担负
>
> 五、本研究室中所有研究之成绩在名誉上即中华之学艺社之成绩,但本试验室所发明如遇有经济上之收入则为韩组康个人所有

六、本合同期满时，如双方认为满意仍可续订新约，倘一方面不愿继续，则室中所有物仍由韩组康迁出

七、本研究室并无何项维持经费，可以聘用专人常年工作不辍，如在停止工作期间社中有人欲参观者，须于三日前通知韩组康以便招待

八、将来学艺社如将第一层及第二层之房屋全部租出，则研究室须迁至社所其他部分之房内（如现时礼堂之旁将来可间作房四间其中一间即可作研究室）。此房之面积应与二楼二零六号相同，而其中灯线电炉线自来水蒸气煤气等种种设备及迁移费用，概由学艺社担负之

中华学艺社总务部

组康研究室

见证人

中华民国　年　月　日①

可惜的是，筹划中的组康研究室"惜以条件未妥而终化乌有"②，具体原因限于史料不得而知。

在 1934 年召开的中华学艺社第五届年会上，社员谭勤余提出"联络社员举办学术事业或研究室案"。在他看来，中华学艺社经费不足，"尚难单独举办学术事案，或研究所，故应尽量联络各社员。其在学术上有研究或已自设有研究室者，应尽力与之合作"。他主张，"暂划出一部分房间，无条件提供已设研究室之社员，请其移入社中。只有合办之名义，而一切主持及主权，仍归社员。俟有相当经费，再举办大规模之科学研究所。"同年，鉴于上海各公私立中学普遍缺乏理化方面的仪器设备，中华学艺社曾计划与中国科学化运动协会上海分会合作，联合向上海市政府请求拨款，并向社会各界募集款项，筹办理化实验室，用公共汽车将各中学生接入所内进行实验，"好使一般中学生对于理化能发生一种浓厚的兴趣"③。但限于经费等原因，最终亦未能实现。

---

① 《化学研究室近讯》，《中华学艺社报》第 6 卷第 3—4 期合刊，1933 年 5 月。

② 吴冀梅：《任职一年之自述及对于将来理事会之希望》，《中华学艺社报》第 7 卷第 5—10 期合刊，1934 年 10 月。

③ 《四月以来之经过及此后之计划》，《中华学艺社报》第 6 卷第 9—12 期合刊，1933 年 12 月。

（二）成立国乐研究所

1935 年 2 月，中华学艺社董事会决议创办国乐研究所。理事长何炳松邀请国乐专家张味真主持筹备事宜。随后，社员何炳松、刘百闵两人还邀请杭州王雪庵、国立中央研究院丁燮林参加中华学艺社召开的谈话会，讨论国乐研究所的筹建问题。24 日，张味真将筹备国乐研究所例要、组织方案提请中华学艺社审查，筹备事项包括延聘国乐专家，添置研究所各项器具、乐器，制定研究所章程，选购应用书籍等。① 研究所计划一面编订乐曲增造新乐器，一面访求知乐人员协助进行，聘请潜心研究中西乐器多年的袁一洪为襄理，并将唐乐风雅十二诗谱加以阐发，演成新声，"觉此等东方乐曲正与欧乐庄雅一类相近，与吾国普通歌曲不同，于艺术上颇有价值"。张氏"复追摹古舞蹈谱，并编订近代乐曲若干种，又征求同志研究应用之新乐曲。俟各项基本工作约略有成，便当开办国乐讲习班云"。②

研究所在筹备之初困难重重，尽管张味真对于各项预算及工作大纲均详加研究，但起初募集的 3000 元由于选购书籍、置备器具很快告罄。因经费有限，国乐研究仅有张味真的风雅十二和声谱。1936 年 3 月，在中华学艺社第十二次理事会上，何炳松、潘公展、周宪文等理事就"国乐研究所成立经年捐款将尽应求如何继续"进行讨论，决议国乐研究所新研究即日停止，"旧研究在本月二十日左右将成绩提交理事会审查，如理事会认为有继续研究之必要，再与董事会主席陈其采先生相商，经陈先生同意后，再请筹款继续进行，否则本研究于此告一段落"③。1937 年八一三事变后，张味真离身上海，国乐研究所亦告停顿。1939 年夏，中华学艺社理事长何炳松提议，继续开展研究，聘请沈三明主持所务，研究昆曲歌谱。

（三）成立日本研究会

抗战胜利后，中华学艺社同人认为，今后不应忽视日本问题，中日邦交必将恢复。中国应"对日本诸般事情求得广泛深切之了解，并能取得相互之联系，使中日学术文化能达到更进一步之接触"。本着这一宗旨，

---

① 《总社消息·理事会》，《中华学艺社报》第 8 卷第 1—6 期合刊，1935 年 5 月。
② 《总社消息·总办事处》，《中华学艺社报》第 8 卷第 8 期，1935 年 12 月。
③ 《总社消息·理事会》，《中华学艺社报》第 9 卷第 1 期，1936 年 4 月。

1947 年 1 月 18 日中华学艺社成立日本研究委员会，周昌寿任主任委员，其工作分为调查、研究、联络、出版四种。

成立伊始，研究会举行了三次座谈会：第一次是 1947 年 1 月 18 日，讨论了如何与日本方面建立联系，物色适当的研究人员并提供研究费用，委托赴日社员郭心崧、徐逸樵代为搜集资料，郭氏恰好作为远东军事法庭顾问东渡日本；第二次是 1947 年 1 月 25 日，通过《中华学艺社日本研究委员会组织大纲》，提请中华学艺社理事会审核后实施；第三次是 1947 年 2 月 15 日，报告组织该研究会的意义①。《中华学艺社日本研究委员会组织大纲》内容全文如下：

一、中华学艺社日本研究委员会（下简称本委员会）之宗旨根据中日邦交之必将恢复，以其边境密迩之故，彼此关系自亦非常频繁。故本委员会之工作在于对日本诸般事情期求得广泛深切之了解，并能取得相互之联系，使中日学术文化能达到更进一步之接触。

二、本委员会以本社具有研究日本兴趣之社员组织之。

三、本委员会之工作分调查研究联络出版四种。

四、本委员会设常务委员若干人除由本社理事长担任主任委员、总干事担任常务委员外，余由本社理事会聘任之。

五、本委员会另设各种专门委员会委员，人选由常务委员会就社员中聘任之。

六、常务委员会每月举行例会一次，必要时得由主任委员临时召集之，各种专门委员会由常务委员会召集之。

七、本委员会常务委员会下置秘书一人，干事若干人，得依会务之繁简由常务委员会随时定之。

八、本委员会于必要时得由专门委员会提议经常务委员会通过后延聘专任研究员，其研究费用由常务委员会决定之。

九、本委员会之工作计划及经常费预算，应由常务委员会于每年终提出，本社理事会决定。

---

① 《本社成立日本研究会》，《中华学艺社报》第 14 卷第 1 期，1947 年 4 月。

十、本大纲由本社理事会通过施行。①

郭心崧在东京其间，花费大量时间精力搜集、购买相关资料、书籍。《中华学艺社报》载有他自东京之来函，详述觅书之艰难，现摘录如下：

> ……战后日本纸张困难（输出中国是库藏旧物，本国所用者纸质颇坏），所出刊物大概因印刷不多，稍有价值者顷刻卖完不易买到，此其一，天气太热，同时弟初到此亦无暇出去搜求。办公时间之后各店亦即关门（三越高岛等店五时关门），此其二，最重要者是运输问题。飞机不能运，轮船又少，必待有人返国而又乘轮船者方可任其带回。日前傅俊义兄返国托带每日朝日时事三册年鉴（不易购到之物）及几册托人购来之书籍，以后自当络续搜求。内山之弟曾来谈一次，亦以运输无办法不能进行。学艺社所购书籍，任其代办亦可。弟当查明其地址后与其全面一谈。岩波书店赠书一事弟遇仲常兄会将尊意告知，据称情形并非如此。想必直接函告日本情形，究系八年战争，而且战败之国家一般生活尚且困难，似尚无寄赠他人之余裕。②

郭心崧将搜集到的研究资料，托人带回国内，由研究委员会各委员分别编译，辑成《日本研究资料》，陆续编就：（1）《管制日本概说》；（2）《战后日本的经济》；（3）《战后日本的实业状况》；（4）《战后日本与盟国》；（5）《战后日本的文教》；（6）《战后日本文艺》；（7）《战后日本的政局》；（8）《战后日本的劳工》；（9）《战后日本的宪法与皇室》③；等等。《申报》发表了署名"彬之"的评论《一部研究日本的参考书》，对这一系列研究成果予以推介。文章提到："过去我们所遭到日本的苦痛，已经够受了，看到目前日本的情形，实不胜隐忧。乘对日和约尚未解决以前，我们必须解除日本的战争因素。这不仅是为了中国，对于远东的和

---

① 《中华学艺社日本研究委员会组织大纲》，《中华学艺社报》第14卷第1期，1947年4月。
② 《郭心崧社友自东京来函摘录》（八月十五日），《中华学艺社报》第14卷第3期，1947年11月。
③ 《编印日本研究资料》，《中华学艺社报》第14卷第3期，1947年11月。

平，世界的安全，都有关系的。要解除日本的作战因素，必须先得明了日本的情况。"① 该套研究资料的相继出版，为时人了解、研究日本提供了难得的一手文献，具有重要的学术价值。

（四）创建昆剧研究组

昆剧研究组成立于 1950 年。在热心社员的推动下，研究组在练习和研究两方面取得了一定的成绩。1950 年 7 月 30 日、9 月 24 日，昆剧研究组两度与上海虹社合作，举行集体练习性质之昆曲歌唱会，每次均有来宾及社员 60 多人参加。在中华学艺社成立 34 周年创社纪念联欢大会时，还邀请到昆曲家李恂如、李希同、姚季琅、张庚麟、赵景深、伍青萍等名家举行昆剧演出。剧目有姚季琅、张赓麟、赵景深《学堂》；伍青萍、姚季琅《琴挑》；戴夏《酒楼》；赵景深、李希同《小宴》；陈岳生《闻铃》；张庚麟、姚季琅《惊丑》；朱炳荪、陈鍋《写状》②，社员及来宾达到 800 多人。昆剧演出之前，还由上海虹社合唱毛主席的《沁园春·雪》，由中华学艺社社员戴夏歌谱。

昆剧研究组对于昆剧的改进工作也颇有建树。该研究组认为，仅对前人所保留的昆曲当中优美的身段和悦耳的音律加以研究，而不在民族形式的基础上求进一步改良是不够的，研究昆剧必须做到：一是唱词道白通俗化；二是剧本的内容要有正确的意识和观点；三是剧情最好能与当前的国策相配合。所以昆剧研究组把"加演新剧，修改旧剧"③，并以现代题材为剧本作为当时工作的目标。在此目标下，编练的新剧目有周行的《新花鼓》，陈鍋的《中朝凯旋舞》，陈鍋、朱炳荪、滑莟白、戴夏、赵景深、陈岳生集体创作的《武器制造者》，决定 1951 年初演出。同时，把举行定期昆剧公演作为 1951 年中华学艺社的艺术工作之一。

---

① 《申报》1947 年 12 月 25 日。
② 陈岳生：《昆剧研究组工作报告》，《学艺通讯》第 18 卷第 1 期，1951 年 1 月。
③ 陈岳生：《昆剧研究组工作报告》，《学艺通讯》第 18 卷第 1 期，1951 年 1 月。

四、创办图书馆

丙辰学社创立之初，拟"尽力搜求古今东西各种图书器物，以供同人等阅览参考"①。1920 年丙辰学社迁回国内后，组建上海事务所，附设图书阅览室，楼上阅报，楼下阅书。书报的募集方法是一是购置，二是交换，三是赠送，四是寄存。当时藏书有"千余册"②，"规模简陋，未为人所注意"③。1923 年 6 月，学社改组为中华学艺社。新社章明确规定，以"搜求图书，筹设图书馆，以供社内外人士参考"④ 为主要社务之一。

学艺大学成立后，租定上海静安寺路 320 号为大学校舍，校舍共两栋楼，一栋三层，三层为图书馆，"供教员学生钻研之用"。⑤ 郭沫若担任学艺图书馆馆长。成立之初，由于学艺大学经费不足，图书馆的图书来源除少量购买外，主要靠以下三种方式搜集：（一）向本社社友征求；（二）向社外征求；（三）向海外各学术团体及大图书公司征求。⑥ 学艺图书馆对外发出征书"启事"，提到"学艺为培养社会之母体，而学艺之普及，大有赖于图书，是以图书馆之设立，素为东西各国所注重。回观我国，万事后人，而图书之林，大为凋敝"⑦，呼吁社内外人员积极襄助。基于中华学艺社社员多留学日本，有社员提议可向日本各书局开展募捐，借以扩充中华学艺社图书馆藏书，以供社员研究日本参考之用。也有社员提出，向国内各大书局开展募捐普通图书活动，并增添流通图书部以供普通读者借阅。

为了鼓励社内外人士踊跃捐书，学艺图书馆规定：（1）凡寄赠图书价值在一万元以上者，图书馆请雕塑名家于馆内塑立寄赠者胸像一尊。另外，赠阅出版之《学艺丛书》及《学艺》杂志全套。（2）凡寄赠图书价值在五千元以上者，图书馆绘制寄赠者肖像一幅留存馆内，并酌赠《学艺丛书》50 册及《学艺》杂志 20 年。（3）凡寄赠图书价值在一千元以上

---

① 《丙辰学社社章》，《学艺》第 1 卷第 2 号，1917 年 9 月。
② 《丙辰学社纪事》，《学艺》第 2 卷第 8 号，1920 年 11 月。
③ 《中华学艺社社报》，《学艺》第 4 卷第 6 号，1922 年 12 月。
④ 《中华学艺社社章》，《学艺》第 5 卷第 2 号，1923 年 6 月。
⑤ 郭沫若：《学生时代》，人民文学出版社 1979 年版，第 231 页。
⑥ 《社报·学艺图书馆向社外征书启》，《学艺》第 7 卷第 1 号，1925 年 8 月。
⑦ 《社报·学艺图书馆向社外征书启》，《学艺》第 7 卷第 1 号，1925 年 8 月。

者，酌赠《学艺丛书》20 册，赠阅《学艺》杂志 10 年。（4）凡寄赠图书在五百元以上者，赠阅《学艺》杂志 5 年。[①] 捐赠者并未因此失去图书的所有权，学艺图书馆对赠捐图书负保管之责。如有遗失或损坏，由学艺图书馆负责赔偿，凡寄赠图书寄存者可随时索回。这既保证寄赠者对图书的所有权，又调动了寄赠者捐赠图书的积极性，陆续有多名社员捐赠，如郑贞文捐赠中日文图书共 367 册，《小说世界》杂志全年一份，日本大阪《朝日新闻》一份，《中华新报》一份；刘放园捐赠中文书共 10 册，董纶捐赠中西文书 21 册，穆木天捐赠西文书 10 册，郭沫若捐赠中文书 55 册，林希庄捐赠中文书 7 册，周昌寿捐赠中文杂志 160 册，郁达夫捐赠德文书 21 册。[②] 加上原社所阅览室的藏书和购买的图书，对于 30 人的学艺大学已经够多了。1926 年学艺大学停办，但学艺图书馆却保存了下来。

在 1930 年召开的第四届年会上，社员陈钟凡提议进一步扩充学艺图书馆，供社员学习研究参考。他提出了图书来源的具体方法，除社员捐助外：（一）向各省官书局募集；（二）用中华学艺社出版物与国内各学校各团体交换；（三）与国外各学校各学术团体交换；（四）私人寄存。[③] 此外，还有来自社会各界的赠书。1930 年冬，日本出版协会赠送给我国学校及图书馆 2 万多册图书，其中赠送给中华学艺社 360 多册。为纪念已故社员陈慎侯、屠孝实，中华学艺社在征得二人家属同意后，将其生前藏书捐献给学艺图书馆。

1932 年一·二八事变中，上海闸北遭日军轰炸，学艺图书馆损失惨重。1932 年中华学艺社新社所落成后，对图书进行了扩充，还聘请了原大夏大学图书馆任事、文华图书馆学专科学校研究生吕绍虞担任图书的分类、整理、登记、编目，吕氏将中华学艺社旧有藏书和社员寄存图书一万多册全面重新排列入架，全部装入书橱保存，并对破旧杂志、残本进行清理整洁。整理完成后，粗略统计"计有中、日、英、法、德文书籍一万数千册，各种杂志亦甚繁多"。学艺图书馆以日文藏书著称于世，其藏书又

① 《社报·学艺图书馆向社外征书启》，《学艺》第 7 卷第 1 号，1925 年 8 月。
② 《通讯·学艺图书馆谢赠书籍》，《学艺》第 7 卷第 5 号，1926 年 1 月。
③ 《中华学艺社报》第 1 卷第 6 期合刊，1930 年 11 月。

以政治经济类最为丰富。1934 年元旦,学艺图书馆面向社员全面开放,凡中华学艺社社员及持有中华学艺社社员介绍信者均可入馆阅览①。次年,中华学艺社理事会议决,进一步扩充学艺图书馆,并以"成立亚洲文库、中国文库、日本文库、普通文库等"② 为目标。1937 年抗日战争全面爆发,中华学艺社社务暂告停顿,学艺图书馆也停止开放。

抗战胜利后,因为经费原因,中华学艺社的图书馆一直未能恢复。后经过努力,将中华学艺社前楼楼下存书室改为阅览室,除中华学艺社图书馆原有图书外,另有社友虞绍唐捐赠的大批外文科学书籍。1950 年 10 月,学艺图书馆恢复开放,并在上海文化局的帮助下扩充图书,添置新书 400余种,选购新书 150 万元,开放公众阅览室,每天有十余人到室借阅,随后向全体人民开放。为了使图书馆成为帮助知识分子进行自我思想改造和一般文化水平低的群众学习文化的良好场所,1951 年学艺图书馆充实图书设备,扩大阅览地方,图书馆藏书达到 23136 册,其中中文书 13316 册(包括洋装书 3600 册,线装书 9716 册),西文书 2446 册(包括俄文书 58册,英文书 656 册,法文书 1060 册,德文书 672 册),日文书 7374 册,此外还有日报 9 种,期刊 89 种,③ 为当时上海私立图书馆种期刊最多的图书馆。图书馆的开放时间为每周二到周日下午,计划在一年内使阅览人数达到 2 万—3 万。学艺图书馆还购进一批新书和连环画,每天接待读者人数由 16 人增加到 46 人。在中华学艺社 1952 年的工作计划报告中,计划使阅览人数达到 2 万—3 万。④ 1958 年中华学艺社宣告结束,学艺图书馆为上海市文化局接收,所有图书并入上海公共图书馆。

通过学艺图书馆,广大读者们不仅汲取了大量的科学知识与科学原理,磨砺了自身的意志品质,有的读者正是由此逐渐培养起对学术的兴趣,走上了学术研究之路。

---

① 《中华学艺社报》第 4 卷第 6 期,1932 年 7 月。
② 《时事新报》1935 年 1 月 16 日。
③ 何志平等:《中国科学技术团体》,上海科学普及出版社 1990 年版,第 129 页。
④ 何志平等:《中国科学技术团体》,第 131 页。

五、学术交流

作为一个学术团体，中华学艺社积极参与国内外各种学术交流活动，努力贯彻学术无国界的精神，借此一方面扩大学社的社会影响，另一方面实现融入国际大家庭的目标。

（一）参加学术会议

中华学艺社积极派员参加学术会议。1926 年 10 月，中华学艺社派社员魏岩寿、陈方之、谭熙鸿出席在日本举行的第三届泛太平洋学术会议，后陈因事、谭因病未去，最后只有魏岩寿参加。此次会议的目的在于，太平洋诸国及其各国科学家一起研究、讨论太平洋及关于太平洋地方之各种科学的问题，增进同地区、各民族的繁荣和幸福。会议分为两部分：一为讨论关于太平洋及关于太平洋地方之各种科学的问题，二为举行通俗演讲。论文讨论分总会、部会和分科会三部分，总会讨论了 3 个问题；部会分物理和生物两部分，讨论了 16 个问题；分科会讨论了 20 个问题。[①] 各国代表就太平洋地区的各种科学问题进行了积极的讨论，会场气氛十分活跃。中华学艺社社员魏岩寿提交的两篇是《新发现木材屋腐朽菌良种》《浙省甘薯之分布及其酿造工业之价值》[②]，得到与会科学家的肯定。

1929 年 5 月 16 日，第四届太平洋科学会议在爪哇举行，来自美国、加拿大、法国、英国、中国等 13 个国家共 196 人出席。中华学艺社派沈敦辉、陶烈、魏岩寿参加，并提交论文 4 篇：1. Notes on the Ecology and the physiology of Candina chilensis in Mutsu Bay（陶烈）；2. On the Inheritance of some Qualitive characters in the Bombyxmor L（沈敦辉）；3. Studies on Chinese "sufu"（魏岩寿）；4. Varieties of penicillium exiet in south – eastern China（魏岩寿）。[③] 此次会议分物理学、生物学和农学三部分，物理学又分天文、地质、气象、海洋、火山、电气等学科；生物学包括动物、植物、古生物等学科；农学包括作物、土壤、灌溉、排水、植物病理、害虫等学

---

① 《附录》，《第三届泛太平洋学术会议要报》，《学艺》第 7 卷第 4 号，1925 年 11 月。
② 《社报》，《学艺》第 8 卷第 4 号，1927 年 1 月。
③ 《社报》，《学艺》第 9 卷第 6 号，1929 年 4 月。

科。从提交宣读的论文来看，以生物学方面动植物分布的状态居多，而其中关于动物移植一项最多，讨论也最为激烈。① 本届科学会议还组织了太平洋沿岸海洋研究委员会、太平洋沿岸人类研究委员会、太平洋沿岸土地利用研究委员会、太平洋沿岸天然纪念物保护委员会等机构，并决定第五届泛太平洋学术会议在加拿大首都温哥华举行。

万国工业会议定于 1929 年 10 月在日本东京举行，"讨究关于工业上之一切理论及实际问题"，中华学艺社推定社员胡霛、毛毅可、聂汤谷、傅式说、钟毓灵出席，有来自全球 27 个国家的 3200 多名代表参会，提交论文 780 余篇。1930 年 11 月，应日本东亚技术协会邀请，中华学艺社日本东京分社推选社员张凤谦、刘家壎参加东亚技术协会。该协会的主要事业为交换参考资料，编印关于产业技术图书目录，举行谈话会，谈论讨论实际问题等。

1931 年，中华学艺社派社员白鹏飞参加在北平召开的中国农学会年会，雷震参加在南京召开的中国工程学会年会。1936 年，中华学艺社参与了中国学术团体联合会所的创建。该团体由中国工程师学会、中国科学社、中国地理学会、中国气象学会、中国天文学会、中国物理学会、中国植物学会等 18 个团体组成，为"全国学术团体集合之处，对于社务上之发展，学术上之联络，俱极重要"。中华学艺社第十八次理事会经决议加入，"将来除以该会所为总社驻京办事处外，并即充南京分社社所，所需费用由各社员募集"②。

1947 年，中华学艺社推选许崇清、杜佐周出席参加中国社会教育社第五届年会；同年，社员多人参加亚东协会，彭学沛、雷震、陶希圣、刘百闵、徐逸樵、戴济民、邵毓麟、李捷才、陈博生、李剑华、周昌寿、郭心崧、蔡叔厚、董涤生等 14 人当选为理事，彭学沛、雷震、邵毓麟、徐逸樵、戴济民当选常务理事，董涤生当选副总干事，戴济民为研究委员会主任委员，徐逸樵为出版委员会主任委员，雷震、蔡叔厚为财务委员会主任

---

① 魏岩寿：《第四次太平洋会议经过》，《学艺》第 9 卷第 7 号，1929 年 5 月。
② 《总社消息·参加南京中国学术团体联合会所》，《中华学艺社报》第 9 卷第 4 期，1936 年 12 月。

委员，刘百闵为联络委员会主任委员，邵毓麟为宣传委员会主任委员，翟温桥、杨俊生当选为监事。该协会于当年 5 月在上海成立，由彭学沛、贺耀祖、汤恩伯 3 人负责筹备，由中央宣传部及亚东问题研究会及汤恩伯所主持的改造出版社组建，其中彭学沛系中华学艺社社员。①

1947 年 8 月，教育部聘定全国各教育文化团体之代表人 120 名，组成联合国教育科学文化组织中国委员会，在南京召开了第一次成立会。中华学艺社理事长周昌寿被聘为该会第一届委员。次年，中华学艺社由全部理事投票，再次选出周昌寿为第二届委员之候选人。②

1951 年 9 月，捷克斯洛伐克的微生物学会在首都布拉格举行第六届年会，中国、苏联、波兰、匈牙利、保加利亚、罗马尼亚、德意志民主共和国等国家的微生物学家参加了此次年会，中华学艺社社员洪式间应邀出席，并被推选为中国代表团主席。此次会议涉及范围广泛，分为七个小组进行讨论：（一）微生物与抗生素；（二）免疫学；（三）细菌学；（四）寄生虫学；（五）病毒学；（六）与农产物有关的微生物；（七）与工业及饮食物有关的微生物学。其中，洪式间主持寄生虫学小组的讨论，并担任主席。年会宣读的专题报告和论文达到 378 篇，其中关于细菌学的有 50 篇，关于微生物与抗生素、免疫学的各有 25 篇，关于病毒学的有 26 篇，关于寄生虫学的有 12 篇，与农产物有关的 10 篇，与工业及饮食物有关的 30 篇，另有临时新加的 200 篇。会上各国代表相互交流经验，面向生产，共同实际解决问题。在 9 月 22 日举行的展览会上，陈列了抗日战争、解放战争和中国共产党历史性的纪念物，包括照片、图片和木刻等，还有精美的瓷器、文物等，同时还放映有中国解放事迹的电影，"来参观的人多极了，都带着亲爱的、尊敬甚至羡慕的表情"。参加此次盛会，令洪式间感慨万千："我先后出国四次，也曾参加过同性质的会议，但从前对个人客气的后面，就有着对国家蔑视：现在则不然，我们所得到的隆重的礼遇，是由于国际地位的提高，是由于社会主义新民主主义国家人民的阶级友

① 《社员多人参加亚东协会》，《中华学艺社报》第 14 卷第 2 期，1947 年 7 月。
② 《本社参加联合国教育科学文化组织中国委员会工作》，《中华学艺社报》第 15 卷第 4 期，1948 年 12 月。

爱，这种光荣，凡是中国人民，就都可以得到。"①

(二) 组织学术视察团

1925 年 10 月，日本学术协会举行第一次大会，邀请中华学艺社社员参加。经总事务所干事会议议决，中华学艺社发出《致国内各事务所募集学术视察团团员公函》，征募社员组成学术视察团，于参加学术协会外，参观日本的教育和科研机构。《公函》制定了募集团员的具体办法②：

(1) 团名　定名为中华学艺社学术视察团。

(2) 目的　出席日本学术协会并视察日本自然科学之教育及设备。

(3) 资格　参加团员以有下列二项资格之社员为限：

第一项　专习自然科学而能直接听讲者；

第二项　专习自然科学者。

第一项资格之志望者缺额时，以第二项资格之志望者补充之。如第一项资格之志望者已逾定额，即用抽签法决定。

(4) 名额　预定二十名，除由总事务所干事会议，推定四人接洽处理一切事务外，募集名额共十六名。

(5) 视察期间　来往合计一个月以内。

(6) 旅费　由沪赴东至回沪止，一切公共舟车膳宿等费，由本社负责接洽筹措。

(7) 集合地点及时日　十月二十一日下午三时，在上海本社事务所集合。

(8) 志望期间　以十月十号以内，通知到社者为准。

(9) 服装　一律洋服，随带行李至多两件，务用皮包，不带网篮。

……

此次视察团由 16 人组成，周昌寿任团长，江铁为副团长，日本农学博

---

① 洪式闾：《出国参加微生物学会议的观感》，《学艺通讯》第 18 卷第 1 期，1951 年 1 月。
② 《通讯》，《学艺》第 7 卷第 2 号，1925 年 9 月。

士山崎百治以顾问名义同行。出发后由团长推举谭勤余、杨倬孙为干事。16 人当中，"自学科分之，则工科最多，计有六人，医科次之，为五人，理科又次之，有四人，其最少者，则为农科，除顾问山崎博士外，仅顾复君一人而已。"① 10 月 24 日，视察团从上海出发，乘坐"上海丸"东渡日本。10 月 25 日抵达长崎，医科团员中 4 人前往参观检疫所。27 日抵达东京，上午前往神田区仲猿乐町日华学会，下午参观了理化学研究所，由所长工学博士大河内正敏亲自接待，"该研究所为日本最新最大之科学机关，成立方数年，研究成绩已甚可观。其最著者，为纯粹化学的合成之日本酒，此项发明，与日本国民经济上颇有关系，盖有此新酒，则酿造界实起一大革命，而制酒用之米量，亦可以减省矣。又长冈博士之水银化金试验，亦为该研究所之最大发见。他若 Adosol 之创制，Vitamin A 之制造，以及由 Naphthalin 造成 Gasolin 之代用品等，种种新发明，尚不胜枚举也"。②

日本第一次学术协会于 10 月 30 日—11 月 2 日在东京帝国大学工学部举行，会期间安排了 58 场演讲，内容涉及物理、化学、医学、农学、生物学、社会学等诸多领域，会议第一天就安排了理学博士田丸卓郎的"研究发表之方法"、工学博士大河内正敏的"内燃机关之研究"、医学博士宫岛干之助的"日本寄生虫学之进步"、理学博士新城新藏的"太阳与流星"等 7 场演讲。③ 视察团全体成员参加了本次学术协会，并就各自专业选择演讲题目进行听讲。

参加会议之余，视察团参观了日本各学术研究所和自然科学机关，具体的日程安排为：10 月 28 日，参观帝国大学传染病研究所、美术展览会、工业试验所、农事试验场、电气制作所和无线电放送局；10 月 29 日，参观神田地区骏河台文化学院、航空研究所和传染病研究所，其中文化学院"组织甚新，功课注重艺术，有中学大学两部分，实行男女同学，以养成自由自动之精神为主旨"；11 月 2 日，参观内务省卫生试验所、荣养研究所、文部省美术展览会；11 月 3 日，参观市外新天文台、鸿巢农业试验

① 《社报·中华学艺社日本学术视察团报告》，《学艺》第 7 卷第 3 号，1925 年 10 月。
② 《社报·中华学艺社日本学术视察团报告》，《学艺》第 7 卷第 3 号，1925 年 10 月。
③ 《附录·日本学术协会第一回大会日程》，《学艺》第 7 卷第 2 号，1925 年 9 月。

场、日本纺织会社桥场工场、美术展览会、电气文化展览会;11月4日,陆露沙、张德辉和顾寿白参观庆应义塾医科大学,"该校产妇人科教授川添正道博士及皮肤病科教授笹川正男博士均为余与张君在长崎医校时代之旧师。……又该校病理学教室有研究生山内栋君,产妇人科教室有研究生吉冈仪三郎君,皆与余同级卒业者,该校及医院富有活泼进取之气象,其教授等亦皆少壮新进之学者,盖北里派诸学者之事业也。"① 午后参观东京帝国大学医学部,东京高等师范学校、附属中学和小学,递信省航空局,东京府立工艺学校,日文打字机机制造会社;11月5日,参观星制药会社制造厂、赤羽日本制麻工场、东京高等师范学校附属中学及成城学校、中村铁工所;11月6日,参观秀英舍及芳贺印刷机械工场;11月7日,参观京都帝国大学、岛津仪器标本制造所,"该所出品之X光线机,目下在日本可谓首屈一指,其进步之速,诚令人可惊可佩";11月8日,赴大阪朝日新闻社及每日新闻社,"该两新闻社为日本最发达最有力之舆论机关,内部组织美备,器械精良,近且利用传书鸽以传递消息,其成绩殊不恶云"。之后,赴市民博物馆、市田印刷所参观;11月9日,参观须磨浦疗养院日本纺绩会社、福岛工场、大原农业研究所、奈良女子高等师范学校及附属小学;11月10日,参观别府地球物理学研究所;11月11日,参观户畑明治纺织会社;11月12日,参观八幡制铁所,"周览各部,洪炉鼓铸,光可烛天,'百炼钢化为绕指柔',不期竟于此见之,科学势力之伟大至是盖叹观止矣";11月13日,参观九州帝国大学医学部、农学部、工学部;11月14日,参观浦上长崎医科大学。11月15日,返回上海。②

　　1926年10月16—19日,日本第二届学术协会在京都举行,中华学艺社组织社员傅锐、魏岩寿、高炯、翁斯鉴、黄金槐组成第二次学术视察团出席,并参观了理化研究所和各大工厂,考察日本自然科学的教育和设备。③ 1927年10月,中华学艺社派出由文元模、朱羲农、黄开绳、曾广方、胡步蟾组成的第三次学术视察团出席日本第三次学术协会,并考察日

---

① 《社报·中华学艺社日本学术视察团报告》,《学艺》第7卷第3号,1925年10月。
② 《社报·中华学艺社日本学术视察团报告》,《学艺》第7卷第3号,1925年10月。
③ 《社报》,《学艺》第8卷第4号,1927年1月。

本科研机构。1928 年 3 月，中华学艺社组成第四次学术视察团，其成员范寿康、曾琦、路毓祉、冯其平、郑伯奇、周予同皆为社会科学家，故此次为中华学艺社社会科学家参加学术视察团之始。

同年 10 月，中华学艺社组织了第五次学术视察团，陈文祥、张资平、龚学遂、沈璿、曹元宇五人出席日本第四届学术协会，郑贞文、张元济同船东渡，"其任务在探求吾国之古书"，17 日到达长崎。此次学艺社东渡日本受到了日本新闻界的关注，视察团成员刚下轮船就被当地记者团团包围[1]，随后受到九州大学教授医学博士石原诚和理学博士桑木或雄的亲切接待。18 日，视察团参观了九州大学工学部及物理教室、地质教室、实验室和图书馆，其中在地质教室，"由理博河村干雄详为说明，此君与章君鸿钊同学，故对于吾国留学生态度亲切，其所研究者多属直接与工业有关之地质学，如土壤之膨胀率（与铸造至有关系）等，而教室与实习室设在一处，俾学生易于研习，尤为特色"。视察团还参观了采矿科、造船科、农科、医科等教室和实验室。19 日，视察团赴大牟田参观了三池制炼所、炼锌厂及染料工业所、炼焦厂，炼焦厂里还设有研究部和检查部。20 日赴九州大学参加日本学术协会第四次会议开幕式，日本文部大臣及各大学总长均有祝辞，中华学艺社推代表陈文祥致辞。"开会时，对于此次演题偏重自然科学，有主张嗣后宜推广及人文学科者，故于科学二字之解释争论甚剧，以学术协会之目的在倡明科学也，最后决定任其自然扩张。"随后，由田中清二演讲"结晶学与数学""以极枯糙之演题而能诙谐有致"。下午 1 点，开始学术演讲，均是日本学者发表其实验成绩或研究结果，题目有"关于冶炼过程上氧化及还原之研究""金相学发达之历史及锰合金之状态图""黏土类性质之研究""接触触媒作用之物理化学的研究""关于瓦斯之爆发反应""关于金属错盐之氧化作用与酵素作用之类似""用阿林酸时方铅矿之浮游""铁钢中铝之扩散"等。21 日上午，视察团在九州大学听讲关于地质的一些问题，如东部蒙古产天然曹达之现出状态概说、据地质时代观察东亚之矿物资源。下午参观了美术展览会及岛津制作所。22 日上

---

[1] 《社报·中华学艺社第五次学术视察团报告》，《学艺》第 9 卷第 4—5 号合刊，1928 年 12 月。

午参观了朝日麦（啤）酒工厂，随后回九州大学聆听田中馆演讲"欧洲飞行机之现状"、新城新藏演讲"变光星之问题"、山崎直方演讲"地壳运动之缓急"。23 日，视察团参观了八幡制铁所、化学工业部、生铁部、制钢部及研究所。26 日，视察团成员各自行动，有参观天文台者，有调查日本大地震后附近地层之变动者，有参观日本铁道协会者，有参观铁道省组织系统及管理方法者。27 日视察团成员沈璿视察了仙台大学，龚学遂参观了东京铁道局修理及制作客货车辆工厂。28 日，视察团参观了东京营养研究所和市政研究所。在营养研究所，由藤卷良知技师引导参观。该所创自 1920 年，以调查研究主要食品、营养、饥馑时救荒食物为目的，每月发表研究成绩一次，并刊行汇报，"此种研究所对于民食问题极有关系，既可改善体质保健卫生，而备荒救灾食用经济诸问题俱可次第解决，且常年维持经费不过十万元左右尚易筹措，甚望卫生部当事诸公集中医学及农学人材，集积筹办之也。"① 29 日参观了东京理化研究所。11 月 4 日返回上海。

1929 年 7 月，柳金田、周建侯、陈植、徐骥、王济仁、胡文灿组成第六次学术视察团，出席日本第五届学术协会。23 日，视察团参观了东京理化研究所。26 日，参观北海道帝国大学图书馆、光学暗室、物理实验室、化学实验室、天平室、水利试验室、吸水室、工作机械室、材料强弱实验室、锅炉室、引擎室、电机室、地质室、印刷所等，午后还参观了月寒种羊场。27 日为日本学术协会第五次大会第一日，视察团赴北海道帝国大学参加大会。上午 11 时，医学博士三浦谨之助作了题为"脑之血管分布与各中枢之关系"的特别演讲，下午 1 时开始学术演讲，演讲的题目有"关于室内音响之特殊例""日本五月九日之日蚀观测报告""关于垂直架空线所放射之短波长电磁波之能""在 Holborn 之短波发生电路内之电路常数与波长之关系""一九二六年之无线电经度测量""关于地震之原因""地震之震害问题""落雷时决定电流方向之一法""真空管之特性与矿石检波器

---

① 《社报·中华学艺社第五次学术视察团报告》，《学艺》第 9 卷第 4—5 号合刊，1928 年 12 月。

之特性之比较""初等教育之理化学与近代产业之关系"等。[1] 28 日上午，视察团参观了札幌测候所，下午返回帝国大学聆听学术演讲，题目有："光弹性学之方法与其工学的应用例""熔融金属与熔融盐间之化学变化""关于本邦产石灰之特性的研究""在选矿术上矿物之物理的性质""土敏土之物理的性质""海荒之测定""家白蚁之建物侵害"。29 日演讲的题目："电气浸透之工学的应用""Dust figure 及其应用""纹样的数理之研究""写真电送之一方式""依第一铜盐之电气分铜法""电气音响学之发展""科学之进步及农业之发达""高速度活动写真空气流动之研究"。[2] 30 日，参观千岁鲑鳟孵化场。31 日参观苫小牧驿王子制纸会社苫小牧工场。8 月 1 日上午，参观日本制钢所输西工场及下设的制炼工场、骸炭工场、副产物工场、炼瓦工场、汽罐及发动机修理工场和铸物工场。下午参观室兰工场及下设的熔钢工场、铸造工场、锻炼工场、热炼工场、机械工场、外木型工场、瓦斯发生炉、发电所、炼瓦制造工场及修理工场等设备，最后还参观了制造品陈列所。5 日参观日本中央气象台，6 日参观帝国大学图书馆，7 日赴东京市教育局和市政讨论会调查。

1930 年 5 月，鲁继曾、陈雪涛、陈钟凡、杨孝慈、陈曰睿组成中华学艺社第七次学术视察团，考察日本政治、经济、司法、教育、社会等情形。陈钟凡在《学艺》杂志上发表了《日本教育考察记》，详述日本教育制度之沿革、教学实施之利弊得失等[3]。陈雪涛则撰有《东京市之市财政》，详述东京之人口、经济、支出、市税、市债，载于《学艺》杂志第 11 卷第 5 号上。

通过组织多次学术视察团赴日考察，中华学艺社社员得以近距离接触日本，了解日本在明治维新后在学术研究方面所取得的成绩，实现师彼之长，同时也达到宣传自己、树立学术地位的作用。

（三）外人来社讲学

1925 年 4 月 8 日，孔威廉博士受政府派遣来中国研究美术文献。来华

---

① 徐骥：《中华学艺社第六次学术视察团报告》，《学艺》第 10 卷第 2 号，1930 年 3 月。

② 《中华学艺社第六次学术视察团报告》，《学艺》第 10 卷第 2 号，1930 年 3 月。

③ 详见陈钟凡：《日本教育考察记》，《学艺》第 11 卷第 1、3、5 号，1931 年 5、7、9 月。

后，孔威廉博士到中华学艺社拜访郑贞文、周昌寿。社员毛毅可、余祥森2人负责招待，于11日与上海美术专门学校联合开会欢迎，假美专举行讲演会，由社员刘海粟介绍博士生平，毛毅可口译、余祥森笔记，"听众达数百人"，结束后赴安乐宫参观美术展览会。7时联合美专及商务印书馆，欢宴孔威廉博士夫妇于大东酒楼，社员郑贞文、周昌寿、王兆荣、毛毅可、余祥森、刘海粟、滕若渠等参加，"席间博士表示对于本社之谢意，并允为本志撰文云"①。

因中华学艺社与日本的特殊关系，日本友人不断来华访问学习。1930年3月中旬，诸桥辙次博士率领东京文理科大学东洋史学、汉文学、日本史学科学生来上海参观教育。诸桥辙次博士除担任东京文理科大学教授之外，还兼任静嘉堂图书馆馆长，"故对本社影印宋元珍本，助力不少"。中华学艺社设宴热情款待诸氏代表团，而且应参观团之托，请胡适演讲《中国新文学之发展》，由社员马宗荣担当翻译。② 4月，日本中华民国教育视察团来华视察教育，抵达上海后参观了中华学艺社。该团中的松本龟次郎和吉泽嘉寿之丞，"在日本为吾国学生办理留学之预备教育，达数十年，为我国造就人才不少"。中华学艺社设宴热情款待该代表团，并就改进中国留日学生之教育方法交换了意见。③ 5月，日本出版协会派代表龟井丰治来华，拟将大批书籍捐赠中国各地著名大学及图书馆，后由中华学艺社傅式说、郑贞文、周昌寿、马宗荣介绍南京中央大学、北京大学、北海图书馆、东北大学、浙江大学以及上海各大学等处接洽。6月，日本兵库县教育视察团来上海视察中小学教育，中华学艺社介绍参观上海特别市立之务本女学、中小学部及幼稚园、西城小学等，"闻该团参观后颇为满意云"④。7月21日，日本第一高等学校教授、目录学家长泽规矩也访华，游历了上海、南京、苏杭宁绍等地，参观江南各兰台石渠所藏珍籍善本和宁波范钦氏天一阁藏书。中华学艺社与长泽规矩也的接触，经东京帝国大学教授宇野哲人的介绍，辑印古书"得该氏襄理一切，对于选借书籍，受助于该氏

① 《社报》，《学艺》第6卷第9号，1925年4月。
② 《中华学艺社报》第1卷第1期，1930年6月。
③ 《日本中华民国教育视察团来社》，《中华学艺社报》第1卷第1期，1930年6月。
④ 《日本兵库县教育视察团来社》，《中华学艺社报》第1卷第2期，1930年7月。

之处不少"①。中华学艺社热情款待长泽规矩也，由蔡元培、张元济、郑洪年、马君武、经亨颐等作陪。1931年，日本京都帝国大学文学部教授三浦周行到北平、上海、南京等考察，并于3月20日到中华学艺社参观。

1935年1月，日本外务省文化事业部理事官兼会计田村真吾、日本总领事馆桥爪友吾郎到中华学艺社参观，"对本社颇多赞许"，并承诺赞助中华学艺社扩充图书馆，设法为中华学艺社日本文库募集书籍。前日本京都帝国大学总长、时任上海自然科学研究所所长新城新藏及明治大学总长木下友三郎、商学部部长法学博士志田钾太郎教授、侯爵松平康昌等10余人，也先后到中华学艺社参观。② 同年6月，日本外交部文化事业部部长冈田兼一参观中华学艺社。17日，中华学艺社联合中华民国医学学会、东南医学院宴请冈田兼一，日本前上海总领事船津辰一郎，自然科学研究所所长新城新藏等30余人出席。

1935年6月，日本工政会举行东洋工业会议，并在上海、南京、天津、北平等大城市举行演讲会。9月18日、25日，中华学艺社接到日本驻上海总领事馆寄来的信函，信中提到以中华学艺社为讲演会所，要求中华学艺社提早进行准备。中华学艺社总办事处于9月25日回函："盼将参加会议人员名单及演讲题目即日见示，以便参考。如有未便之处，尚当竭诚奉商也。"日本驻上海总领事馆接信后，派人前往学艺社解释东洋工业会议的性质。在得到日本方面的解释与保证之后，中华学艺社总办事处于10月7日致函日本驻上海总领事馆："关于东洋工业会议拟借敝社为会议场所一节……自然科学研究所上野君代表贵馆送来该会议出席者名单一纸，谓此次出席人员限于中日两国，所有议题亦纯为学术上之讨论……按敝社原以昌明学术为宗旨，对于学术团体之借用会场无不欢迎。"③ 日本工政会访华代表团一行20余人，由团长井上匡四郎带领，于1935年10月25日抵沪。次日，学艺社设宴为日本工政会访华代表团洗尘，上海市长吴铁城及外交部、实业部代表出席，宴后由学艺社理事长何炳松担任主席，主持

① 《长泽规矩也教授来沪》，《中华学艺社报》第1卷第3期，1930年8月。
② 《中华学艺社报》第8卷第1—6期合刊，1935年5月。
③ 《总社消息·总办事处·日本工政会访华代表团假本社举行讲演会纪述》，《中华学艺社报》第8卷第8期，1935年12月。

演讲会,原定中国方面演讲者为黎照寰,讲"工程学与实业之关系",日方方面由文学博士圆谷弘讲"日本之工业教育"。① 因黎车祸受伤未能出席。27 日,代表团假中华学艺社继续举行演讲会,由松田竹太郎主持,同济大学唐英讲"上海之工业",东京帝国大学岩本周平讲"日本航空工业之现状"。演讲会结束后,在中华学艺社放映电影"日本吉野川桥梁之建设工程状况""日本照片电送实际工作情形""日本造纸工业工作情形"②。

除此之外,欧美等国的专家、学者也曾到访中华学艺社。1933 年 10 月,德国海京伯马术团来华表演,受到热烈欢迎。中华学艺社与上海《晨报》联合邀请海京伯马术团代表惠格纳于 10 月 26 日在中华学艺社大讲堂演讲"如何训练动物",由社员谢福生担任翻译,到会听众达到 800 余人,惠氏的演讲引起听众极大的兴趣,时时传来热烈的掌声。演讲后由中国教育电影协会上海分会放映电影,观众趣味横生。1934 年 1 月 21 日,中华学艺社与上海市教育局、上海市教育会、中华职业教育社、中国教育电影协会等团体联合宴请丹麦成人教育专家马烈克博士,并请他即兴演讲"丹麦国际民众高等学院之情形"。饭后,又邀请马烈克博士赴务本女学作题为"丹麦国际民众高等学院与农村社会之繁荣"③ 的公开演讲。1946 年 9 月 12 日,中华学艺社联合中国科学社、商务印书馆、中华书局等团体在中华学艺社会议厅举行欢迎裴斐教授(Nathaniel Peffer)茶话会,到会 14 人。裴斐教授系美国远东问题专家、哥伦比亚大学历史教授。会上裴斐教授指出,美国致力于翻译中国经史及近代各种名著的工作由来已久,并希望中国方面能尽量协助进行此项工作,以加强中美间的沟通与合作④,等等。

通过出席国内外各种学术会议,中华学艺社加强了与国内外社团之间的联系,有利于增进彼此了解,加强它们之间的交流与合作;许多海内外学者到中华学艺社讲学、考察,一方面加强了中华学艺社与学界的交流,从一侧面也反映出中华学艺社在国内外学界的影响力。

---

① 《日本工政会访华代表团昨抵沪》,《申报》1935 年 10 月 26 日。
② 《日工政会访华团 学术演讲会第二日记》,《申报》1935 年 10 月 28 日。
③ 《总务部·公宴丹麦成人教育专家马烈克博士》,《中华学艺社报》第 7 卷第 1—3 期合刊,1934 年 3 月。
④ 《欢迎美国裴斐教授茶话会》,《中华学艺社报》第 13 卷第 2 期,1946 年 12 月。

六、举办展览

1932 年 8 月，中华学艺社在新社所落成典礼之后，举行为期一周的美术展览，由社员王济远主持，刘海粟、马孟容、马公愚、刘家堪等从事筹备，展览分书法、篆刻、绘画、雕刻及摄影五部分。[①] 书法金石雕刻部陈列于二楼北部，内有三代陶器、六朝云冈造像、六朝唐人写经、宋元明清书画等，"古色古香，别饶深趣"。中画部在二楼南部，主要展出黄宾虹、陈小蝶、张大千、张善孖、马孟容、马万里、王师子等之作品，为会场生色不少。一楼南部陈列西画及雕塑作品，西画以刘海粟、王济远之出品，最为人所注意，雕塑亦多名贵之作。一楼北部为摄影部，大半系淞沪战事影片及满洲傀儡国时事影片，"东北沦亡，河山变色，淞沪之滨，创痕未泯，对此当有无限兴亡之感"。开幕以来，总计参观者在两千人以上，"一时本社门前，士女如云，摩肩接踵，大有山阴道上，车如流水马如龙之概"[②]。

建成后的中华学艺社新社所，宏伟气派，设备齐全，且租金低廉，因此成为政府机关、民间团体开展活动的极佳空间。1933 年 4 月，为了增加商货运输、改进铁路营业，铁道部主办之全国铁路沿线出产货品展览会在中华学艺社举行公开展览。展览 10 日开始，30 日结束。展览部分包括原料品、机械制造品、化学制造品、手工制造品、美术品、矿产品、农产品、林产品、水产品、牧产品、药品、专利品、参考品等十余种，展出全国铁路沿线煤矿及京沪路、沪杭甬路、陇海路、北宁路、平汉路、平绥路、粤汉路、正太路、道清路、广九路、南浔路沿线各站物产。[③] 展览不收门票，首日参观者即达五千余人，可谓盛况空前。

许多美术社团选择中华学艺社作为展览之所。1933 年 11 月 2 日至 12 日，中华学艺社与中国画会合办"中国美术展览会"，旨在"集合当代美术制作品公开展览，以引起社会对于美术之认识，鼓励作家向前之真趣，

---

① 《举行美术展览会》，《中华学艺社报》第 4 卷第 6 期，1932 年 7 月。
② 《中华学艺社报》第 5 卷第 1 期，1932 年 8 月。
③ 《铁路沿线货品展览会今日开幕》，《申报》1933 年 4 月 10 日。

藉以发扬吾国现代美术"①。展览会展出包括国画、书法、雕塑、美术摄影、工艺美术、建筑油画、水彩画等在内的中西美术作品 500 多件，可谓琳琅满目。其中有著名画家王一亭、钱瘦铁、俞剑华等人的作品，"中外各界人士，前往参观者，不下数千人云"②。

民国时期著名的美术社团决澜社、艺风社都曾在学艺社举行过画展。1932 年 10 月，决澜社在中华学艺社举行第一届画展，陈列社员及社外画家之作品 50 余件，"其质量之精，为国内艺坛所仅见，有倾向于新古典者，有受野兽群之影响者，有表现东方情调者，有憧憬于超现实的精神者"③。决澜社第四次画展于 1934 年 10 月 19 日至 23 日举行，会场陈列作品有 60 余件之多，"均系一时之力作，而足为我国艺术界放一异彩者"。各界前往参观者达两千人以上，"其作品之精采，艺术之优秀，为多数来宾所一致赞美，良以该社诸社员均抱努力苦干之精神，故有如此惊人之成绩"④。1934 年 6 月，艺风社假中华学艺社举行第一届展览会，陈列绘画雕刻实用艺术作品 900 件，包括国画、西洋画、折衷画、书法及雕刻创作，展出作品"就所在地点而论，有南京，北平，武昌，苏州，上海，杭州，厦门，广州，及其他大城市以至于小乡镇，年长年轻的女作家，多有参加。就出品种类而论，大体应有尽有，十分丰富"⑤。展期为 6 月 3 日至 10 日，前后参观人数超过 2 万⑥。

1935 年 10 月，全国木刻展览会、中华独立美术协会先后在中华学艺社举办展览。10 月 10 日，全国木刻联合展览会会期 10 天，20 日闭幕。展品精美绝伦，共计 1000 余种，"作品之丰富及内容之精彩，实为沪市空前创举，不能不令人万分钦佩与爱慕"，观者达 10 万以上。⑦ 中华独立美术协会的画展，琳琅满室，署名"敏德"的作者撰文提到："我把整天的时间都消费在会场中，我以为我每一次看一幅作品能得新印象时是不应该离

---

① 《中华学艺社等举办中国美术展览会》，《申报》1933 年 10 月 5 日。
② 《中华学艺社报》第 6 卷第 9—12 期合刊，1933 年 12 月。
③ 《决澜社画展今日开幕》，《申报》1932 年 10 月 9 日。
④ 《决澜社画展最后一天》，《申报》1935 年 10 月 23 日。
⑤ 曾仲鸣：《艺风社展览会》，《艺风》第 2 卷第 6 期，1934 年 6 月。
⑥ 《艺风社展览第二日》，《申报》1934 年 6 月 5 日。
⑦ 《木刻展览最后一日》，《申报》1935 年 10 月 22 日。

开会场——至少还要在他们作品滋味之中去尝滋味。每次我看一个画展时都是这么想，不过事实上很少有如独展般的能给我重味的新感觉和印象来”；"我以为独立展才在一九三五年的出现，很可以为现代中国死沉的洋画坛来划分一个新的时期，他们的精神方面能接合现代之思潮，这在开倒车的中国艺坛能有这新的洗刷，这些问题中的提出，对将来的中国艺坛是很大的影响。"①

刘狮、庞薰琹、王济远等名画家的作品也曾在中华学艺社展出。1932 年 9 月 1 日，刘狮在中华学艺社举行个人展览会，展期 10 天，展览作品 180 余件，"均神彩焕发，奕奕如生。普陀近作二十六幅，沪战遗迹二十幅，尤为不可多得之杰作。"② 次年 10 月 18 日，刘狮又在中华学艺社举行个人绘画展览会，展出个人新旧作品 60 件，展览时间为 18—23 日。1932 年 9 月 15 日，庞薰琹画展在中华学艺社开幕，展览 10 日，展示画作 70 余幅。首日来宾就达 500 余人，"泰半为中外文艺界人士，对庞之作品，均同声赞美，目为远东近代艺坛之杰出者"。③ 1933 年 8 月 15 日，福州分社举行新社所落成典礼，邀请社员王济远举行个人绘画展览。当时正值盛夏，天气炎热，但每天参观人数达七八百人以上，"为福州画展空前盛况"。福建省政府主席蒋光鼐、建设厅长孙希文、教育厅长郑贞文、财政厅长许锡清、公安局长丘兆琛等也参观了王的个人画展，给予了高度评价，称赞王的水彩画为当时国内独步一时之作。④ 同年 10 月 17—22 日，王济远举行个人风景画展览会，陈列作品 80 余件。1935 年 12 月 21—25 日，王济远又在中华学艺社举行画展，水墨画分陈大小两室，油画一大室，皆为王氏半年来旅行青岛、天津、北平、南京、镇江等处所作，"描写华北与江南景色，历历在目，幅式虽小，而感觉甚大，融合中西画法于一炉，别开蹊径，能使观众深入画境，而感受新鲜的印象。"⑤

---

① 敏德：《中华独立美术协会展评》，《艺风》第 3 卷第 12 期，1935 年 11 月。
② 《刘狮个人画展昨日开幕》，《申报》1932 年 9 月 22 日。
③ 《庞薰琹画展》，《申报》1932 年 9 月 2 日。
④ 《中华学艺社报》第 6 卷第 5—8 期合刊，1933 年 8 月。
⑤ 《王济远画展昨日开幕》，《申报》1935 年 12 月 22 日。

　　1936 年 5 月,教育部高等教育司司长顾荫亭及著名画家潘玉良女士在中华学艺社举行个人作品展览会,展出作品达数百件。顾氏研究国画十多年,擅长墨竹山水画,连日来参观者络绎不绝。5 月 23 日,顾荫亭近作展览会成功举行,展期 3 天,展出个人画作近百幅,参观者达 1200 余人。潘玉良个人画展于 6 月 2 日举行。作品 200 幅,包括油画、粉笔画及人体素描,多为她游览南京、北平、青岛、劳山、雁荡、天台、华山、普陀、黄山及苏杭等地名胜之精作。吴曙天《潘玉良女士画展》中提到,观展当天"丝雨密密地下着,后来是渐渐的狂大了。我非常欢喜这样的雨天,又因为渴望已久的潘女士的画展,恰在今天开幕,使我非冒雨出去不可。""作者的出品有二百点,在这二百点中,可以见得作者年来的游历与豪兴,由法国回来以后国内山水名胜的地方,到得很多了。一个画家是和诗人文人一样的,不走万里路,不读万卷书,是没有巨大的收获。……作者的笔触很矫健,同时也没有遗忘细腻温柔,很有大处着眼,小处用心的境地……"① 1936 年 7 月,值中华学艺社在南昌举行年会,身为社员的傅抱石"为襄盛举,在南昌东湖之滨的益群社展览近作五年,出陈作品百十二点"。② 可以说,中华学艺社新社所为中国早期现代主义美术活动提供一个重要的文化平台,这里不仅是美术展览"会场",而且也是相关艺术事件的原发地。③

　　总之,通过年会、演讲、研究机构、学术交流、展览等途径,中华学艺社的知识场域得以进一步扩展,主要体现在:其一,范围不断拓展。中华学艺社的知识传播不再局限于上海一隅,而是延伸到全国诸多城市,以及日本、欧美等国家。其二,渠道方面,呈现出明显的多元化。针对不同的对象,中华学艺社还注意采取不同的传播策略,力求取得较好的传播效果。其三,知识传播内容,涵盖自然科学、人文社会科学,容纳了专业知识和科普常识,跨越了国与国之间的界限。进而,中华学艺社拓展知识场域的大胆尝试,在一定程度上也推进了中国科学的体制化进程。当然,中

---

① 《申报》1936 年 6 月 5 日。
② 傅抱石著,叶宗镐、万新华选编:《傅抱石论艺》,上海书店出版社 2010 年版,第 174 页。
③ 李超:《中华学艺社与中国现代美术传播》,《美术研究》2009 年第 3 期。

华学艺社的各种尝试并非皆一帆风顺，很多计划未能实现，比如前文提到的年会，多次因故取消；成立研究所的设想，也因经费等问题一再搁浅。缺少长期而稳定的经费支持以及政府、社会各界的全力支持，中华学艺社的各种努力和积极尝试显得多少有些力不从心。

第八章

兴学办校

民间学术社团开展教育事业，在民国时期并不罕见。不过，与其他社团相比，在经费极为有限的情况下，中华学艺社先后开办学艺大学、学艺中学，并力所能及开展了极为丰富的教育尝试。虽成绩不大，但却在民国教育史上留下了浓墨重彩的一笔。

一、学艺大学的始末

1922 年 11 月，民国政府以大总统令的形式公布《学校系统改革案》，史称"壬戌学制"。该学制规定，"大学校设数科或一科均可，其单设一科者称某科大学校""大学校修业年限四年至六年（各科得按其性质之繁简，于此限度内斟酌定之）""大学校用选科制"。[①] 这一规定无疑放宽了对兴办大学的限制，促成了全国各地众多公私立大学的涌现。20 世纪二三十年代上海诞生的私立大学的类别，有国人和外人设立两类，国人设立的又分个人、团体两种，由团体创办的有立达学社创立的大同大学、六三同学会组织的光华大学等[②]，数量并不多，而学艺大学的创办格外显得引人注目。

（一）发起及筹备过程

学艺大学的创办，源于中华学艺社社员王兆荣、何崧龄的倡议。两人于

---

① 宋恩荣、章咸选编：《中华民国教育法规选编》，江苏教育出版社 2005 年版，第 34—35 页。
② 李纯康：《上海的高等教育》，《上海市通志馆期刊》1934 年第 2 卷第 2 期。

1924 年 1 月向总社提出《拟在上海创办学艺大学的建议书》，全文如下①：

我们的学社年来渐形发达，社友人数现在已有八百余人之多，我们应当在这时候，根据本社"昌明学艺"、"促进文化"的宗旨，做些本社对于社会应做的事业。弟等考虑之下，觉得目下在上海创办学艺大学（拟先办专门部，但兹事体大，自应俟委员会成立后，详细讨论）一事，无论就社会的需要言，无论就本社的发展言，都是极为紧要。

先就社会的需要讲，现在我国的中等教育逐渐发达，中等学校的毕业生年多一年，而国家因财政窘迫之故，对于高等教育，不能有与之相应的设施；所以许多中学毕业生往往于升学方面感觉困难。进一步说，就是现今我国已设的大学里面，对于学生能够养成急公好义的精神和传授明确实在的知识的也是罕见。因为这两层理由，创办大学实为本社对于现下社会应尽的义务。

次就本社的发展讲。本社在社章中所规定的主要社务，共有五项：（一）发行杂志，（二）举行讲演，（三）刊布图书，（四）设图书馆，（五）设研究所。而本社自成立以来，为时已满六载，所举办者不过发行学艺杂志一项，至刊布学艺丛书一节，还在着着进行，尚无显著的成绩。弟等顾念前途，以为本社此后果能创设大学一所，则一面既可集中多数社友的才力共图进展，他面又能把社章所规定的各项次第举办，真是所谓一举而两得了。

上述两项就是弟等筹建议本社创办学艺大学的理由，此如地址问题及经费问题，在本建议当然也是重大的要件，不得不为诸社友申说一下。地址所以拟定上海，是因为上海在聘请教员上及招集学生上有多大的便利。至于经费一项自然最为难题，弟等再三筹虑，以为唯有由本社出而征募捐款的一法。倘征募以后得有相当的款项，则视款项的多少，再定办学的范围，决不愿有大学的虚名，无大学的实际。为此建议，敬请诸社友公决！

王兆荣　何崧龄

① 《社报·拟在上海创办学艺大学的建议书》，《学艺》第 5 卷第 9 号，1924 年 2 月。

　　除了提出创办学艺大学的原因,《建议书》还阐明了创办学艺大学的地址及经费之来源。在 1 月 20 日召开的第二次总事务所干事会议上,该《建议书》得到全体社员赞成通过,并拟定《筹办学艺大学委员会简章》,成立筹办学艺大学委员会,推举王兆荣、何崧龄、范寿康、郭沫若、周昌寿为委员。为集资款项,中华学艺社组织募捐委员会,制定《第一届募捐委员会章程》,推举王兆荣、曹慕管、殷汝耕、林骙、何崧龄、费敏士、江铁、郑尊法、周桂徵、顾耆、吴永权、朱章宝、高炯、杨梓林、陈达、李希贤、雷宣、艾华、许崇清、刘骏业、傅式说、刘文艺、赵惠民、郑贞文、周昌寿为委员,征求地方事务所之同意。①

　　募捐委员会正式成立后,即于同年 4 月 1 日开始,分成若干小队募捐。上海方面计有 15 队,冠以"学"字;京津方面计有 7 队,冠以"艺"字;其他各省,则各以省名冠之;如一省而设数队者,则称为某省第一队、第二队……至有特殊性质之队,如专向华侨,或欧美日本各外国人劝募者,则冠以"华"字。最后,中华学艺社共成立了 42 队(见表 8.1),"各队有队长,有队员,采取竞争的形式,各各分头招募。"②

表 8.1　中华学艺社募捐小队情况一览表

队　名	队　长	住　　址
学字第一队	郑贞文	上海闸北天通庵路滋德里七号
学字第二队	林骙	本社总事务所
学字第三队	何崧龄	上海闸北西宝兴路兆丰里一弄十二号
学字第四队	周昌寿	上海宝山路商务书馆编译所
学字第五队	王兆荣	本社总事务所
学字第六队	殷汝耕	上海南成都路全福里九十九号
学字第七队	张炽章	上海南成都路新乐里一弄第三家
学字第八队	胡霖	上海四马路望平街国闻通信社
学字第九队	欧阳予倩	上海蒲柏路吉益里十六号
学字第十队	曹慕管	上海虹口澄衷中学校
学字第十一队	潘大道	上海新闸路甄庆里 B 一〇四四号半

① 《社报》,《学艺》第 5 卷第 9 号,1924 年 2 月。
② 郭沫若:《学生时代》,人民文学出版社 1979 年版,第 227 页。

续表

队　名	队　长	住　　址
学字第十二队	陈伯庄	上海爱文义路八十八号国立自治学院
学字第十三队	滕固	本社总事务所
学字第十四队	汪兆铭	上海法界霞飞路康宁里四号
学字第十五队	何熙曾	上海爱文义路一百〇一号
艺字第一队	陈承修	天津特别一区十七号路二十二号
艺字第二队	屠孝实	北京西城前英子胡同十二号
艺字第三队	吴永权	北京西城宗帽二条十号
艺字第四队	艾华	北京西城宏庙豆芽菜胡同三号
艺字第五队	屠密	天津高等工业学校
艺字第六队	杨梓林	青岛大港青城路一号
艺字第七队	谭熙鸿	北京国立北京大学
浙江队	朱章宝	杭州湖滨八弄五号
江苏队	高炯	南京城内门帘桥
江西队	黄光斗	江西南昌省立第一师范学校
湖北第一队	李步青	湖北武昌师范大学校
湖北第二队	黄际遇	湖北武昌师范大学校
湖南队	李待琛	湖南长沙公立法政专门学校
福建第一队	刘骏业	福建福州电灯公司
福建第二队	傅式说	厦门厦门大学
广东第一队	许崇清	广州教育厅
广东第二队	张资平	广东汕头蕉岭羊子山矿厂
四川队	都怀尧	四川成都少城金河街三十七号
河南队	魏肫	河南丰乐镇六河沟煤矿厂
山西队	刘文艺	山西省城省教育会冯振邦君转
华字第一队	王兆荣	本社总事务所
华字第二队	郑贞文	上海闸北天通庵路滋德里七号
华字第三队	郑贞文	日本东京小石川大和町十九日华学会
华字第四队	康纪鸿	上海北河南路六号
华字第五队	李德和	云南腾冲县劝业所
华字第六队	曾琦	Mr. Tseng Ki, 39 Rue de la Pointe, Garenne, Columbes, Scine France.
华字第七队	姜琦	Mr. G. Chiang, Room 102 Furnald Hall, Columbia university New York City U. S. A.

资料来源:《社报·总事务所报告》,《学艺》第6卷第1号,1924年5月。

截至 1928 年 12 月 1 日，共收到国内外捐款 38403.260 元，其中包括国内捐款 15947.00 元，毫洋捐款 243.1 元，台伏捐款 70.4 元，日本捐款 22023.18 元，美国捐款 69.6 元，法国捐款 49.98 元。[①] 关于各队进行状况及劝募所得成绩，由委员会汇集发表，名为《中华学艺社第一届募捐委员会会报》，每半月发行一次，按期赠送经募人及学社社员 1 份。为了募集更多的经费，由社员殷汝耕、白鹏飞、周昌寿、何熙曾等 24 人发起，向全体中华学艺社社员募捐，特别捐分 10 元、20 元、50 元、100 元、200 元五种，《向全体社员劝募办学特别捐启》呼吁道：

> ……这所学艺大学确是我们理想之所寄，也是我们责任之所在。促进衰颓的文化，培养真正的人才，在于今日的我国，这是何等关系切要的事业！这是何等责任重大的事业！我们学艺社将来对于国家前途有所贡献，可以说是以这学艺大学的成功为始，而这学艺大学的成功当然是以各位社员的努力为断的。[②]

社员们踊跃认捐，对办好学艺大学充满了信心。殷汝耕、白鹏飞各认捐 500 元（分 5 年交），周昌寿、何熙曾、郭沫若、郑贞文、何崧龄、高炯、杨栋林、屠孝实、杨梓林各认捐 200 元，王兆荣、范寿康、张炽章、林骙、林骐、殷公武、邓萃英、文元模、艾华、张景光各认捐 100 元，江铁、李书华、柯政和各认捐 50 元。[③]

1924 年 10 月 10 日，公布《学艺大学董事会规程》（九条）。《规程》由筹备学艺大学委员会拟定草案，由总事务所提出，并广为征求各地方事务所干事之意见。10 月 8 日，筹备学艺大学委员会开会，根据各处意见将《规程》予以修正。《规程》规定，学艺大学董事会设董事 9 人，除中华学艺社总干事、副总干事和大学校长为当然董事外，其他 6 人经选举产生。董事会设董事长 1 人，由各董事会互选产生，校长不得当选。设书记 1 人，由董事长从董事中推举。董事会具有如下权限：一、审定本大学预算及决

① 《社报》，《学艺》第 9 卷第 6 号，1929 年 4 月。
② 《社报·向全体社员劝募办学特别捐启》，《学艺》第 6 卷第 1 号，1924 年 5 月。
③ 《社报》，《学艺》第 6 卷第 1 号，1924 年 5 月。

算；二、聘请及辞退本大学校长；三、订定或修改本大学章程；四、筹集及保管本大学基金；五、议决本大学重要兴革事宜。①

同时，发出学艺大学董事选举票，要求社员推选董事 6 人。1925 年 2 月 22 日，中华学艺社在总事务所召集干事会，通报社员投票情况，郑贞文、周昌寿、何崧龄、范寿康、林骙、江铁、郑尊法、周桂徵、刘海粟、吴瀚涛等 10 人出席，由郑贞文任主席，周昌寿唱票，各干事分任登记票数。根据学艺大学董事会规定，总干事郑贞文、副总干事范寿康为当然董事，所得票数无效，结果王兆荣（184 票）、范寿康（152 票）、何崧龄（130 票）、陈大齐（79 票）、文元模（78 票）、林骙（68 票）等 6 人当选董事，吴永权（62 票）、陈启修（60 票）、汪兆铭（50 票）、何熙曾（48 票）、江铁（47 票）、屠孝实（43 票）6 人为候补董事。②

1925 年 3 月 24 日，学艺大学召开第一次董事会会议，王兆荣、郑贞文、周昌寿、何崧龄、林骙、范寿康出席。郑贞文当选为董事长，范寿康被推举为书记，王兆荣当选为校长。根据学艺大学董事会章程，校长王兆荣为当然董事。会上以抽签法决定董事的任期，林骙、陈大齐任期为 2 年，文元模、何崧龄为 4 年，吴永权、范寿康为 6 年。会上推选王兆荣、周昌寿、范寿康为学艺大学章程起草委员和董事会细则起草委员。董事会决议，当年度学艺大学开设法科（预科）、文科（专修科〈文学专修科〉），理科（专修科〈数学专修科及理化专修科，附设自然科学师范科〉），修业年限预科 2 年，本科 4 年至 6 年，专修科 3 年至 4 年，附设自然科学师范科 3 年。后经董事会根据实际情况略作调整，先设法科预科（分法律学和政治经济学二系）、文科专门部（分文学和社会学二系）。学艺大学校长之下，设法科预科主任、文科主任、理科主任、事务主任、训导主任及学艺图书馆主任各 1 人。校长月薪 300 元。男女同校暂缓实行。③

《学艺大学章程》（17 条）和《学艺大学董事会细则》（8 条）也正式予以公布。《章程》对入学资格进行了限定：甲、本科"（1）本大学预科

① 《社报·学艺大学董事会规程》，《学艺》第 6 卷第 4 号，1924 年 8 月。
② 《社报》，《学艺》第 6 卷第 8 号，1925 年 3 月。
③ 《社报·学艺大学董事会第一次开会报告》，《学艺》第 6 卷第 9 号，1925 年 4 月。

毕业者，（2）高级中学毕业经本校入学试验认为合格者（3）其他大学预科毕业经本校入学试验认为合格者"；乙、预科及专修科"（1）旧制中学毕业经本校入学试验认为合格者，（2）同等学校毕业经本校入学试验认为合格者"。① 明确提出，"本大学学生在在学期间应专心一志于人格之涵养及学艺之研究，以备他日国家社会之用，不得置身任何党籍及参加一切政治运动或社会运动"。《章程》对学期、学年作了规定，即以每年八月至翌年七月为一学年；每学年分两学期，以八月至翌年一月为第一学期，二月至七月为第二学期。还规定，教师分教授与讲师两种；教授每周担任授课时间须在 12 小时以上、16 小时以下，有兼职者可减少；教授以不在校外兼职为原则。《章程》还规定，学艺大学的职员有校长、训导主任、事务主任、图书馆主任、各科主任、体育主任、舍监、校医等，其中校长 1 人，总辖全校事务，由董事会聘请。训导主任 1 人，掌理陶冶及指导学生一切事宜，由校长就教授中聘请。事务主任 1 人，监理本大学会计庶务注册文牍，及不属于其他部分之一切事宜，由校长就教授中聘请。学艺图书馆主任 1 人，总理该馆一切事宜，由校长就教授中聘请。各科设主任各 1 人，计划该科之学程及设备，由校长就各该科教授中聘请。体育主任 1 人，掌管一切体育事宜。舍监若干人，处理宿舍一切事宜。校医 1 人，掌管本校一切卫生事宜。② 所有人员直接接受校长的监督和管理。

为了筹办学艺大学，王兆荣可谓尽心尽力。1924 年春，王兆荣去上海，与何公敢、郭沫若、范寿康、周昌寿、郑贞文等人一起积极筹建学艺大学。是年夏，政府简任王兆荣为四川省教育厅厅长。本来王兆荣可以用其所学，服务桑梓，但何公敢、郭沫若等均谓"如君必去，则'学大'之筹设，势必停止"。王兆荣遂决意留在上海，拒绝了四川教育厅厅长的职务，范寿康则辞掉了商务印书馆的工作。郭沫若曾说："这两位同学的破釜沉舟，公而忘私的勇气，是使我私心佩服的。"③

1925 年 7 月 14—18 日，8 月的偶数天，9 月的 1—17 日，中华学艺社

---

① 《学艺大学章程》，《学艺》第 6 卷第 9 号，1925 年 4 月。
② 《社报·学艺大学董事会第一次开会报告》，《学艺》第 6 卷第 9 号，1925 年 4 月。
③ 郭沫若：《学生时代》，第 231 页。

多次在《申报》上登出学艺大学的招生广告：

学艺大学招生

　　本校由中华学艺社创设，以陶成坚洁之人格、昌明中外之学艺为宗旨。筹办以来，一年有半，现准于九月开学。先设法科预科（内分法律及政治经济两系）及文科专门部（内分文学及社会学两系），并已聘定郭沫若先生为文科主任、范寿康先生为预科主任。凡旧制中学毕业、新制高中第一年修业及同等学校毕业均可投考，招收额数，各系至多一百二十名。报名自七月十日起至八月八日止，地点在上海静安寺路赫德路口三百二十号本校或上海闸北宝通路顺泰里十八号中华学艺社。报名时须缴存毕业证书、最近四寸照片一张及试验费二元，试期八月十日及十一日。简章函索照寄。

校长王兆荣启

　　从招生广告上可以看出，当时学艺大学拟设四个系，即法律系、政治经济系、文学系和社会学系，初拟招生 480 人，各系 120 人。但实际上，报到应考的学生只有 30 人。当时招收学生有两个规定，一是不允许置身任何党籍及参加一切政治或社会运动，二是不招收女生，这样一来便大大减少了学生的来源。但中华学艺社社员并未因此放弃，而是信心十足，"他们并不是想做生意，是想教育真正的'英才'，应募的就只有一两人也要办下去。"[①]

　　（二）创办过程

　　学艺大学的校址，位于上海静安寺路 320 号。据郭沫若回忆，学校位于"静安寺路西头的一座公馆里，位在民厚北里背后西手的街角上，在那儿与静安寺路交成十字的那条小街名，我可忘记了。公馆相当宽大。进门后，沿街一带是一列三层楼的房子，楼下作为办事室，二楼作为讲堂，三楼是图书馆。隔着一个宽阔的草场，又有第二栋，是一列二层建筑，楼下礼堂兼食堂，楼上学生的自修室兼寝室。在这前后两栋之间，右手是一带

---

　　① 郭沫若：《学生时代》，第 231 页。

平房，沿着那忘记了名字的街。左手是一条有屋顶的通道。"① 学艺大学创立后，学艺图书馆也同时成立，附属于学艺大学内。学艺图书馆的书籍，主要供学艺大学师生使用。

学艺大学于 1925 年 9 月 26 日正式开课，政法科、文科学生各一班，以"陶成坚洁人格，昌明中外学艺"② 为宗旨。学校牌匾出自郑孝胥的手笔。开学当天，董事、教职员、学生 50 余人，济济一堂。在行了开学礼后，由王兆荣校长致辞，之后是董事、教职员相继演说。郭沫若在演说中说："我们办学校，人要求其多，心要求其少。古人说'纣有亿万臣为亿万心，周有臣三千为一心'，我希望我们眼前的三十人的同学，从今天开学以后，便把大家的思想感情打成一片，要成为一个心脏。"③

在教职员当中，王兆荣任学艺大学校长，范寿康担任教务长兼法科预科主任、郭沫若担任文科主任兼图书馆主任，方光焘、常云湄、李剑华、何鲁、曾琦分任语言、德文、社会学、数学、国文教员。上述人员除范寿康、方光焘外，都是四川人，"一个学艺大学就有点像是四川同乡会的延长"④。范寿康在学艺大学讲授美学课程，所用讲稿为其个人讲义，后于1927 年 3 月商务印书馆出版，名为《美学概论》。在该书序言中，范寿康说："去年学艺大学创办沪滨，主任文科者为旧友郭沫若先生。文科课程中例有美学一门，校中欲觅一适当之教师，而上海苦无专门功究美学之人，郭沫若固邀予担任。予于美学仅在大学时代听讲一次，此外愧无深广之研究，辞之再三，而沫若邀之弥坚，不得已始勉承其乏焉。"⑤《美学概论》的材料主要来自日本阿布次郎的美学著作，其美学观点基于德国心理学派美学家立普斯的移情说，认为美的价值即是感情移入的价值。该书以感情移入的观点为核心，详论审美经验、审美对象、美的分类、美的形式以及艺术等。任职学艺大学之前，郭沫若在大夏大学讲授文学概论。因不满大夏大学给他二等讲师的待遇，与该校断绝了联系。在学艺大学，郭沫

---

① 郭沫若：《学生时代》，第 231—232 页。
② 《社报》，《学艺》第 6 卷第 9 号，1925 年 4 月。
③ 郭沫若：《学生时代》，第 233 页。
④ 郭沫若：《学生时代》，第 232 页。
⑤ 范寿康：《美学概论·自序》，商务印书馆 1927 年版。

若一方面讲授国文课程，并主持图书馆的工作；一方面写文章，从事研究工作。方光焘通晓英语、法语、日语等多种语言，应郭沫若之邀到学艺大学任教，主讲语言学课程，绍介国外语言学理论，深受学生欢迎。

范寿康介绍蒋径三到学艺大学做职员，蒋又向范推荐了许杰，担任学艺大学图书馆的资料员。此时学艺大学刚刚开办，资料员的工作并不是很繁重。许杰在《坎坷道路上的足迹》中记载道："我在中华学艺大学任图书馆职员，主要是做资料员的工作，即汇集一些报纸来剪报并贴报。这个资料员的工作很轻松，因为每天就只有那么几份报纸，有些新闻有连续性，过一到二个星期集中选取一些有连续性意义的重要新闻剪贴起来。那时候还没有注意到学术论文的摘录，主要是摘取重要新闻，所以我的工作很简单，每天大多只是看看报，几乎无事可做，有时候自己看看书"①。在学艺大学，许杰见到了崇拜已久的作家郁达夫。在他的印象里，郁达夫是一个"颓废派"的小说家，可当他见到郁本人时大吃一惊，"原来郁达夫完全是一个中国气派的文质彬彬的文人，穿着一件米灰色的哗叽长衫，脚上是一双直贡呢白布底的'北京鞋'，说起话来很自然也很和气，以后经常看见他都是如此"②。郁达夫在东京时加入中华学艺社，来到上海后就顺便到学艺大学看看，在蒋径三的介绍下与许杰相识。

学艺大学教员的娱乐生活在郭沫若的个人回忆中也略有提及。据郭氏回忆，"在食堂后壁正中处，有凹进去的一段地方，开学时是设过礼坛的，平时却设了一架乒乓台。吃过中饭后，大家都走到那儿去打乒乓消遣，没有先生和学生的区别"。③ 李剑华的乒乓本领"最是助人消化的一种乐料了"，"在教职员中人最年青，身子也矮小轻便，不知怎的，打起乒乓来却那样地要人死活。他运用球板时，不是运腕，不是运肘，而是运用全身。他把右手的上膊紧紧地挟着，肘也不动，腕也不动，球来了，便跳动身子去将就。发球是这样，接球也是这样。一个球总要打脱三两次，十个球也接不上一次。打得最好的是由柏林回来的常云湄，和崇拜圣人的那位宁波

---

① 许杰：《坎坷道路上的足迹》（四），《新文学史料》1983 年第 4 期。
② 许杰：《坎坷道路上的足迹》（四），《新文学史料》1983 年第 4 期。
③ 郭沫若：《学生时代》，第 235—236 页。

学生。李先生一遇着了他们,更是弄得疲于奔命了。他们故意要摆布他,打得来半个桌面只见球也在跳,人也在跳。这喜剧倒弄得来颇有悲剧的味道。"①

学艺大学的学生只有 30 人,据郭沫若的观察可分成三派:一派是国家主义者,崇拜曾琦,"此派的领袖是一位宁波学生,他的成绩最好。我有一次上学生自修室去,在他的书桌上,看见曾琦的像是装在玻璃匣里被供奉着"。一派是非国家主义者,不崇拜曾琦。学校规定不谈政治,但曾琦所教的国文教材就是他创办的《醒狮》,"他每礼拜向各位学生各人奉送一份报,就把自己的文章来当场宣讲。崇拜他的人,自认是如听纶音,但不崇拜他的在背后也就有些烦言。也是在自修室里见到的现象,我有一次在一位四川学生的书桌上看见展放着一张《醒狮》,但在曾琦所做的文章上用红水笔批了六个字:'狮子狗儿放屁'"。还有一派,便是无所谓派,"他们对于政治的趣味可以说是等于零。然而他们的头脑也差不多就是等于零的。"② 郭沫若与曾琦之间存在着矛盾或意见分歧,言语间带有讽刺和戏谑。

可惜的是,学艺大学办学仅一个学期,因"赁屋而教,消费较大"③,靠募捐所得的经费即已告罄。不久教务长范寿康去了中山大学,文科主任郭沫若也因与董事林骙、教国文的曾琦发生矛盾辞去学艺大学的职务。学艺大学在维持一年之后,陷于停顿。1928 年 12 月 1 日,学艺大学校长王兆荣向中华学艺社报告创办学艺大学经过时也提到,"学艺大学开办时,仅赖募得之捐款万元。当时虽有主张慎重者,但因有其他不得已之苦衷,只得甘冒轻举之讥,从事开办。仅一学期,费用已罄,然仍继续奋斗。一面继续募捐,一面勉力维持,教职员莫不枵腹从公,而债台仍然有加无已。一学期满后,遂陷于不得不停顿之状况。旋又收到捐款一部分,始将宿债偿清"④。后经董事会议决将学艺大学迁往别处,初拟移往北京,后发现青岛有一公地,于是校长王兆荣前往接洽,后经实地调查,"内容极其

---

① 郭沫若:《学生时代》,第 236 页。
② 郭沫若:《学生时代》,第 235 页。
③ 《社报·中华学艺社第三届年会社务报告》,《学艺》第 8 卷第 4 号,1927 年 2 月。
④ 《社报》,《学艺》第 9 卷第 6 号,1929 年 4 月。

复杂，嗣虽许作学艺大学之用，然以余款无多，殊不愿再作孤注之一掷。故校事只得暂付停顿。俟有相当机会，再事进行。"①

（三）学艺大学失败及原因

学艺大学从 1925 年 9 月正式上课到 1926 年 7 月停办，前后不到一年时间，办学仅一个学期。学艺大学为什么会在短短时间里失败呢？笔者认为，症结在于：

其一，经费问题

学艺大学创办以及后续办学的经费主要是靠募捐而来。募捐没有稳定性，可多可少。缺乏稳定的经费来源，一旦募捐出现问题，学艺大学就会出现一系列连带反应。而学艺总社的经费也很紧张，不可能时时给予充分的经费支持。

其二，限制过严，导致生源不足

学艺大学之兴办，是由王兆荣、何崧龄发起倡议的。1925 年五卅运动时，上海各大学学生罢课。为使学生不耽误学业，许多学者名流纷纷创办补习学校，中华学艺社也决定趁此时机创办自己的大学——学艺大学。郭沫若说："与其说是迎着潮流的应运而兴，宁是抗流而起的一种预定计划。"② 但正如前文所述，学艺大学在招生时却规定：学生不得置身任何党籍及参加一切政治运动或社会运动。这一规定显然限制略严，不能适应时势，以致影响了学生的数量。郭沫若就曾说过："我们人，倒的确是一种'政治的动物'。何以呢？除掉了'政治的'，便只是'动物'而已。"③ 不招收女生，也失去了不少的学生来源。

其三，教师之间的矛盾和分歧

首先，是郭沫若和曾琦的矛盾。提到曾琦，不说不说到醒狮派。该派是遵奉国家主义为原则现代中国社会政治派别之一，出现于 20 世纪 20 年代中期，因创办《醒狮》周刊而得名。"五卅"惨案发生后，在上海的四川人成立了同乡会，郭沫若任职其间。他在 6 月 6 日写了一篇《为"五

---

① 《社报·中华学艺社总事务所报告》，《学艺》第 9 卷第 6 号，1929 年 4 月。
② 郭沫若：《学生时代》，第 227 页。
③ 郭沫若：《学生时代》，第 235 页。

卅"惨案怒吼》的檄文，歌颂"五卅"斗争中青年们不怕牺牲的革命精神，声讨英国侵略者的卑劣行径。檄文在同乡会第三次职员大会上宣读，到会者近50人，中途到会的曾琦在发言中说："同乡会应提倡爱国精神，不好为赤党张目，像郭某所做的《宣言》，所说的大抵是赤党的经济理论，尤其有几处'帝国主义'字眼，太露骨，应该慎重修改"，随后便退席而去。在郭沫若看来，曾琦对同乡会的事务并不热心，三次会议缺席两次，第三次来了却迟到在先，早退在后，"我们的圣人，尽管是怎样的'一日二日万机'，而同乡会又尽管是怎样的没啥意思的团体，别人都在提起全副精神搞干，而他素不关心，在这第三次会议上也仅仅中途出席，匆匆而来又匆匆而去，这，是使我十二分不高兴的。"① 郭沫若以个人名义将《宣言》全文刊于《晨报副刊》，并辞去四川同乡会职务。

其次是郭沫若和林骙的矛盾。林骙是中华学艺社发起人之一，学艺大学成立后，担任该校董事之职。他是孤军派②的一员。孤军派成员大多从东京帝大毕业，并多在郭沫若之先。郭沫若自己称他们为"同学"。1921年，郭沫若在上海泰东书局编辑所工作期间，也与孤军派有所交往。孤军派集合起来拟出一种政治性刊物，原本可在商务印书馆出版，但由于身在此间，于是托郭沫若从中介绍在泰东书局出版。郭沫若说，由于这个原因，"我也被视为了准同人之例"，以后开会讨论也参加了几次。然而，郭沫若的思想主张与他们并不相同，他说："我觉得他们的议论总是有点迂阔，他们主张护法，主张裁兵，在当时自然谁也都感着切要，但怎样来实现呢？靠着一本杂志的宣传，能使当时破坏约法的、拥着私兵的督军们觉

① 郭沫若：《学生时代》，第 223—224 页。
② 所谓孤军派，是指创办并围绕《孤军》月刊活动的一派人，主要是当时在上海商务印书馆编译所里的一些人，有陈承泽、何公敢、郑心南、周颂永和林灵光等，他们大多为日本东京帝国大学出身，其中的核心人物是陈承泽。《孤军》月刊于 1922 年 9 月创刊，而 1922 年 8 月 8 日，陈承泽因丹毒而去世，由何公敢继续主持月刊工作。《孤军》是一个政治性的刊物。这些人以此为阵地，宣传自己对时局、国家的主张。他们主张以"约法"为中心，恢复"约法"以维护中国的大局，并达到中国的"大同"。后来，"孤军派"的国家主义色彩逐渐加强，到 1926 年就成了"国家主义团体联合会"的一员，《孤军》月刊也改名为《独立青年》。参见潘世圣《关于郭沫若与"孤军派"关系的概略考察》，载廖久明主编《郭沫若研究文献汇要》（卷三，交往卷），上海书店出版社 2012 年版，第 574 页。

悟吗？我对于他们的主张，出马便有点怀疑。"① 1922 年 8 月底，应孤军派之邀，郭沫若为即将创刊的《孤军》杂志作了《孤军行》，以代发刊词。诗中呼吁大家举起手中的武器驱除群魔，救同胞出苦境，"使新的世界诞生"，等等。不难看出，此时郭沫若虽然在政治主张上与孤军派不同，但私人关系大体上是融洽的。

1923 年 1 月，郭沫若在《孤军》第 1 卷第 4—5 期合刊上发表了《黄河与扬子江的对话》一文，呼吁进行革命："你们快自行造些榴弹散弹来去打在菌队们的头上""你们快如陈涉吴广一样，斩木为兵、揭竿为旗，直接向'毒菌'们作战""快在这二十世纪的世界舞台上别演一场新剧……你们把人权恢复了之后，世界统一的使命，永远平和的使命，要望你们二十世纪的两个新星双肩并举，人们哟，起！起！起！"② 郭沫若在此文章中鼓吹"如俄罗斯无产专政一样"，进行"二十世纪的中华民族大革命"，表明了自己的信仰和政治立场。《孤军》的编辑给该文加了这样的附注："这篇文稿……虽有鼓吹革命的地方，一见似乎与《孤军》护法的意思有些出入，然仔细考察起来，沫若先生所谓革命单指扑灭军阀而言，非谓约法也可抛弃，读者切勿'以辞害意'！"③ 两者"主义"之分歧，若隐若现。

林骙本人与郭沫若不仅有主义之争，还有退稿之恨。郭沫若和创造社同人创办《创造周刊》时，林骙曾以灵光之名在《创造周刊》上连续发表过"青年的信"。林骙的来稿因涉及恢复约法、裁兵等主张，编辑部不敢登载，"我们实在没法顾情面，把稿子退还了他；他便在《孤军》杂志上写出文章来骂了我一顿"。郭沫若写了一篇笑剧式的短品，题为《无抵抗主义者》，批评林骙："如今的无抵抗主义者都是螃蟹先生；他们一身都是坚甲，一身都是利兵。他们把对爪螯奉敬并非是干犯你们，他们是因为螯爪味美做了一次牺牲。"④ 郭、林之矛盾进一步激化。隔了一年，林骙因募款出力，荣膺学艺大学董事，而恰巧郭沫若也在学艺大学任职，两人再度

---

① 阎焕东编：《郭沫若自叙》，山西人民出版社 1986 年版，第 264—264 页。
② 郭沫若：《黄河与扬子江的对话》，《孤军》第 1 卷第 4—5 期合刊，1923 年 1 月。
③ 郭沫若：《黄河与扬子江的对话》，《孤军》第 1 卷第 4—5 期合刊，1923 年 1 月。
④ 郭沫若：《无抵抗主义者》，《洪水》第 1 卷第 12 期，1926 年 3 月。

相见。林骙在《孤军》杂志上发表《穷汉的穷谈》《共产与共管》等文章，继续阐发孤军派之主张。郭沫若则以尖锐犀利的语言，对林骙的观点予以驳斥。林骙自然十分不悦，他在《孤军》杂志上发表长文，"连那题目都已经够长，公式是'论什么的什么，以质问共产党，兼质问郭沫若'。"① 又讽刺郭沫若道："一个人每月坐拿一百五十元的薪水，怕也不配说是'穷汉'罢。"② 此时的学艺大学因经费支绌，郭沫若11—12两月的工资一直还未发，"正在苦于脱不了身的我，真是得到了一个天来的救星"③。郭沫若便提出辞职，离开学艺大学。

不难看出，学艺大学的失败，既有客观因素，也有主观因素。学艺大学的失败，给中华学艺社带来了一定的影响，一度令该社领导层和社员倍感挫折，意志消沉，但许多社员并未就此放弃。1928年10月，为迎接中华学艺社成立十二周年，各地分社纷纷集会，讨论振兴学社计划。南京社员史维焕、丘陵提出，"自学艺大学夭折，本社之声誉亦日趋于消沉。目下新都南京，政治中心转移，本社正应趁此良机，进行大学复活运动。前余基金虽属不多，然南京私立大学极少，若重行计划，多方尽力，则本社之学艺大学，亦当可应运而起，以为新都唯一之私立大学，社员之精神亦有所寄托，不致散漫零落，毫无团结矣。"④ 南京社员熊啸南也主张"学艺大学须即恢复"⑤。在1930年召开的中华学艺社第四次年会上，社员雷震、马宗荣提出"恢复学艺大学而现刻择适当地点设立中学案"，其提案理由是："本社曾有学艺大学之设，不旋踵而告终，识者惜之，今建议恢复，当亦人同此心，惟今日之大学，非筹集巨款不能有相当规模，本社财力有限，恐难如意，故拟于国内择定适当地点，先办几个中学，数年之后，再办大学，则基础无动摇之虞，训练有一致之效，作育人之理想，或庶几焉，是否有当，敬请公决。"他们主张，先在南京、上海办中学，"同时筹备大学事宜，开始办理后，第六年之次再办理大学一年级，逐次增设，以臻

---

① 郭沫若：《学生时代》，第246页。
② 郭沫若：《学生时代》，第247页。
③ 郭沫若：《学生时代》，第247页。
④ 《社报·中华学艺社总事务所报告》，《学艺》第9卷第6期，1929年4月。
⑤ 《社报·中华学艺社总事务所报告》，《学艺》第9卷第6期，1929年4月。

于齐全。"① 在1934年召开的第五次年会上，社员刘世仁提"设立学艺大学案"。在他看来，"本社曾一度设立大学，未几即停办。惟该项学术机关，为社员思想荟萃之地，便于沟通意见，联络感情，应宜再设。目际此科学雄飞之时，尤应设立，藉以巩固本社基础，以求社务进展。"他主张：一、设董事会；二、募集基金；三、聘请社员为数职员给予相当车马费。② 到1936年7月的第七届年会上，史绍燊再提"请创办学艺大学案"。在他看来，"我国私立大学，虽有相当数目，但名符其实者，尚属寥寥，故为培植科学长才俾能促进社会计，实有创立学艺大学之必要。"他主张：一、学艺大学分理工农三院；二、校址设于南京郊外；三、经费由理事会负责捐募。③ 几次提案，均未能得到通过，皆以"保留""缓办"而告终。因经费短绌，中华学艺社对再次创办大学，可谓心有余而力不足矣。

二、学艺中学

早在1926年6月23日，武汉事务所召开全体大会，会上围绕筹备学艺高级中学展开讨论，议决设筹备委员，由李国干、陈达、危诰生、周杰、王家重、曾咸宜、陈象岩、沈懋德、何志道、王希平10人组成④，但之后却未见下文。

在1930年12月召开的第四次年会上，雷震、杨栋林、杨卓孙、孙德修、曹元宇、胡星伯、王惠中、陈海澄、史维焕、徐逸樵、陆志鸿、王润宇等社员正式提出"在首都筹设学艺中学案"。理由如下：

> 窃维本社自成立以来，举凡足以实现本社宗旨之事业莫不视其力所及，次第进行，而能对于教育事业则致力较少，实为本社社务上之一大缺憾！现今我国教育不振，负有"昌明学艺促进文化"责任之本社，对于学教事业之提倡，实为一重要不可忽视之举，查本社在民国十五年，曾有学艺大学之创设，追溯当日创设此校之动机，原为秉承

① 《中华学艺社报》第2卷第1期，1931年1月。
② 《中华学艺社报》第7卷第4期，1934年6月。
③ 《第七届年会特辑》，《中华学艺社报》第9卷第3期，1936年9月。
④ 《社报·武汉事务所报告》，《学艺》第7卷第9号，1926年6月。

本社"促进文化"之本旨，以冀有献于吾国之教育事业，嗣以经费支绌，陷于停顿，但年来本社同仁，莫不负重振精神，以继当日之事。惟筹设大学需费较巨，容非本社财力一时所能及，至就我国目前之情形与夫社会之需要而言，大学教育，在某种意义上，尚不及造就社会中坚分子之中等教育之重要，至就学校本身计筹设大学，亦以由中学逐渐扩大基础较为健全，缘上述种种理由拟先筹设完全中学一所，待初高中三年办理完竣后，视本社财力增设大学特拟具筹设完全中学一所办法数项，并附说明书于左，是否可行敬请公决。①

提案开列出了具体办法：1. 地点设于南京，这主要基于（1）南京私立学校不多，成绩较著者尤少，（2）南京为各方观瞻所系，若学校办理得法，影响于社会者必大，（3）南京交通发达，"得物质利用之便利，则类于津沪各埠，而超越恶劣环境之诱惑，则又为津沪各埠所不及"；2. 初、高中同时设立；3. 高中部宜先设师范科。② 又有雷震、马宗荣提《恢复学艺大学而现刻择适当地点设立中学案》，提出"于国内择定适当地点，先办几个中学，数年之后，再办大学，则基础无动摇之虞，训练有一致之效，作育人之理想，或庶几焉，是否有当，敬请公决"，并建议"先行募集基金，在南京上海办中学二所，逐渐扩充，同时筹备大学事宜，开始办理后，第六年之次再办大学一年级，逐次增设，以臻于齐全"。③ 此议案与前述提案并案讨论，经理事会讨论通过后，交执委会与南京分社会同办理。

中华学艺社理事会经商议，委托南京分社承担学艺中学筹备事宜，推举史维焕、郑贞文、胡庶华3人为筹备员；南京分社亦推出雷震、王润宇、孙仲达、杨倬孙、徐逸樵、李汶、李贻燕、陆志鸿等为筹备员，组成筹备委员会，开展学艺中学的各项筹备工作。1931年1月25日，南京学艺中学筹备会第一次会议召开，孙德修、雷震、徐逸樵、陆志鸿、史维焕等出席，会议讨论、决议了诸多事项：1. 学校名称，定名为"南京学艺中学"；

---

① 《中华学艺社报》第2卷第1期，1931年1月。
② 《中华学艺社报》第2卷第1期，1931年1月。
③ 《中华学艺社报》第2卷第1期，1931年1月。

2. 定于本年秋季开学；3. 关于校址，永久校址筹款建筑，临时校址由杨倬孙、孙德修、张忠道负责觅定；4. 学校设初中一年级二班，二年级二班，高中一年级二班，附设各种补习班及民众学校；5. 推举徐逸樵、杨栋林、丘景尼 3 人编制学艺中学预算，于 2 月底以前完成；6. 推举陆志鸿、史维焕 2 人向总社筹借开办费及二十年度补助费，分期偿还；7. 推举王惠中、李贻燕、徐逸樵 3 人起草学艺中学章程及各项规则表册，于 2 月底以前草成，提出筹备会讨论；8. 推定徐逸樵、雷震为常务干事，筹备会开会日期由常务干事决定临时召集；9. 筹备期间各种零星开支，由南京分社负责。① 之后，筹备委员会又选举产生学艺中学董事，总社方面当选者有白鹏飞、胡庶华、马宗荣、欧元怀、张忠道、朱升芹、聂汤谷 7 人，南京方面当选之董事为陈大齐、史维焕、雷震、陆志鸿、马洪焕，李待琛、李贻燕、王惠中 8 人，总计 15 人，组成董事会。董事会产生后，又推举陆志鸿为学艺中学校长，并租定南京崔八巷二百号为学艺中学校舍，且具文呈请南京市教育局立案，8 月 1 日起开始招生。②

根据当时实际情况，陆志鸿、史维焕二人提出本年度具体的进行计划，经第七次董事会讨论，大致通过，其主要内容有：1. 南京学艺中学，暂办初中一年级两班，二年级一班，缓办高中；2. 学艺中学开办费，由总社拨付二千两，以总社基金利息作为学艺中学开办费之利息；3. 学艺中学第一学年经常费预算不足约 3000 元，由校董及总社董事每人筹募 200 元，此项募款于本年底募集。募款方法：（1）向京市教育局请求补助，（2）向社员募捐，（3）本人自己捐助，（4）向社外募捐。捐助金额在 100 元以上者，其子弟入学时免收学费；4. 募集图书、仪器、标本等。③ 考虑到图书馆之设关系学校极大，中华学艺社发出《本社重要启示》，向广大社员求助："本社学艺中学开办伊始，为便利学生修学起见，图书馆之设立，实不容缓。惟以艰于财力，各项图书未能充分购置，以供参考。如蒙社会人士，我社社员，或捐宏著，或割珍藏，倘能集腋成裘，俾众莘莘学子，朝

---

① 《中华学艺社报》第 2 卷第 2 期，1931 年 2 月。

② 《筹办南京学艺中学》，《中华学艺社报》第 4 卷第 6 期，1932 年 7 月。

③ 《通过南京学艺中学提案》，《中华学艺社报》第 5 卷第 1 期，1932 年 8 月。

夕研究，嘉惠士林，曷其有极……"① 据学艺中学开办费及年度支出报告，1932 年 9 月—1933 年 8 月底收入 12780.37 元，支出 13274.925 元，略有亏空②。起初，学校仅有学生 20 余人。

南京学艺中学开办不久，因经费支绌，函请总社予以补助。经董事会第十三次会议（5 月 18 日）议决，自 1935 年 6 月起每月补助 100 元。③ 董事傅式说、马宗荣等于 9 月中参观南京学艺中学，返沪后草具报告书。兹录其全文如下：

> 学艺中学现有学生九十余人，编制为三学级四班，初一两班，初二初三各一班，南京市社会局业已奉教育部令批准暂准该校立案并嘱充实图书仪器标本并力加改进，以待三个月后派员复查。据说等所见，图书实属太少，仪器标本尤为缺乏，校舍布置亦嫌欠整齐，宿舍欠清洁，学校行政无猛进气象，教学方法平庸，经费收支相差甚远。但目下已有学生九十余人，以之与初成立时仅有学生二十余人相较，实有长足之进步，兼之，教育部已批准立案，而南京社员中尚多热心维持之士，故前途尚可乐观。窃意以为总社应设法维持且使之发展，以为本社较实际的事业之一，应先遵照教育部规定初中应备图书仪器之类，分期筹款购齐，赶于社会局派员覆查以前购齐第一期应备之图书仪器；一面由总社函知孙校长将校内各室略为变更，俾除四教室外，另有独立的（一）礼堂兼雨天体操场，（二）图书馆，（三）仪器室，并制绘校务行政组织，职教员一览表及各种统计图表张挂校内，编印学艺中学一览，清洁宿舍，注意教员缺课，以备社会局之复查。④

董事会经研究，仍照旧补助学艺中学，并组成校务委员会，推定史维焕、罗宗洛、李贻燕、刘百闵为委员，李贻燕为召集人，筹划改进及维持校务办法。⑤ 1935 年，理事会就维持、发展学艺中学进行讨论，议决"以

---

① 《本社重要启示》，《中华学艺社报》第 5 卷第 2 期，1932 年 9 月。
② 《分社消息》，《中华学艺社报》第 6 卷第 5—8 期合刊，1933 年 8 月。
③ 《总社消息·董事会》，《中华学艺社报》第 7 卷第 5—10 期合刊，1934 年 10 月。
④ 《总社消息·董事会》，《中华学艺社报》第 7 卷第 5—10 期合刊，1934 年 10 月。
⑤ 《总社消息·董事会》，《中华学艺社报》第 8 卷第 1—6 期合刊，1935 年 5 月。

陈公侠董事每月捐款拨给该中学，所有发展计划交该校校务委员计划送交下次理事会议核定"①。1935 年 5 月间，学艺中学校长孙德修因病赴日医治，校中乏人主持。暑假期间，急需办理学期结束及筹备下学期招生、开学等事项，经该校校务委员李贻燕、罗宗洛、史维焕、刘百闵等商议，聘请魏肇基继任学艺中学校长之职。② 同年 10 月 6 日，中华学艺社第九次理事会会议在南京召开，何炳松、傅式说、白鹏飞、谭勤余等出席。会上就"学艺中学请款案"展开讨论，议决"先行设法借垫四百元，以为该校购置仪器之用，余如另觅校址，或自建校舍等，待详细预算交来时再行核议"。③

1936 年 6 月 21 日，理事会于中华学艺社会议室举行第十五次理事会会议，何松炳、谭勤余、刘百闵等理事出席，南京学艺中学校长魏肇基提出辞职。会议围绕"学艺中学应否继续维持案"再次展开讨论，议决如下：

> 学艺中学，自成立以来数年于兹，本社经费本极困难，然垫付该中学之费用先后已达一万数千金之巨，而该中学终因种种关系至今迄无多大发展之希望，殊非当年发起创办者初意所及料，近顷南京分社陈遵妫先生有即行停办之提议，所列理由颇为充分。盖在目前本社经费拮据万分，再不能有超过现状之负担，而中学本身又无向前发展之希望，如再因循延宕，势必两败俱伤。无已，决以停办为原则，在最近两星期内，如有热心办学而经费确实之人愿意接办者仍表欢迎但（一）须经本理事会之同意，务期不致妨害本社及学艺中学之信誉（二）予本社社员以优先接办之权利。以上办法，函请中学校务维持委员会酌量进行。④

理事会遂于 6 月 21 日据此议决案，致函南京李贻燕，并请转示学艺中学校务维持委员会各委员。该函去后不久，罗宗洛自京莅社，谈及南京诸社员，"对于理事会停办中学，有不以为然者；并谓留京诸社友拟推王宏实继长中学"。总办事处乃于 7 月 7 日致函李贻燕了解具体情况，9 日便接

---

① 《总社消息·理事会》，《中华学艺社报》第 8 卷第 7 期，1935 年 7 月。
② 《总社消息·理事会·办事处》，《中华学艺社报》第 8 卷第 7 期，1935 年 7 月。
③ 《总社消息·理事会》，《中华学艺社报》第 8 卷第 8 期，1935 年 12 月。
④ 《总社消息·理事会》，《中华学艺社报》第 9 卷第 2 期，1936 年 6 月。

到李贻燕、史维焕、马宗荣、雷震、滕固署名之来函，主张维持学艺中学，并提出推举王兆荣为校长，要求总社按月补助三百元，不足之数由李、史、马、雷、腾等负责筹集。在7月9日召开的中华学艺社第十六次理事会上，理事何炳松、周宪文、傅式说等经讨论后议决，"第十五次理事会对于学艺中学之决议原因总社经济困难，出于万不得已，在此议决之前，亦推王宏实先生出而主持，即所以冀免中学之夭折，如王先生确愿担任校长之职，则总社决照原有预算酌予补助"①。

1936年7月18—20日召开的第七届年会上，理事会根据上述情形提出"如何发展学艺中学一案"，原文为：

> 南京学艺中学自成立以来，数年于兹，本社经费本极困难，然垫付该中学之费用，先后已近壹万三千余金之巨，而该中学终因种种关系，至今迄无多大发展之希望，殊非当年发起创办者初意所及料，如再因循延宕，势必两败俱伤，故第十五次理事会乃有忍痛停办之决议，旋有南京一部份之社友佥以创筹不易，停办未免可惜，要求总社酌予补助，不足之数另行募集，当经第十六次理事会慎重讨论，决在原有预算之内勉力筹措；但总社预算（一）收支原不相抵且（二）收入并不十分确定，以此补助学艺中学，则中学经费时有中断之虞，且为数无多，亦不足资中学前途之发展，故学艺中学今后究应如何维持，敬希出席本届年会诸社友多多赐教。②

另外，关于学艺中学尚有两提案，一为为马宗荣、雷震、史维焕、李贻燕等据上述情形提案，请求总社仍照前此每月提款150元补助学艺中学，并请将《学艺》杂志编辑职务交由学校负责办理，而此项编辑费每月120元亦拨交学校支配；二是社员陈遵妫提议，"停办学艺中学"。在他看来，中华学艺社经费困难，"学艺中学"实可停办，况且目前仅有数十个学生，"此种事业不独对于本社名誉无甚补益，抑即对于社会亦不能谓有若何贡献也。"③

---

① 《总社消息·理事会》，《中华学艺社报》第9卷第2期，1936年6月。
② 《第七届年会特辑》，《中华学艺社报》第9卷第3期，1936年9月。
③ 《总社消息·南京学艺中学改组经过》，《中华学艺社报》第9卷第3期，1936年9月。

他主张，自下年度起，学艺中学停止招生，现有学生设法令其转学。因大家多有分歧，会议未能达成确切之结论，最后议决仍交理事会酌量办理。

理事会经反复考量后，决定继续维持学艺中学，遂于 7 月 31 日致函王兆荣，请其出任学艺中学校长，主持学校事务。去函原文如下：

> 宏实先生大鉴：
>
> 南京学艺中学初因魏校长坚请辞职，而经费又无办法，故有停办之议；盖出于不得已也。兹决尊重李翼廷，雷儆寰诸先生意见，按照原来预算，每月由社补助一二〇元（前函误作一〇〇元此一预算见本社九卷一期社报）再由学校负本社一切编辑责任，由总社每月津贴编辑费一二〇元，两共二四〇元，业由理事会决议改聘台端为学艺中学校长，用特专函奉达至希俞允，至于编辑事务，以前魏校长系用编辑干事名义，将来应用何种名义，并请裁复……①

起初，王兆荣坚辞不就。后经何炳松以及南京诸社友一再挽劝，王兆荣最终答应出任学艺中学校长，总社方面加派李南芗协助招生开学等事宜。② 王兆荣长校后，对学校进行了整顿，学校略有起色。中华学艺社于 9 月 22 日下午六时在总社会议室举行第十七次理事会议，潘公展、何炳松、谭勤余、周宪文等出席，会上提到学校现有一年级学生 16 名，二年级 18 名，三年级 28 名，共 62 名。③ 南京学艺中学原在秣陵路，"校宿狭隘，管理难周"，经王兆荣多方奔走，租定钓鱼台湖南会馆为校舍，略加修缮后迁入。1937 年 3 月初，复向上海实学通艺馆购妥初中仪器全部，以供学生实习之用。总社方面除筹借 600 元作为该校迁移费外，仪器费则由校方于社员捐款内提出千元，余下由总社筹拨。3 月 28 日下午五时，在学艺社会议室召开的第二届理事会上，潘公展、傅式说等理事讨论南京学艺中学，提到学艺中学以受本社监督与补助交由社友办理为原则，推选王兆荣理事起草办法。④ 1937 年 5 月 2 日召开第二届理事会第二次会议，潘公展、

① 《总社消息·南京学艺中学改组经过》，《中华学艺社报》第 9 卷第 3 期，1936 年 9 月。
② 《总社消息·南京学艺中学改组经过》，《中华学艺社报》第 9 卷第 3 期，1936 年 9 月。
③ 《总社消息》，《中华学艺社报》第 9 卷第 3 期，1936 年 9 月。
④ 《总社消息·第二届理事会第一次会议录》，《中华学艺社报》第 10 卷第 1 期，1937 年 4 月。

傅式说、刘百闵、周宪文、何炳松、王兆荣、谭勤余等出席，会议围绕"学艺中学应求如何发展案"再次展开讨论，议决另组校董会，负责筹措中学经费，校董名单由王兆荣提请董事会公决。① 围绕学艺中学的发展，中华学艺社领导层和热心社员可谓绞尽脑汁。

遗憾的是，八一三事变发生，"首都陷落，无法开学"，学艺中学只得忍痛停办。原本计划待政局稳定后，学艺中学得以复校，但日本侵华战争的不断加剧使得这一计划最终化为泡影。

三、其他教育活动

除了创办学艺大学、学艺中学外，中华学艺社还开展了其他教育活动。以下略述之：

1. 开办英语补习班，筹办外国语补习学校

为学习英语者便利起见，中华学艺社于 1933 年 12 月 18 日开办英语补习班，聘请耿廷桢主持补习班教务，"耿君教授英语多年，教授法系用额伦道尔制。此种教授法为德人额伦道尔所创，进步极速。在授课时，学生每学一字，每习一句，必经目视，耳听，口说，手写，之四种过程，反复练习，轮流问答，使学生无片刻休息，故入初级者，经五个月，则可言文兼进，获一良好之英语基础"②，最初报名者有 20 余人。补习班开学后进展顺利，高中两班之夜班也开始上课。除此之外，拟于寒假期内再添办短期补习班。中华学艺社还计划自次年起陆续开办日、法、德、俄等外国语补习学校，逐渐扩充组织，成为一个健全的外国语补习学校，可惜这一计划未能实现。③ 1935 年 10 月 6 日召开的第九次理事会会议上，理事何炳松、傅式说、白鹏飞、谭勤余等讨论筹办外国语专修学校，经议决先期筹备试办外国语专修班，可惜这一计划也最终未能落实。④

2. 编纂中学教科书

编辑部鉴于国内高中教科书之需要，曾有出版教科书之计划，经 1933

---

① 《总社消息·第二届理事会第二次会议录》，《中华学艺社报》第 10 卷第 2 期，1938 年 11 月。

② 《总务部·开办英语补习班》，《中华学艺社报》第 6 卷第 9—12 期合刊，1933 年 12 月。

③ 刘百闵：《四月以来之经过及此后之计划》，《中华学艺社报》第 6 卷第 9—12 期合刊，1933 年 12 月。

④ 《总社消息·理事会》，《中华学艺社报》第 8 卷第 8 期，1935 年 12 月。

年第七次部务会议后，积极进行教科书的编译工作，与世界书局签订草约。第一批先出 12 种，详情如表 8.2 所示①：

表 8.2　中华学艺社教科书编译计划一览

书名	编者	交稿期
英语	方重	1933 年年 12 月 15 日前
代数	陆志鸿	1934 年 1 月底
三角	陆志鸿	1934 年 1 月底
几何	陈修仁	1934 年 1 月底
解析几何	靳宗岳	1934 年 2 月底
本国历史	郑师许	1934 年 2 月底
外国历史	梁园东	1934 年 4 月底
本国地理	丁绍恒	1934 年 3 月底
外国地理	蔡源明	1934 年 3 月底
物理	郑愈	1934 年 4 月底
化学	关实之、陶慰孙	1934 年 4 月底
生物学	罗宗洛	1934 年 4 月底

3. 开办实用无线电专科学校

为了培养专门的无线电工程人才，上海大华无线电公司经理曹仲渊委托中华学艺社开办实用无线电专科学校。截至 1933 年 3 月，学校共招收学生 30 余人，为大华无线电公司培养了一些专门人才。为了表示对学艺社的感谢和表达对学艺社宗旨的认同，曹仲渊也申请加入了中华学艺社。

4. 筹设科学馆

1928 年，郑贞文、竺可桢和秉志 3 人以"自然科学专家委员"资格出席第一次全国教育会议时，就提出了关于"各省应办科学馆"的提案。②

①　《中华学艺社高中教科书积极进行》，《中华学艺社报》第 6 卷第 3—4 期，1933 年 5 月。
②　郑贞文：《在福建教育厅任职的回忆》，载《福建文史资料》第 12 辑，中国人民政治协商会议福建省委员会文史资料研究委员会，1986 年，第 8 页。

20 世纪 30 年代科学化运动兴起后，中华学艺社积极参与。鉴于上海各中等学校关于自然科学的仪器设备简陋，中华学艺社与中国科学化运动协会上海分会合作筹设科学馆，内设物理、化学、生物各科实验室及仪器标本、地质标本室、科学模型陈列室、科学玩具陈列室等，以便学生轮流参考，"现正在积极筹备，经费闻暂定为五万元"。① 或是经费的原因，科学馆最终没有下文。

5. 合办识字学校

为推进识字教育，上海市特别市党部拟定各团体识字学校办法及实施办法，会同社会局要求各团体一律遵办。1935 年，中华学艺社与上海各大学教职员联合会于社内合办识字学校，"虽所处僻静，为高楼大厦之住宅区，学生甚为稀少，经努力宣传之结果，招得学生 60 余人"，7 月 10 日开始授课②，在扫除文盲方面亦作出了积极的贡献。

进而，围绕发展教育事业，广大社员利用各种场合积极建言献策。在1934 年第五次年会上，社员郎德沛提"设立民众职业学校案"。在他看来，"查我国游民之多，冠于各国，并非人人习惰，实由社会不重职业，民众对于职业常识及技能缺乏之故。本社为学术团体，应负有指导民众求学方针之责任，设立民众职业学校，即可以完成此项任务。"他拟出的办法为："宜先就首都上海或北平设立，从最适用之课目着手规模不必求大，俟稍有基础，再行扩张。"社员艾华则提出"请在平设立小学校一所以除文盲而资研究案"。他认为，"北平学龄儿童，在十万以上。而现有各校收容儿童，不过约四五万，其余约十万儿童，无正式学校可入。皇皇失学，殊堪悯惜。本社以研究学术，发扬文化为宗旨，亟应设立学校，以图补救。且南京既有中学，若北平续办小学，则于将来设立大学时，更为一贯之计划也。"其具体办法是由总社拨洋 1 万元，作为基金。推定 8—12 人为委员，进行筹备。开校后，每月由总务补助经常费洋 100 元。③ 但是，因经费所限，这两个提案未能在年会上通过。1948 年 11 月，在中华学艺社第四次理监联席会上，

---

① 《中华学艺社积极筹设科学馆》，《申报》1934 年 10 月 28 日。
② 《总社消息·理事会》，《中华学艺社报》第 8 卷第 7 期，1935 年 7 月。
③ 《第五次年会专号》，《中华学艺社报》第 7 卷第 4 期，1934 年 6 月。

理事刘百闵等提出筹办"学艺学院"案，救济京、沪失学青年。提案经讨论后通过，随即组成学艺学院筹备委员会，周昌寿为召集人，拟于1949年1月招生开课。之后曾集会多次，由蔡宾牟拟定具体计划，以"学艺学院"为恢复"学艺大学"先声，并拟恢复学艺中学，添设职业补习班。① 遗憾的是，上述想法最终也未能如愿。中华人民共和国成立后，受各种因素所限，中华学艺社开展活动不多，亦未能继续开展教育实践活动。

四、小结

从学艺大学到学艺中学，再从英语补习班到无线电专科学校，中华学艺社开展了诸多的办学实践活动。不可否认，中华学艺社所开展的教育活动取得了一定的成绩，但大多维持时间不长，影响亦不甚大。从中华学艺社办学实践来看，至少可得到如下启示：其一，经费问题是制约办学成功与否的前提和关键。学艺大学和学艺中学的收入主要靠中华学艺社的有限补助，以及部分社员的热心捐助，未能得到政府与社会各界的大力支持，也就缺少稳定的经费来源。其二，缺乏周密的计划和安排。中华学艺社的办学活动，主要基于两方面的考虑：一是社会的客观需求，二是服务于学社自身发展的需要，多少有"匆匆上马"的感觉。在具体的办学过程中，因缺少办学的实际经验，对未知问题难免估计不足。其三，学校的教员靠临时聘任，或为节省经费由社员担任，在教学内容和教学方法等方面略显不足。傅式说、马宗荣等在参观学艺中学后就得出"教学方法平庸"② 的结论。其四，学校入门门槛不高，学校生源质量较低，教学效果也就可想而知了。总之，中华学艺社的教育实践，留下了太多的遗憾。

尽管如此，作为民间学术社团，在经费极其有限的情况下，中华学艺社开展了大量的办学实践，为学校的经营与发展绞尽脑汁、苦心擘画，对其大胆探索的精神和勇气应予以称道。与此同时，其在办学中经历的艰辛曲折，或许可为当今探索民间办学的新模式提供一定的启迪与借鉴。

---

① 《第四次理监联席会议议决》，《中华学艺社报》第15卷第4期，1948年12月。
② 《总社消息·董事会》，《中华学艺社报》第7卷第5—10期合刊，1934年10月。

第九章

沟通中西学术的尝试

清末民国以来，海外留学生在国外创建了许多社团组织。在诸多的社团当中，留美生发起创立的中国科学社和留日生发起成立的中华学艺社，是其中规模较大的两个综合性、群众性社团组织。中国科学社前身"科学社"诞生于1914年，以"提倡科学，鼓吹实业，审定名词，传播知识"为宗旨，1915年改组为中国科学社，改以"联络同志，共图中国科学之发达"为宗旨，1922年再次改组后改以"联络同志，研究学术，共图中国科学之发达"为宗旨。1916年诞生的丙辰学社则以"研究真理，昌明学艺，交换智识"为宗旨，1923年改组为中华学艺社，宗旨改为"研究真理，昌明学艺，交换智识，促进文化"，增加了"促进文化"四字。比较两社宗旨不难发现，尽管皆曾有所变更，但其核心点却始终如一，前者是"科学"，后者是"学艺"。

关于"科学"一词，今人非常熟悉。有关该词汇及其内涵的衍化历程，国内外学者多有论述。① 而"学艺"一词在我们的脑海中也不陌生。

---

① 樊洪业、金观涛、汪晖、张剑等学者都曾撰文，就"科学"一词的衍化历程进行探讨。具体可参见樊洪业《从"格致"到"科学"》（《自然辩证法通讯》1988年第3期）；李双璧《从"格致"到"科学"：中国近代科技观的演变轨迹》（《贵州社会科学》1995年第5期）；艾尔曼《从前现代的格致学到现代的科学》（《中国学术》第2期，商务印书馆2000年版）；汪晖《"赛先生"在中国的命运——中国近现代思想中的"科学"概念及其使命》（《学人》第1辑，江苏文艺出版社1991年版）；金观涛、刘青峰《从"格物致知"到"科学"，"生产力"知识体系和文化关系的思想史研究》（《"中央研究院"近代史研究所集刊》2004年第46期）；张剑《中国近代科学与科学体制化》（四川人民出版社2008年版）；张帆《近代中国"科学"概念的生成与运用（1896—1919）》（中山大学2009年博士学位论文（未刊稿））；等等。

"艺"意为"技能""本领""艺术"等，"学艺"一般指学习一项技能或本领，是个典型的动宾结构，而学艺社对"学艺"一词的理解和阐释与我们的普通认知迥乎不同，以下将详而述之。从学艺社同人的言说中，还能体悟到他们对知识、科学、学术、科学方法及科学精神等的思考。

一、何谓"学艺"?

《学艺》创刊号开篇《说学艺》，对"学艺"一词进行了较为细致的阐释，不妨引述如下：

> 学古文作斆，省作学。古无艺字，皆作埶，或作蓻。今作学艺，从俗也。本志封面德文成语 wissen und wissenschaft 正译当作知识与科学。……然吾国言学，多由自觉，未尝以建宗树义，分别部居为事，只可称之曰知识，或泛指之学问，与英文知识 knowledge 之义相当，不可云科学 science 也。……科学与知识异，知识云者，虽比认识 cognition 义较精审，究其极，不过所谓领会 apprehand 或理解 understand 之结果而止。若夫科学，乃指有组织有联络有统系之知识而言。
>
> 艺本释作蓺，论语依仁游艺，注谓礼乐射御书数也。后世解六艺作六经，乃引申之义矣。今世言艺有二义。一解工作，或指才能，一则义含美感，盖与英文 art 之义相当。纯正艺术如文艺音乐雕刻绘画图案装饰，皆含艺义，乃至应用艺术诸工艺，无不皆然。故美术 fine arts 一语，常省文作 art 艺也，即中国所谓六艺者。除数而外，皆含美观。是知义也。Art 也，皆与美感相附而不可须臾离也。①

适夷的这篇文献不仅阐释了"学""艺"由来，"学艺"之含义，还区分了科学、知识、学问、认识等几个词汇。在他看来，中华学艺社不仅注重"学"，对"艺"也颇为眷顾，视学、艺为"求真求美之途术"。文章进而指出，科学与艺术二者必须兼顾，"盖科学之可贵，在为学者设证征符推籀公例，有去忒辨惑之功。艺术之能事，在使人游神众美，别具会心，有移情动魄之妙。故求真必事夫科学，求美必事夫艺术。一则所以媘

---

① 适夷：《说学艺》，《学艺》第1卷第1期，1917年4月。

心而缮性,一则所以高妙其意趣也。世有真美之国民,必其情理之兼修者矣。人道而果有至善之可言乎。必其真美之并至者矣。今者吾人欲以真美为正鹄。Aim 以学艺为对象,object 非曰吾人所论列者,即真即美,所研究者,即学即艺,不过以之互相策励云尔,是则本社之微意也已"。①

署名"天虹一友"的作者在《艺术浅说》一文中对"学艺"进一步予以阐释。文章首先就"艺术"之中外渊源分别进行梳理。在他看来,"艺术"在中国并不是新名词,中国古书中已很常见,只不过"古之所谓艺术,其意义不过合艺字与术字原有解释而成,略无变易,与术艺之名一耳",今天的所谓艺术"其为用小之日用起居,大之治国平天下,无不唯此是赖。而上自天子诸侯下及一介之夫,皆可称为艺术家。近世有倡艺术万能论者。若此诚不愧万能矣,至于现代之所谓艺术,则其范围缩狭而精纯,与道德科学离而为三,大有异于古代者"。在国外,"艺术"是在明治维新以后经由日本学者译自英文 Art,"然 Art 者,不过就广义言之。若从狭义则当为 Fine Art。盖广狭二义,各国文多有分示。在东洋则有别 Fine Art 为美术者。虽互相缘用已久,究非绝对的当。良由文字以国异。辨名正义,诚匪易焉。抑所谓广狭二义何哉? 则广义云者,通俗之谓。其存立于人间,为对于道德宗教政治科学实业而言"。② 对"艺术"的格外垂青,是中华学艺社区别于同一时期其他社团的一大特色。当然,文章也强调,科学与艺术二者必须兼顾,发展科学、艺术的重要价值和目的在于真、美:"夫科学所以阐明自然,其目的在于真,艺术所以完成自然,其目的在于美。性质虽异,然所以进世界于文明,慰人类之苦恼,则一。拾一半而抛其半,亦犹抚一目而览天下形胜,无乃所见之不广耶。"③

依上述两文看来,学艺 = 科学 + 艺术 = 求真 + 求美。那么,科学、学术、艺术等究竟有何关联? 以下,笔者以学艺社成员的一些论述作为考察的基点。

关于"科学"之含义,除上述文章外,以郑贞文、陈遵妫在《学艺》

① 适夷:《说学艺》,《学艺》第 1 卷第 1 号,1917 年 4 月。
② 天虹一友:《艺术浅说》,《学艺》第 1 卷第 3 号,1918 年 5 月。
③ 天虹一友:《艺术浅说》,《学艺》第 1 卷第 3 号,1918 年 5 月。

杂志上登载的文章最具代表性。郑贞文在《科学之体系》中提到，科学有广狭二义，"凡有秩序有组织之知识，曰科学，则广义之解释也。凡关物质界及其现象之知识，曰科学，则狭义之解释也"，科学与知识、技术有所不同，"科学者，可导于律则可纳于系统之知识也"，"技术，重在作，科学则在知也。"[1] 在郑氏看来，国人习用科学二字已久，但对其义旨及范围多茫然无知，"好为玄妙灵怪之谈，而乏合理之思想，遂误以知识为科学，一也。眩于物质文明之象，而慕机巧之制造，遂误以技术为科学，二也。误认自然科学（Natural Science）为科学之全体，三也。不明科学具体的内容，四也。前之三因，根于国人学识之不足，吾国之私病也，以学疗之可耳。最后一因，根于人类知识的未完，世界之公病也，非朝夕所能解决。"不难看出，郑氏眼中的"科学"是广义的科学。继而，郑氏还追溯了科学从哲学中分离的过程："亚里斯多德时代，哲学之义，与德语之Wissenschaft 同。而广于英语或法语之 Science。（前者多指广义之科学，后者多指自然科学）。故凡学问，皆称哲学，如物理之哲学，天体之哲学等是也。及各部分之哲学，研究渐繁，始得独立专门之名称，如物理之哲学，称曰物理学。天体之哲学，称曰天文学等。哲学与科学，名目始分。然科学仍隶于哲学……"[2] 陈遵妫撰文提出，科学"乃以人类之经验的知识而系统的组织之者"，随着人类知识的不断进化，科学产生了诸分科，于是诞生了多种专门科学。各专门科学虽各自独立，而其间必有一定之关系，"盖一因一切科学皆由人类之经验而起，以种种方针，分人类各有之各种经验，遂成种种之科学，故其间自有一定之脉络也。二因一切科学之对象，皆为同一之宇宙。某科学虽单就宇宙之一部研究之，而其一部常与全体有关，且无论如何微细部分必无以某一科学之独专的对象者。即宇宙之总部分依不同之立脚点研究之，形成种种之科学也。"[3] 在这里，陈遵妫阐述了科学的分科，以及科学与诸专门科学之间的关系。

　　至于"学术"，依郑贞文看来，该词汇的出现要早于"科学"，内容相

① 郑贞文：《科学之体系》，《学艺》第 2 卷第 6 号，1920 年 9 月。
② 郑贞文：《科学之体系》，《学艺》第 2 卷第 6 号，1920 年 9 月。
③ 陈遵妫：《天文学在科学体系中之位置》，《学艺》第 10 卷第 4 号，1930 年 5 月。

当于"广义的科学"。① 他在《学术界的新要求》一文中提到:

> 学术两字,是中国原有的名词,非外国名词的译语。旧义无严明
> 的界说,有连着作一义解的,有分着作两义解的。就其作用而言,大
> 约学是偏于知的方面,术是偏于用的方面。所以从前学术的内容,甚
> 见广漠。有时将仙佛神道卜筮星象等类,都算入学术之中。如此的解
> 释,决不适用于二十世纪的学术,自无疑义。二十世纪的学术就其内
> 容言,便是"有秩序有组织的知识"。换句话说,便是"广义的科
> 学",与德文 Wissenschaft 相当。此处所谓"广义的科学",和陈独秀
> 先生所谓"广义的科学"迥不相同。并非专指"社会科学"而言,一
> 切纯粹科学和应用科学,都包含在内。哲学亦在其中。②

文章还提到,学术进步的顺序,"一曰思,二曰辩,三曰证,四曰
用。"进言之,"思想是学术的生命,辩论是学术的灵魂,证验是学术的筋
骨,应用是学术的肉体"。在他看来,"锢闭思想,拒绝辩论,是戕贼学术
的生命,攘夺学术的灵魂",若提倡学术,"自当求学术上的自由。政府的
压迫,社会上恶意的压迫,故应极力抵抗,即善意的压迫,亦当尽力消
除,免致受文化包办的嫌疑。学术前途,才有发达的希望。"郑贞文还强
调:"欧洲战争的实质,是学术的战争。今日合议虽成,而学术的战争,
却短兵相迫愈接愈近。就我国而论,近来'提倡学术'四个字,亦成新文
化运动者的口头禅。新出版的新闻杂志,新组织的团体会合,无一不以学
术为号召。"③

许崇清则以旧学为中国学术,西方为泰西学术。在《今后思想家当取
的针路》一文中,他指出,"我国的旧学,用一句话统括起来,可以说都
是些科学以前的知识。不是形而上学的臆测,就是历代相承的传说,最上
的也不过是些日常通用的常识";"科学的认识胜于臆测,胜于传说,胜于
常识。……科学的价值全在有组织、有方法。旧学的病原却无方法、无组

---

① 郑贞文:《学术界的新要求》,《学艺》第 2 卷第 3 号,1920 年 6 月。
② 郑贞文:《学术界的新要求》,《学艺》第 2 卷第 3 号,1920 年 6 月。
③ 郑贞文:《学术界的新要求》,《学艺》第 2 卷第 3 号,1920 年 6 月。

织。近世科学因为有了方法，就能够随时修正，与时并进。我国的旧学因为没有方法，所以世运虽进，终不能脱离那些古圣先王。"[1] 李书华也对中国传统学术进行了批评："中国人以数千年政治专制，学术专制之结果，日以模仿古人之言行，为学者之目的，致使国人之思想，常在一定格式之中，而不出其范围。……中国数千年毫无科学思想者，实专制式古典教育之结果"[2]。王兆荣则大声疾呼："吾国近以外方压迫之故，举凡政治经济，靡不直接间接受种种之束缚与牵制，惟此学术者，海阔天空，可任我纵横驰骋；吾人固欲报国，舍学术外又岂有他术哉？故无论国家之状态，为平时抑为战时，举国人士咸应自纳于总动员之中。研究室内之钻研，莫非疆场之所需也。集多数学者之心思，绞多数学者之脑血，以为国家之备，庶几书生报国之本色耳。吾人之欲研究真理，昌明学艺，交换智识，促进文化，其动机纯出于此。"[3] 中华学艺社同人志在"学艺报国"的理念，由此略见一斑。

围绕艺术与学术之关系，蒋径三撰文予以探讨。他认为，到了康德时代才把学术、道德、艺术的三大价值——即真善美的价值生活定为全体的文化生活，艺术始被认为文化体系中的一大要素，"艺术与学术或道德对立，于文化体系中占有独得的领域，实由康德而始明白确定的"。他将艺术与学术之间的关系总结为"互为同异"：首先，二者的领域各不相同，但又有相同之处，"学术的领域在于真实的实在或价值，而艺术的领域，则在想象或观念的世界"。从本质上看，艺术的世界与学术的世界相同，"但学术以真实为主脑，而艺术则以创造为本位。学术以求真为目的，而艺术则以真实以上的创造为目的。"其次，二者之不同还体现在，"学术以分析为生命，依据概念而理解一切，而艺术则由直观乃至想像而具体地体会人生。一方以理解为生命，一方以体会为目的"。但二者皆以人生或自然为对象，采取观察或想象的态度。再次，"艺术家根据直观的想像，学者根据概念的理性，二者要走的路不同"，但想象的理性与概念的理性之

---

① 许崇清：《今后思想家当取的针路》，《学艺》第 2 卷第 1 号，1920 年 4 月。
② 李书华：《科学家之特点及其养育》，《学艺》第 3 卷第 1 号，1921 年 5 月。
③ 王兆荣：《中华学艺社二十周年感言》，《学艺》第 16 卷第 1 期，1937 年 1 月。

根抵有共通的法则或作用。① 接着，蒋径三还探讨了艺术与宗教之关系，他认为，"艺术的领域，在于人生的意义及价值的观照，而宗教的领域则是对于超自然的权威的确信或崇拜，抱着信仰的意志的态度，进入直观或观照以上的，便是宗教的境地。故从领域上言，艺术与宗教全是相异，二者决不可混视"。但是，二者在本质上有非常亲密的关系，"宗教因其是一切价值的总合，故对于一切的价值都有密切的关系，尤其是与道德关系的密切，不要说明也可以明白的。若是从实际的现际的现实非方面观察，那宗教委实可以说是道德的延长。又宗教是统一认识的价值的东西，这也是从很明白的事实。所以非但艺术与宗教有亲密的关系，与其他的价值也都有密切的关系。"②

借助《学艺》这一平台，广大中华学艺社社员围绕着科学、艺术、学问、学艺诸词汇的内涵和外延进行了较为细致的阐述，并揭示了诸词汇彼此间的关联。总之，中华学艺社奉行"昌明学艺"之宗旨，尝试沟通中西学术，致力于推进中国学术之转型。

二、"学艺"路径之选取

中华学艺社借助其不断扩展的知识场域，大力向国内传输西方科学、艺术，其路径的选取聚焦于欧美、日本，大力推崇其方法与精神。

(一) 对象：欧美和日本

关于欧美学术发达之原因，郑贞文在《学术界的新要求》一文中予以剖析："欧美学术的发达，固然直接由于学者的努力，然而政府和社会的奖励协助，间接上也有多大的效果。所以外国学术界，盼望政府和社会的助力，还很热烈。……至于各国政府和社会，重视学术研究者的情形，或给以财力的援助。或给以名誉的报酬，证例多不胜举，这也是欧美各国学术发达上的一大原因。"③《学艺》杂志重视对欧美学术的绍介，仅在创刊号就登载了陈启修的《国宪论衡》和《欧洲大联邦国论》、邓孝思的《论

---

① 蒋径三：《艺术的领域》，《学艺》第 9 卷第 3 号，1928 年 5 月。
② 蒋径三：《艺术的领域》，《学艺》第 9 卷第 3 号，1928 年 5 月。
③ 郑贞文：《学术界的新要求》，《学艺》第 2 卷第 3 号，1920 年 6 月。

两院制》、王兆荣的《代议政治评议》、南公的《最近德国军用之化学武器》、载道的《潘加勒科学论》等多篇文章。陈启修在《国宪论衡》一文中指出，应在中国制定宪法，实行三权分立、庶民主义及设置民选代议机关。在《国民教育析义》中，许崇清研究了国民教育的概念，从制度上、内容上进行了分析，并介绍了当时著称于世的普鲁士国民学校各科教学的内容和方法。除此之外，创刊号的"译丛"栏还收入《潘加勒科学论》《庶民政治与外交秘密》《水之电气化学作用》《宇宙观与人生观》等译文。

日本在发展历程中不断汲取外来文化，又能够根据国内外情势与日本本土实际适时作出调整，对外来文化进行选择、扬弃与改造。中华学艺社社员中留日学生较多，社员对日本学术的介绍也不遗余力。比如，陆志鸿撰文介绍了日本的理化研究所，在他看来，"方今日本学术臻臻日上，几将与欧美并驾齐驱。而其原动力不外于诸学者与各研究机关而已"，他所指的研究机关包括各处帝国大学研究室或实验室、东北帝大铁钢研究所、东京帝大航空研究所、佐伯营养研究所、理化学研究所、燃料研究所、大原农业研究所等。陆志鸿从三个方面认真讨论了日本的学术发展：（一）日本朝野对于学术产业之振兴如何协力；（二）纯粹的科学研究所之目的本图振兴产业；（三）大战中日本工业之大进步，其源由于学者之苦心研究。研究所内以各人研究室为单位，各研究室内有研究员、研究生、助手等人员，读来颇有借鉴价值。① 陈庆雄在《日本化学研究之一瞥》中介绍了日本化学研究之进步，他注意到日本自明治维新以来，积极输入科学，极力推进化学发展，目前大学实验室的设备，将追及欧美，"而教授之铮铮者，又渐露头角，著有世界的贡献。目下帝国大学总长（即校长）之大多数，（如东京帝大古在博士，京都帝大荒木博士，东北帝大小川博士，九州帝大大工原博士……）皆为化学研究家，籍此一端，亦可推想其化学教育之发达"。文章翻译了日本科学教育元老龟高德平博士之著述，详尽介绍了日本化学界的发展状况。② 陆志鸿还撰文介绍日本电气事业的发展

① 陆志鸿：《日本理化研究所述要》，《学艺》第 5 卷第 8 号，1924 年 1 月。
② 陈庆雄：《日本化学研究之一瞥》，《学艺》第 8 卷第 9 号，1927 年 10 月。

状况，包括水力发电、火力发电、电灯事业等。文章提到，日本电气事业之发达可分为三期：第一期为光之利用，即电灯事业；第二期为力之利用，即动力电化；第三期为热之利用。日本现已到达第二期之最盛时代，而中国尚处于第一期。① 以《学艺》杂志为平台，广大社员著（译）了大量文章（含译著、考察报告等），介绍日本之学术，涉及政治、经济、教育、科技、医疗卫生诸方面。

（二）学术方法与精神

方法与精神，是开展学术研究的津梁。载于《学艺》创刊号的"发刊词"揭示："十八世纪以来，自然科学大昌。其研究方法应用于精神科学，而精神科学因以大明。自时厥后，两者连镳而前，泰西文化为之大进。群治之隆，遂有一泻千里之势，禹域诸儒，于自然现象之研究，率皆不甚措意。其所着眼，恒在政事人事，故笔之于书者，累牍连篇，不外乎此。……学术之不昌，文化遂无博大光明之象。群治窳败，将成化石，以视欧美诸邦治化之隆，其间殆不可以道里计。丁尼森 Tennyson 之诗曰：欧洲半世纪，乃胜于诸夏千年（Fifty years of Europe than a cycle of Cathay）。洵非妄语也。"②

许崇清撰文提到，"科学研究之结果，影响及于现代思想虽甚显著，但科学及于现代思想之影响，断不止研究之结果一途。结果而外，还有那科学研究所由立之精神，或研究科学所应用之方法，其影响之重大，比诸前者更当有加"。在他看来，科学研究的精神涉及 4 个方面：（1）公平无私，不为成心偏见所拘束，追求真相；（2）重经验，重实证，不凭空虚构；（3）记述说明忠实、剀切；（4）为真理求真理，不为拥护权威、贪得功利而从事研究，"而为此四事之基调者，要不外乎求真二字。现代人因为有了这个求真的精神，所以一切权威，一切因袭，一切传说，凡所以蒙蔽事物之真相者，都要排除打破，务必观其裸而后已。这个精神扩充起来，就形成那彻去门第阶级和富有的人格平等观。由是而民主主义，而社会主义，而世界主义，蔚然云起，都是些当然必至之论理的归束。所以研

① 陆志鸿：《日本电气事业之概况》，《学艺》第 10 卷第 6 号，1930 年 7 月。
② 君毅：《发刊词》，《学艺》第 1 卷第 1 号，1917 年 4 月。

究现代科学和现代思想的人，非徒指取二三学说的结果便可了事。更当进一步去涵养科学的精神，讲求科学的方法，才能得个彻底。若无实行改造的大业，就更非着着实实的去培植这个精神，终难成效。"①

该文发表后，得到了一些读者的共鸣。丁品青来函称："近读学艺杂志，见许君崇清做的'今后思想家当取的针路'，这篇文字，把近世欧美文明的发达，和将来世界文明的进步，统归属于科学研究的影响，立论异常透辟。但我以为许君所说四端科学研究的精神，是今后思想家应该有的"。进而，丁品青提出注重分科研究的方法。在他看来，"因为这一桩分科的事，在现世国家社会的各种机关组织上，差不多是通行的。就是学术方面发达进步这样的快，亦不能不承认这是分科研究的效果。……至于许君说中国旧学是无方法无组织的，我以为这样说法，恐怕旧学派要找出几桩有组织有方法的旧学来争辩，不如说中国旧学是偏狭的幼稚的。何以说他是偏狭的，因为中国旧学者，只晓得在一方面研究，不晓得宇宙间的学问是无穷的。何以说他是幼稚的，因为只发其端，就不再研究下去，所以没有得到发达的日子。"② 对此，郑贞文回信表示赞同："……你说分科研究一节，切中时弊，和许君的论文，有互相发明的地方。"③

在《科学家之特点及其养育》一文中李书华也强调，"盖科学之创造，须具有一种'革新'思想。而科学之精神，则以战胜天然界为归宿。欲达此目的，必具有二种特性。（一）思想自由。（二）善于观察事实，求其正确之结论。此种特性，人人有之，不过科学家较为发达耳"。文章将科学家分为"慢性""快性"两类，强调"凡大科学家无论其为慢性或快性，必须具有数种特性，如忍耐性，爱真实性，正确性等均是也。然大科学家最要之特性为个性（Originalite）。个性者，即能'想象于所受寻常教育以外'之性，非寻常人所能及，教育家如遇具有个性之青年，须特别留意焉。"④ 许崇清也认为，"今后思想家之当注重方法，注重组织，以培养科学的精神，力求人格内容的充实，为理至明。若舍此不为，徒事凭空虚

---

① 许崇清：《今后思想家当取的针路》，《学艺》第 2 卷第 1 号，1920 年 4 月。
② 《通讯·丁品青先生来函》，《学艺》第 2 卷第 3 号，1920 年 6 月。
③ 《通讯·覆丁品青先生信》，《学艺》第 2 卷第 3 号，1920 年 6 月。
④ 李书华：《科学家之特点及其养育》，《学艺》第 3 卷第 1 号，1921 年 5 月。

构，任意臆断，纵有天外飞来前人未发之奇想，吾敢断言决不因其新而必善必真。"① 李金发《少年艺术家的态度》提到，"现代西洋文化，实希腊文明之注脚。埃及，中国，印度，与希腊同为先进之国，欧西人承之而光华灿烂了几千年，我们承之，至今仍民气涣散，学术颓唐，何以故？吾人无承继之资格，及向前研究之精神故。大凡一个学术发达或天才杰出，必因一人群或个人趣味浓厚，抛却一切其他庸俗动机，向前探讨，觉得此为社会或个人生活之必要，如此人道事业，才有点希望。国人年来，已显醒觉的状态，从事艺术的人，一天多似一天，实非常荣幸的事。"② 林希庄注意到：

> 世人对于学问学术或思想之态度，每多乏缺"研究的"精神——如有一新学说新思想发生，一般守旧之徒，每不顾及其内容如何，遽作反对，而极力排斥之；反是一般喜新之辈，则对新思想新学说常不辨其黑白，只惟其"新"而盲目的崇拜之。至于对此新思想新学说，究应反对或崇拜之点何在，则均未见有若何具体的研究，更无所谓彻底的了解。若论其所能者，则不过只于偶然间瞥见几句模糊影响之言论，或依凭自己之忆想遽而擅下独断的批评而已。凡属此种无意识的反对，与夫盲目的崇拜，均非以科学的精神研究学术者应有之态度，是皆为社会文化进步上最大之阻碍，吾人不可不力求避免。③

继而，文章阐述了从事研究的方法，即独断的方法、怀疑的方法、批评的方法。文章认为，"独断的"方法，"不但不能助成学术之研究；且每视学问为无用，或时对学术之研究，施以无谓之压迫，此种态度之遗害人生，实非浅鲜。确为研究学术者第一必须打破之态度也"；其次是"怀疑的"方法，"近世各种科学所以能有种种新发见，新发明簇生不绝者，要皆由学者对事物能发生怀疑之念始。盖学问之道，必有怀疑，然后有新问题之发生。有新问题发生，然后有新材料足供研究。有研究，然后有新发明

---

① 许崇清：《今后思想家当取的针路》，《学艺》第 2 卷第 1 号，1920 年 4 月。
② 李金发：《少年艺术家的态度》，《学艺》第 7 卷第 3 号，1925 年 10 月。
③ 林希庄：《学术研究之态度》，《学艺》第 15 卷第 7 号，1936 年 9 月。

新发见"。然后是批评的方法。文章认为，研究学术之最要者，"须养成研究的精神，运用智力，以探求真理；将为对象之学说之真相，解剖分析，然后加以批评，观其学说究能适用与否？有建设提倡之价值与否？夫如是，经批判的稽查后，然后可移用于自己社会，以作他山之石。反是，若如古人所谓'水母无目，以虾为目'，只知盲目承受外来之学说，尝试外人之糟粕，其危险莫过于此，对此种人之研究学术之态度，诚所谓无真理的精神之可言矣"。最后，他呼吁国人研究学术，"宜具有实理之精神，此不惟欧西人士极力主张，即在东方，自古以来圣贤之提倡之者，亦不乏其人焉。……吾人研究学术，亦惟有抱此种态度而后可以收其功焉。如能秉此精神以研究学术，则其贡献于人生之进步，社会之福祉，将不知几何矣？"①

（三）推进路径

何炳松在《中华学艺社的责任和前途》一文中指出："我国事事落后。学术的研究亦然。学术的研究本为各种事业进步的基础，所以我们非急起直追不可。但我们一面要商量旧学使之邃密，一面要涵养新知使之格外深沉，工作既繁，责任亦重，我们要谋中国学术的独立，要谋人类文明进步的贡献，势非联合全国同志共同努力不为功。"② 郑贞文在《学术界的新要求》一文就发展中国学术提出了具体的推进办法，具体包括如下几方面：

第一，学术独立。郑贞文提到，"试观我国的现状，学术两字，尚不知从何说起，那有独立可言。虽然，我却不希望将来我国学术像这种偏狭的独立。偏狭的学术独立，不免怀着此疆彼界的意思，便成学术的孤立了。学术的孤立，是学术的自杀"。第二，配置学术基础。在他看来，欲求学术自由和自立，"根本问题，在学术的基础从何培植。学术的进步，首在研究，非有完备的图书馆和实验室，无从着手"。他主张建设图书馆、实验室，扩充大学设备。第三，破除观念壁垒。郑氏指出，当前中国学术界存在的问题首先来自"派系"之间，"西洋派以为从东洋得来的学问，是间接的。东洋派以为西洋的学校太放任，而社会又重交际，未必有实学。大学派以师范出身的学识有限。师范派以大学出身的，没有教育上的

① 林希庄：《学术研究之态度》，《学艺》第 15 卷第 7 号，1936 年 9 月。
② 何炳松：《中华学艺社的责任和前途》，《学艺》第 16 卷第 1 号，1937 年 1 月。

知识"，各派互相排挤倾轧。其次，"学阀"之弊端，"学术界占较高地位的人，其初尚能称职。过了几年，习气越深，精力越减，渐变成学术界的古董。然其地位，越觉稳固，不易动摇。自己又不能开拓新的生面，以致新进学者的进路壅塞殆尽，不得不舍其所学，别营生活"。第四，明确"大学教授的责务"。大学的目的，不仅在教育人才，研究学术亦是其重要责任。第五，发展、规范学术团体。文章指出，"学术团体"和"学者团体"的区别，"在'学术团体'的要素，不仅联合学者而已，须在学术上的研究发表，才算得名称其实"。在他看来，作为学术团体：（1）研究的分科要繁，（2）会员的资格要严，（3）推选的方法，要公平普遍，（4）机关要独立，（5）不要为政治界寄生虫的尾闾，（6）不要为学术界落伍者的养老院。第六，奖励学术。文章指出，"我国历史上奖助学术的事，不能说完全没有。但一则为他们所奖助的，不必是真学术。二则为他们多用虚名来笼络学者，学者过桥丢拐，不能作深远的研究，所以学术不能发达"①，等等。

郑文发表后，引起了读者极大的反响。林骙致信《学艺》编辑部："《学术界的新要求》所论大合我心，我觉均是为我要说而未说，即说亦说不出者。我读至第四节，几几要哭了，我所以不愿回国者，即是怕归国后会做廖化，容易退步。要乘此读书得趣之时，将基础更打坚固一点。今乃限于境遇，不能不回，安得不悲。然又有何法免此。此后惟有走到那里，将书包带到那里罢了。"② 文元模来信说："足下的大作，高唱学术的自由，学术的自立，学者的觉悟，说得平易感切，再好没有了。但是我总以为足下的希望太奢，所以不免把看外国的眼光，来看我国。现在我国学术界的要求，远非减价不可呢。"他认为：

> 大凡学术的生长发达，也和树木相似。第一要先有种子，才能萌芽。社会要求学术，即是学术的种子。萌芽之后又常得政府的保护，社会的尊重，才渐渐的由芽生干，由干生枝。这时的学术，虽已欣欣向荣，究竟根气薄弱，不能坚定。还要经历许多春秋，饱受风雨的摇

① 郑贞文：《学术界的新要求》，《学艺》第 2 卷第 3 号，1920 年 6 月。
② 《林骙先生来函》，《学艺》第 2 卷第 5 号，1920 年 8 月。

撼，冰霜的摧折，雷霆的震动，然后嫩叶弱枝，齐被淘汰，甫能达到
"柯如青铜根如石"的地步。所以学术要由草昧而到昌明，固须经许
多阶级；就是要由草昧而到不自由，也要经许多阶级的。不自由固是
摇撼学术的风雨，摧折学术的冰霜，然学术不经过这不自由的长途，
断不能到自由的胜境。……再说学术的自立，足下的见解是狠高的
了。但是我想要遂这个希望，今后还要既无虚假又无间断的努力五十
年。……学术的自立谈何容易呢？今返观我国更难言了。初等教育，
还没有普及。中等教育更大半敷衍。专门学校和大学不消说名实相差
甚远。就论他的数，国立大学只有一个，高等师范学校只有五个。照
我国的人口面积分配起来，岂不是笑话吗？数日前日本长冈半太郎博
士曾问我道，"日本全国不及贵国四川一省。然国立大学，已有四个，
经常年费，不下千万。而研究尚有窒碍，人材尚多漏遗。我想贵国那
么大，至少也要四十个大学。何以北京一个之外，别无所闻呢？"我
当时听了满面羞惭，答不出一个字来。一面搜索枯肠，勉强才搜出一
句壮语傲答道，"这个事业还在我辈这些后进肩上，二十年内总要实
现的。"先生便笑道，"像贵国那样大的 inertia，自然非君等青年不间
断的用力，是不能动的啊。"…我常想我国地广民众，聪明俊杰的人，
当然不少。何以不能出学者呢？这个原因，若要详细讨究起来，真是
如理乱丝。有说政治没有上轨，有说社会不知重学，有说人心腐败，
有说民生困难。但这些事实都是人人能说，不待缕述，又是互为因
果，不易分析的。我今都暂置不论，只说一件直接的具体的事，就是
国中没有养成学者的机关。……所谓养成学者的机关是甚么呢？照现
在各国通行制度说起来，第一就是国立的通儒院……其次就是大学，
其次就是各种科学的研究所，其次就是大工场特建的实验室。①

都怀尧致信《学艺》编辑部，先是强调："增进一国文化，不可不有
学术的研究为之先导。文化乃学术所表现，学术乃文化之源泉。一表一
里，是二是一。世绝无学术未发达而文化昌明之国，亦绝无学术发达而文

---

① 《通讯》，《学艺》第 2 卷第 6 号，1920 年 9 月。

化低陋之国。"① 之后围绕如何开展学术研究,都怀尧也阐发了自己的具体想法,主要包括以下几方面:

第一方面,文化不可无学术机关。在他看来,"欧美学制,重集各科于一堂,以便利于研究。综合大学之所包,尽各科而无遗。近虽有单科大学之设,而其内容则凡所以组成此科必要之学,无不有完美之设备,单独可以自成一系",环顾中国"专门学校,屈指可数,考其内容则更简陋,不但无研究之设备,即以为教授机关,亦远不称"。②

第二方面,发达学术研究之环境。文章对此从积极、消极两方面予以阐述。积极方面,首先是保持学术独立。他认为,学者研究学术,"一本其自身良心之发动,自由选择题目,决定范围,以探究真理为最终目的",而"吾国今日,人文简陋……愚弱者止于妄揣,强有力者出而阻挠,学术研究前途,受害甚大",必须提早预防。预防的具体之法包括:第一,置学者于安全地位,使不受世俗之扰害;第二,学者之研究行为,有绝对的自由;第三,学者发表自己研究成果,负真实之责任外,不受任何方面之拘束;第四,学术机关的经济独立;第五,关于学术事件所引起的一切纠纠,由学术机关自行判断处决。其次,养成指导研究学术之人才。他主张,此后派遣学术出洋,"当选有相当知识,体魄坚强,而笃志求学之少年,厚其学资,送其赴外,指以一定范围,责其成就。又卒业归来曾经服务社会者,当时时再遣其游历藉资换吸欧美新鲜风气,则十年后养成之才,当能组成一比较完备之研究机关矣"。再次,巩固大学教授生活,"正如初播之种,助其发育,端在护之持之。若任飘摇于暵日烈风之下,会见其萎毙夭折而已"。

消极方面,文章主要提供了两方面的意见:其一,防止人才之夭折。他分析道:"青年之士动惑于爱国之说,弃其所学而醉心于政治运动,此学术人才夭折之一道也。大学教育,不过示人以求学之门径。大学卒业生犹获得启钥之人,有志研究,始能启视内藏,翻其蕴奥。若弃而不顾,则与寻常人等耳。故大学毕业生非学术界已成品,实未成品或粗制品而已。

① 《通讯》,《学艺》第 2 卷第 7 号,1920 年 10 月。
② 《通讯》,《学艺》第 2 卷第 7 号,1920 年 10 月。

乃一人社会或用非所学，或任违其长，俾所学终归消灭，民国以来，此人才夭折之又一道也。"其二，排斥私的学阀。他注意到，以留学方向之不同有东洋派、西洋派、美国派等；以学校之不同，则有大学派、高等学校派、师范派等，又有因各人出生地为标准的某省派。作者呼吁，"以公评真挚的态度，集全国凤毛麟角之学友，提携互助，而谋学术之发达，否则行见其自杀而已。"①

三、学术转型中的日本因素

二战结束前的日本近代史，大体经历了明治时期（1868—1912）、大正时期（1912—1926）与昭和前期（1926—1945）三个历史时期。从日本近代社会发展史的连续性来看，明治时期是一个独立的近代资本主义国家的确立期；大正时期是在国内外环境巨变的影响下，社会求变、人心思变以及重新抉择国家发展方向的时期；昭和前期则是国家走向歧途的时期。②

中华学艺社同人留学日本的时间，大约在1901年之后，也就是清末民初的数十年间，正值日本历史上的明治末期、大正时期。明治时期，日本积极向欧美学习，全方位进行革新。到明治后期，日本在与西方文化共流、撞击与相融中，探索出日本文化发展的道路。日本的高等教育，在欧美国家特别是德国的影响下，走向了近代化。德国大学的制度和思想，强烈反映在1886年（明治十九年）制定的《帝国大学令》中，大学教育的目的是"教授国家需要的学术技艺及研究其奥义"。德国大学和英美系统的教育方式有所不同，教职员是国家的官僚，具有国家主义的特色，同时大学还是进行专门的高度学术研究的机关。从外语的重要程度来看，明治初年依次是英、法、德。后来英语安排在中等教育中，1881年之后德语优先于法语等而扎根在高等教育中。③ 明治之后的大正时期，在日本历史上是个剧烈动荡、充满变数的社会转型期。这一时期，作为资产阶级革命的"维新"改革事业基本完成，知识者的追求目标逐步转向超越功利的人类

---

① 《通讯》，《学艺》第2卷第7号，1920年10月。
② 陈秀武：《日本大正时期政治思潮与知识分子研究》，中国社会科学出版社2004年版，第1页。
③ ［日］杉本勋编，郑彭年译：《日本科学史》，商务印书馆1999版，第349页

精神文化本身，提倡自我，宣扬个人主义、理性主义，成为大正文化的基调。大正思想文化界空前活跃，呈现出"百家争鸣"之景象，故有学者提出，大正文化"是在日本社会瞬息即逝的相对稳定时期灿烂开放的'一枝美丽的花朵'"①。

中华学艺社同人留日期间，主要就读于东京帝国大学、早稻田大学等校。求学期间，他们广为接受经过日本学者输入、吸收、消化、过滤过的欧美文化，亦包括日本学者的本土化研究成果。留学期间，吉野作造、美浓部达吉、片山正夫、石原纯等日本学者的学术研究，特别是其言传身教，对学艺社同人产生了重要影响。以下，笔者试图选取部分"样本"，揭示学艺社同人的"学艺"与日本之密切关联。

（一）政治学、法学

在政治学、法学方面，不能不提到吉野作造。他的思想主张对中华学艺社发起人之一的陈启修产生了重要影响。

1. 陈启修与吉野作造

吉野作造（1878—1933），思想家、政治学者，日本宫城县人。1904年毕业于东京帝国大学政治科，1906年到中国的北洋法政专门学校任教。1909年回国任东京帝国大学副教授，1910年赴欧美留学，1916年学成回国，同年任东京帝国大学教授。在大正时期的民主运动中，他极力主张普选制、枢密院、军部改革论等民本主义理论，在当时的知识分子中影响很大。陈启修1913年入读东大法学部政治科时，适逢吉野作造自欧洲学成归来担任母校教职。按照吉野的解释，"Democracy"一词在政治法律学上包含两种含义，一是指国家主权在法理上属于人民所有，一是指国家主权运作的目标是为了人民。鉴于前一种含义与天皇制相抵触，吉野取后一种含义，强调政策决定的过程应以民意为依归。这一解说回避了天皇制，与另一日本学者美浓部达吉主张的"天皇机关说"一道，把政治学、法律学从日本国体论和国家学中解放出来，使"社会"观念从国家绝对主义中获得独立，从而为当时日本的民主运动指出了具体可行的方向，也因此获得了

---

① 近代日本思想史研究会：《近代日本思想史》第二卷，商务印书馆1993年版，第184页。

广泛响应。置身于这样的思想学术环境，陈启修的学术路径和思想观念深受影响。他在《学艺》杂志发表了《国宪论衡》（1/1）、《欧洲大联邦国论》（1/1）、《庶民政治与外交秘密》（1/1）、《孔道与国宪》（2/1）等文章，在《北京大学月刊》上发表了《国家本质及其存立之理由》（1920 年第 1 卷第 6 期）、《庶民主义研究》（1919 年第 1 卷第 1 期）、《国家改制与世界改制》（1919 年第 1 卷第 1 期）、《国民经济之意义》（1920 年第 1 卷第 6 期）等文章。在方法上，他注重辨析概念，并能结合国情，进行剥茧抽丝式的学术论证。在内容上，视社会为国家之本位，认为国家是强者对弱者的统治，国家之维持全赖弱者阶级之心理，即所谓舆论，而弱者之所以接受"强权"统治，则因为处于生存竞争时代，无论个人、团体，在土地、生活、经济等方面皆需国家的保护。因此，陈启修主张"国宪"（Constitution）应具有"庶民主义"性质，孔教因提倡阶级制度而与立宪特征相背驰，则决不能羼入国宪。他所谓之"庶民"，是指"全体之民""国之总分子"；"庶民主义"则包含"以民福为本""主权在民""由人民行使政权"，即民本、民主、民治主义，其中"民治主义尤为要素"。陈启修并非片面强调处于被统治地位的弱者阶级的利益，也重视国家的利益，主张"不偏于民，亦不偏于国"，这与吉野的理路是一致的。①

2. 白鹏飞与美浓部达吉博士

中国的行政法学，从理论体系、概念到观点均深受日本的影响。尤其是执教于东京大学的法学泰斗美浓部达吉，"吾国法界人士负笈东瀛者，多出其门"②。

美浓部达吉（1873—1948），日本宪法学家、法学博士，生于兵库县高砂市，1897 年东京帝国大学法科大学政治系毕业。两年后任副教授，并赴法、德、英等国留学。回国后任母校教授，讲授宪法。1907 年被选为学士院会员。美浓部达吉的著作被多次翻译出版，其中《行政法总论》一书在同一时期就有三个中文译本。中华学艺社社员白鹏飞，师承美浓部达吉，他的《行政法总论》与美浓氏之《行政法总论》有诸多相似之处。白

① 孙宏云：《从"庶民主义"到"新政治学"》，《中国社会科学报》2015 年 4 月 10 日。
② ［日］美浓部达吉：《行政法撮要》，程邻芳、陈思谦译，商务印书馆 1934 年版，译者序。

氏自己在该书导言中也承认："是编出自吾师美浓部博士多年之指导。"[1]
日本行政法学深受德国影响，而中国行政法学在婴幼年时期对日本法的继
受，塑造了它大陆法的基本骨架。相比之下，其他国家对当时中国行政法
学的直接影响要小一些。[2]

（二）物理学研究中的日本学者

相对论的发现，无疑是 20 世纪最伟大的科技成就之一。日本学者石原
纯在相对论研究方面颇为突出。石原纯（1881—1947），理论物理学家，
1906 年毕业于东京帝国大学，获得理论物理学学士学位，三年后发表了日
本第一篇关于相对论的研究论文，之后他又发表了多篇论文，其成就得到
爱因斯坦的赞许。1912 年，石原纯赴欧游学。回到日本后，他站在日本相
对论研究的最前沿，发表了大量的研究论文。鉴于他在相对论和量子论研
究上的突出成就，1919 年石原纯受到了日本科学院的嘉奖。1922 年底爱因
斯坦访日期间，石原纯作为翻译全程陪同。石原纯、爱因斯坦和其他德国
物理学家的亲身接触，以及他在相对论研究上的丰富经验，大大增强了其
著作在中国的影响力。对于相对论在中国的传播，石原纯可能是除了爱因
斯坦以外最有影响的外国物理学家。据统计，在 1917—1923 年间出版的关
于相对论的中文著作中，百分之四十多的著作直接译自外文文献，外文文
献中 11 篇是日文原著，其中 9 篇都出自石原纯之手。[3]

留日期间，周昌寿、郑贞文等接触了相对论，并及时撰文向国人介
绍。为了广为传播相对论，周昌寿和郑贞文合译石原纯《爱因斯坦和相对
性原理》一书。在为该书所作序言中郑贞文提到，"我师石原纯博士，是
日本帝国大学著名教授，而且是日本学者中研究相对论的唯一专家，他曾
亲赴瑞士和爱因斯坦讨论相对论的真谛，他所发表关于相对论的著作不
少，大多数都是在德国出版的 Physikalische Zeitschrift 杂志里面发表的，对
于相对论原理别有一种见解，和耳食者流迥然不同。"[4] 该书于 1923 年 1

---

[1] 何勤华：《中国法学史纲》，商务印书馆 2012 年版，第 294 页。
[2] 应松年主编：《行政法与行政诉讼法》，中国政法大学出版社 2012 年版，第 34 页。
[3] 胡大年：《爱因斯坦在中国》，上海科技教育出版社 2006 年版，第 83—90 页。
[4] ［日］石原纯：《爱因斯坦与相对论原理》，周昌寿、郑贞文译，商务印书馆 1924 年再版。

月由商务印书馆出版，曾引起不小的反响。

另一位物理学者日下部四郎太，亦值得一提。日下部四郎太（1875—1924），地球物理学家，1900 年东京帝国大学毕业后入大学院研究岩石的弹性，1906 年获物理学博士学位，后曾任仙台东北帝国大学理学院教授、东北大学地球物理学讲座教授。他对岩石的弹性进行实验研究，以物理学观点解释地震余震频率的公式，在地震预测方面亦有独到见解。1914 年，由于在岩石力学的研究中成绩显著，他获得了帝国学士院奖①。1922 年，郑贞文翻译了日下部四郎太博士《物理学大观》（译书名为《最近物理学概观》）一书。该书较为详细地介绍了 20 世纪初物理学的各个重大发现。郑贞文在《序》中对该书予以高度评价，"以为提纲挈领，深入显出，适足以应吾国今日社会之需求"，"此书于物理学之主要观念，皆由旧而新，由浅而深，由近而远，由具体而抽象，既易于理解，尤饶兴趣，步步引人入胜。余读而译之，恍若往日亲聆博士庄谐杂出之演讲，不知其汗流浃背也"②。

（三）化学家片山正夫与郑贞文

片山正夫（1881—1961），日本化学家。1900 年毕业于东京帝国大学，之后赴苏黎士大学、柏林大学留学。片山正夫著有《化学本论》（1914）等著述。值得一提的是，他开创了气体反应平衡及速度研究中石英流体压力计量技术。关于液体表面张力与温度的关系的研究成果"片山方程"，成为界面化学领域的主要理论。

1915 年，郑贞文考取东北帝国大学理科，在片山正夫教授的指导下攻读理论化学。经过三年的努力，以第二名的优异成绩毕业，获理学学士学位。郑贞文深得片山正夫教授的赏识，被认为是一个不可多得的人才。③留日期间，郑贞文就在《学艺》杂志发表了《周期律说》《原物》等多篇文章。归国后，郑贞文在任职商务印书馆期间，又编著、翻译（或校译）

① ［日］大连外国语学院编：《外国科技人物词典》天文学·地理学卷，江西科学技术出版社 1990 年版，第 40 页。

② ［日］日下部四郎太：《最近物理学概观》，郑贞文译，周昌寿校，商务印书馆 1922 年版，"序"。

③ 王治浩等：《一代学人郑贞文》，《中国科技史料》1991 年第 3 期。

了《化学本论》《元素之研究》《化学与量子》《有机化学概要》《营养化学》等数十种化学著作。郑贞文将片山正夫的《化学与量子》和《化学本论》两书译出，由商务印书馆出版。其中，《化学本论》一书之出版颇为曲折，张定钊在《译者附言》中提到：

> 本书经原著者片山先生之同意，由郑贞文先生陈之霖先生及定钊合译，而由郑先生总其成，于民国二十年冬译竣，二十一年初，图版制作亦大致毕事。但一二八时，商务印书馆炸毁，图版全部及译稿大半成灰烬。未几，郑贞文先生复赴闽长教育，无暇再度执笔，乃由罗宗洛先生陈之霖先生及定钊补译。中间出版手续几经周折，迟于最近始能付印。①

《化学本论》一书出版后不断再版。在第三版"序言"片山正夫还提到，"郑贞文君及其他诸君予我以种种注意，特此感谢"。

郑贞文与片山正夫的合作，还体现在上海自然科学研究所的建设与发展。1923 年 3 月 30 日，日本第 46 次议会通过了"对支文化事业特别会计法律案"，以庚子赔款的余款在中国举办文化事业。日本外务省作为"对支文化事业"的一环，开始筹备上海自然科学研究所。经协商决定，由中日双方组成"中日共同委员会"，其中设"东方文化事业总委员会"，并决定在北京和上海分别成立分委员会。1926 年 12 月，在上海召开"上海委员会"第一次会议，确定了《东方文化事业上海委员会章程》。在这次会议上，还确定了研究所建成前的 7 个预备研究项目和负责人，其中郑贞文和片山正夫负责两个项目，分别是"天然无机化合物的相律研究""中国发酵菌及发酵菌制品的研究"。上海自然科学研究所成立后，化学科便由郑贞文、片山正夫负责。

（四）天文学家新城新藏

新城新藏（1873—1938），日本天文学家，生于日本福岛县，卒于上海。1895 年毕业于帝国大学物理学系，1905 年赴德国留学，1909 年获理

---

① ［日］片山正夫：《化学本论》，郑贞文、张定钊、陈之霖译，商务印书馆 1939 年版，"译者附言"。

学博士学位。1918 年，新城新藏在日本京都帝国大学理学院创建宇宙物理学系，并任系主任之职。1923 年任京都帝国大学理学院院长，1929 年任该校校长，同年任该校名誉教授。新城新藏发表了多篇围绕太阳、双星、变星和恒星演化等方面的论文，著有《宇宙进化论》《天文大观》《宇宙大观》和《东洋天文学史研究》等，其中《东洋天文学史研究》一书 1933 年由沈璿翻译出版。

沈璿（1899—1983），字义舫，江苏省江阴县人。自幼刻苦勤读，1917 年赴日留学，入东京日语补习学校，次年春考入东京第一高等学校。1921 年毕业后，被选入东京帝大天文学系数理组，其间深得日本学者新城新藏帮助。1936 年，由沈璿翻译的《中国上古天文》一书由商务印书馆出版。沈璿在该书"序"中写道："晚近东邦人士，以崭新之科学方法，考证我国古籍，于阐明东方文化，贡献诚多，就中，历算一道，当推新城博士。其原著《东洋天文学史研究》一书，夙已脍炙人口。斯小册可谓为前书之缩写。"① 上海自然科学研究所成立后，新城新藏曾任该所第二任所长，沈璿、陶晶孙、张定钊等学艺社社员均为所内研究人员。1938 年新城新藏逝世后，学艺社社员陶晶孙在悼文中写道："我得病静养于鹄沼。某日忽然从报上看到新城又新师长逝的消息。那是一个无趣的早晨。我的腰椎骨折了一般地痛。听到又新师逝世的消息居然不怎么吃惊，原因是我近来受了各种各样的刺激。首先我一度为战争所惊吓。毕竟我对于战争没有准备，我几乎就没有做走上街头的准备。可是我从又新师在那次于所长室召集的干事会上所作的'即使炮弹飞来，也要泰然从事研究'的训话中得到启发而坚强了起来"②。

（五）经济学家、早期马克思主义理论家——河上肇

河上肇（1879—1946），日本山口县人，1902 年毕业于东京帝国大学。1908—1928 年任京都帝国大学讲师、教授。河上肇的很多著作为中华学艺社社员翻译出版，如陈启修译《经济学大纲》、李培天译《近世经济思想

---

① ［日］新城新藏：《中国上古天文》，沈璿译，商务印书馆 1936 年版，"序"。
② 《儒夫日记——悼新城新藏先生》，载陶晶孙《给日本的遗书》，上海文艺出版社 2008 年版，第 110 页。

史论》、林植夫译《资本主义经济学之史的发展》、杨山木译《救贫丛谈》等。其中《救贫丛谈》作于1916年,登载于《大阪朝日新闻》,次年汇刊成书,至1920年正月已重印30版之多。

河上肇早年信奉儒教的伦理主义,主张社会改良,后转向马克思主义。在《资本论入门》《马克思主义的哲学基础》《唯物史观研究》等书中,河上肇阐发马克思主义基本原理,对日本青年、中国留日学生均产生了很大影响。他对于马克思主义,特别是对于唯物史观的理论阐述,无疑是早期马克思主义者的主要理论来源和思想资源。有学人提出,中国20世纪20年代初期的马克思主义理论几乎都是河上肇理论的翻版,中国马克思主义者对于唯物史观的解释基本上是顺着河上肇的思路来解释的。① 曾留学京都帝国大学的杜国庠,留日期间得以修读河上肇所开设的课程,直到晚年依然津津乐道:"攻读经济学,听日本马克思主义学者河上肇先生讲授《资本论》的课程,颇有所得"②。

1926年,中华学艺社的"学艺汇刊"推出《唯物史观研究》一书,由商务印书馆出版。该书内收论述马克思唯物史观的论文7篇,其中3篇是何崧龄译自河上肇著《唯物史观研究》,具体是:《经济学批评序中之唯物史观公式》《唯物史观公式中之一句》《唯物史观中所谓"生产""生产力""生产关系"的意义》,另外4篇包括陈昭彦的《马克斯主义经济学》、萨孟武的《马克斯之资本复生产论》、资耀华的《亚丹斯密与马克斯之关系》、李希贤译《马克斯和近时的批评家》。萨孟武《马克斯之资本复生产论》一文则根据河上肇《社会组织及社会革命》上篇第二章译出。资耀华受河上肇影响颇大,他于三高三年级时加入中华学艺社,之后进入京都帝国大学经济学院,据他回忆:

> 机缘凑巧,这一学年恰是河上肇教授当值。不然,我就得再等一年。河上博士主讲《经济原论》,他讲课时要用学校的大礼堂。因为听他讲课的人太多了,有经济学院的同学,也有本校其他学系的学

---

① 张陟遥:《播火者的使命:幸德秋水的社会主义思想及其对中国的影响》,社会科学文献出版社2013年版,第162—163页。
② 张永义编著:《墨者 学者 革命者:杜国庠》,广东人民出版社2009年版,第14—17页。

生；有选修这门课程的，还有早已参加工作特意赶来听讲的。听课者拥挤的盛况，经济学院的教室自然是容纳不下，就是在大礼堂也得提前到场，否则就可能得站着听课。我常常是提前半小时就去大礼堂，争取占据前排座位，以免挤在后排听不清。

河上教授讲课没有讲稿，除提出一些参考书外，全凭口述。先生上得讲台，口若悬河，且颇多文采，记录下来自成文章。他的讲课，虽还说不上"天花乱坠"，下面听课者却也不乏"顽石频点头"。我因为在日语方面已有基础，加之精力集中，记起笔记来尚能得心应手。甚至可以说是兴趣盎然。先生讲课分篇分章分节，纲目分明，每个环节都有简单明了的标题。有时还把标题写在黑板上，然后依次讲来。讲课内容，有理论、有解释、有事例、有重点、深入浅出。我则拼命赶记笔记。有时记录实在赶不上时，就记一页、空一页，正文记一页、解释记一页、事例记一页，课后再补记整理。有时记不下来的，或弄不大懂的，就硬着头皮到河上教授事务所去请教。河上先生见我来了，十分高兴，亲切地问长问短，并且详详细细地给我补讲。①

（六）日本文学界的影响

在文学方面，中华学艺社的社员有郭沫若、郁达夫、陶晶孙、张资平等，这些社员亦为创造社成员。他们留日所处的明治末年和大正时期，日本文学界注意"消化"现代外国文艺思潮，渐形成以岛崎藤村等为中心的自然主义，以谷崎润一郎、佐藤春夫为代表的唯美主义，以武者小路实笃、志贺直哉、有岛武郎等为首的"白桦派"理想主义，芥川龙之介和菊池宽等人的"新思潮派"，及自我小说等文学流派。在这种复杂的文学氛围中，任何文学倾向都可以得到相当的滋养。而这些无疑对郭沫若等人产生了重要影响，促发其文学创作倾向的形成。② 包括《学艺》杂志、《学艺丛书》在内的中华学艺社的诸多出版物，登载或收入了郭沫若、张资平、陶晶孙等的多部作品，如郭沫若的《湘累》《苏武与李陵》《洪水时代》，

① 资耀华：《凡人小事八十年》，中国金融出版社1992年版，第41—42页。
② 朱寿桐：《殉情的罗曼司》，百花文艺出版社1993年版，第162—164页。

张资平的《约檀河之水》《雪的除夕》等。陶晶孙本人也曾言，"使得产生这一批文学同人，不可疑的是他们的日本留学，和日本文学界的影响（可是并不是日本文学或日本文学作家的影响）。"① 当然，有关日本文学界与郭沫若等之间的关系，以往学界探讨颇多，在此不再赘述。②

四、瞻前顾后：对中国文化转型的省思

中华学艺社诞生之际，正值国内的五四新文化运动肇始之时。中华学艺社社员对新文化运动是如何看待的？其对中西文化的看法如何？以下笔者选取较具代表性的数种论述，一窥中华学艺社同人对中国文化转型的思考。

张梦九在《新文化运动底精神与生命》一文中提到，"两年来，国内掩映我们眼帘的物件，震动我们耳鼓底呼声，空间摇曳，与我们相摩相撞的空气，莫不是新文化运动"；"但是新文化是什么？新文化运动是什么？新文化运动的生命是什么？精神又是什么？照现在国内自负新文化运动底人，和自负新文化运动底出版物的内容，综合起来，仿佛新文化运动底精神与生命，是不出乎'做几句油腔滑调的白话诗，和几编呀呢呵的白话文，和办点时髦而不要学问的杂志'以外。我觉得新文化运动若是这样，那真可以无须提倡"。他认为，中国出产作品极为丰富，早已有白话诗文，正书譬如佛经、《宋元学案》，小说如《红楼梦》《三国演义》《水浒传》《荡寇志》等，诗歌如古代歌谣、中古词曲等，"已经盈箱累箧，有叫人终身看不尽的光景。何必再劳诸先生们，到现在来费笔，费纸，费墨，消耗时间，扰乱空气呢？"③ 在他看来，欧洲各国所以有今天的文明，"绝不是一个文艺复兴的原动。乃是从文艺复兴以后，各种革命相连不绝，如政治革命，宗教革命，经济革命，思想革命等等。直把从前欧洲所有的腐败空气，扫除一空"。因此，革命的范围，应该"不仅限于政治及文学，就是

---

① 陶晶孙：《创造三年》，载姜诗元编选《陶晶孙文集》，华夏出版社 2000 年版，第 218 页。
② 参见黄淳浩《创造社：别求新声于异邦》（社会科学文献出版社 1995 年版）、咸立强《寻找归宿的流浪者：创造社研究》（东方出版中心 2006 年版）、童晓薇《日本影响下的创造社文学之路》（社会科学文献出版社 2011 年版）等论著。
③ 张梦九：《新文化运动底精神与生命》，《学艺》第 2 卷第 10 号，1921 年 4 月。

从我们日常生活，喝茶吃饭，以至于'支配我们思想底学术'和'范围我们生活底组织'，凡是我们进步的障碍，都一律改革去，直是'社会万有的总革命'。"①

张梦九提醒新文化运动人注意：其一，不要偏颇。他认为，中国学派分为东洋、西洋二派，东洋内又有"国故""留日"的分别，西洋内又有"留欧""留美"的分别，留欧内部又有则有"留英""留法""留德"的分别，"只因门户不同，遂致横生意见"，互相批评指责。而实际上西方各国之学术各有特色，都有介绍的必要。其二，不要假借。他提到，有些人以为中国社会"旧空气依然充塞，新空气不过萌芽，要想把旧的一切推翻，是很困难的，要想把新的一切建设，是不容易的，不如利用旧势力来做新事业，到还事半而功倍呢。再不然，便是'予人自新'不必'绝恶已甚'的意思"。在他看来，这两种想法并不坏，不过结果是"善恶不清"，如此下去社会上"不是把坏人当做好人，便是把好人当做坏人"。其三，社会一致。他认为，人们往往将东方文明和中国学者、中国社会混为一谈，是不当的。② 张梦九指出，中国学者与社会存在严重的脱节现象，西方则不然，"不说一个名著全国的学者，发表一种主张，对社会上要生莫大影响。就是普通学者和几个新闻记者，有一种主张出现，都要对社会发生影响"。他提到：

> 我们试看外国的学者，且不管他们的学问，当学者的，人人都自觉"代表的责任"并具"当学者"的决心。不但当学者的不能从政，并且治这种学问的，还不能过问别种学问。中国从前的学者，无论学文，学农，学工，学商，学园艺，学电气，学机械，学冶金，学采矿，学土木工程，只要沾个"学"字，都可做官。现在的学者，是无论学文，学农，工商，种种，只要沾个"学"字，无论那种学问，都要过问。从前是"政治万能"，而今是"学术万能"。像这样做去，那能对社会发生信用呢?③

---

① 张梦九:《新文化运动底精神与生命》,《学艺》第 2 卷第 10 号, 1921 年 4 月。
② 张梦九:《新文化运动底精神与生命》,《学艺》第 2 卷第 10 号, 1921 年 4 月。
③ 张梦九:《新文化运动底精神与生命》,《学艺》第 2 卷第 10 号, 1921 年 4 月。

陈启修《文化运动底新生命》一文也对新文化运动略有微词:"两三年来中国文化运动底声浪,一天比一天高,振动得全国青年界似乎都有觉悟和猛进的样子了。这自然是极可喜可贺的事。但是据我个人底意见,我以为还有很多地方应当特别注意研究,或是兴新,或是废旧,或是改良;如若不然,我恐怕中国文化运功底生命,未必能够长久。"文章认为,"文化一字底意义从动作方面说,便是文明底精神的方面底进步开化。从状态说,便是这种精神努力底结果。文化运动就是指一种运动,要使个人和社会行这样的进化,得这样的结果。换一句话老实地说来,文化是指人类底个人的及社会的精神生活底进步迁善。所以文化是主观的,相对的,人格的,不是客观的,绝对的,物质的。所以文化运动应当是包含人类底个人的及社会的精神生活底各种方面的,不是单向一种特定方向的。"①

陈启修认为,欧洲文化程度比中国高,原因"不在聪明才力底不相等,却在社会改革底手段底当不当"。欧洲文明各国的社会改革,经过"学艺——宗教伦理——教育——政治——经济"的阶段,而中国近代的维新事业则是先从富国强兵入手,经过"经济——政治——教育——伦理——学艺"几个阶段。由此,近代欧洲改革和近代中国改革,恰恰是"反其道而行之"的,"我们从结果上看来,历史明明地告诉我们前一个方法渐渐成功,后一个方法,在今日以前,是毫无结果了"。② 文章认为,现今中国的文化运动产生了一定的效果,包括青年学生的责任和力量的自觉、中国对外地位的上进、教育价值的增加、出版物的发达、智识阶织的联合等,但缺点也是非常明显的,主要表现在以下方面:

首先,文化运动缺少有机的组织。在他看来,现今的文化运动,或是在同一地方,组织性质相同的几个学会,或是在同一时期办性质体裁完全相同的杂志,甲办一平民学校,乙也办一平民学校,甲地今日举行一次群众教育的暗示运动(示威运动),乙地明日也举行一次,"像这样无组织无联络的运动,真正不晓得妄费了多少精力和财力,不单是和经济上分业合力的生产法则相背,而且就从破坏作用和抵抗作用底方面说,也实在是和

① 陈启修:《文化运动底新生命》,《学艺》第 2 卷第 2 号,1920 年 5 月。
② 陈启修:《文化运动底新生命》,《学艺》第 2 卷第 2 号,1920 年 5 月。

军事学上武力集中法则太相违悖了。依照这样办去，自然应该是费力多而成功少的了。"①

　　其次，文化运动的方法不完备。文章认为，文化运动的方法千头百绪，但无论用何种方法都应该有一个基础，就是要"投合社会底心理"。投合社会心理"并不是说要跟着社会底脚跟走，是说我们底行动，要能够引起社会底痛快或惊异或同情，或疑问，不要引起社会底轻蔑或厌恶或反抗或漠视。因为我们实行文化运动底目的，无非是要使公众信从我们底主张，我们底运动能够引起他们底痛快，惊异，同情，和疑问，便是他们倾向我们底主张底头一步"。但就目前的文化运动来看，固然有投合社会心理的，也有不少不能投合的，如"在北京的面包运动，五四运动，和在各处的甘心焚毁各人自己所有日货来提倡国货的运动"属于前一种，产生了相当的效果，而"效法秦庭痛哭的请愿运动，强制地焚烧他人所有日货，来提倡国货的运动，和各处已经成了惯性的同盟罢课运动"，则属于后一种，难得发生什么效果。②

　　再次，文化运动的精神没有贯彻到底。陈启修认为，要使社会信从我们对于文化增进的各种主张，先要自己以身作则贯彻好主张，若是嘴上说庶民主义，心里想实行独裁专制；或是天天说自决自治，事到临头却想利用或依赖他人势力，"试看某大文化运动家或某大新闻记者天天主张自由的批评，并且实行批评别人，却只不准别人批评他，凡是批评他的，他不是故意咀文嚼字，造作遁词，便是肆口谩骂！……试看许多人主张打破中国的偶像，却只管崇拜外国的偶像，或是奉某外国人博士为神圣万能，或是以引用外国人著书为能事！试看有许多人一面只管主张文化运动底普及，一面只管想行文化运动底包办专卖"，精神既不彻底，最终效果也就可想而知了。③

　　最后，文化运动的方向太窄。文章认为，文化运动应当包含人类个人和社会的精神生活的方方面面，并非只有特定的一种，而许多人都把文化

---

① 陈启修：《文化运动底新生命》，《学艺》第 2 卷第 2 号，1920 年 5 月。
② 陈启修：《文化运动底新生命》，《学艺》第 2 卷第 2 号，1920 年 5 月。
③ 陈启修：《文化运动底新生命》，《学艺》第 2 卷第 2 号，1920 年 5 月。

运动解作思想艺术和教育方面的运动，这样的解释未免太窄。从纯理上说，"文化是人类精神生活底进步开化，但是精神生活有两方面：一是个人的方面，一是社会的方面。从头一方面看来，我们便有学艺，思想和教育种种事实，学艺是我们思想辨识底基础，思想是立身行事底根本，教育是思想和行为底训练。从第二方面看来，我们便有社会，政治，法律和经济，社会是生活底范围，政治是生活底调剂，法律是生活底轨道，经济是生活底实质。"①

不难看出，陈启修对新文化运动虽然有些许不满，但对未来中国文化发展还是抱有极大的信心。张梦九希望，从事新文化运动者都能"立定足根，步伐不乱"，认为这就是新文化运动的精神和生命。陈启修一再强调，今后的文化运动如果能切实消除前述的四个缺点，"文化运动底效果，一定可以增加。文化运动底生命，一定可以延长的。"②

1935年1月，王新命、何炳松、陶希圣、樊仲云、萨孟武等十位教授联名在《文化建设》月刊上发表《中国本位的文化建设宣言》，《宣言》指出，"文化建设工作亦当着手"，至于进行之法，有认为中国该复古，也有人以为中国应完全模仿英美或苏俄或意德。十教授不赞成"完全模仿"西方模式，提出建设"中国的本位文化"之主张，引起了"西化"派的猛烈抨击，从而结果引发了"中国本位文化"和"全盘西化"的一场论争。中华学艺社社员许崇清在《学艺》杂志上登载了《十教授文化建设宣言批评》，一方面批驳了十教授的文化建设主张，另一方面也阐发了自己对中国文化建设的思考。

许崇清在文章开篇即提到，十教授宣言的目标只看标题便可一目了然，是在提倡"中国本位的文化建设"，但并未提出具体方法，虽也列举"根据中国本位，采取批评态度，应用科学方法来检讨过去，把握现在，创造将来"几个条目，也不过是"方法适用上底要求底主观的规定，而不是方法本身底客观的呈示"。至于"中国本位"的意义内容，"批评态度"的根本原则，乃至"科学方法"的范畴和这些范畴的进展程序也未说及。

① 陈启修：《文化运动底新生命》，《学艺》第2卷第2号，1920年5月。
② 陈启修：《文化运动底新生命》，《学艺》第2卷第2号，1920年5月。

由此，宣言里除了"文化建设"的空洞口号和"恋旧慕新"的模棱两可的情绪之外，"竟直可以说是一无所得"。①

接着，许崇清对中国文化的过去进行了较为系统的梳理，拿他自己的话来说"是极简略的一个叙述，小小一个结算，也可以说是中国文化发展底一个小结算"，揭示了中国社会生活的内在矛盾和本质危机，剖析了阻碍中国文化发展的根源，从而找到了问题的病灶所在。在他看来，文化再建设其实就是"社会的生活诸形态和精神的生活诸表象底再建设"，"而从文化底本来底性质看它既是和自然对立着而驱使自然为其发展底资籍……愈能操纵自然以为其所用的其所造就必愈高。是以中国文化再建设运动底开始虽在农业生产力底增进，农业危机底消灭，而其实绩底发展则只可期诸工业底成长。"继而，文章指出，"在文化底发展中并且直接的行施着教育的作用"，"社会发展底法则就是文化发展底法则，社会发展底法则就是教育底法则"；社会再建设的一切目的就在于社会的文化价值，教育机能得以发展，文化教育再建设运动才有意义和实效，其内容才会丰富而伟大。②

上述中华学艺社学人对中国文化转型的思考，很难说是系统的、全面的。不过，他们在论说中大都紧紧围绕中国文化的过去与现状、中西文化之关系、如何发展中国文化等几个关键性的问题，凝聚了他们个人在中国文化转型方面的深入思考，无疑对时人乃至当今的文化建设皆有一定的借鉴价值。

---

① 许崇清：《十教授文化建设宣言批评》，《学艺》第 14 卷第 1 号，1935 年 2 月。
② 许崇清：《十教授文化建设宣言批评（续）》，《学艺》第 14 卷第 2 号，1935 年 3 月。

第十章

对传统文化的守护和传承

在汲取海外新知的同时，中华学艺社对中国传统持积极的态度，特别注重对传统文化予以守护，加以研究。以下择要从两个方面予以阐释。

一、对传统文化的研究

中华学艺社注重对中国传统文化的研究，其舆论阵地——《学艺》杂志以"昌明学术，灌输文明"为宗旨，发表了大量文章，其中有关传统文化的文章不胜枚举，其作者或是中华学艺社社员，或是关注中国传统文化的社外读者。《学艺》登载的这些论述，涉及中国的语言文字、诗歌、古代典籍、科技史等方面，其中既有对传统文化的整理与介绍，亦有系统、扎实的学术研究，这无疑对于传统文化的弘扬起到了重要的作用。有些文章发表后，因影响较大，还出版了单行本。总之，这些成果引起了学界对于传统文化的重视与再认识，对于传统文化的继承与发展影响深远。

（一）中国传统的语言、文学

在语言学方面，陈承泽致力于中国语言学研究，在《学艺》上发表了《国语改进商榷》（2/2）、《国文法草创》（2/3、5、6、8－10）、《字义研究法及字之训诂法》（3/4－5）。1922年他英年早逝后，《学艺》杂志又陆续发表了他的遗作，包括《国文和国语的解剖》（5/4）、《国文法概论》（5/1－3）、《词性概论》（5/5）、《浅文书编纂案》（7/1）、《文章论大要》（7/2）、《字表编辑大要》（8/6）等文章。其中，《国文法草创》一文影响最大。

在该文中，陈承泽主张理论联系实际，不用西方语法硬套汉语，在研究方针上"先注重于纯理的研究，而次及于实用的研究，先注重于一般归纳的研究，而次及于精密之历史的比较的研究"①。在具体研究上，文章也有不少新见解，尤其对实词活用分析较为细致，提出的"致动"（即使动）与"意动"两个术语，后为语法界所公认。陈承泽反对《马氏文通》中"字无定类"的观点，认为"字（词）有定类"，主张要以"字"在句中"所居之文位"来定其类。他还提出了"一义数用"的观点，认为词应"从其本用"定类，等等。文章发表后，一度引起学界的极大反响。陈望道曾致信陈承泽："你那篇《国文法草创》，社外注意的人颇多，但一般青年却稍嫌说明太简洁，仓卒不易领悟；而且对于文言，一般青年颇为厌恶。据我观察，你如果别取一种态度，用净明的白话参用疏朗的表解来表现你数年研究所得，效果必定比现在更大，你看怎样？"② 陈承泽在回信中说：

　　承你指教，甚为感激。

　　我研究国文法的工夫很浅，自然免不了词不达意的地方，而且文成匆促，颇少查书和修辞的时间，所以说明不能十分透澈，我说明不能透彻的缘故，实系为能力所限，并非有意装做，以艰深文其浅陋。大凡创作的事，第一步总避免不了粗糙的毛病，执笔的人固然要尽他的力量，求个浅显；读者也要不惮沈闷，给他细看几遍，觉有不对，便须加以指摘，或是辨析，或是攻驳，或是诘质，均无不可。国文法草创，不过是个旧式文法的修正草案，修正的结果怎样，此时不能决定；是要经过讨论试验后，方能证明它的真价，我现在所敢断言的，是旧式文法应该修正，至于应否照我的主张修正，我却不敢有十分自信之力。经了讨论之后，也许我的主张完全不能成立；另有一种比较正确的主张出现，也未可知。总而言之，此修正案的成绩如何，全看大家努力。你是第一个对这草案下个忠告的人；我还希望以后陆陆续续发表具体的意见；而且我尤希望照你来信所说，约了许多朋友来共

① 陈承泽：《国文法草创》，商务印书馆1922年版，自序。
② 《通讯·陈望道先生来函》，《学艺》第2卷第9期，1920年第12月。

同讨论。"讨论范围愈广愈妙"这句话,确是不磨的真理。不止我们,恐怕社会有心的人,见解都是这样。

国文法草创登完之后,我想照你主张,把他改作白话;并多插例证表解。但这是后来的话,眼前只好将就些,姑把我极幼稚不完全的文字作为基础,立刻开始讨论罢。

陈承泽①

两函发表在《学艺》1920年第2卷第9号上。在信中陈望道提到,青年对《国文法草创》的看法集中在两方面:一是"说明太简洁",不容易领悟;二是使用文言。他建议陈氏取用"净明的白话""疏朗的表解"。陈承泽回信中,虚心接受批评,并表示希望更多的人参与讨论,体现出一个优秀学者的开阔胸襟。

另一语法学界著名学者杨树达与陈承泽同年出生,两人皆于20世纪初先后赴日留学,前者1905年,后者1904年。至于留日期间二人有无交集,不得其详。不过,在杨树达的著述中可觅得他们在国内存在关联的些许线索。杨树达在1920年11月23日的日记中写道:"福建郑芝园(萃英)见访,告余云:陈慎侯(承泽)读余报端刊布之《马氏文通刊误》,至表倾服。厦门大学聘陈君任教授,陈辞不能任,举余自代";1921年7月又在日记中记道:"陈慎侯到京来访"②。同年11月,陈承泽致函杨树达,谈及个人状况及、交流学术心得。因此信颇具研究价值,特录之全文如下:

遇夫先生左右:

久隔音问,忽奉教,愉快何似!贱恙已渐复元,暂回沪料理家事,不久又将赴豫也。拙著《字义研究法》至为苟简,恐不足以渎清览,《学艺》中并无违禁文字,寄京中诸友均收到,何以独兄处未达,容再询诸颂九。《汉字系统》何时可出版?甚盼。《高等中国文法》亦极欲先睹为快。中国文法界黑暗已极,得大著以廓清之,如云霓之于大旱也。承命作序,极所欣愿。又来书欲设否定代名词一门,甚表同

---

① 《通讯·复陈望道先生函》,《学艺》第2卷第9期,1920年第12月。

② 杨树达:《积微翁回忆录》,北京大学出版社2007年版,第9—10页。

意。认"之"字为连字，弟虽未细加研究，然想亦近理也。惟"惟利
是图"之"是"，兄前认为为代名词，今欲认为助词，弟意仍以维持前
说为是。中国文法八品词之分类，本仿照世界多数国文法之组织，以取
便于说明而已。若究其原，则"代名"、"介"、"连"、"指示象字"及
"限制副字"等，何一非出于词，即何一不可谓之助字乎！助字观念，
究与近世思想之组织式不合，以狭认之为是，未审尊意以为如何？

邵西、朵山二兄晤时乞为致候。拙著《国文法草创》方在修正，
极愿诸兄有所绳纠也。敬问

时安

弟陈承泽顿首

一九二一年十一月十一号①

信中提到的遇夫、颂九、邵西、朵山依次为杨树达、周昌寿、黎锦
熙、沈颐的字。除周昌寿为《学艺》编辑外，杨树达、黎锦熙、沈颐都对
语言学既有兴趣，也有研究，与陈承泽可谓同道中人。围绕《国文法草
创》文章的讨论，一直在继续。陈承泽去世的次年即 1923 年，《学艺》
1923 年第 4 卷第 7、9 期先后登载了《读〈国文法草创〉》《再读〈国文法
草创〉》两文，亦就陈的文章阐发了自己之见解，在展开学术争鸣的同时，
亦对陈之早逝痛惜不已："陈君毕生致全力以研究国文法，功垂成而死，
殊堪痛惜，甚愿海内学者继起研究，以竟厥成。"②

经陈承泽删改、修订的《国文法草创》一书，由商务印书馆 1922 年
出版。陈氏在为该书所作序言中说："本书着手在七八年之前，易稿十余
次，搜集之材料，殆几百万言。师友之相与讨论诘质者以十数，而其所得
不过尔尔。研究之难，至于如此，非始意所期也。在《学艺杂志》发表
后，经反复审查，不满之处尚复不少。予决定更编高等国文法研究，详其
说明，多其图表，增遗补缺，勉成一家之言"。1938 年，陈望道曾在《译
报》副刊《语文周刊》撰文评价道，"最能从根本上发现问题，而且有许
多地方极富暗示，很可以做将来研究的参考的，要算《国文法草创》"；同

---

① 杨逢彬整理：《积微居友朋书札》，湖南教育出版社 1986 年版，第 6—7 页。
② C. P.：《读〈国文法草创〉》，《学艺》第 4 卷第 7 期，1923 年 2 月。

时他依然指出，这部书用文言写成，"有些地方非于文法有相当深刻研究者，不能完全看懂"①。中华人民共和国成立后，该书于 1957 年、1982 年被两次重印，并被收入《汉语语法丛书》，足见该书在学界的重要地位。语言学家吕叔湘在《重印〈国文法草创〉序》中称：

> 陈承泽先生的《国文法草创》是《马氏文通》以后相当长的一个时期内最有意思的一部讲文言语法的书。著者在"研究法大纲"这一章里提出三个原则。"研究中国文法有数事宜注意焉：其一，说明的，非创造的；其二，独立的，非模仿的；其三，实用的，非装饰的"。拿现在的用语来说：第一，语法规律应该从语法现象归纳，不能凭语法学家的主观来制定；第二，一种语言有一种语言的语法，研究汉语的语法不可拿西方的语法来硬套；第三，理论必须联系实际——在这方面，陈氏特别指出几点：（一）不用语源的说明来代替语法的说明；（二）不把修辞上的特例当作语法上的通例；（三）不作无用的分类；（四）不以例外否定规律。这些原则，直到现在也还有少数语法学家不愿意遵守，而陈氏远在三十多年以前就已经提出来，不能不说是他的卓识。……《国文法草创》是五万字左右的一本小书，但是里边包含很多宝贵的东西。"以少许胜人多许"的评语，著者是可以当之而无愧的。②

《国文法概论》一文分前论、本论两部分，前论讲编纂文法的必要、研究文法应注意的事项及词的本来词类与活用情况。本论中又分文字概论、字论、文章论三章。前者将词类分为八类，比《国文法草创》少代名词一类；讲文章构造之大要，实际上是讲最基本的句式。字论一章分名字、动字、介字、象字、副字、连字、助字、感字，比《国文法草创》更为详细，如名字又分为原始名字、转来的名字和准名字；象字又分为原始象字（辖一般与特殊两小类）、转来的象字和准象字。除了重申《国文法草创》中的论点外，作者还在篇末附注中指出："本篇与《国文法草创》

---

① 陈望道：《〈一提议〉和〈炒冷饭〉读后感》，见池昌海主编《陈望道全集》（第二卷·文法论），浙江大学出版社 2011 年版，第 144 页。

② 《吕叔湘文集》（第四卷·语文散论），商务印书馆 1992 年版，第 437—438 页。

之撰成，时有先后，内容颇多相异之处。"《国文和国语的解剖》和《文章论大要》两文，是我国语法学界尝试区分句型的较早的著述。前篇列举了很多"常用的文句"，后文拿中文的句型与外文的句型进行对比，阐明其异同。《字义研究法及字之训诂法》和《词性概论》两文是有关词类与词义的研究。前者探讨词类与词义的关系，后者从意义出发为各类词下定义，指出了各类词的语法功能，从功能上证明某些词应归为一类。《国语改进商榷》和《浅文书编纂案》两文是有关推广白话文和文字改革方面的论述。前篇汇集了 1919—1920 年报刊上关于推广国语的议论，品评优劣，示读者以国语改进的概略，提出"白话文是正宗之国语，决非但借通俗之用"，"研究改进白话，应从研究文字入手"，"推行白话与研究文字是相成的，非相妨的，不妨双管齐下"。后文提出了推广浅显文字的具体方案。严格来说，这里讨论的不是文字改革的道路，而是普及文化的方法。

同样是从语法学角度来探析传统文化，杨树达的《马氏文通刊误》从语法学角度对中国第一部系统的古代汉语语法书《马氏文通》提出质疑和辨误。文章连载于《学艺》杂志第 3 卷第 3、4、8 号，第 4 卷第 2、8 号上。文章发表过程中，署名 C. P. 发表了《读〈马氏文通刊误〉》（3/10，4/2、4），提出了自己的不同看法。杨树达发表《对于 C. P. 君读马氏文通刊误之说明》（4/2）一文予以回应，提到，"我这种极浅薄的文字，竟能引起 C. P. 君的讨论，且讨论的内容，很有助益我的处所，是我很感谢的。"[1]《马氏文通刊误》后于 1931 年由商务印书馆出版，1955 年科学出版社出版校订本。杨树达在该书《自序》中指明《马氏文通》之误十端：一曰不明理论；二曰所见不莹，致词类与组织动摇不定；三曰强以外国文法律中文，失中文固有之神味；四曰不知古人省略；五曰强分无当；六曰不识古文有错综变化，泥于词位，误加解释；七曰误认组织，八曰误定词类，九曰不明音韵故训，十曰误读古书。[2] 正文依《马氏文通》十卷顺序逐卷批评。该著不仅纠正了《马氏文通》在词类划分、例句解释、句子分析诸方面的错误和失当之处，还引述充足例证阐明《马氏文通》未及提到

---

①　杨树达：《对于 C. P. 君读马氏文通刊误之说明》，《学艺》第 4 卷第 2 期，1922 年 8 月。

②　杨树达："自序"，《马氏文通刊误》，科学出版社 1958 年版。

的语法规律多条，是研究《马氏文通》的佳作。

在诗歌研究方面，《学艺》登载了大量的研究成果。《诗论》（2/3）是潘力山赴美途中之作，文章认为诗不必有韵，有韵的不必是诗，赋"也不必以韵为必要的条件"；"做诗比兴最要紧"，古代好诗大多如此。在潘氏看来，"诗最要紧的是造意，其次是遣词，再次是谐韵"。杨树达在《韩诗内传未亡说》（2/10）中力证韩诗内传未亡，基于如下证据：其一，《汉书·艺文志》中记载《韩内传》四卷，《韩外传》六卷，"今本《外传》脱佚颇多，书减于前"，而卷数却增到了十卷，"为理所不当有"；其二，《隋书·经籍志》只载《韩诗外传》十卷，而《内传》即不见于志，十卷之数又恰合乎《汉志内传》四卷、《外传》六卷相加之总卷数，"则知两卷之合并，其时代在隋以前。而今本外传，虽有脱佚，约犹是隋以来相传之旧本"。杨次道在《赋比兴的研究》（9/8）一文起首写道："历来解说赋比兴者，从未下一清切明白之定义。后代读诗者，根据前人含糊之解释，又不肯深事研求；因此，牵强附会，曲解诗意者，不可胜述。两汉以来之经师，直至今日研究诗经者，往往对于一诗之解释，聚讼纷纭，立说歧异，赋比兴之难明，亦一大症结也。"[①] 文章介绍了赋比兴之说的创始、纠纷及含义。陈钟凡在《文学上韵律的讨论》（16/2）中指出，韵律在古诗、律诗、词、曲中的运用及古代文艺韵律偏重形式，而今后的文艺"便当与音乐脱离关系，自由发展。对于韵律，只能应用内在的自然韵律，不必拘于形式"。王盈川《七言诗发生时期考》（13/5）中提到，"中国千余年来研究文学的对于七言诗发生时期，众口纷纭，莫衷一是"。作者梳理前人有关七言诗之发生有先秦、先秦西汉之间、西汉、建安之际等不同说法，经过认真考证得出结论：七言诗发生在东汉顺帝阳嘉之际（132），"因为这时那著《楚词章句》的大文学家王逸（字叔师）有通篇七言《琴思楚歌》的创作"。啸咸《读汉赋》（15/2）提到，"汉赋自枚乘司马相如肇为侈丽闳衍之词，后之作者，多慕此派。此派之作，旨虽不合，词则美观；故扬雄刘歆，口出贬辞，心实羡慕。至汉宣班固，因悦其词而并褒其旨，则无异扬汤以止沸，救火而益薪，不足为训也。"此外，关于该方面

---

① 杨次道：《赋比兴的研究》，《学艺》第 9 卷第 8 号，1929 年 7 月。

的文章还有彭仲铎《述清商三调歌诗之沿革》（15/1）、彭仲铎《汉之雅琴》（15/4）、殷齐德《宋代遗民诗人郑菊生父子评传及其诗文研究》（15/5）等。

这里还值得一提的是，周作人在《学艺》上登载了《中国民歌的价值》一文。该文本是为刘半农《江阴船歌》所写序文，作于 1919 年，内中写道："这二十篇歌谣中，虽然没有很明了的地方色与水上生活的表现，但我的意思却以为颇足为中国民歌的一部分的代表，有搜录与研究的价值。……半农这一卷的江阴船歌，分量虽少，却是中国民歌的学术的采集上第一次的成绩。我们欣幸他的成功，还要希望此后多有这种撰述发表，使我们能够知道'社会之柱'的民众的心情，这益处是普遍的，不限于研究室的一角的；所以我虽然反对用赏鉴眼光批评民歌的态度，却极赞成公刊这本小集，做一点同国人自己省察的资料。"[1] 序文载于《学艺》杂志，后为《歌谣》周刊 1923 年第 6 号转载，引起国人对民歌的关注。

《学艺》登载大量的文学作品，诗歌、散文、小说、戏剧应有尽有。诗歌如吴虞《无题二十首》（1/1）、曾琦《杂感五十首》（1/3－4）、康白情《旧体杂诗》（2/10）等；小说，如郑贞文《隐痛》（2/2）、沈雁冰《错》（2/4）、黎烈文《保姆》（3/8）等；戏剧如郑贞文《怎样安放我们的心》（3/8）等。郭沫若在《学艺》上就发表过多篇文学作品，如《湘累》（戏曲）（2/10）、《苏武与李陵》（戏剧）（3/2）、《洪水时代》（诗歌）（3/8）、《月光》（戏剧）（4/4）、《万引》（小说）（6/7）、《湖心亭》（小说）（7/1）等。不可否认，《学艺》登载的这些作品或多或少已带有了"新时代"的因子，但其对传统文学体裁和形式的继承和弘扬，还是应予以肯定的。

（二）传统思想的再探讨

中国古代传统文化发展历史悠久，博大精深。《学艺》登载了许多文章，对中国古代思想家及其作品进行研究。关于荀子思想的研究，如冯振的《荀子性恶篇平议》（2/8）、《荀子性恶篇讲记》（10/9），魏世珍的《荀子哲学之中心点》（10/1）；关于老、庄，如郑深泽《老子思想发生之

---

[1] 周作人：《中国民歌的价值》，《学艺》第 2 卷第 1 号，1920 年 4 月。

私见》（8/5），张觉人的《老子年代考》（12/8 - 9）、《老子的经济思想》（13/9），胡怀琛的《老子补注》（13/7）、《庄子集解补正》（13/1）；围绕墨子及其学说，伍非百发表了《墨辩定名答客问》（4/2）、《墨辩释例》（4/3）、《评梁胡栾墨辩校释异同》（5/2）等文章，另有杨宽的《墨子各篇作期考》（12/10）和《墨经写式变迁考》（14/1），张觉人《墨子的经济思想》（14/2），陈柱的《道儒墨法四家异同论》（14/1）等多篇文章。杨荣春的《孔子教育思想研究》（14/7）从介绍孔子生平、根本思想谈起，将孔子的教育思想分为教育哲学和教育方法两方面。文章认为，孔子的教育思想有许多地方是值得赞扬的，"但也并非天衣无缝的毫无破绽；换言之，在他的教育思想中，我们可以看出他的优胜处，亦可以看出它的败劣处"。

关于中国传统典籍的研究，如吴晓初的《评易》（4/1）、徐式圭的《论语诗经里面的君子》（9/10）、陈钟凡的《诗经制作时代考》（10/1）、徐式圭的《易经字说》（14/9）、彭仲铎的《释离骚》（14/8）与《屈原为巫考》（14/9）、叶逸民的《尚书百篇序说》（15/8）和《史记体制探源》（16/1）等。在《诗经制作时代考》一文中，作者通过考证指出，"《诗经》所载作品，从周武王成王时起，讫定王时止。即自西纪前十一世纪，讫第六世纪，凡五百年间诗歌，汇粹于此。此诗三百篇制作时代之可考者也"。在《战国策解题及读法》（12/7）一文中，邵祖平对《战国策》予以高度评价，认为其"史实充溢，文字宏丽，实先秦古书中之最要者"。围绕两宋思想，陈钟凡发表了《两宋思想述评》（10/5、7、9，11/1、3、5、7，12/1 - 3）、《两宋学派表》（12/3）等文章，具有较高的学术价值。其中，《两宋思想述评》长文后经作者完善、汇集成书，于1933年由商务印书馆出版，后入选"民国学术经典文库"。

对《说文解字》的研究，如冯振心的《许慎说文解字叙讲记》（12/1）、《说文解字讲记》（13/1 - 6、13/8 - 10），吕宗宾的《说文解字段注释例序例》（15/3）等。冯振心的《说文解字讲记》在其"门弟子中人手一册，无不视为珍宝"。据郑学韬回忆，"冯师著有《说文解字讲记》，每年都以油印讲义的形式发给学生，估计每年都有一些增订，后来排印出版时，我已经毕业了。……所以一年读下来，许慎《说文解字》的重要部分，大多数同学已基本掌握，要进一步研究文字学，或上溯甲骨文、籀文、金文，也有了初步基础。"① 冯其庸也在多年后回忆往昔：

> 冯先生先后开的三门课我都认真地听了，记得最先开的一门课是说文解字，我们的读本就是《段氏说文》，还有冯先生自己的著作《说文解字讲记》，冯先生就是一个字一个字地讲解，对于《段氏说文》上的每个字的字形（写法）和解释，冯先生要求我们能默写并熟记其疏解，许多同学对这门课感到枯燥无味，但我却特别感兴趣，巴不得冯先生每堂课能多讲几个字……经冯先生讲解后，我才初识字义，才知道这就是"文字学"，是治学的初阶。所以我越读越有兴趣，常常在课外到冯先生的书房里请教，冯先生每次都是不厌其烦地给我解释我提出的问题并指点我读书的方法。……当时我的《说文解字》课的成绩是全班最好的，所以冯先生特别愿意在课外单独与我讲解，我对文字学的兴趣，就是这时候打下的基础，至今仍然兴趣极浓。②

关于中国传统的研究还有很多。在《道德之定性的分析》（2/1）一文中，陈承泽说："道德之变化，与环象确有关系。且在今日欲于道德立一种绝对的具体之标准，吾亦固谓其不可能。"所以他将道德分为"基本的道德与缘成的道德"两类。屠孝实的《汉族西来说考证》（2/1－2）以为盘古传说本于印度最古老圣诗《黎俱吠陀》之牺牲崩化神话，伊东的《中华文化之起源》（14/3）一文论析了中国文化的发祥地、发生年代及其性质。先秦历史特别是古代思想史，为郭沫若很早就感兴趣的课题。1921 年1 月，郭沫若在给友人张资平的信中曾谈到："我想做的文章是《我国思想史上之澎湃城》，是我对于秦火以前我国传统思想之一种发生史的观察。我以为我国古代思想之运命与澎湃城的相同。……我们的传统思想埋没在地底者已二千余年了。我在前五六年便设定了个发掘计划，我就我硗瘠的

---

① 郑学韬：《"竖起脊梁坚定志，澄清大业看登车"——纪念冯振心老师诞生百年》，载党玉敏、王杰主编《冯振纪念文集》，广西师范大学出版社 2000 年版，第 33—34 页。

② 冯其庸：《怀念我的老师冯振心先生》，载童宗盛主编《中国百位名人学者忆名师》，延边大学出版社 1990 年版，第 314—315 页。

学殖所发掘的虽无五分之三的多,然而自信颇有为前人所未见到处。"① 郭沫若把先秦古代文化看成是中国的澎湃城,他想拂去上面的"熔岩与炭质",发掘出埋没在地下的人类文化的精华,所以他决心从先秦文化研究起步。《我国思想史上之澎湃城》一文正是其《中国古代社会研究》最早的提纲。

(三) 中国古代科技史

《学艺》对古代科技史方面的介绍与研究论文也不在少数。在医学方面,《学艺》及时介绍许多医学方面的最新进展,如余云岫的《科学的国产药物研究之第一步》(2/4、5),杜亚泉的《中国医药的研究法》(2/8),陈方之的《历代旧医学史评之一——灵素》(6/4)、《历代旧医学史评之二——素问》(6/7) 等。余云岫的文章由感叹自己的学医经历入手,后转而批判中医的基础理论。他首先从解剖学开始,认为中国医书的解剖学,"不但毫无进步,而且越讲越糊涂了。所讲的都是模糊影响。它的十二经脉五脏六腑三部九候的学说,细细考究起来,差不多没有一字不错"。除了解剖学,余云岫认为中医对生理和病理的解释,讲的都是阴阳五行,"那阴阳五行的话,是古代哲学家底一种空想,到了今日科学的时代,还有立脚的地方么?"② 在余云岫看来,在解剖、生理、病理上的欠缺,使得中医就似无根的草木,根本无法生长,不用说发扬光大了。余云岫的文章引起杜亚泉的注意,杜遂在 1920 年的《学艺》上发表《中国医学的研究方法》(2/8) 予以回应,为中医辩护:"庸俗的医生,把中国医学的理论弃去精华,取了糟粕。满口阴阳五行,一切都用他来附会,真是可恶。……若是高明的医生,所谈阴阳五行六气三候之类,决不能说他全无道理。不过他们没有学过西洋科学,不能用科学的名词和术语来解释他。若是有科学知识的人,肯把中国医学的理论,细心研究,必定有许多地方,与西洋医学相合,恐怕还有许多地方,比西洋医学高些呢。"余、杜二人在 1920 年的这次争论,是中西医第一次公开的争论,这次争论主要涉

---

① 郭沫若:《致张资平》,见黄淳浩编《郭沫若书信集》(上),中国社会科学出版社 1992 年版,第 190—193 页。

② 余云岫:《科学的国产药物研究之第一步》,《学艺》第 2 卷第 4 号,1920 年 7 日。

及的问题是中医的基础理论问题。

化学史方面，曹元宇发表了《中国作酒化学史料》（8/6）、《葛洪以前之金丹史料》（14/2－3）等文章。前文指出，"谈酒原者，或主夏，或主神农黄帝尧舜，甚有以酒始于天地创成之时者。余则以为酒始于有史以前，或者地上未有高等动物，已有酒存在矣。"文章运用大量的文献资料，对中国古代的造酒原料、酿酒原理及具体过程进行了详细论述。古代炼丹术，是化学史的一项主要内容。曹元宇查阅了《史记》《周易》等30余种原始文献，在此基础上撰写了《葛洪以前之金丹史略》一文，发表在《学艺》杂志第14卷第2—3期上。文章较为详尽研究了中国炼丹术的起源和早期炼丹书《参同契》，引起科学史界的轰动，在国内外产生了广泛影响。曹元宇的这一早期工作，也为以后中外学者深入研究中国炼丹术奠定了基础。

数学史方面，李俨在《学艺》发表了《大衍求一术之过去与未来》（7/2）、《重差术源流及其新注》（7/8）、《中算家之纵横图研究》（8/9）、《中国近古期之算学》（9/4，5）、《测圆海镜研究历程考》（11/2、6、8－10；12/1—4）、《清代算家姓名录》（16/2）、《中算家之 Pascal 三角形研究》（9/9）、《清代数学教育制度》（13/4－6）、《印度历算与中国历算之关系》（13/9）等多篇文章。在《中算家之 Pascal 三角形研究》中李俨指出，Pascal 三角形因由 Pascal 发明而得名，其实中国早在 1261 年即由宋人杨辉得出，其算法见于《永乐大典》。钱宝琮也有《九章问题分类考》（3/1）、《方程算法源流考》（3/2）、《百鸡术源流考》（3/3）、《求一术源流考》（3/4）、《记数法源流考》（3/5）等文章问世。在《记数法源流考》一文中，他认为，中国古代数学典籍颇为丰富，但在漫长的流传过程中散佚、伪托和衍文脱误的情况十分严重，给研究者带来相当大的困难。因此，数学史的史料和典籍的考订工作是数学史研究的一项重要基础工作。同时他认为，撰述著书务要"事皆征实，言必近真"。严敦杰撰有《孙子算经研究》（16/3）、《中国算学家祖冲之及其圆周率之研究》（15/5）两文。前者是在钱宝琮《孙子算经考》（1929）和李俨《孙子算经补注》（1930）的专题研究情况下，又广引博征，补充若干新的考据而成的。文中还纠正了日本三上义夫关于《孙子算经》中有三元一次不定方程的错误论断，实事求是地评价了中国古算的成就；后者站在现代数学的高度，用现代历史学的方法，借鉴乾嘉学派考据学，把祖冲之的圆周率放在世界数学历史发展的长河中进行考察，使读者对祖冲之及圆周率有了更为深入的了解。

此外，在古代经济方面，《学艺》登载了多篇文章，如卫聚贤的《井田的材料》（14/4），徐式圭的《中国财政史略》（3/8－10）、《中国币制史之初期》（6/6）、《中国田制史略》（12/9－10、13/1－5），唐庆增的《中国经济思想史之研究》（11/9），吴锡瑞的《王安石的经济政策与其时代背景》（14/7）等；政治方面，如徐式圭的《中国监察史略》（13/7－10）、《秦汉魏晋少府官属》（14/5）等。教育方面，如徐式圭的《中国教育史略》（8/7－10、9/7－8、10/5－9）、盛朗西的《中国书院制度之东渐》（16/1－3）等。工艺方面，如滕固的《汉代北方艺术西渐的小考察》（14/4）、田边的《中国上代之工艺》（14/4）等。《学艺》还刊登其他有关中国传统文化的论文，限于篇幅，不再一一列举。中华学艺社组织出版了大量有关传统文化的书籍，收入到《学艺丛书》《学艺汇刊》等丛书中。这些文章、著作对传统文化所进行的研究，在一定程度上唤起了整个社会对传统文化的关注，引发很多学人致力于传承中国的传统文化。

二、辑印古书

（一）背景

从盛唐时期开始，日本通过遣唐使将中国大量的古籍运往日本。之后，由于战乱、人为等各种因素，很多经典古籍散佚，其中多有流往日本者，反倒推动了日本文化的发展。时至清代，由于大批中国商人赴长崎贸易，并将书籍作为大宗货物之一源源不断地舶载日本，中国文献典籍以前所未有的规模和速度东传日本。晚清以来，特别是甲午战争之后，中国赴日留学热潮兴起，推动了日本学人对中国文化的向往。其中最具有代表性的人物是内藤湖南、长泽规矩也、田中庆太郎等。他们对中国文化有着深入的了解，在调查研究后购走了很多有价值的中国古籍。一些藏书机构和书店老板也通过各种途径使中国有价值的典藏孤本流入日本。其中，影响最大的一次，当数日方秘密进行的收购我国吴兴陆心源"皕宋楼"之事。

陆心源（1834—1894），字刚甫，一作刚父，号子稼，又号存斋，是晚清著名的藏书家、目录学家。他乘时局动荡、书价便宜，购得大量古书，有皕宋楼、十万卷楼、守先阁等藏书室。其中，皕宋楼藏有宋版百余种，由此得名。据陆心源所著的《皕百楼藏书志》（120 卷）记载，该藏书分为经、史、子、集四部，其中经部 10 类，史部 15 类，子部 13 类，集部 5 类，共 43 类，著录了罕见的宋元抄本以及旧抄民书，其中很多未收入《四库全书》。遗憾的是，陆心源死后，其子陆树藩主持家政，因种种原因无法保存父书，有意出售。日本人岛田翰多次登上皕百楼翻看，表现了极大的兴趣。但由于陆树藩索价太高，岛田翰回国筹集资金。张元济闻讯后心急如焚，多方奔走，筹集款项。但待张罗到钱款，日本三菱财阀已经捷足先登，以十万零八千元的价格收入囊中，充实了日本的静嘉堂文库。张元济在致缪荃孙信函中曾提及此事："丙午春间，皕宋楼书尚未售与日本。元济入都，力劝荣华卿相国拨款购入，以作京师图书馆之基础，乃言不见用。今且悔之无及，每一追思，为之心痛。"① 据《静嘉堂文库略史》，陆氏藏书经日本人严加甄别，删除假宋版仿本修本之后，珍本实数为北宋刊本 7 部 80 册，宋刊本 114 部 2611 册，元刊本 109 部 1999 册。又据 1924 年"静嘉堂文库"的报告，该馆所藏汉籍总数计 9000 余部 9.86 万余册，与《四库全书》对照，部数多至 5580 余部，四库中所收书籍该文库缺少者有 300 余部。四库仅有存目而该文库藏有全书的，有 177 部。②

中国大量的珍贵古籍散佚日本，令时人痛心不已，黄遵宪、杨守敬、董康、缪荃孙、罗振玉、傅增湘、张元济、孙楷第等近代学人都曾赴日访书，以一窥这些"国宝"的样貌。其中，又以杨守敬以及他的著作《日本访书志》影响较大。杨守敬（1839—1915），字惺吾（或作星吾），号邻苏老人，湖北宜都人，近代著名的目录版本学家、图书收藏家。1880 年（光

---

① 张元济：《致缪荃孙》，载《张元济全集》第三卷《书信》，商务印书馆 2007 年版，第 496 页。

② 郑贞文：《我所知道的商务印书馆编译所》，《文史资料选辑》（第 53 辑），文史资料出版社 1964 年版，第 160 页。

绪六年)夏,"应大埔何公使如璋之召,赴日本充当随员,于其书肆颇得旧本"。当时的日本正在推行标榜"脱亚入欧"的明治维新,中国的古典汉籍一度被视为落后而遭到唾弃,"颇欲废汉学,故家旧藏几于论斤估值"。① 杨守敬"旋交其国医员森立之,见所著《经籍访古志》,遂按录索之。会遵义黎公使庶昌接任,议刻《古逸丛书》",开创了辑刊古逸书的学术之风。杨守敬"每得一书,即略为考其原委,别纸记之。久之得廿余册,拟归后与同人互相考证,为之提要"②,为后世留下了我国第一部域外汉籍目录十六卷的《日本访书志》。《日本访书志》的刊成,也激励了更多的中国学人前往日本访书。1928 年,中华学艺社派出郑贞文、张元济赴日访书,从而拉开了"辑印古书"的序幕。

(二)访书、借书及印书过程

中华学艺社的日本访书活动,离不开社员马宗荣的穿针引线。马宗荣(1896—1944),字继华,祖居江苏仪征,明初先世入黔戡乱,定居贵阳。马宗荣 1915 年毕业于省立模范中学,1918 年留学日本,先后肄业于东京第一高等预科、名古屋第八高等本科。1921 年夏,他利用假期归国考察我国图书馆教育现状,"藉以作研究的参考。殊所得结果:就馆数与阅览人数的统计上说,已令人不胜浩叹;再一实地参观其内容,若组织,若设备,若管理诸方面,多名存实亡,尤令人悲观"③。1926 年,马宗荣考入东京帝国大学教育学科专攻教育行政及社会教育,1929 年毕业并获文学士称号,继续在该校大学院文学部研究图书馆教育。1930 年春归国。

马宗荣约于 1921 年 4—5 月间加入丙辰学社④。1924 年以来,他先后在《学艺》杂志发表了《游乐园的教育》(5/8)、《现代图书馆的研究》(5/9 - 10)、《现代图书馆经营论》(6/4、8 - 10)等多篇论文。1925 年,中华学艺社日本社务以"关东关西"为界分为东、西两部,自名古屋以

---

① 《日本访书志缘起》,载谢承仁主编《杨守敬集》第八册,湖北人民出版社 1997 年版,第 28 页。

② 杨守敬:《日本访书志序》,载王余光主编《藏书四记》,湖北辞书出版社 1998 年版,第 273 页。

③ 马宗荣:《现代图书馆的研究》,《学艺》第 5 卷第 9 号,1924 年 2 月。

④ 《丙辰学社社报》,《学艺》第 3 卷第 3 号,1921 年 7 月。

东，至北海道属于东部；自名古屋以西，至于九州，属于西部。东京事务
所改称日本东部事务所，京都事务所为日本西部事务所，推举马宗荣、裘
千昌为日本西部事务所干事，分驻名古屋、九州。① 1926 春，中华学艺社
推举马宗荣、张凤谦为总事务所交际干事。同年 5 月 29 日，东京社员在日
华学会召开常年大会，会上马宗荣建议社友"积极负责编辑丛书"，获得
与会社友表决通过，大会还选举马宗荣等 4 人为干事。1930 年 4 月，马宗
荣任中华学艺社执行委员会常务秘书之职，后还曾任中华学艺社常务董
事、理事等职，为学社的发展作出了突出的贡献。当然尤值得一提的，还
是在他的努力下，促成了中华学艺社的访书、印书活动。

最早提到马宗荣在日本访书的是杜定友。1926 年 7 月，杜定友访日期
间，参观了日本国立、大学、府立、县立、专门等具有代表性的图书馆 14
所，归国后撰写了《日本图书馆参观记》，发表在 1927 年第 1、3 期的《教
育杂志》上，文章介绍日本图书馆之发展历史与现状、图书馆数量、设施、
图书分类法等颇详。杜在日本图书馆里发现了大量珍贵的中国书籍，"好像
远客他乡，得逢知己一样！他们每把中国珍贵书籍给我观看。抚览之余，
爱不释手。而且每每见有许多好书，中国所无，而为外国所得，睹之，倍
加悲痛。"② 在东京期间，杜得到了马宗荣的热情帮助，在参观记中他提
到："我到东京的时候，蒙留日学生马宗荣君来访，相谈之下，异常欣悦。
马君在日专攻社会教育科，对于图书馆学极有心得，与我志同道合，说来
津津有味。我在东京三天，马君每天都陪着我去参观各馆，又替我翻译一
切，我感激得很。杭州樊漱圃氏，托我与日当局商量重印皕宋楼藏书事，
我因时间不及，且该主事人崎岩氏避暑离京，我未克拜访，我便将事转托
马君代劳。现在他竭力奔走，他日事成，马君于我国文献，大有功焉。"③
杜定友所托，正好与马宗荣的想法不谋而合。马宗荣在日期间，经常利用
各种机会，参观访问日本各大图书馆及文化机构，调查了解中国流失在日
本的珍贵文物，希望能将这些珍贵的古籍孤本翻拍带回国内。

---

① 《社报》，《学艺》第 7 卷第 1 号，1925 年 8 月。
② 杜定友：《日本图书馆参观记》（续），《教育杂志》1927 年第 19 卷第 3 期。
③ 杜定友：《日本图书馆参观记》（续），《教育杂志》1927 年第 19 卷第 3 期。

杜、马的希望,最终得以实现,中华学艺社决定将这些珍贵书籍影印出版。多年后,参与此事的郑贞文曾忆及其经过:

> 中华学艺社东京分社干事马宗荣(继华,贵州人)在东京帝国大学文科大学专门研究图书馆学,知道日本公私立各图书馆藏有宋、元、明、清中国精版图书甚多,建议由学艺社向日本各藏书家选借,作为《中华学艺社辑印古书》的整套内部刊物出版,仅分配于特别需要的社员,不对外发售。这原是日本学术团体常有的办法,可以援例举办。马宗荣的这一个提案,经上海总社干事会议通过,由我向张元济、高梦旦接洽,得到他们的赞成协助,商定由商务提供选书影印的经费,由我和马宗荣代表学艺社向日本公私立图书馆及藏书家交涉借印的手续,约明书籍印出后,每种分别赠送原书所有者各二十部,以表谢意。①

1930 年 1 月创刊的《中华学艺社报》对此事也有详细记载:

> ……四年前闻日本静嘉堂,藏有我国浙江归安陆清源之皕宋楼藏书,内多宋元刊印善本,精美名贵,不仅为坊间所无,即四库书中,亦多未收入。本社本述古考文之精神,以为保存国故,责无旁贷,乃于民国十五年,派驻东京干事马宗荣君向日本静嘉堂商借,将此等珍籍摄影翻印,得许可后,十七年冬,复派本社编辑干事郑贞文君,并聘请版本学者本社名誉社员张菊生君东渡,就静嘉堂所藏之古籍,加以选择,同时更向帝室图书寮,内阁文库,东洋文库,及内野五郎氏等,商借所藏宋元刊本,共遴选得四五十部,旋即从事摄影,迄今已摄成三十余种……此项工作完竣后,对于吾国学术界,贡献当不少也。②

从上述两则史料不难看出,约于民国十五年(1926)中华学艺社社员、总社交际干事马宗荣向总社提出"辑印古书"之建议,在得到总社同意后,拟向日本方面商借影印。马宗荣的建议,或是他个人的想法,或许受杜定友访书的启示。总之,该提议经上海总社干事会议讨论通过,中华

---

① 郑贞文:《我所知道的商务印书馆编译所》,《文史资料选辑》第 53 辑,第 158 页。
② 《辑印宋元珍本古籍》,《中华学艺社报》第 1 卷第 1 期,1930 年 6 月。

学艺社决定由郑贞文与商务印书馆的张元济等人接洽，以图取得商务印书馆的支持。

　　其实，张元济一直有志于收集中国古籍，并精选中国古代善本影印以行世，这也是商务印书馆经营的重要事业之一。请张元济协助，除了张氏有志于此外，还在于中华学艺社与商务印书馆的密切关系。中华学艺社的决议，与张元济的想法可谓不谋而合。值得一提的是，商务印书馆与日本文化界曾经存在着"过节"。该馆曾经假董康之手，向日本"静嘉堂文库"借到宋本汉代许慎撰《说文解字》（三十卷及标目一卷），共四册。经张元济鉴定，此书为北宋初期仅存的珍本，中国久已失传，商务印书馆将它影印出售。但此书被日本文化界视为至宝，因此引起日本文化界对董康的责难，并相约不再使古书落入商务之手。鉴于此，中华学艺社决定，由郑贞文、马宗荣等以中华学艺社名义向日本帝室图书寮、内阁文库、东京图书馆、静嘉堂文库、东洋文库等图书馆交涉借书事宜，选书、影印经费则由商务印书馆负责，张元济作为名誉社员予以协助。

　　1928 年 10 月，中华学艺社组织第五次学术视察团前往日本，郑贞文、张元济亦随同前往，其主要任务就是访书。出发之前，张元济曾就经、史、子、集方面，在日本公私立图书馆目录中选出若干种书目，郑振铎则就中国古代文艺、小说方面选出若干书目，作为借书参考。在日期间，张元济首先采访了日本宫内省图书寮。此为日本皇室图书馆，所藏汉籍甚多，设在皇宫内，一向不许外人进入参观。在驻日公使与日本宫内省接洽后，特许张元济入寮参观。到了约定日期，张元济、汪荣宝、郑贞文三人入图书寮阅书三日，便览宫廷图书馆所藏汉文珍籍。郑贞文与日本方面的服部宇之吉、狩田直喜等曾都是东方文化事业委员会的委员，交往颇深，服部宇之吉、狩田直喜的学生很多都是日本各图书馆的管理人员，马宗荣的老师宇野哲人、盐谷温等人也给予了积极协助，所有这些都为此次访书成功扫清了障碍。

　　在日期间，张元济等人先后访问了内阁文库、东洋文库、静嘉堂文库、东福寺等公私立图书馆，挑选静嘉堂中原皕宋楼藏书以及图书寮、内阁文库等处的汉籍孤本，由商务印书馆影印出版，成为中华学艺社《辑印古书》的同时，又列入商务印书《馆续四部丛刊》《百衲本二十四史》

《丛书集成》等。在访书过程中，日本帝国大学青年汉学家长泽规矩也帮助寻找摄影师，安排照相的具体事宜。之后，张元济、郑贞文与东京汤岛写真场户冢正幸签订了拍照合同。① 张、郑回国时，带回一部分书籍（如宋刊《宛陵集》《平斋文集》《东莱先生诗集》等）的底片，其他书籍则由张元济开出书目给马宗荣，再由马和长泽规矩也向日本各图书馆借出拍照。围绕此事，张元济、郑贞文、马宗荣及长泽规矩也等日本学者之间进行了频繁的书信来往。

早在1928年11月30日临回国前，张元济就致信马宗荣："借照静嘉堂五种，内有《饮膳正要》一种，不甚重要，拟请从缓。《武经七书》原定用八折片。昨与郑心翁商，拟改依原书尺寸摄照。"② 12月1日，郑贞文、张元济等启程归国。回到上海后不久，张元济就致信马宗荣：

> 兹有致山本君一信，附呈台阅。不知我兄与长泽先生于弟等行后曾晤见山本君否？图书寮内阁文库及足利遗迹图书馆借书事不知有眉目否？如尚无眉目，拟请移驾与山本君一商，前信即同时交去。闻山本君于国会开会前必归国也。临行时属查各节曾托敝友林君仲枢代查，别纸录呈，敬祈詧核。静嘉堂书未知已否开照？中有补照《金华黄先生文集》十二卷，需用甚急，能急着手先照，尤为祷感。专此。敬颂台安。
>
> 《金华黄先生文集》补照各卷系卷二十一，卷三十三至四十三。前已开呈，兹再言之。③

此信尚未寄出，张元济收到了马宗荣12月8日寄来的回信：

> 静嘉堂之书已遵命，嘱户塚氏先照《清明集》、《群经音辨》，次及《陈书》。《武经七书》之原板尺寸已托长泽氏到静嘉堂时代测。
>
> 图书寮之书，帝大图书馆开馆之日杉寮长亦到，杉氏谓可由彼先与宫内大臣办一次内交涉，再提出愿书，以便一提出即能批许，两方

① 《原合同副本》，上海市档案馆藏，档案号Q459-1-157。
② 《致马宗荣》，载《张元济全集》第一卷《书信》，商务印书馆2007年版，第172页。
③ 《致马宗荣》，《张元济全集》第一卷《书信》，第173页。

面子上较为光荣，因其中（书单之中）之书有文化事业部拟印者与该寮拟印者在，此类之书能许重照否，当视宫内大臣意见何如故也。

东福寺之书，既寻着《中庸说》一册，仍以由荻野氏取到东京照相为便，抑可由该寺直借与我等为便？待告。

山本氏交涉之内阁文库事，日前已去一函询问，至今尚无回信。

诸桥氏谓照静嘉之书时，请继续拍照，以便早告结束。

户塚氏目下甚忙，故拍照开始，须在十日以后也。

心南兄代李俨兄办之三上氏之数学书事，已转知长泽氏，请用拍照法（普通的）抄录。惟该件闻系兄直接与三上氏交涉，故结果如何非待得覆后不可豫测也。

菊生老先生之诗稿系代分配与另单所开诸氏。

王云五先生所拟之东方图书馆统一分类法，弟曾见有印刷之专册，请代要数册寄下。费心之处，谢谢。①

就马宗荣询问之事，张元济予以回复，内容如下：

图书寮拟借之书前阁下所见者，不过偶然记录，尚未完全。阁下已交与杉寮长，此时尚拟加入数种，另开一单附上。其中《三国志》一种最为需要。其次则为《论语注疏》及补配《北硐文集》之第九、十卷（并外集一册）、《本草衍义》之第一、二、三、四、五卷。又宋代黄善夫《史记》，如有可以补配之卷，亦甚需要。以上各书务祈设法商妥，并恳长泽先生相助。其余各书如能均借固妙，如不允亦无法。

东福寺之书，寺僧业已允照。为数不过数十页。户冢氏现亟需照静嘉堂书，事毕再往恐日久变卦。拟托长尾雨山就近先照。

静嘉堂之书已选定五种，尚有五种须稍迟数日方能决定。借照之书必定继续照相，决不间断。前拟借照《金华黄先生文集》九卷不在十种之内，已得诸桥先生允许。兹再拟补照十一页。又《愧郯录》及《陈古灵先生文集》亦各拟补照数张，此颇琐屑，如有为难尽可作罢。

又《册府元龟》、《太平御览》两书卷帙甚多，约共得一万二千七

①　《马宗荣致张元济、郑贞文函》，载《张元济全集》第一卷《书信》，第172—173页。

百叶。如欲借照，不知诸桥先生以为我过于贪多、过于久长，有所烦厌否。祈便中探听。如觉不宜，则只借《册府元龟》一种，而以《太平御览》一种改向图书寮乞借。统祈核办。

　　王云五君之图书统一分类法已托心南兄寄呈。至借照三上氏之数学书事亦由心兄迳复。

十七年十二月十五日①

　　郑贞文也曾于 12 月 11 日、24 日、25 日、27 日、29 日多次致信马宗荣。1929 年 1 月，马宗荣致张元济、郑贞文函，就他们所提出的问题一一予以答复。《张元济全集》中收入了详细的通信内容，还提到了整个过程中的复杂曲折，至少包括以下几个方面：

　　其一，借书中的问题。尽管能依托各种人脉，但商借图书并不简单，特别是图书寮、内阁文库两处借书颇为"烦难"。经过马宗荣的多方奔走，图书寮借书事才得以解决，但内阁文库那边起初一直进展不大。1929 年 2 月 27 日，马宗荣致信郑贞文："近来，弟心中十分焦急：因内阁文库之事至今尚未正式许可。前托汪公使②去一信与鸠山氏询之，（信由弟挂号寄去）亦似未答复。（汪无函与弟，似无复函）此间原因固因议会关系，鸠山氏未到内阁一步之故。"③ 3 月 2 日，马宗荣再次致函郑贞文："借印书之事异常繁琐，确是事实。据弟两月以来的经验，须时时东奔西走。应付日人尤为困难。报告亦麻繁事。希其如计画所定而得早日成功，弟无所异言。惟嘱弟留此至竣事时止，恐事实上难于办到。因所选书甚多，恐非两年难竣工，弟万难再留居此至两年；其次酌给车马费与弟，骤使商馆负担加重，亦心所难安。诸乞学长再为详加考虑也。"④ 多方奔走最终取得成效，内阁文库借书一事得以解决。

---

① 《致马宗荣》，载《张元济全集》第一卷《书信》，第 172—174 页。
② 1929 年 1 月 30 日，马宗荣拜访驻日公使汪荣宝，详述借书曲折情形，请他代为帮忙："（1）催促内阁文库早日批准；（2）催促图书寮早日覆函；（3）若汪公使前与图书寮商借影印出版（文化事业费）之图书目录中有《太平御览》一书，请将该书让与我等出版，因由我等出版，比较的能配成全部故也；（4）若内阁文库批准后，请代说项，希能借得《册府元龟》到手。"详见《张元济全集》第一卷·书信，第 181 页。
③ 《马宗荣致郑贞文函》，载《张元济全集》第一卷《书信》，第 185 页。
④ 《马宗荣致郑贞文函》，载《张元济全集》第一卷《书信》，第 185 页。

其二，拍照中的问题。1929 年 1 月，张元济在致马宗荣信函中提到，"现在静嘉堂照书有为难之处。因原书每页大小不一，合同尺寸有定，照片又无多大余地，此说诚是。已与敝印刷所相商。另拟变通办法，由心南先生寄呈。"① 马宗荣在随后的回信中，也多次提到这一问题。如在 1 月 18 日信函中提到：

> 《黄学士文集》，前张先生谓须照交来样张照相，高处不能缩低。然照片之高处较低，万不能照原样照。又原书有不能全页展开之苦（因折口已破，现系用糊粘合故也。），故只能半页半页的照。总上二因，须用四折纸照，且系两半页（一张八折片照一半页书）。在无碍事？乞示知，以便遵办。
>
> 《欧阳公本末诗集》原书亦有不能展开照相之苦（因每页内均有垫纸，日人不能装订还原故也。），故亦只能半页半页（中书式之半页，上节同。）的照，或以前页之后半页与后页之前半页合照一纸，究竟以何式为佳？乞复。
>
> ……
>
> 《陈书》原书高处过低，而横处过长，故高处能合契约所规定之寸法，则长处过长，而不便装订。现系照长处按照契约所规定之寸法照相，高处自较所规定者为低。此系无法之事，谅无大错。如何？乞复。
>
> ……
>
> 照相铺谓因须照一定寸法拍照，而用纸毫无余裕，故需多费时间，而完结较迟，乞原谅。又因此之放，彼过吃亏，惟因契约关系，不便请改价钱，但托我转知张先生与心南兄了解其吃亏之处。其意盖欲将来完结时能另外给点彩钱故也。②

因照相效果不理想，不符合出版要求，有的需要再返工。1929 年 2 月 20 日，张元济致马宗荣信中提到，"《群经音辨》影片已经制板，其中有

---

① 《致马宗荣》，载《张元济全集》第一卷《书信》，第 178 页。
② 《马宗荣致张元济、郑贞文函》，载《张元济全集》第一卷《书信》，第 178—179 页。

若干叶殊不明了，未能合用。郑心翁已详复，兹不赘述。来书谓户冢氏自言系自然光线之故，然有同在一叶之内而浓淡不匀者，据敝公司照相部人言，系照成后冲洗不匀之故。又有书甚清楚而影片上有波动影纹，大约照时未曾将书页摊平之故。即日将原片及制板印出之叶寄上，请与户冢氏设法改良。以前坏叶亦须重照。"①

其三，邮寄中的问题。1929 年 2 月 23 日，张元济致函马宗荣："今早接到邮局送来包裹单两纸，当即遣人往取。因包上所写价格太巨，海关留难，要税五、六十元。弟曾亲往交涉，至今尚未解决。故刻发一电，请暂缓寄。第一次寄来照片毫无留难。邮局惯例赔偿小包失物不依所写价格，即不写价亦无妨事，写价太多，必致开验。海关定税无甚标准，但价巨者必巨。此例既开，后此寄片大成问题。"② 此事令张元济颇为苦恼，好在很快得以解决。在 3 月 6 日致马宗荣信中，张元济写道："前日寄来之《陈书·高僧传》、《曼殊留影》亦于今早取回，办得免税交涉，至堪欣慰。此后照片仍请挂号寄下，封面请书'上海宝山路商务印书馆编译所'，不必书弟姓名，而寄件则仍书兄名，不用'户塚写真店'等名义，自无问题。保险价务写小些，或竟不书。此次周折完全非兄之过，请勿置念。现既办到免税，所觉放心。照书一节仍请照前进行为望。"③

中华学艺社辑印古书之实现，可以说是多方面合力的结果。首先，马宗荣发挥了关键的作用。在日期间，马宗荣接洽了日本的多家公私藏书，包括静嘉堂、图书寮、内阁文库、东福寺、东洋文库、东京帝国大学图书馆内野氏藏书等。他接触到许多的日本友人，如静嘉堂的岩崎男爵、诸桥辙次、长泽规矩也，图书寮的杉荣三郎，内阁文库的樋口龙太郎，满铁支社的神鞭理事，东洋文库的石田干之助，摄影师户冢氏等，此外还与鸠山一郎、山本条太郎、岩村氏等日本官员打过交道。马宗荣回国之际，上面提到的一些日本友人专门为他举行了"马先生送别会"，樋口龙太郎撰文记述了欢送会的盛况。欢送会于 1930 年 2 月 20 日在东京会馆举办，由马

---

① 《致马宗荣》，载《张元济全集》第一卷《书信》，第 184 页。
② 《致马宗荣》，载《张元济全集》第一卷《书信》，第 184—185 页。
③ 《致马宗荣》，载《张元济全集》第一卷《书信》，第 184—185 页。

宗荣的老师宇野哲人做东，代表东方文化研究所和东京帝大，长泽规矩也担任司仪，诸桥辙次代表静嘉堂文库，石田干之助代表东洋文库，樋口龙太郎代表内阁文库。樋口龙太郎描述了会场的气氛、各人的身材、着装、动作、言谈以及对马宗荣归国的美好祝愿。席间谈政治、谈中国成了主要话题，展现了马宗荣与日本朋友间的亲密友谊。特别是长泽规矩也流利的汉语、马宗荣流利的日语，竟让人误认为前者是中国人，后者是日本人。文中还记载了樋口龙太郎与马宗荣交往的一些往事与照片、书信往来等情况，展示出马宗荣的人格魅力。① 如此看来，与马宗荣交好的日本人对中国抱有好感，在访书中发挥了积极的作用。马宗荣回国后，诸桥辙次、长泽规矩也等曾亲自到中国进行学术交流。

其次，张元济、郑贞文担当了重要的"后盾"角色。前文提及，张、郑在赴日访书前准备充分，访书期间他们多方奔走，寻求中国驻日公使以及一些日本政府官员、学者的支持，帮助疏通关节。待张、郑等回国后，又曾多次与日本学者沟通，请其予以协助，如 1928 年 12 月 27 日张元济致信好友长泽规矩也提到，"米泽之所谓《仪礼注疏》不过为李元阳之闽刊本，其它之《镡津文集》、《毛诗疏》均不合用。致劳大驾往观，可惜之至……图书寮黄善夫本《史记》暨《东坡集》蒙许代为检查，感激之至。拟借图书寮及内阁文库之书已开列清单，寄马君宗荣，托其呈上清览。兹再将拟借他处各书开具目录，敬求核阅。如晤及各书主时，并祈鼎力相助，不胜感祷之至"②。张、郑就马宗荣来信中提到的问题予以细致而耐心的解答，并一一指点，为马提供方便，提出问题解决的路径。如在人工、经费等方面，张、郑曾考虑派人协助马，给予一定的"车马费"。③ 对与访书无关的马氏前途问题，也予以中肯的建议。如 1929 年 3 月 6 日，张元济致信马宗荣："至吾兄目下尚以暂进大学院为宜，日内风云甚急，不久恐

① ［日］樋口龙太郎：《桔梗门丛谈（二）·马宗荣君を送る》，《图书馆杂志》1930（12）：第 332—334 页。又见范凡《马宗荣在东京帝国大学留学的时间和专业考》，《图书馆杂志》2015 年第 5 期。

② 《致长泽规矩也》，《张元济全集》第三卷《书信》，第 564 页。

③ 《张元济全集》第一卷《书信》，第 188 页。

又有意外发生，急归殊非得计。"① 正是在张、郑等的大力支持下，马宗荣得以在课余之暇，全力投身于借书、印书一事。

在访书过程中，中华学艺社与日本各国图书馆达成协议，所选书由中华学艺社精印出版，每部书需赠送给原书所有者 20 部，其余的在中华学艺社内部分配给有需要的社员，不能公开出售。经过整理后，商务印书馆照相部将整理好的底版修整扩大后，作为中华学艺社《辑印古书》陆续出版。后商务印书馆又从中选取影印，与我国原有残缺不全的一些古籍分别配成全套印行。

（三）《辑印古书》的影响

根据《中华学艺社报》登载的书目介绍，中华学艺社《辑印古书》拟收入古籍 49 种，详见表 10.1 所示：

表 10.1　中华学艺社辑印古书一览表

书名	借照来源	书名	借照来源
《论语注疏》	帝室图书寮	明刊《古今小说》	内阁文库
宋刊《三国志》	帝室图书寮	明刊《拍案惊奇（二刻）》	内阁文库
宋刊《太平御览》	帝室图书寮	明刊《醒世恒言》	内阁文库
宋刊《本草衍义》	帝室图书寮	明刊《警世通言》	内阁文库
宋刊残本《北磵文集外集》	帝室图书寮	明刊《水浒志》	内阁文库
元刊《山谷外集》	帝室图书寮	明刊《水浒英雄传》	内阁文库
影宋钞本《群经音辨》	静嘉堂文库	明刊《玄雪谱》	内阁文库
明刊《饮膳正要》	静嘉堂文库	明刊《唐书演义》	内阁文库
宋刊残本《册府元龟》	静嘉堂文库	明刊《国色天香》	内阁文库
宋刊《诗集传》	静嘉堂文库	明刊《摘锦奇音》	内阁文库
宋刊《陈书》	静嘉堂文库	明刊《玉谷调黄》	内阁文库
宋刊《新唐书》	静嘉堂文库	明刊《济颠语录》	内阁文库
宋刊《欧公本末》	静嘉堂文库	明刊《荔镜记》	内阁文库

---

① 《张元济全集》第一卷《书信》，第 186 页。

续表

书名	借照来源	书名	借照来源
宋刊《武经七书》	静嘉堂文库	明刊《冯伯玉风月相思小传》	内阁文库
宋刊残本《清明集》	静嘉堂文库	宋刊《平斋文集》	内阁文库
宋刊《历代地理指掌图》	东洋文库	宋刊《东莱诗集》	内阁文库
宋刊《乐善录》	东洋文库	宋刊《晋书列传》	内阁文库
明刊《苏长公章台柳传》	内阁文库	宋刊《梅亭先生四六标准》	内阁文库
明刊《人洞天》	内阁文库	宋刊残本《东坡集》	内阁文库
明刊《词林一技》	内阁文库	宋刊《颖宾大全》	内阁文库
明刊《八能奏锦》	内阁文库	元刊《全相平话》	内阁文库
明刊《英雄谱》	内阁文库	明刊《孔淑芳双鱼坠传》	内阁文库
明刊《皇武英明传》	内阁文库	明刊《张生彩鸾灯传》	内野氏藏本
宋刊《大唐西域求法高僧传》	内野氏藏本	曼殊留影	内野氏藏本
宋刊残本《梅宛陵集》	内野氏藏本		

资料来源:《本社出版图书一览》(十九年十一月止),《中华学艺社报》第 1 卷第 6 期,1930 年。

截至 1930 年底,出版《论语注疏》、宋刊《平斋文集》、宋刊《东莱诗集》、影宋钞本《群经音辨》、明刊《饮膳正要》、《曼殊留影》6 种。一·二八事变前,又陆续出版宋刊《三国志》、宋刊《梅亭先生四六标准》、元刊《山谷外集》。后又有宋刊《陈书》、宋刊《武经七书》、《名公书判清明集》《乐善录》《搜神秘览》《诗集传》《新唐书》等数种。可惜的是,战争等因素破坏了中华学艺社的完美计划。据谭勤余统计,到 1936年出版了 15 种,尚在印刷者 35 种。[①]另据学者柳和城统计,到 1936 年底中华学艺社的"辑印古书"共出版 16 种。

在这批书当中,宋刊《论语注疏》用珂罗版精印出版,共五册,"是书注疏之后,附有释文,为刘氏景元本,明闽本,监本,毛本,阮本所

---

① 谭勤余:《二十年来中华学艺社之出版事业》,《中华学艺社报》第 9 卷第 4 期,1936 年12 月。

无，首载序文，序前分提邢炳疏，陆德明释，宋避讳玉敦字，为光庙课本，经文多合石经，其佳处不胜缕举。"① 姜殿扬跋云："是书藏日本帝室图书寮，由中华学艺社乞借影印。……不仅明清六百年，学者未经寓目，自宋以来绝未见于著录。得不谓之旷世惊人秘籍乎?"② 宋刊《三国志》一书之版本，"系日本帝室图书寮所藏宋绍熙本，原缺魏志三卷，以上海涵芬楼藏宋绍兴抚州本配补完足，此书中土所存惟见聊城杨氏，上年东昌被兵，海源阁藏书尽散，此殆可称孤本"③。宋刊《太平御览》、宋刊《残本册府元龟》，"各凡一千卷，为我国古代有名汇书，宋刊版本，国内久已绝版"④。《陈书》乃宋刊《眉山七史》之一，当时国内仅北平图书馆有一残编，仅存 21 卷。张元济在静嘉堂得见此书，与北平图书馆所藏为同式印本，于是将两书配补，张氏感叹道："惜陆氏全书流出海外，国内仅一残帙。然则余之获印是本，既窥全豹，且驾陆本而上之，非犹不幸之幸欤!"⑤《平斋文集》为宋人洪咨夔所撰，国内仅有江苏常熟铁琴铜剑楼所藏影宋钞本传世，可惜少了八卷。日本内阁文库有宋刊本三十二卷，目录二卷，共六册，原系江户时代著名汉学家狩谷掖斋旧藏。我们今天看到的《二刻拍案惊奇》《警世通言》《醒世恒言》《水浒英雄传》等都得益于中华学艺社的"辑印古书"，一些仅有存目或残缺不全的书籍得以让后人一窥其全貌。

值得一提的是，柳和城的统计中并未提到《曼殊留影》。该书"流传至今脍炙人口，二百余年来，真迹谓不复存"，郑贞文日本访书期间，"获见此册于东京内野皎亭先生处……实系当日征题原本，转展流入东瀛者，因从乞借摄影，以玻璃版印行，业于本月出版问世，不仅风流之足重，亦至有文艺之价值也。"⑥ 该书在商务出版后，《中华学艺社报》专门登了广告。吴虞购得一册，旋即在日记中赋诗二首："谁取天华地上栽，亭亭玉

① 《中华学艺社辑印古书宋刊论语注疏出版》，《中华学艺社报》第 1 卷第 2 期，1930 年 7 月。
② 张人凤、柳和城编著：《张元济年谱长编》下，上海交通大学出版社 2011 年版，第 841 页。
③ 《总社消息·辑印古书〈三国志〉出版》，《中华学艺社报》第 3 卷第 2 期，1931 年 8 月。
④ 《总社消息·辑印古书工作近讯》，《中华学艺社报》第 1 卷第 6 期，1930 年 11 月。
⑤ 《景印宋蜀刻大字本〈陈书〉跋》，载《张元济全集》第九卷《古籍研究著作》，商务印书馆 2010 年版，第 650 页。
⑥ 《曼殊留影出版》，《中华学艺社报》第 1 卷第 6 期，1930 年 11 月。

貌出丰台。百环妙髻横波目，已阅沧桑几度来。三百年中万事空，独留娇影笑春风。痴儿騃女多消灭，始信文人气力雄。"① 董康在其东游日记中记载，其在日本东京"从文求堂购得毛西河、曼殊留影一册。此册余见商务书馆印本，至今耿耿不忘"②。时至1994年春，学者邓云乡在与友人逛古书书店时，无意发现了商务版的《曼殊留影》，仍难掩兴奋之情，记述了发现此书的详细过程，及其收获的"三乐"：

> 一本较破，黄葆钺的书签写着《曼殊留影》，较为少见，不由得想翻一翻。最初还以为是苏曼殊呢，拿出一看，一翻，先看到康熙时朱彝尊题跋。啊，这自然不是清末民初的人物。又一看一幅仕女图，又有毛西河写的葬铭……啊，忽然想起，这个"曼殊"，是清初毛奇龄的姬人丰台阿钱。这篇铭文及题诗，收在康熙时张潮所辑《虞初新志》卷十三，是十分有名的。今天居然能够看到原件影印本，也如同见到原件，真是难得的奇缘。

> 一看定价，人民币五十元。封面已经因受潮，十分残破了，只是书签还保留着，里面不少书页都卷角了，说明不知有多少人翻阅过。心想这样一本破书要卖五十元，太贵了，便放下了……后来一想，遇到它也不容易，五十元在今天来说，也不算是个大数目，一转念之间，便买下了。回到家里一看，是民国十九年出版的，原来定价四元，以猪肉折合，当时一块银元可买五至七斤猪肉，四元最少可买二十五斤肉，今天要合百五六十元——这样一想，觉着虽然破些，五十元买来，也不贵了。自然，这样比较，未免俗些，有些市井气，唐突美人，不够雅，但是比较实际，讲雅也要实际些嘛！

> 总之这趟书店没有白逛，买到一本有趣的书，虽非孤本，也不易得。回到家中，躺在席子上，翘起二郎腿，得意地翻阅着，由头翻到尾，又由尾翻到头，真是其乐融融。③

---

① 吴虞：《吴虞日记》下册，第543页。
② 董康著，王君南整理：《董康东游日记》，河北教育出版社2000年版，第361页。
③ 《一本破书，三种乐趣——商务珂瑶版〈曼殊留影〉残卷书后》，载邓云乡《水流云在书话》，上海书店出版社1996年版，第102—109页。

所谓的"三乐"于邓云乡而言,发现这本好书是"第一乐",第二乐是"面对古人之乐",第三乐是"观赏珂珞版印刷品之乐"。邓云乡最后写道:"总之,这实在是一本有趣的破书,是中国高雅历史文化与现代科学技术的最完美的结合。提高一步讲,倒是真正符合'古为今用、洋为中用'精神的,是典型的结合。可惜的是,现在很少看到珂珞版、中国宣纸、高雅古典线装的出版物了。"①

"辑印古书"之成功,也增强了中华学艺社社员的自信心。在1930年12月召开的中华学艺社第四次年会上,社员郑贞文、范寿康、傅式说、周昌寿、马宗荣提议由中华学艺社发起影印《四库全书》,以发扬中国传统文化。其理由是:"四库全书集我国文化之大成。乾隆年间,共有七部(每部三万六千二百七十五册)。分储北平文渊文源,辽宁文溯,热河文津,扬州文汇,镇江文宗,浙江文澜七阁。现在散失近半,殊堪惋惜。为保存国粹及发扬文化计,本社亟应发起刊印以宏流传"。他们主张,组织影印四库全书促进委员会,并订定具体的影印计划②。该提案在年会上得以通过,只是笔者未见到相关的后续进展,多少有些遗憾。

中华学艺社"辑印古书"问世以来,一直以来似乎未引起人们更多的关注。据学者柳和城大约有两个原因:第一,流传不广,原书存世较少。第二,有十五种书"一书两样",已在商务印书馆影印出版的《四部丛刊续编》《三编》《续古逸丛书》和《百衲本二十四史》中单书传世,其来历遂被人忽略。③尽管如此,中华学艺社此举使中国佚失海外的古籍藏书得以面世国内,对于传统文化的保护和传承意义深远,值得后人永远铭记。

---

① 《一本破书,三种乐趣——商务珂珞版〈曼殊留影〉残卷书后》,载邓云乡《水流云在书话》,第102—103页。

② 《中华学艺社报》第2卷第1期,1931年1月。

③ 柳和城:《一部不该遗忘的古籍丛书——〈中华学艺社辑印古书〉考》,《出版史料》2009年第3期。

结　语

　　探讨 20 世纪上半叶的中国科学文化，学术社团无疑是其中不可或缺的要角。作为这一时期最具特色、最具影响力的两大综合性社团——中国科学社与中华学艺社，由此成为笔者十余年来关注的对象。二者皆诞生于民国初年，前者由留美学生创建于美国康奈尔大学，后者则由留日学生发起成立于日本东京。从丙辰年（1916）的呱呱坠地，到 1958 年正式退出历史舞台，中华学艺社历经北洋时期、南京国民政府、抗战时期、解放战争、新中国初期等阶段，见证了近代中国情势的多歧多变。在这个过程中，中华学艺社群体的样貌也不断发生变化，由最初的一棵鲜活幼苗，逐渐长成一株参天大树，发展成为当时蜚声中外、颇具影响的一个学术群体。抗战全面爆发后，中华学艺社内迁西部不畅，陷入停顿状态，到抗战后期才得以在重庆新生，在抗战结束后进入其发展的新阶段，直至最终走向消亡。它的兴衰演变历程，是民间团体在近代中国发展中的一个缩影，在某种意义上亦可揭示出社会剧烈变动中知识分子个人生活的复杂面相。

一、"学艺救国"理想的尝试

　　与中国科学社不同的是，中华学艺社的早期社员大都具有留学日本的背景，"学艺救国"成为他们聚合的基础，相似的教育背景、共同的理想追求是他们得以聚集在一起的关键性因素；根植于中国传统文化中的地缘、亲缘关系成为社员彼此间极有力的黏合剂。学缘、地缘、亲缘三因素交织的社交网络为学社群体提供了强大的凝聚力，并在社团发展、壮大的过程中一直发挥着作用。起初，学社社员只有 47 人，到 1946 年达到 2000人，分布于不同学科、职业，且有着鲜明的地域特征。中国科学社社员主要来自江苏、浙江等经济相对发达、教育相对先进的省份，而中华学艺社早期社员中四川、福建籍社员相对较多。随着中华学艺社的发展壮大，其籍贯分布呈现多元化的态势，浙江、江苏诸省亦后来居上。为了得到政府和社会各界的大力支持，中华学艺社大量吸收政界中人入社、增设赞助社员，并积极介入政府、中外组织机构中，藉各种人脉关系，不断扩展自身的生存空间和关系网络。

学社社员归国后，聚集在北京、上海等地，跻身于北京大学、商务印书馆等高校和出版机构，积极参与民国的文化教育事业。以学社为平台，中华学艺社同人通过办刊、出版书籍等途径，努力实现自己的学术理想。《学艺》杂志是中华学艺社知识生产的阵地，是其言说的一个重要空间。较中国科学社而言，中华学艺社的知识传播内容更为广泛，涵盖自然科学、人文社会科学，对艺术亦格外关注。中华学艺社组织编纂的《学艺丛书》《学艺汇刊》等系列书籍，是对《学艺》所载系列文章的汇集或延伸。其以单行本的形式出版，极大地便利了专门学者。而这些书刊的一版再版，也使得很多的读者由此产生兴趣，积极开展个人研究，从而实现了知识的不断复制与再生产。进而，借诸年会、演讲、学术交流、图书馆、展览等渠道，中华学艺社不断拓展自身的知识场域。中华学艺社的知识传播不再局限于上海一隅，而是延伸到全国诸多城市，以及日本、欧美等国家地区；从传播的渠道和策略来看，呈现出明显的多元化样态。进而，中华学艺社在知识传播与知识场域方面的积极探索与开拓，在一定程度上推进了学术研究的体制化进程。[①]

民间学术社团从事教育事业，在民国时期并不罕见。不过，与其他社团相比，在经费极为有限的情况下，从学艺大学，到学艺中学，从英语补习班，再到其他各类专科学校，中华学艺社开展了大量的办学实践。中华学艺社的办学活动，主要基于两方面的考虑：一是社会的客观需求，二是服务于学社自身发展的需要。在具体的办学过程中，因缺少办学的实际经验，缺乏周密的计划和安排，对未知问题难免估计不足。尽管学艺社领导

---

① 关于科学体制化，可参见拙文《中国科学的体制化进程——兼与西方国家的比较》，《自然辩证法研究》2007 年第 3 期。

层及广大热心社员付出了辛勤汗水，取得了一定的成绩，但受各种因素所限大多皆以失败而告终。中华学艺社的教育实践，留下了太多的遗憾。尽管如此，对中华学艺社在经费极其有限的情况下所开展的办学实践、苦心经营之功，应予以称道。中华学艺社在办学中经历的艰辛曲折，积累的宝贵经验教训，或许可为当今探索民间办学的新模式提供一定的启迪与借鉴。

中华学艺社重视开展学术研究，尝试沟通科学与人文。较中国科学社而言，中华学艺社借助其不断扩展的各种知识场域，大力向国内传输西方文化，其对待欧美文化、日本文化有着自己鲜明的立场和独到的见解。在藉诸各种途径传播欧美科学文化的同时，中华学艺社利用自身"留日"优势，注重向国人介绍日本社会的方方面面，为国人了解日本、借鉴日本文化提供借鉴，这是中华学艺社诸多事业中的一大特色。中华学艺社同人留学日本的时间，大约在 1901 年之后，也就是清末民初的数十年间，正值日本历史上的明治末期、大正时期（1912—1926）。明治时期，日本积极向欧美学习，全方位进行革新。到明治后期，日本基本完成了现代转型。明治之后的大正时期，在日本历史上是个剧烈动荡、充满变数的社会转型期。这一时期，提倡自我，宣扬个人主义、理性主义，成为大正文化的基调。大正思想文化界空前活跃，呈现出"百家争鸣"之景象。中华学艺社同人留日期间，主要就读于东京帝国大学、早稻田大学等校。求学期间，他们广为接受了经过日本学者输入、吸收、消化、过滤过的欧美文化，亦包括日本学者的本土化研究成果。留学期间，吉野作造、美浓部达吉、片山正夫、石原纯等日本学者的学术研究，特别是其言传身教，对学艺社同人产生了重要影响。

而自诞生以来，中华学艺社就与日本学界一直保持着密切的关系，社员与其在日本的师友之间信函往来一直较为频繁。可以说，中华学艺社在民国中日交流中扮演着重要的桥梁与纽带的角色。1925—1930 年间，中华学艺社先后派出七次学术考察团赴日"取经"，考察团对日本学校、医院、科研机构等进行了全方位的悉心观察；另一方面，日本学界也应中华学艺社之邀多次来华交流，仅 1930 年就有五次之多，包括日本中华民国教育视察团、日本出版协会、日本兵库县教育视察团等皆陆续来华，诸桥辙次、长泽规矩也、松本龟次郎、吉泽嘉寿等日本学人纷纷访问中土。遗憾的是，学术上的这种友好关系，随着中日两国关系的恶化而被迫中断。日本侵华战争爆发后，中华学艺社充分发挥自身优势，直接或间接投身抗日活动，为抗战胜利作出了积极的贡献。抗战结束后，中华学艺社将开展日本问题研究作为日后工作的一个主要内容，组建日本研究会，编译出版《日本研究资料》多种，为时人了解、研究日本提供了难得的一手文献。

值得一提的是，中华学艺社注重借鉴欧美、日本学术的同时，其对中国传统学术亦有着鲜明的立场。在对传统文化的认识方面，中华学艺社立场非常明确，主张予以大力弘扬和继承。中华学艺社对传统进行理性分析，不是仅仅批评其中之糟粕，而是呼吁保护中国传统文化之精华，发掘古代的科学思想和科学方法，并积极开展学术研究，体现出既反省又衔接的立场。社员在《学艺》杂志及其他出版物上发表（出版）了数量极为可观的著述，涉及古代思想、科技、语言文字等方面。进而，中华学艺社经过与日本学界的多方沟通，辑印藏于日本的大量古书，由商务印书馆出版发行，使我国佚失海外的古籍藏书得以面世国内，从而实现了对中国传统文化的保护，可谓功莫大焉。我们今天看到的《二刻拍案惊奇》《警世通言》《醒世恒言》《水浒英雄传》等，都得益于中华学艺社的"辑印古书"。

二、珍贵的成功经验

作为民国最具特色和影响力的两大综合性社团——中国科学社与中华学艺社，在存在的数十年间均取得了较为突出的成绩，但亦有各自的教训或启示值得后世认真汲取。拙著《体制与观念的现代转型：中国科学社与中国的科学文化》一书曾对中国科学社的功过进行总结：

> 中国科学社能够持久发展得益于组织机构的严密性与民主色彩、领导层的高度凝聚力和向心力，以及科学家的实干精神。还有一点尤为重要：中国科学社能够不断调整自己，虽不得不"趋时顺势"，但又能泰然于政治漩涡之外，在各种激进、守旧思潮面前不激不随，保持了自身科学研究的独立性，这是一个学术团体长久发展的重要因素

之一。中国科学社未能完成全部既定事业，有其客观原因：其一，民国政局长期动荡，缺乏学会团体必要的生长环境和土壤；其二，政府和社会支持不力，致中国科学社的资金问题未能根本解决。主观上，早期成立的分股委员会很快消亡，中国科学社始终未能确立在诸学会间"母体"学会的地位。随诸专门学会以及中央研究院等科研机构的成立，许多社员参与其间，不再关心中国科学社社务，而中国科学社未能很快摆正自己的位置，致使其发展空间越来越小，处于尴尬的境地。此外，科学普及力度不够、对人文社会科学的相对忽视等也是中国科学社发展过程中的重大失误。[①]

这段话对中国科学社的成功经验进行了总结，也尝试对中国科学社存在问题及其原因进行了梳理。依笔者看来，这些经验、教训在很大程度上亦适用于中华学艺社。具体来说，中华学艺社的经验方面，至少体现在以下几方面：

1. 组织机制不断完善。在建社宗旨、组织机构、学社发展规划等方面，丙辰学社模仿西方，遵循西方的民主选举原则。诞生之初，丙辰学社设社员总会、执行部、评议部三个部门。执行部为核心机构，分正副理事、总务和编辑两科。归国后"低迷"状态的一再出现，促发中华学艺社不断进行调整。随着时间的推移，中华学艺社的规章制度、组织机构历经多次转变，从干事制转变为委员制，又从委员制变为董事会，最后则是董事会和理事会并举。理事会由中华学艺社的精英社员组成，作为中华学艺社的领导核心，负责各项事业的进行；董事会则由各方社会贤达组成，对于扩大中华学艺社的影响力具有积极作用。总之，中华学艺社的组织机构在不断摸索中逐渐走向成熟。

2. 保持自身的相对独立。为保持相对独立性，避免成为政府或社会组织的附庸，中华学艺社一直对政治抱持"超然"的姿态，有时不得不游走于政治与学术之间，其发展也由此历经艰辛曲折。早在成立之初，《丙辰学社社章》就标明"不分畛域，不拘党见"，专以"研究真理，昌明学术，

---

① 见拙著《体制与观念的现代转型：中国科学社与中国的科学文化》，人民出版社 2005 年版，绪论部分。

交换智识"① 为宗旨。之后，中华学艺社曾多次对社章进行修订，但其宗旨并未发生大的变化。民国政局变动频仍，跻身政治者比比皆是，但中华学艺社一直恪守其立社宗旨，始终不渝。中华学艺社不乏从政社员、赞助社员，但从不以团体的名义参与政治活动。对学术的执着坚守，不是仅仅写在学社社章上，其实它早已固化为社员们的集体认同。

3. 社员倾力投入。中华学艺社的发展离不开广大社员的积极参与。社章规定，"本社各项职员概不支薪"，这对广大社员来说参与社务无疑就是奉献。丙辰学社创立之初，经营非常困难。社章规定，每个社员入社缴纳社费2元，但当时社员有限，远不够发展社务之用。在学社经费困难之时，广大社员节衣缩食，慷慨捐款。迁回国内后，学艺社的发展亦离不开郑贞文、周昌寿等大批骨干社员的多方奔走，甘于奉献。正如前文所述，正是在郑贞文、陈承泽等社员的居间协调下，才促成商务印书馆承担中华学艺社《学艺》杂志及其他出版物的印刷，中华学艺社得以在上海落脚，并顺利迁回国内。正是依靠郑贞文、马宗荣、张元济等社员的多方奔走，中华学艺社辑印古书之壮举才得以实现。太平洋战争爆发后，中华学艺社上海办事处由周昌寿负责，其间屡遭日军搜索，幸赖周氏带领在沪员工苦心支撑，社所及图书得以基本保全，办事处员工坚守岗位亦无一离去。作为多年担任中华学艺社理事长的何炳松，为学社的发展"多所措划"②，兢兢业业。1946年7月因病逝世后，中华学艺社为其举行了隆重的追悼大会。社员白鹏飞"民国十二年任本社学艺丛书委员会委员，民国二十年任本社北平分社干事，民国二十一年任本社董事会董事总务主任南京学艺中学校董，民国二十三年本社社章修改后任理事以迄于今"③，"对于本社建树特多，人所共仰"，1943年去世后竟落个身后萧条，遗孤众多，幸赖中华学艺社为其子女征募了教育基金。

三、瓶颈与缺陷

当然，在中华学艺社发展过程中亦存在一定的缺陷和不足，制约了学

① 《丙辰学社社章》，《学艺》第1卷第2期，1917年9月。
② 《中华学艺社社报》第13卷第2期，1946年12月。
③ 《白故理事鹏飞传略》，《学艺通讯》第15卷第3期，1948年9月。

社的长足发展。有些缺陷或不足，其实也是民国诸社团发展中的普遍问题。

1. 民国政局不稳，社会动荡

丙辰学社诞生于日本东京，47 位发起人雄心勃勃。1918 年，中日两国政府代表在北京签订《中日共同防敌军事协定》，激起留日学生的集体抗议，大批丙辰学社社员愤而回国，丙辰学社一度陷入停顿状态。回国后的社员散处四方，忙于个人生计，疏于对学社发展的关注。中华学艺社为此多次进行改组、修改社章、组织社员登记，但总有相当数量的社员未能及时登记，不能按期交纳社费，对学社的发展不积极。人才众多是中华学艺社的优点，但各科社员之间联络不多①，学社作为学术共同体所特有的合作研究功能、社会服务功能受到阻碍。

中华学艺社自归国后一直缺乏固定社址，曾几度搬迁，直到1930 年 1 月才购得法租界土地建筑新社所。新社所开工不久，日本便发动了九一八事变，标榜不参与政治的中华学艺社以自身"留日"优势起而抗争。随后的一·二八事变中，商务印书馆被毁，中华学艺社诸多的出版物付诸一炬。抗日战争全面爆发后，众多的中国高校、科研机构，以及社团组织遭受了前所未有的浩劫，中华学艺社总社及遍布全国各地的分社无法继续开展活动。1938 年 3 月，中华学艺社决议将总社迁往重庆，改上海为驻沪办事处，但直到 1944 年 4 月 15 日总事务所才正式成立。抗战胜利后中华学艺社复员回到上海，进入战后的恢复时期，但内战的爆发使得中华学艺社各项活动的开展再受影响。民国时期社会动荡，缺乏安定的社会环境，无疑是制约中华学艺社发展过程中无法回避的一个重要因素。

2. 经费短绌

对民间社团的发展来说，经费问题是头等大事。《丙辰学社社章》规定，正社员入社时须纳 2 元以上入社金。经常费定为每年 2 元，分两期交纳或按月分纳亦可。遇有特别需用时，经理事与评议部协议后由执行部临时设法募捐。②民国十八年修订的《中华学艺社社章》规定，中华学艺社

---

① 周宪文：《中华学艺社的社员》，《学艺》第 16 卷第 1 号，1937 年 1 月。
② 《丙辰学社社章》，《学艺》第 1 卷第 2 期，1917 年 9 月。

经费包括基金、常年社费、出版物收入、公团补助费、捐款及其他收入，基金包括入社费、永久社员之社费、特募之基金，其中入社费每人5元，常年社费每人5元，"得以所在地之银元计算，不必补水"①。如果说，这些费用尚能维持学社的日常开销，但开展其各项活动则显得捉襟见肘，学艺大学、学艺中学的失败就是典型例证。不断增加的赞助社员、从政社员，并未使中华学艺社的收入得以明显改观。中华学艺社未得到政府更多的支持，经费长期短绌，其工作的开展往往依仗捐募。受经费所限，中华学艺社的许多既定事业未能展开，半途而废者有之，胎死腹中者有之，令人感慨不已。

相对而言，中国科学社得到了政府的支持。1921年10月，教育部决定每月拨给中国科学社补助费200元。1923年，董事会呈准国务会议，由江苏国库月拨2000元为中国科学社辅助费。从1926年起，中基会开始补助中国科学社，当年即拨常年费1.5万元，以3年为期，并提供一次性补助费5000元。1927年，财政部拨补助费国库券40万元作为中国科学社基金，随后中国科学社还领到了二五库券30万元。

值得一提的是，日本方面曾对中华学艺社予以一定的赞助。日方提供赞助的经费，来自中国的庚子赔款，可以说是羊毛出在羊身上。庚子赔款中日本分得3479万两赔银，日本政府在外务省之下设立"对支文化事业部"，1923年3月制定了以"对支文化事业"为基础的特别会计法，每年从庚款中支付三百万元用于支持中国的学术研究和文化事业。1925年10月由"对支文化事业部"出面，在北京组建东方文化事业委员会，设立东方文化图书馆、北平人文科学研究所，在上海设立自然科学研究所。需要注意的是，这笔钱的用途，首先是资助日本学者的对华研究，服务于日本政府；其次，东方文化事业委员会由日本人主持，委员中有郑贞文等中方人士，从其组建伊始便遭到中国留日学生和国内文化团体的抵制。② 经过郑贞文等社员的努力，对支文化事业部对中华学艺社予以一定的经费支

---

① 《中华学艺社社章》（民国十八年四月一日第三次修正），《学艺》第9卷第8号，1929年7月。

② 辛德勇：《读书与藏书之间》，中华书局2005年版，第73页。

持，包括译著出版、新社所建设、资助学术考察团等。①

3. 社员成分复杂

中华学艺社虽力求保持学术独立，不参与政治，但在吸收社员时对其政治面貌却不怎么关注。1923 年 5 月，服务于政界的社员 47 名，占当时社员总数的 8.4%。1933 年，步入政界的社员已达 204 人，占社员总数的 21.6%，从政社员增加了 157 人，比例几乎是十年前的三倍。与中国科学社相比，中华学艺社的社员构成非常驳杂，其中包括晚清反满志士、民初反袁势力、少年中国学会成员、创造社成员、孤军派成员、国民党党员等各种派系的力量。从社会心理学分析，团体人数的增多不可避免地带来协调上的问题。三五人的小组很容易协调，但是一个由数百上千人组成的团体就会有所不同，协调这许多人是一项很艰巨的工作。而且团体人数众多，成员的动机问题、满意程度问题也变得不容易解决。② 成分复杂的中华学艺社群体虽在"学艺救国"目标存在一致，但"各怀心腹事"，导致学社组织略显松散，缺少凝聚力和向心力。

随着日本侵华的逐渐深入，留学日本的身份令中华学艺社多少有些尴尬，社员随之也出现了分化。战争期间，有少数中华学艺社社员宣布退社，更有甚者则沦为日本侵略者的帮凶。对此，中华学艺社旗帜鲜明地予以抵制，殷汝耕、池宗墨、傅式说、文元模等被学社视为反面典型。

4. "学艺"未能着陆

经过整个 20 世纪 20 年代的积极探索，科学家改变了超然政治的立场，并将与社会、政治相联系作为科学社团长久发展的应有之义。尤其是 30 年代随民族危机的日益加深，中国科技界人士面对中国的社会现实，呼吁推行科学化运动，用科学方法、科学精神、科学知识改造中华民族。③ 1933 年 1 月，为推动科学化运动的开展，中国科学化运动协会在南京成立。随后，北平、杭州等地陆续成立了一批分会。科学化运动协会编辑出版了大量的科学杂志，将深奥的科学成果用通俗的、大众的语言展示给社会民

---

① 关于日本资助中华学艺社的情况，在日本档案中记述颇详。
② 刘安彦：《社会心理学》，（台北）三民书局 1986 年版，第 216 页。
③ 范铁权：《20 世纪 30 年代科学化运动中的社团参与》，《科学学研究》2010 年第 9 期。

众，如中国科学化运动协会编辑发行《科学的中国》，湖南分会出版《科学的湖南》，北平分会出版《儿童科学画报》，南京，杭州、青岛分会在当地各大报纸上开辟了众多的科学副刊。除发行刊物外，中国科学化运动协会及各地分会编印了内容丰富的科学书籍，如北平分会的《中国科学化问题》《科学与中国》《科学化小言论》等，南京分会的《酿造工业》《平面测量学》《航空与防空》等。中国科学化运动促成了科学普及的新高潮，为推进社会科学化和科学社会化起到了巨大作用。

在科学化运动的浪潮中，许多学术社团参与期间。如中国科学社的《科学》进行改版，并发行《科学画报》半月刊，旨在"把普通科学智识和新闻输送到民间去"。相对而言，中华学艺社开展活动不多。编辑部于1933年6、7月间召开部务会议，通过"提倡民众科学案"，提出"为实现科学民众化起见，拟筹的款，编译科学丛书一套，力之所及，并拟发行科学杂志一种，月出一册；所有经费预算及详细计划，交由关实之社友起草"。① 9月15日召开的第十次部务会议上，"鉴于自然科学之重要，而且急须使之通俗化，议决设法刊行通俗科学杂志一种"，具体办法交由社友关实之起草②。1934年，鉴于"国内中学生人数之众多与夫坊间中学生优良杂志之缺乏"，中华学艺社议决发行中学生杂志，"以资指导，并增进中学生之思想与学识"③。可惜的是，这些设想均未能实现。刘百闵主持总务部期间，在制订的工作计划中对科学普及问题极为重视，提出：其一，筹办航空展览会。中华学艺社与航空协会负责人就此多次商谈，计划由航空协会负责搜集材料，中华学艺社供给会场，"藉以唤起国民对于航空事业的注意，并使航空知识普及于一般民众。这件事预计在明年春季中亦可以实现"。其二，筹办科学玩具展览会。中华学艺社决议与中国科学化运动协会上海分会合办科学玩具展览会，"现正在积极筹备中，在两月以内可以实现"。其三，筹办理化实验所。鉴于上海各中学内关于理化方面的仪器设备异常简陋，中华学艺社拟同中国科学化运动协会上海分会合作，筹

---

① 《总社消息·编辑部》，《中华学艺社报》第6卷第5—8期合刊，1933年8月。

② 《总社消息·编辑部》，《中华学艺社报》第6卷第9—12期合刊，1933年12月。

③ 《总社消息·编辑部》，《中华学艺社报》第7卷第5—10期合刊，1934年10月。

办理化试验所，该所即设于中华学艺社之中，"现在正向各方募集款项，一有头绪，即行着手筹备。实现以后，我们想用公共汽车去把各中学的学生接来本社实验，好使一般中学生对于理化能发生一种浓厚的兴趣。这件工作意义很大，我们希望它在明年中能够见诸实行"①。计划归计划，并未落实。可以想见，当时的中华学艺社，除了既定支出外，维持学艺中学已令学社苦不堪言，遑论其他。

行文至此，笔者不禁感慨万千。中华学艺社从一株小苗逐渐长成为一株参天大树、开枝散叶，其在现代中国的知识传播和学术转型中扮演了重要角色，可以说立下了汗马功劳。但不可否认，因受内外诸多因素的制约，其发展可谓举步维艰，其成绩的取得主要得益于众多学艺社同人的倾力参与和无私奉献。数十年后，学界对中华学艺社的关注和研究也还远远不足，有关中华学艺社的若干史事至今仍模糊不清，令人唏嘘不已。窥诸原因，笔者想来至少有以下几方面：首先，社团受长期"排日"之牵连。中华学艺社社员以留日学生为主，后虽也吸纳欧美、国内社员，但主体格局并未发生明显变化。中日关系在近现代的曲折多变、全面恶化，也在一定程度上左右了中华学艺社在当时乃至后世的影响，甚至被"污名化"，其地位也因此明显逊于中国科学社。再从社员方面来看，抗战全面爆发后中华学艺社社员对日本的认识和看法呈现出微妙而复杂的变化，熟悉日本的优势有时反倒招来敌意和诋毁，与日本民间的往来或许成为里通敌国、叛变投诚的证据。在此情况下，中华学艺社社员也一度出现了分化。有的直接或间接参战，有的则过上了退隐生活，有的社员当了汉奸，这无疑为学社的名誉带来了一定的负面影响。政治立场歧出，也使得中华学艺社群体被蒙上了一层阴影，长期以来未能得到垂注。再者，资料方面的制约。就目前而言，学界对中华学艺社的研究，主要是利用其出版物。而有关社员的原始资料，如书信、日记、随笔、回忆等，都极为匮乏，这不能不说是制约中华学艺社研究的又一重要因素。如今提起中华学艺社社员，除了郭沫若等极少数社员外，对于吴永权、周昌寿、郑贞文等诸多当年的活跃

---

① 刘百闵：《四月以来之经过及此后之计划》，《中华学艺社报》第 6 卷第 9—12 期合刊，1933 年 12 月。

社员、重要骨干，大多人仍感陌生，有关其生平事迹的史料尚有待于进一步的考察、深挖。除此之外，较民国政治、经济、外交关系、思想文化等领域而言，科学社团研究似乎始终为"冷门"，研究队伍相对较为薄弱。与政党、商会等组织相比，对科学社团的研究也显得多少有些"边缘化"，致产出之成果远远不足。

总之，正是源于前述之数项因素，中华学艺社的重要地位未得到应有的重视，事迹隐而不彰。笔者坚信，随着大量史料的公之于世，更多学人的介入，中华学艺社的诸多史实将逐渐得以澄清，其历史地位也将得到进一步的彰显。

附　录

一、中华学艺社历次社章

（一）丙辰学社社章

第一章　纲　领

第一条　本学社定名曰丙辰学社。

第二条　本学社不分畛域，不拘党见，专以研究真理昌明学术交换智识为宗旨。

第三条　本学社对于有关学术事业，皆量力次第举办，期达立社本旨。

第二章　社　员

第四条　本学社员分为正社员与名誉社员二种。

一　正社员

第五条　具左列资格之一者为本社正社员。

甲　本社创立人。

乙　有本社正社员二人以上之绍介经理事认定者。

第六条　正社员有参与本社一切社务之权。

第七条　正社员有选举及被举为本社职员之权。

第八条 正社员有利用本社各种设备之权。

第九条 正社员有遵守本社一切规则之义务。

第十条 正社员有维持本社及扩充本社之义务。

第十一条 正社员有愿退社者得通知本社自由退社。

第十二条 正社员有损坏本社名誉及延欠社费至三次以上者,经理事及评议部提交社员总会议决得令其退社。

第十三条 凡已故及退社之正社员所纳社费概不退还。

二 名誉社员

第十四条 有下列各项事情之一者公推为本社名誉社员。

甲 捐助款项于本社者。

乙 投稿本社杂志登载至三期以上者。

丙 本社延聘讲演者。

丁 本社会刊布其著述或编译者。

戊 对于本社有各种襄助之盛举者。

第十五条 名誉社员备本社之咨询。

第三章 社 务

第十六条 发行杂志 本社按期刊行杂志以为发表研究所得之机关。

第十七条 举行讲演 本社按期由理事推荐社员或延聘名人讲演学术及种种问题。

第十八条 刊布图书 本社随时搜罗各种稿本无论著述编译皆量力代行刊布。

第十九条 搜集书物 本社尽力搜求古今东西各种图书器物以供同人等阅览参考之用。

第二十条 本社编辑讲演刊布阅览各事宜之细则及其程序另以专则订定。

第二十一条 本社除举办上列各事项外当随时扩充事业以图发达。

第四章　机　关

第二十二条　本社机关分为社员总会、执行部、评议部三种。

一　社员总社

第二十三条　社员总会由全体正社员组织之。

第二十四条　社员总会为本社最高机关有造立意思及监督社务之全权。

第二十五条　社员总会由理事遵章招集理事缺员时由评议部代行招集。

第二十六条　通常总会每年岁首定期招集一次。

第二十七条　招集临时总会之事由如左。

甲　理事认为必须者。

乙　评议部议决者。

丙　社员十人以上连名要求者。

第二十八条　通常会或临时会理事托故不招集时由评议部代行招集。

第二十九条　总会开会前由理事或评议部通知开会日期及所议事项。

发信日期由理事或评议部酌定远道者须一月以前、近处者须于七日以前通知。

第三十条　社员总会议长即以评议长充任，但评议部被纠劾时议长须另行改选。

第三十一条　社员总会必须全体正社员三分之一以上到会始得开议。

第三十二条　总会提议事件须有到会者三分之一以上投票认为应议者始得付议，凡议案须将通知所列事项尽先付议。

第三十三条　表决议案之法以投票者过半数决之赞否同数时由议长采决。

表决权得以书函代行之。

付议事项与正社员私人有关系者该社员无表决权。

二　执行部

第三十四条　执行部以理事一人副理事一人及总务编辑二科组织之。

甲 理事及副理事

第三十五条 理事及副理事由社员总会从正社员中分别票选之。

第三十六条 选举时须有社员总会全体四分之三以上之投票占票数三分之二以上之最多数者为当选人。

选举三次尚无当选人时就第三次得票最多数二人中决选之，以得票占比较多数者为当选人，票数相同时以抽签法决定之。

第三十七条 理事代表本社有督理本社社务之全权。

第三十八条 副理事平时襄赞理事擘画社务，理事旷职或缺员时代行其职权。

第三十九条 理事及副理事任期各一年得连任。

第四十条 理事及副理事任期中失职或辞职时由社员总会议决得令其退职，但议决时须有社员总会全体四分之三以上之投票，得三分之二以上之同意方得有效。

乙 总务科

第四十一条 总务科设总务干事一人，副总务干事一人，庶务干事若干人，会计及书记各二人。

第四十二条 总务干事以理事兼任之副总务干事以副理事兼任之。

第四十三条 庶务干事及书记由理事从正社员中举任之。

第四十四条 会计由社员总会从正社员中选出，以占票五分之一以上之最多数者二人为当选人，缺员或退职时以次多数者充任。

第四十五条 总务干事指挥各员综理本科一切事务。

第四十六条 副总务干事平时辅佐总务干事整理事务，总务干事缺员或旷职时代其职权。

第四十七条 干事员办理本社一切庶务。

凡支社未成立之地由理事量设分驻干事若干人代表本社经理社务。

第四十八条 书记管理本社文录钤记。

书记对外文件须与理事连署方得有效。

第四十九条 会计掌理本社出纳存放事宜。

第五十条 本科各员任期一年得连任。

第五十一条　本科各员任期中因事辞职时经理事及评议部之同意得听其退职。

丙　编辑科

第五十二条　编辑科由编辑长一人编辑员若干组织之。

编辑员额数由理事与评议部及编辑长随时斟酌定之。

第五十三条　编辑各员由理事与评议部从正社员中推举之，编辑长由编辑员互选之。

第五十四条　编辑长综理本社编辑事务编辑员分担本社编辑事务。

第五十五条　编辑各员除编辑长外皆得兼任他职。

第五十六条　编辑各员任期六月得继续连任。

第五十七条　编辑科各员因事辞职时经理事与评议部商定后得任其退职。

三　评议部

第五十八条　评议部由评议长一人评议员若干人组织之。

评议员额数由社员总会临时酌定之至少五人，多不得逾二十人。

第五十九条　评议部员由社员总会从正社员中选出，得总投票三分之一以上者为当选人，不足额方另行补选。评议部长由评议员互选之。

第六十条　评议部员有纠劾全体社员监视总会议场，检查各部职员，稽核本社会计，审判社内一切权限上纷争之权

评议部长代表本部处理部务。

第六十一条　评议部议事以评议员之过半数决之，赞否同数时则取决于评议长。

第六十二条　评议部各员任期一年，得连任。

第六十三条　评议部各员缺员或退职时以候补者充任。

第五章　经　费

第六十四条　本社正社员入社时须纳二元以上之入社金。

第六十五条　本社经常社费定为每年二元，分两期交纳或按月分纳

亦可。

第六十六条 本社遇有特别需用时经理事与评议部协议后由执行部临时设法募捐。

第六十七条 会计须造具豫算表交社员总会审定。

每年决算须经评议部检查后再行报告社员总会。

第六十八条 本社所有存款除举办社务外不得支用。

第六十九条 本社遇有不得已事故须解散时所余财产永储为奖励学业之资金，社员不得分受。

第七十条 本社各项职员概不支薪，但公用开支及雇员薪工不在此限。

第六章 附 则

第七十一条 本社章须有社员总会全体三分之一以上同意始得变更。

第七十二条 本社解散之事由如左：

甲 正社员减少至三人以下。

乙 正社员全体之同意。

第七十三条 本社各项细则由各部自行订定，但实施前须通知各社员。

第七十四条 本社事务所暂设于日本东京，变更社址及设支社时须由社员总会议决。

第七十五条 本社章自本社成立之日实施。

（原载《学艺》1917 年第 1 卷第 2 期，1917 年 9 月）

（二）中华学艺社社章（民国十二年六月通过）

第一章 纲 领

第一条 本社定名为中华学艺社。

第二条 本社以研究真理，昌明学艺，交换智识，促进文化为宗旨。

第三条　本社对于有关科学艺术之事业，皆量力次第兴办，期达立社本旨。

第二章　社　员

第四条　具下列资格之一为本社社员：

甲　前丙辰学社正社员。

乙　由本社社员二人以上之介绍，经总事务所干事会议认可者。

第五条　社员有参与本社一切社务之权。

第六条　社员有选举及被举为本社职员之权。

第七条　社员有利用本社各种设备之权。

第八条　社员有遵守本社一切规则之义务。

第九条　社员有维持本社及扩充本社之义务。

第十条　社员有愿退社者，得通知本社，自由退社。

第十一条　社员有损坏本社名誉，经该地方社员会议决，提交总事务所干事会议审查后，得令其退社。

第十二条　社员有延欠社费两年以上者，停止社员一切之权利。

第十三条　凡已故及退社之社员，所纳社费，概不退还。

第三章　社　务

第十四条　发行杂志：本社按月刊行《学艺》杂志，以为发表研究所得及介绍东西文化之机关。

第十五条　举行讲演：本社随时由干事推荐社员或延聘名人讲演关于学术各种问题。

第十六条　刊布图书：本社随时征集各种稿本，经本社认为有价值时，当为刊印。

第十七条　设图书馆：本社搜求各种图书，筹设图书馆，以供参考。

第十八条　设研究所：本社筹办各科研究所，购置专门书籍器械，以资研究。

第十九条　本社除举办上列各事项外，当随时扩充事业，以期发展。

第四章　机　关

甲　事务所

第二十条　本社设总事务所于上海，设事务所于各省区及各外国。

第二十一条　总事务所称曰中华学艺社总事务所，地方事务所称曰中华学艺社某地事务所。

第二十二条　事务所之所在地，以都会为原则。

第二十三条　同一区域之内，总事务所干事会议认为因扩充社务有另设事务所之必要时，得分设事务所，但须得该区域内事务所干事之同意，并协商割分其范围。

乙　干事

第二十四条　总事务所设总干事，副总干事各一人；庶务科干事，会计科干事，文牍科干事，编辑科干事，交际科干事各若干人；其人数由总干事视事务之繁简临时酌定。

第二十五条　总干事会同总事务所各干事，办理本社一切社务，所有对外一切事件概由总干事负责。

第二十六条　副总干事平时襄赞总干事处理社务，总干事缺席时，得代行其职权。

第二十七条　庶务科干事办理本社一切庶务。

第二十八条　文牍科干事管理本社文录钤记。

第二十九条　会计科干事管理本社出纳存放款项事宜。

第三十条　编辑科干事编辑《学艺》杂志及社务报告事宜。

第三十一条　交际科干事办理本社招待交际事宜。

第三十二条　各地方事务所干事一人至四人，司本社与各该地方社员之联络，办理该事务所一切事务及总事务所委托事务。

征收社费，得由总事务所委托各事务所办理，但须汇缴总事务所。

第三十三条　各地方事务所干事，视事之繁简，亦得由干事自行商酌，分掌职务。

第三十四条　总干事副总干事由社员总投票选举之，以得票比较多数者当选，选举票须于发通告后四个月内，寄至总事务所，逾期无效。

第三十五条　总事务所各科干事，由总干事于社员中推举之。

第三十六条　各地方事务所干事由各该地方社员选举之，以得票比较多数者当选。

但第一任干事，或地方社员未能自行选出干事时，得由总干事于社员中委托一人或二人充任。

第三十七条　总干事副总干事及总事务所各科干事任期各二年。地方干事任期各一年，皆得连任。

第三十八条　总干事副总干事之选举，以八月至十一月为期。地方事务所干事之选举，由地方社员会自定之。

第三十九条　总干事或副总干事于任期内失职时，由社员二十人以上之提议，或由任一地方社员会之提议，经各地方事务所干事过半数之同意；总事务所各科干事失职时，由总干事提交总事务所干事会议决；各地方事务所干事失职时，由各地方社员过半数之同意；得令其退职。辞职亦如之。

第四十条　总副干事或地方事务所干事去职时，由次多数递补；总事务所各科干事去职时，仍按第三十五条推举，概以原任期满为止。

丙　委员会

第四十一条　对于社务进行上，总事务所干事会议认为有设委员会必要时，得征求地方事务所干事过半数之同意后组织之。

第四十二条　各种委员会委员，由总干事推举，但须得各地方事务所干事过半数之同意。

丁　研究会

第四十三条　本社对于研究讨论各科学术，得设各科研究会，其规则另定之。

第五章　会　议

第四十四条　本社每年举行年会一次，报告本社进行状况，由总干事召集之。开会时期及地点，由前届开会时议定。

第四十五条　各地方每年开社员常会两次，于春秋二季，在各事务所所在地举行。但遇必要时，得开临时会，由各该地方干事召集之。

第四十六条　各地方社员会，议决各该地方本社进行事宜，至有关系于全社之事，须由各该地方干事提出于总事务所。

第四十七条　各地方事务所干事提出议案。不背于本社章者，总干事得执行之；总干事不同意时，当以理由知会原提案者，若原提案者认为不满意时，总干事当提出于各地方事务所干事取决于多数。

第六章　经　费

第四十八条　本社社员入社时，须纳二元以上之入社费。

第四十九条　本社经常社费，定为每年三元，得分两期交纳。

但在日本或边地各省，得以该地之银元计算，不必补水。

第五十条　本社遇有特别需用时经费时，由总事务所干事会议决，得临时募集之。

第五十一条　各事务所常费最多不得过该地方社员所纳常费总额三分之一，但必要时，经总事务所干事会议认可，得临时增加。

第五十二条　各事务所用费须造清册报告于总事务所。

第五十三条　总事务所会计科每年须造具预算决算表，报告社员全体。

第五十四条　本社所有存款除举办社务外，不得支用。

第五十五条　本社遇有不得已事故，须解散时，财产永储为奖励学业艺术之资金，社员不得分受。

第五十六条　本社各项职员概不支薪，但公用开支及雇员薪工不在此限。

第七章　附　则

第五十七条　本社章须有社员全体过半数之同意，始得变更。

第五十八条　本社解散之事由如下：

甲　社员减少至三人以下。

乙　社员全体之同意。

第五十九条　本社各项细则由各机关自行订定，但实施前须通知全体社员。

第六十条　本社章自公布之日施行。

（原载《学艺》第 5 卷第 2 号，1923 年 6 月）

（三）中华学艺社社章（民国十八年四月一日第三次修正）

第一章　纲　领

第一条　本社定名为中华学艺社。

第二条　本社以研究真理，昌明学艺，交换智识，促进文化为宗旨。

第三条　本社对于有关科学艺术之事业，皆量力次第兴办，期达立社本旨。

第二章　社　员

甲　社员

第四条　凡具有专门学识，由本社社员二人以上之介绍，经监察委员会之认可者，得为本社社员。

第五条　凡社员一次交足十年之社费者，为永久社员。

第六条　社员有参与本社一切社务之权。

第七条　社员有选举及被举为本社职员或代表之权。

第八条　社员有享用本社各种设备之权。

第九条　社员有遵守本社一切规则之义务。

第十条　社员有维持本社及扩充本社之义务。

第十一条　社员有愿退社者，得通知本社，自由退社。

第十二条　社员有损坏本社名誉之行为者，经各该地方社员会议决，提交总社，经监察委员会审定后，得取消其社员资格。

第十三条　社员有延欠社费一年以上者，停止社员一切之权利。

第十四条　凡已故及退社之社员，所纳社费，概不退还。

乙　名誉社员

第十五条　凡学术上，或经济上能赞助本社者，由执行委员会提出，经监察委员会通过，得推请为本社名誉社员。

第十六条　名誉社员有享用本社设备之权利，及赞助本社进行之义务。

第三章　社　务

第十七条　研究学术：本社组织各种学术研究会，并量力次第筹办研究所。

第十八条　刊布图书：本社征求各种名贵图籍及优良稿本，随时刊印。

第十九条　发行论文专集及杂志：本社为发表研究所得，并介绍东西文化，刊行论文专集及定期杂志。

第二十条　举行讲演：本社随时由执行委员会或分社干事，推荐社员，或延聘国内外学者，举办学术讲演会。

第二十一条　设图书馆：本社搜求各种图书，筹设图书馆，以供社内外人士之参考。

第二十二条　设博物陈列所：本社搜求各种博物标本，筹设博物陈列所，以供社内外人士之浏览。

第二十三条　本社除举办上列各事项外，当随时扩充事业，以期发展。

第四章 组 织

甲 总社及分社

第二十四条 本社设总社于上海，设分社于各省市及各国外重要地点。

第二十五条 总社称曰中华学艺社；分社称曰中华学艺社某地分社。

乙 执行委员会

第二十六条 本社设执行委员会，以执行委员九人至十三人组织之；办理本社一切社务，并为本社对外代表。

第二十七条 执行委员会，由执行委员互选一人为主席。

第二十八条 执行委员会，设总务编辑二部，各部设部长一人，由执行委员互选之；遇必要时，得设各种专务委员会，其委员由执行委员会于委员或社员中推举充任。

第二十九条 总务部设文牍，会计，庶务干事各一人至三人，交际干事若干人，由执行委员互推或另推社员充之。

第三十条 编辑部设编辑，出版干事各若干人；遇必要时，得设各种刊物编辑委员会，其干事或委员，由执行委员互推或另推社员充之。

第三十一条 执行委员会设驻社常务秘书一人，为有给职，承执行委员会之命，办理一切事务，由执行委员兼任，或由执行委员会聘请社员充之。

第三十二条 执行委员会，每月开常会一次；遇必要时，得由主席召集临时会。凡开会时常务秘书及干事均应列席。

丙 监察委员会

第三十三条 本社设监察委员会，以监察委员五人至七人组织之。

第三十四条 监察委员会之职权如下：

（A）审定社员之入社退社事宜。

（B）会同执行委员会选出下届执监委员之候选人。

（C）审定本社推请名誉社员之事宜。

（D）审核本社之预算决算。

（E）稽核总社及分社之社务进行情形。

（F）纠察执行委员会之职守，遇必要时，得召集临时社员大会提出弹劾案。

第三十五条　监察委员会，设主席一人，书记一人，由监察委员互选之。

第三十六条　监察委员会，每年开常会两次；遇必要时，得由主席召集临时会。

丁　执监委员之任期及选举

第三十七条　执监委员任期各为二年，连举得连任；在任期中有不得已事故，提出辞职时，得由各该会决定之。

第三十八条　执监委员任期未满前四个月，由执监联席会于社员中选出二倍之人数，并加入现任执监委员作为候选人。

第三十九条　执监委员，由全体社员于候选人中通信投票选出之，以得票比较多数者当选，各以次多数若干人（不得过于当选之人数）为候补者。

第四十条　候补执监委员，得列席于执监各会议；执监委员有缺席时，得由候补执监委员各依次照额递补，但递补人数，不得过执监委员人数三分之一。

戊　分社干事

第四十一条　分社设干事一人至五人，司本社与各该地社员之联络，办理该分社一切事务及总社委托事务。

第四十二条　分社干事视事之繁简，得由干事自行商酌，分掌职务。

第四十三条　分社干事任期一年，由驻在各该地之社员选举之，以得票比较多数者当选。

但第一任干事，或各地社员未能自行选出干事时，得由执行委员会于社员中委托一人至三人充任。

第四十四条　分社干事有失职时，得由执行委员会提交监察委员会审定处理之。

第五章 会 议

第四十五条 本社会议分下列各种：

（A）社员大会。

（B）年会。

（C）执监联席会。

（D）总分社职员联席会。

（E）各委员会常会。

（F）各地委员常会。

（G）纪念会。

第四十六条 社员大会，为本社最高会议，议决本社重要社务，每两年举行一次，由执行委员会召集之。

第四十七条 社员大会，须有社员全体过半数之代表权出席时，方得开会。

社员不能出席时，得委托其他社员为代表，但一人代表之权数，至多不能过社员总数二十分之一。

第四十八条 年会为恳亲会，每年举行一次，由执行委员会召集之；以联络感情，报告社务，发表研究。

第四十九条 执监联席会，每两年开常会一次，于选举下届执监委员四个月之前举行，由执监委员会召集之；但遇必要时得开临时会。

第五十条 执监联席会之任务如下：

（A）推举下届执监委员之候选人。

（B）议决不及待社员大会决定之重要社务。

第五十一条 总分社职员联席会无定期，执行委员会认为必要时，或经三个以上分社之联合请求，由执行委员会召集之。

第五十二条 总分社职员联席会，讨论进行社务之方针，及处理社务之方法，但不得与社员大会之议决案相抵触。

第五十三条 各委员会常会，议决各该委员会之事宜；其会期及细则由各委员会自定之。

第五十四条　各地社员常会，每年至少举行二次，由分社干事召集之。

第五十五条　各地社员常会，议决各分社进行事宜；至关系于全社之事，须由各该地分社干事提出于执行委员会。

第五十六条　本社以十二月三日为创立纪念日，由总分社职员分别召集纪念会，以表庆祝，并宣传本社社务。

第六章　经　费

第五十七条　本社经费如下：

（A）基金。

（1）入社费。（2）永久社员之社费。（3）特募之基金。

（B）常年社费。

（C）出版物收入。

（D）公团补助费。

（E）捐款。

（E）其他收入。

第五十八条　基金由执行委员会组织基金委员会保管之；只得支用利息。

第五十九条　入社费每人五元，常年社费每人五元，得以所在地之银元计算，不必补水。

第六十条　本社遇有特别需用经费时，由总社执行委员会议决，得临时募集之。

第六十一条　各分社经常费，最多不得过该地社员所纳常年社费总额三分之一；但必要时，经总社执行委员会认可，得临时增加。

第六十二条　各分社用费，须造清册，每年底报告总社一次。

第六十三条　总社会计干事，每年须造具预算决算表，交由监察委员会审核后，报告社员全体。

第六十四条　本社所有存款，除举办社务外，不得支用。

第六十五条　本社遇有不得已事故，须解散时，财产永储为奖励学业艺术之资金。

第六十六条　本社各项职员，除执行委员会之常务秘书外，概不支薪，但公用开支及雇员薪工不在此限。

第七章　附　则

第六十七条　本社章遇有不完善之处，得由社员大会议决修改之。

第六十八条　本社章自公布之日施行。

（原载《学艺》第 9 卷第 8 号，1929 年 7 月）

（四）中华学艺社社章（民国二十年十二月一日第四次修正）

第一章　纲　领

第一条　本社定名为中华学艺社。

第二条　本社以研究真理，昌明学艺，交换智识，促进文化为宗旨。

第三条　本社对于有关科学艺术之事业，皆量力次第兴办，期达立社本旨。

第二章　社　员

甲　正社员

第四条　凡具有专门学识者，由本社社员两人以上之介绍，经董事会之认可，得为本社正社员。

第五条　凡正社员一次交足十年之社费者，为永久社员。

第六条　正社员有参与本社一切社务之权。

第七条　正社员有选举或被举为本社董事或代表之权。

第八条　正社员有享用本社各种设备之权。

第九条　正社员有遵守本社一切规则之义务。

第十条　正社员有维持本社或扩充本社之义务。

第十一条　正社员有愿退社者得通知本社自由退社。

第十二条　正社员有损坏本社名誉之行为者，经各该地方社员会议议决，提交总社，经董事会审定后，得取销其社员资格。

第十三条　正社员有延欠社费两年以上者，停止其应享之权利。

乙　名誉社员

第十四条　凡在学术上有特著之贡献，经董事会通过者，得推请为本社名誉社员。

第十五条　名誉社员有享用本社设备之权利，及赞助本社进行之义务。

丙　赞助社员

第十六条　凡对于本社捐助款项或其他财物者，经董事会通过，得推为本社赞助社员。

第十七条　赞助社员有享用本社设备之权利。

丁　团体社员

第十八条　凡有公私法人之团体，由本社社员五人以上之介绍，经董事会之认可者，得为本社团体社员。

第十九条　凡团体社员得推定二人至五人为代表，适用本社章第五条至第十三条之规定。

第三章　社　务

第二十条　研究学术：本社组织各种学术研究会，并量力次第筹办研究所。

第二十一条　刊布图书：本社征求各种名贵图籍及优良稿本，随时刊布。

第二十二条　发行论文专集及杂志：本社为发表研究所得，并介绍东西文化，刊行论文专集及定期杂志。

第二十三条　举行讲演：本社随时由总务部或分社干事，推荐社员，或延聘国内外学者，举办学术演讲会。

第二十四条　设图书馆：本社搜求各种图书，筹设图书馆，以供社内外人士参考。

第二十五条　设博物陈列所：本社搜求各种博物标本，筹设博物陈列所，以供社内外人士之浏览。

第二十六条　本社除举办上列各事项外，得酌量设立学校，及职业介绍部，印刷出版部等附属事业。

第四章　组　织

第二十七条　本社设总社于上海，设分社于各省市及国外重要地点。

第二十八条　总社称为中华学艺社。分社称为中华学艺社某地分社。

甲　董事会

第二十九条　本社设董事会，以董事九人至十一人组织之。

第三十条　董事由正社员及团体社员代表。就全体正社员及团体社员通信投票选出之，以得票比较多数者当选，以次多数五人至七人为候补董事。

第三十一条　董事任期为三年，每届期满由董事会就原董事中抽签决定其三分之一（如董事九人，则抽取出三人，如为十一人，则抽取四人）为下届董事。其余依照第三十条选举之，但连任者不得过二次。

第三十二条　董事会之职权如左；

（一）筹集及保管本社社产。

（二）订定本社一切规程及细则。

（三）议决本社进行方案。

（四）指挥并监督本社一切进行事宜。

（五）议决本社预算及临时用费。

（六）审核本社决算。

（七）报告预算决算于全体社员。

（八）办理本社一切选举事务。

（九）召集社员大会年会，及各分社干事联席会议。

（十）聘任总社各分社重要职员。

（十一）审定入社及退社之各项社员。

（十二）延聘名誉董事。

（十三）对外代表本社。

（十四）议决其他重要事务。

第三十三条 董事会设常务董事三人，基金监二人，书记一人，均由董事互推之。主席董事一人，由董事就常务董事中推定之，常务董事及基金监得兼书记，但主席董事及常务董事，不得兼基金监。

第三十四条 主席董事召集董事会，并为其主席，对外代表本社，及按照董事会所议决款项，会同基金监一人，签发支票。

第三十五条 主席董事及常务董事在董事会闭会期间，或董事会不能召集时，得代表董事会执行其职务。

第三十六条 基金监应随时监察本社资产。

第三十七条 董事会办事细则由董事会自定之。

乙 名誉董事

第三十八条 凡对本社捐款千元以上者，经董事会通过，得推请为本社名誉董事。

第三十九条 名誉董事有永久享用本社设备之权利。

第四十条 分社遇必要时得设名誉董事，由董事会通过聘请之。

丙 总务部

第四十一条 总务部设主任一人，会计干事一人，庶务干事一人，文牍干事一人，书记一人，均为有给职，交际干事若干人，为名誉职，均由董事会聘任之，任期各一年。

第四十二条 总务部主任承董事会之命，负责督率各干事书记，办理本社编辑以外之一切事务。

第四十三条 总务部主任每月应将本社一切社务进行状况，及收支清账，造具报告书，提交常务董事察核。

第四十四条 总务部办事细则另定之。

丁　编辑部

第四十五条　编辑部设主任一人，为有给职。编辑若干人，为名誉职，均由董事会聘任之，任期各一年。

第四十六条　编辑部主任承董事会之命，负责会同各编辑办理关于本社一切编辑及出版事务。

第四十七条　编辑部遇必要时，得由董事会聘任会计庶务文牍干事各一人，书记若干人，均为有给职，任期各一年。

第四十八条　编辑部主任按月应将编辑及出版状况，造具报告书，提交常务董事查核。

第四十九条　编辑部办事细则另定之。

戊　各种委员会

第五十条　本社遇必要时得由董事会通过设立各种委员会，其主席及书记，由各该委员会互推之。

第五十一条　各委员会规程及办事细则另定之。

己　分社干事

第五十二条　分社设干事一人至五人，司本社与各该地社员之联络，办理该分社一切事务，及总社委托事务。

第五十三条　分社干事得自行商酌分掌职务。

第五十四条　分社干事任期一年，由驻在各该地社员选举之，以得票较多者当选，但第一任干事，或各地社员未能自行选出干事时，得由董事会聘请一人至三人充任之。

第五十五条　分社干事办事细则，由各分社拟交董事会议决后施行。

第五章　会　议

第五十六条　本社会议分左列各种：

（一）社员大会。

（二）年会。

（三）董事会常会及临时会。

（四）总务部部务会议。

（五）编辑部部务会议。

（六）总分社职员联席会。

（七）各委员会会议。

（八）各地社员常会。

（九）纪念会。

第五十七条 社员大会为本社最高会议，议决本社重要社务，每两年举行一次。由董事会召集之。

第五十八条 社员大会，须有全体社员十分之一以上之出席，方得开会。

第五十九条 年会为恳亲会，每年举行一次，由董事会召集之，以联络感情，报告社务，发表研究，但遇必要时得由董事会议决，由年会执行社员大会之职权。

第六十条 董事会常会每年开会一次，临时会由主席董事决定召集之。

第六十一条 总分社职员联席会无定期，董事会认为必要时，或经三个以上分社之联合请求，由董事会召集之。开会时以主席董事为主席。

第六十二条 总分社职员联席会讨论进行社务之方针，及处理社务之方法，但不得与社员大会之议决相抵触。

第六十三条 总务部部务会议，编辑部部务会议，由各该部主任召集之。

第六十四条 各委员会会议，由各该委员会主席召集之。

第六十五条 各地委员常会，每年至少举行二次，由分社干事召集之。

第六十六条 各地社员常会议决各分社进行事宜，至关系于全社之事，须由各该地分社干事，提交董事会通过施行。

第六十七条 本社以十二月三日为创立纪念日，由总分社职员分别召集纪念会，以表庆祝，并宣传本社社务。

第六章 经 费

第六十八条 本社经费如下：

（一）基金。

（甲）入社费。（乙）永久社员之社费。（丙）特募之基金。

（二）常年社费。

（三）出版物收入。

（四）公团补助费。

（五）捐款。

（六）其他收入。

第六十九条 基金只得支用利息。

第七十条 入社费每人五元，常年社费正社员每人五元，团体社员每团百元。

第七十一条 本社遇有特别需用经费时，由董事会议决，得临时募集之。

第七十二条 各分社经常费，最多不得过该地社员所纳常年社费总额三分之一，但遇必要时，经董事会认可，得临时增加。

第七十三条 各分社用费须造具清册，每年底报告董事会一次。

第七十四条 本社所有存款，除举办社务外不得支用。

第七十五条 本社遇有不得已事故须解散时，财产永储为奖励学艺之基金。

第七章 附 则

第七十六条 本社章遇有不完善之处，得由社员大会议决修改之。

第七十七条 本社章自公布日起施行。

（原载《学艺》百号纪念增刊，1933 年 3 月）

二、中华学艺社大事记

1916 年

留学日本东京帝国大学、早稻田大学、高等工业学校、高等师范学校等高校的中国学生陈启修、王兆荣、吴永权、周昌寿、傅式说、郑贞文等47人发起组织，是年为丙辰年，遂定名丙辰学社。12月3日召开成立大会，通过社章，设事务所于东京小石川原町。设执行部、评议部。执行部举陈启修为理事，杨栋林为副理事；下设庶务干事7人，会计干事2人，书记1人。吴永权为编辑长，下设编辑员31人，评议部初举陈瑾昆为部长（旋即辞职，改举罗鼎继任），下设评议员8人。

1917 年

4月 因陈启修、杨栋林、吴永权、陈文祥等毕业返国，改推王兆荣为理事，傅式说为副理事，文元模为编辑长，《学艺》杂志创刊号于此月出版。

12月 在东京召开周年纪念会，并请美国蒲莱士教授，日本吉野作造、吉田熊次、金子筑水诸教授讲演，是为本社举行学术讲演会之始。

1918 年

4月 经改选，王兆荣连任理事，周昌寿为副理事，文元模连任编辑长。

5月 留日同学因"中日军事协约"事激愤不已，联袂归国，王兆荣被推为救国团团长，奔走国事，不能兼顾社务，多数社员散处各地，致丙辰学社社务暂告停顿。

1919 年

10 月 郑贞文赴山西太原参加全国教育会联合会议，归途经过北京，与陈启修、吴永权、杨栋林、屠孝实等社员聚集，商议整顿学社办法，决定设机关于上海，"联络同志，共策进行"。

1920 年

春 在郑贞文等的联系下，与上海商务印书馆定约，由该馆代为印刷《学艺》杂志，举陈承泽、郑贞文为杂志文、理科编辑主任。

4 月 《学艺》杂志第二卷第一号出版，是为《学艺》杂志出月刊（一年十册）之始。

5 月 选郑贞文、王兆荣为驻沪干事，吴永权、杨栋林为北京干事，许崇清、白鹏飞为驻日干事。

10 月 租定上海宝通路顺泰里 18 号为丙辰学社总事务所，所中附设图书阅览室。事务所之开支，由京、沪社员担任，其他重要社务由三处干事协商进行，自此社务逐渐发达。

12 月 3 日 为丙辰学社成立日，上海、北京、东京三处社员均开会纪念，自是定此日为学社成立纪念日。

1921 年

4 月 因留欧社员渐多，三处干事协议，推周太玄、曾慕韩、张梦九为驻欧干事。

5 月 1 日，丙辰学社东京社友在东京帝国大学校内第二控所，召开恳亲演讲会，20 余人参加。来自上海的何熙曾社友出席会议，并介绍社务进行及国内局势。继之，张资平演讲"地球之年龄"、殷汝劭演讲"近代人之烦闷"。8 日，东京社友为即将回国的何熙曾、吴善、罗志濂等 9 人饯行，同时欢迎郭沫若、马宗荣等 24 人入社，请何熙曾演讲"内国工业之现在及将来"。

10 月 北京干事吴永权赴欧,即推为驻英干事。

11 月 添设广州事务所,推许崇清、黄毅为驻粤干事。

12 月 丙辰学社举行成立五周年纪念活动。上海、北京、东京等处干事,分别召集学社同人就地开会。当日莅会者上海 17 人,北京 25 人,东京 14 人。

1922 年

春 因社员人数益多,社务渐繁,由各地社员会议议决,上海、北京、东京三处各增加干事两人,郑贞文、周昌寿、范寿康、李希贤为上海干事;吴虞、王兆荣、周建侯、李贻燕为北京干事;龚学遂、刘文艺、杨敬慈、危谞生为东京干事;并添设中外各地干事。德国陈大齐、戴夏,美国姜琦,日本京都杜国兴,天津杨梓林,南京高士光,苏州钱宝琮,长沙陈文祥,奉天胡嘉诏,福建何熙曾、刘骏业,成都许泽霖,云南钟毓灵,杭州朱章宝等。至此,欧美各国及国内重要都会,均有负责进行之人。

8 月 8 日 文科编辑部主任陈承泽在沪逝世,主任之职由范寿康继任。自《学艺》杂志改为月刊以来,陈氏贡献至巨,故《学艺》杂志第四卷第四号特发刊纪念。

10 月 留欧社员陈大齐、吴永权、戴夏、曾琦提出"发刊有系统的丛书意见书",上海事务所将这一建议分送各地事务所征求同意。北京、东京、武昌、上海等处召集社员开会讨论,皆大体表赞同之意。

11 月 11 日 东京事务所在东京神田中国青年会召开社员大会,主席杨敬慈报告东京社务及北京、上海之情形,并讨论此后应办事务。关于"修改社章",建议以上海诸干事为起草委员,参考社员之提议修改;会议还呼吁社员"多谋会合"。讨论结束后,费鸿年、陈尧成等社友提议,应在相当地点设立社员俱乐部,浏览图书等,以加强社员间的联络。

12 月 2 日 北京事务所在撷英馆举行六周年纪念会,到会社员 40 余人。主席王兆荣报告社务状况,并提出修改社章及讨论进行事宜。对于周昌寿等提出的修改社章案,主张"将草案分配各社员研究签注,汇交上海干事,然后另行正式提出"。

12 月 10 日　社员在上海召开六周年纪念会，讨论改订社章，征求社员同意。议决在新社章未通过以前，暂以上海事务所代行总事务所职权，公选郑贞文为首席干事，暂行总干事职权。又添设美国中部及西部事务所，中部推刘崇本为干事，西部推康纪鸿为干事，国内添设江西、吉林事务所，推雷宣为江西干事，蓝昌鼎为吉林干事。

12 月 24 日，东京事务所召开六周年纪念大会。大会讨论修改社章草案，选举正、副临时总干事，郑贞文、周昌寿当选。31 日，武昌事务所召开茶话会讨论社务之进行，陈雪涛、周菊村等 13 人参加，与会者对于社章草案大致赞成。

1923 年

2 月　上海事务所最终"广采众长"，拟定新社章（草案），向全体社员征求意见。大致内容是：1. 更改社名为"中华学艺社"；2. 废止评议会，以地方干事代其职权；3. 废止理事长名称，改用总干事；4. 改革总干事选举法；5. 废止名誉社员制，得票多数者即可当选；6. 废社员总会为年会。

3 月 21 日　针对日本议会通过议案，以庚子赔款的一部分兴办中国文化事业，中华学艺社社员委派张季鸾、胡政之、殷亦农三人宴请日本上海总领事及驻沪日本新闻记者团。席间学艺社同人表示，"关于此款之运用，当容纳我国人士之意见，并宜于我国文化中心地，设立图书馆、博物馆及较完备之学术研究所等"。

4 月　增设安徽事务所，王兆荣为安徽干事。

5 月 12 日　东京事务所在神田中国青年会召开会议，刘文艺、杨希慈、滕固、吴岐 4 人当选本年度干事，并改事务所为本乡追分町八。会议提议：1. 拟请临时总干事速立募款计划，与组织总事务所同时进行，以固学社基础；2.《学艺杂志》之佳作，宜选印单行小册，以飨读者；3.《学艺》之标题目录，宜用外国原文，以便与外国交换杂志，预贮将来图书馆之材料。

5 月 15 日　依照社章，学艺丛书委员会成立，陈大齐为委员长，陈启修、文元模、傅式说、周昌寿、郑贞文等 25 人为委员。

6 月初 围绕日本退还庚子赔款事,总干事郑贞文赴日,拜访有关之日本朝野人士,讨论具体办法。他主张先于上海、北京两处设立图书馆、博物馆、研究所,上海方面以自然科学研究为主,北京方面以文化科学研究为主,数年后分期筹设图书馆于各省省会,"颇得日人赞成"。

6 月 11 日 修改社章,改社名为中华学艺社,仍以上海为总事务所。

6 月 20 日 东京事务所举行社友会,庆祝中华学艺社改名,60 余人参加。刘文艺报告开会宗旨及改名经过,郑贞文演说学社过去的历史、现在之情形及将来之希望,丁乃刚、马伯援先后演说。随后是有关社务讨论的自由发言,林本、李宗武、方乐周、谭勤余等发表意见。

6 月 24 日 京都事务所举行会议纪念中华学艺社改名,并欢迎总事务所干事郑贞文,会员 33 人出席。

7 月 7 日 长沙事务所开会,社员 10 人参加,会议推举胡庶华为长沙干事。杭州、上海事务所于 8 日召开会议,其中前者增加方文政、杨奎明 2 人为事务所干事;后者由郑贞文报告赴东情形,并由在座社员认定担任《学艺丛书》若干部。德国生物学家杜里舒来华讲学,《学艺》杂志特出杜里舒专号,介绍其学说。

7 月 12 日 南京事务所召开第一次南京社员会,兼新年恳亲会,干事高士光报告一年来社内情形;商议组建江苏事务所,推举陈鉴秋、熊啸南等 7 人为筹备员。

是月 宁波绍兴两地学界假白马湖春晖中学校举行夏期讲演会,函请本社派员讲演,当由本社推举周昌寿、郭沫若、滕固、林本、李宗武前往。

9 月 依新社章发票选举总副干事;是月添设法国事务所,推曾琦为干事。

10 月 上海总商会商品陈列所举行化学工艺品展览会;并附设研究会,函请本社派员襄助,由干事郑贞文,社员沈觐寅,代表本社出席讨论。被推为筹备主任,并由商品陈列所申请多派社员加入研究,因于郑、沈两人之外,加推居励今、高铦、劳乃心、陈伯庄、潘祖馨、严国珍、陈方济等加入该会,由郑贞文担任编辑,高铦、沈觐寅担任审查事宜。

11 月 郑贞文、周昌寿当选总干事、副总干事。根据社章推举出各科干事：庶务科干事何崧龄、林骙、郑尊法，文牍科干事江铁、陈掖神，会计科干事周桂征、费敏士，编辑科干事范寿康、郭沫若，交际科干事陈启修、许崇清、艾华、杨梓林、曹慕管、刘海粟、吴瀚涛、温晋城、潘炳华、林本、李濂钵。

12 月上旬 召开本社七周年纪念会。将苏州事务所撤销，归并于南京，称为江苏事务所。

12 月 30 日 召开第一次总事务所干事会议，"并办交代"，定于次年1 月 1 日各科干事就职，总事务所正式成立，并呈报教育部予以立案。

1924 年

1 月 1 日 郑贞文当选为第一届总干事，周昌寿当选为副总干事，两人同时就职，并提出何崧龄等 26 人为各科干事，总事务所遂正式成立，呈报教育部准予立案。

是月 王兆荣、何崧龄两人提出筹办学艺大学案，经总事务所干事会决议，组织筹办学艺大学委员会，推举王兆荣为委员长、何崧龄、范寿康、周昌寿、郭沫若为委员。

2 月 中华学艺社发表《中华学艺社第二次关于日本对华文化事业之意见》。

3 月 15 日 假杭州省教育会，召开第一次年会。北京、上海、南京、武昌、长沙、苏州、福州及德、美、日本等处，均有代表莅会。杭州各中等以上学校，并延请社员分赴讲演。

6 月 11 日 召开中华学艺社改名纪念会。定是日为改名纪念日，总、分社均开会庆祝。

6 月 29 日 中华学艺社召集总事务所干事会议，讨论对于各国退款兴学问题，决定一方面发起意见表示学社大体之主张，一方面组织委员会，详加研究。

8 月 19 日 中华教育改进社邀集北京的教育学术团体集会，讨论反对庚款筑路，中华学艺社交际干事王兆荣应邀参加。大会议决，发出庚款直接用为全国教育基金之宣言，王兆荣请示总事务所，得到"本社现正组织各国退款兴学研究委员会，应缓发表意见"的回复。

9 月 1 日 中华教育改进社以全国教育学术团体联席会议名义，召集全国教育会联合会退还庚子赔款事宜委员会、北京国立八校、东南大学、广东大学、中国科学社等在该社开会，王兆荣再次应邀参加。总事务所会议结果，"仍持不加入之议"。

9 月初 日本东京大地震，火灾继起。总事务所推林骙、张炽章赴东慰问，张行抵神户因病先期回国，林冒险首入东京，与东京社员设临时事务所，从事救济。

11 月 为哲学家康德诞生 200 年纪念，《学艺》杂志特出康德专号。

11 月底 12 月初 因社员罗益增提议发起召集国民会议一案，提交各地社员会议，得 13 事务所会议议定，皆谓本社系纯粹学术团体，不参加一切政治运动，原案因遭否决。

1925 年

2 月 中华学艺社在总事务所召集干事会通告选举结果，王兆荣、范寿康、何崧龄、陈大齐、文元模、林骙当选为学艺大学董事，总副干事郑贞文、周昌寿为当然董事。

3 月 24 日 召开学艺大学第一次董事会，郑贞文当选为董事长，范寿康当选为书记，王兆荣当选为学艺大学校长，成为当然董事，以吴永权递补董事。通过入学章程，租定静安寺路 320 号为大学校舍。

4 月 8 日 孔威廉博士受政府派遣来中国研究美术文献。来华后，孔威廉到中华学艺社访问，并拜访郑贞文、周昌寿。社员毛毅可、余祥森两人负责招待，于 11 日与上海美术专门学校联合开会欢迎孔威廉博士，举行讲演会。结束后，赴安乐宫参观美术展览会。7 时欢宴博士夫妇于大东酒楼，社员郑贞文、周昌寿、王兆荣、毛毅可、余祥森、刘海粟、滕若渠等参加。

7 月 14—18 日 中华学艺社多次在《申报》上登出学艺大学的招生广告。

8 月　日本社务分为东西两部。自名古屋以东，至北海道属于东部，自名古屋以西，至于九州，届于西部；改称东京事务所，为日本东部事务所，京都事务所，为日本西部事务所，并加推马宗荣、裘千昌为西部干事，马驻名古屋，裘驻九州。

9 月　学艺大学招收政法科文科学生各一班，于 26 日开课，并设立学艺图书馆于大学内。

是月　总社事务所移入学艺大学内。论文集第一种《赫格尔伦理学之探究》出版。

10 月　拟假武昌商科大学召开第二届年会，因战事突起、交通断绝中止。

是月　日本学术协会举行第一次大会，邀请中华学艺社社员参加。经总事务所干事会议议决，发出《致国内各事务所募集学术视察团团员公函》，征募社员组成学术视察团，于参加学术协会外，参观日本的教育和科研机构。周昌寿、江铁、毛毅可、顾复、谭勤余 16 人出席，并请日本农学博士山崎百治以顾问名义同行。10 月 24 日视察团从上海出发，11 月 15 日返回上海。

12 月 6 日　总事务所开会庆祝中华学艺社成立九周年纪念会，社员 30 余人出席，"正午聚餐，二时摄影，以为纪念"。

12 月 31 日　召开总事务所干事会议，公布选举结果，郑贞文当选总干事，王兆荣、周昌寿为候补总干事。周昌寿当选副总干事，范寿康、王兆荣、郑贞文候补副总干事。推举各科干事如下：庶务科干事郭心崧、常云湄、郑尊法，会计科干事费敏士、杨倬孙，文牍科干事张介石、谭勤余，编辑科干事范寿康、郭沫若，交际科干事王兆荣、江铁、姜琦、毛毅可、傅式说、傅锐、崔士杰、胡霖、陈启修、陈方之、许崇清、吴瀚涛。

1926 年

1 月　第二届总事务所总副干事选举结果，郑贞文、周昌寿连任，改推各科干事 11 人。

6 月 13 日　在总事务所召集在沪社员庆祝中华学艺社更名三周年纪

念，社员张介石、姜琦等十余人参加。

7 月 因经费支绌，学艺大学无法维持。初拟迁青岛未成，因即停办。

8 月 中华学艺社总事务所迁移卡德路 83 号。

9 月 总、副干事郑贞文、周昌寿辞职，由次多数王兆荣、范寿康递补。

10 月 16—19 日 组织第二次学术视察团，赴东出席日本第二届学术会议，团员为傅锐、高士光、魏岩寿、翁斯鉴、黄金槐。

10 月底—11 月初 第三届泛太平洋学术会议在东京举行，函请中华学艺社派代表出席，推举社员陈方之、谭希鸿、魏岩寿为代表；陈、谭因故未行，唯魏前往，并提交论文两篇。

11 月 决定第三届年会在广州举行，推举傅锐、王兆荣、江铁、姜琦等 21 人为筹备委员。中山大学及广州省政府俱来电欢迎，并定捐资千元赞助。但因时局动荡、交通阻梗，年会未能召开。

1927 年

9 月 王兆荣、范寿康先后来沪就职。迁总事务所于北四川路麦拿里 35 号。

10 月 由文元模、朱羲农、黄开绳、曾广方、胡步蟾组成第三次学术视察团，出席日本学术协会第三届大会。

1928 年

3 月 第四次学术视察团范寿康、姜琦、路毓祉、冯其平、郑伯奇、周予同东渡，为社会科学社员组织视察团之始。

10 月 第五次学术视察团陈文祥、张资平、龚学遂、沈璿、曹元宇五人东渡，出席日本学术协会第四届大会。同时编辑干事郑贞文，与名誉社员张元济，亦东渡借影古书，摄影寄沪印行，定名为《中华学艺社辑印古书》。

12 月 总事务所召开第十二周年纪念会及各地代表大会。讨论振兴学社计划，议决组织社务改进委员会，举周昌寿、郑贞文、傅式说、王兆

荣、姜琦、范寿康、高士光、朱章宝、周予同为委员；谭勤余、杨俊生、
沈璿为候补委员；并推周昌寿为主席，期于半年之间整理积案，修改社
章，登记社员，举行选举，并筹建总事务所。

1929 年

1 月　设总事务所建筑委员会，推毛毓源、傅式说、杨俊生、高士光、
王克生为委员，寻觅地皮，并设计图案。

3 月初　聘屠孝实为驻社常务秘书。

3 月 13 日　执行委员会七次常会会议议决发行《中华学艺社报》，每
月发行一次，聘请专员出版，由常务秘书辅助办理。

4 月 1 日　中华学艺社社章第三次修正通过，改总干事制为委员制。

5 月　第四届泛太平洋学术会议在爪哇举行，推沈敦辉、王兆澄、魏
岩寿、陶烈代表出席，均有论文提交。后王因事未能成行。

7 月　第六次学术视察团柳金田、周建侯、陈植、徐骥、王济仁、胡
文灿东渡，出席日本学术协会第五届大会。

8 月　推选周昌寿、郑贞文、傅式说、谭勤余、屠孝实、杨俊生、范
寿康、江铁、高士光为执行委员；张资平、周予同、朱章宝、高铦、资耀
华候补执行委员，陈大齐、王兆荣、经亨颐、胡庶华、陈方之为监察委
员；张资平、郭心崧、周予同为候补监察委员。推屠孝实为执行委员会主
席，傅式说为总务部长，范寿康为编辑部长，经亨颐为监察委员会主席。

10 月　推社员胡蔚、毛毅可、聂汤谷、傅式说、钟毓灵出席万国工业
会议。

1930 年

1 月　购定上海法租界爱麦虞限路道契第 2507 号地皮二亩四分余，拟
建设新社所。

3 月 9 日　执行委员会主席屠孝实因赴安徽大学任教授函请辞职，根

据社章互选傅式说为主席，并聘请马宗荣为常务秘书。23 日，第 7 次常会决议对总务部组织加以变动，推选周昌寿为总务部长，江铁为文牍干事，高士光为会计干事，谭勤余为庶务干事，屠孝实、朱章宝、杨俊生三人为交际干事（不久添聘倪文亚），推选陈钟凡、余祥森两人为编辑部干事，指定鲁继曾、马宗荣为《学艺》杂志文科编辑主任，周毓莘和沈璿为《学艺》杂志理科编辑主任。

4 月 第 9 次执行委员会上，通过了由傅式说拟定的《执行委员会办事细则》（22 条），细则明确了各部门及各股东职权，具体包含主席、总务编辑、部长、常务秘书等办公人员的工作时间；常会时提案、决议之流程；重要文件之处理；财务制度和保管方式；编辑部门工作流程等。

是月 遵照国民政府管理学术团体规程，呈报上海市教育局立案，获得批准。执行委员会议决，《学艺》杂志从第十卷起改为文、理科分册发行，间月各出一册。

5 月 第七次学术视察团鲁继曾、陈雪涛、陈钟凡、杨孝慈、陈曰睿东渡，考察政治、经济、司法、教育、社会等情形；执行委员会决议发行"社报"，以便加强总社与分社及社员间之间的联系。

6 月 《中华学艺社报》创刊号出版。

7 月 决定编译《世界名著》，内容分社会科学、自然科学、哲学、文学四项，推定周昌寿、马宗荣、张资平、夏丏尊负责，并与开明书店订立出版条约。推举葛祖兰、周昌寿、江铁、谢六逸等社员编辑《日本语讲座》。

9 月 新社所建筑事宜经招商投标，最终上海竞新公司中标。

因设备费及建筑费不足，由全体执委组织募捐委员会捐募。

10 月 日本第六次学术协会大会定期于东京举行，推举马君武、沈璿、柳士英三人为代表出席。

社所建筑事宜，由竞新公司承揽包造，已签订合同。

12 月 第四次年会于本月三日在京开始举行，与会者百余人，可谓济济一堂。年会议决要案 50 余件，宣读论文 20 余篇，并举行学术演讲。

1931 年

1 月　根据第四次年会决议，筹办南京学艺中学，推史维焕、雷震、陆志鸿、马洪焕、张忠道、李贻燕、陈有丰、徐逸樵、孙德修 9 人为筹备委员。

因中华留法里昂大学之学生日多，故添设法国里昂分社，推沈链之为该分社干事。

2 月　组织筹募基金委员会，胡庶华等 32 人为委员。根据第四次年会议决修改社章案，推傅式说、周昌寿、朱章宝为修改章程委员会委员。由社员陆志鸿拟具计划，组织民众科学普及委员会，聘定社员 13 人至 21 人。

3 月　中华学艺社社章经傅式说等修改完竣，拟出草案，征集社员意见。新社所自本月起开始动工。

4 月　实业部组织工业标准委员会函请中华学艺社选派专门人员加入，特推聂汤谷、陆志鸿两人为代表。

6 月　教育部批准本社立案。

学艺第十一卷第四号出版，本号为"追悼陶烈氏专号"，系纪念已故社员生物学家陶烈。

9 月 28 日　中华学艺社执行委员会召开第 37 次会议，会议主要议题是关于日本侵占东北事件。与会社员对日军的暴行异常愤慨，决议参加上海各抗日救国会，并组织征求救国方案。会议推选马宗荣为代表加入上海市教育界救国联合会、上海抗日救国研究会；推选周宪文和刘家壎为代表出席抗日救国会；推举叶朝钧、王桐为代表，出席上海抗日救国市民大会。

10 月　筹备发行《学艺百号纪念增刊》，以资纪念。推马宗荣、郑贞文主持，遍请社员撰述。

1932 年

1 月　日军侵沪，北四川路支拿里之社所陷入战区，虽社中重要文件

事先安全运至新社所内赖以保存，学艺社各项出版物被毁者不少，致蒙极
大损失。

3月中旬 中华学艺社举行改选，选举董事9人，周昌寿、郑贞文、
马宗荣、傅式说、王兆荣、白鹏飞、胡庶华、谭勤余、史维焕当选，推傅
式说、马宗荣、胡庶华为常务董事，王兆荣、谭勤余为基金监，周昌寿为
书记；推常务董事傅式说为董事会主席，聘请白鹏飞为总务部主任，周昌
寿为编辑部主任。

5月末 新社所全部落成。至此，中华学艺社始有固定之社所。

6月 辑《战士与科学》一书，由社员陆志鸿主编，旨在使国人明了
近代战事与科学关系之密切，进而从事兵器科学之研究也。

根据第四次年会议决"先于南京筹办学艺中学"一案，推史维焕等从
事筹办南京学艺中学。南京分社推社友白鹏飞等共15人组织学艺中学校董
会，更由校董会推出陆志鸿为校长，租定南京崔八巷200号为校舍，且具
文呈请南京市教育局立案。至是，学艺中学乃告成立。

7月31日 中华学艺社在新社所举行落成典礼，到会者除广大社员外
还有蔡元培、梁漱溟、叶恭绰等各界知名人士百余人。

8月 总务部主任白鹏飞因事北返，由罗宗洛代理总务部事务。编辑
部主任周昌寿君辞职，由社友周宪文继任。产生编审委员会，沈璿等15人
为委员，筹谋《学艺》之恢复。

9月 《学艺杂志》复刊号出版，因编辑及销路上之种种关系，仍改
为文理科混合编制。

12月 与世界书局订立《中华学艺社丛书》契约，计划选编丛书一
套，由该局出版。

1933 年

2月 发行《学艺小丛书》，由每期《学艺》所载论文中酌量选排。
鉴于国内高中教科书需要之切，计划编辑高中教科书一套。

3月30日 《学艺百号纪念增刊》出版。该刊于去年即已付印，但不
幸毁于一·二八炮火之下，后经再度征稿，方得最终出版。

4月10—30日　铁道部在学艺社举行全国铁路沿线出产物品展览会。展览的物品种类众多，包括原料品、机械制造品、化学制造品、美术品、矿产品、农产品、林产品、水产品、牧产品、药品、专利品、参考品共计14种。

8月2日　董事会召开第11次会议，董事傅式说、马宗荣、谭勤余等6人出席。主席傅式说报告最近会务进行情况。会议议决，聘请刘百闵为总务部主任，捐款事仍由周宪文、刘百闵负责接洽，聘请宋崇文为总务部会计兼文牍干事、王桐为总务部庶务干事、柯瀛为编辑部文牍干事、苏邦民为编辑部事务员。推定潘公展、刘百闵加入董事会，并请社员公决。

10月19日　中华学艺社常务董事会召开第四次常务理事会。议决现金征求"复兴民族方案"，登报征文，其条件如下：1. 投稿于12月20日截止。2. 不拘文言、白话，以2万字为限。3. 来稿由专家审查，甲等一名酬现金200元，乙等一名100元，丙等两名各50元，丁等四名各25元。4. 录取稿，在《学艺》杂志第13卷发表。各报征文启事登出后，投稿应征者络绎不绝。

11月2—12日　中华学艺社与中国书会在学艺社社所联合举办中国美术展览会，陈列中西美术作品500余件，著名画家王一亭、钱瘦铁、俞剑华等人的画作也在展览之中。展览期间，共接待中外各界人士千余人次，取得了巨大成功。

11月24日　中华学艺社常务董事会召开第六次会议决议。会议通过，聘请瞿荆洲、林希谦等为《民族复兴丛书》编辑委员会委员。委员会随后于中华学艺社总社所召开成立大会，会议除讨论日后进行方针外，并通过委员会章程，互推唐庆增、周宪文、陈高佣、陈柱、郑师许为常务委员，组成常务委员会。

12月24日　民族复兴丛书编辑委员会常务委员，于中华学艺社会议室召开第一次常务会议，出席者唐庆增、陈高佣、郑师许、陈柱、周宪文。议决案件颇多，主要有：（1）《民族复兴丛书》分期出版，第一期先出6册，自本年7月起月出一册；（2）提请董事会，聘请周昌寿、郑贞文、陈垣、马相伯、梁漱溟、唐蔚之、胡适、陈石遗、傅斯年、陈寅恪、竺可桢、翁文灏、马寅初、徐新六、周鲠生、谢冠生、朱希祖、柳诒徵、孙本文、陶孟和、陈立夫、章太炎、李石岑、舒新城、高一涵、胡朴安、陈公侠、杨杰、陆费逵、王云五、蔡元培、李石曾等为民族复兴丛书审查委员。

年底 刘百闵总结和整理了之前年会和董事会的决议,在此基础上提出了六点发展计划:(1)筹办人事咨询所;(2)筹办航空展览会;(3)筹办科学玩具展览会;(4)筹办理化实验所;(5)筹办外国语补习学校;(6)加强社与社员之间的联系。

1934 年

1 月 围绕人事咨询所之事宜,邀请出版界人士到总社交换意见,朱少卿、章锡琛、沈骏声、舒新城、樊仲云、孟寿椿、陈资生等 7 人出席。

2 月 邀请职业界人士来社交换意见,出席者有王延松、梁晨岚、秦润卿、徐玉书、吴蕴初等 15 人。董事会经征求意见、反复讨论,通过了《人事咨询所组织条例》。

4 月 中华学艺社在北平召开第五届年会。此次年会上,中华学艺社的发展方向有所改变,"决由一地发展之原则,变为多数标点式的发展之原则",于总社外"更设三标点于人才荟萃的首都之南京分社,文化中心之北平分社,新进社友云集且与现阶段上主要研究对象有密切关系之留日分社,以期据此四标点以巩固本社之基础势力",将来之工作目标定为工作之多层化、工作之多方面化、工作之切实化、工作之合理化。

6 月 3—10 日 艺风社在中华学艺社大礼厅及讲演厅举办美术展览会,展出作品就所在地点而论,有南京,北平,武昌,苏州,上海,杭州,厦门,广州,及其他大城市以至于小乡镇,年长年轻的女作家,多有参加。就出品种类而论,大体应有尽有,十分丰富。

7 月 9 日 因经费困难,人事咨询所先行开办出版咨询组,办理为著作者介绍稿件、为出版者征集稿件等事务,通知各地出版界并登报公布。该组拟定的《中华学艺社人事咨询所出版咨询组简章》规定,为使著作者与出版者及读者与出版者相联络,出版咨询组主要办理下列事务:(1)著作者之稿件登记;(2)著作者之稿件审查;(3)为著作者介绍稿件;(4)

出版者之征稿登记；（5）为出版者征集稿件；（6）调查并刊印新刊书籍杂志报章之目录；（7）为读者介绍新刊书籍并代为调查所需之图书。

7 月 24 日 人事咨询所外稿审查委员会召开成立会议，张梦麟、梁园东、潘公展、谭勤余、舒新城等 10 余人参加。会议通过《外稿审查委员会简则》，推举张梦麟、谭勤余、陈高佣 3 人为常务委员。

10 月 20 日 总务部将新社章、选举票、各地社员一览表及董事会公函送达诸社员之手。

12 月 16 日 公布选举结果，傅式说、马宗荣、潘公展、何炳松、白鹏飞、周昌寿、郑贞文、陈立夫、刘百闵、谭勤余、周宪文等 11 人为理事，欧元怀、张梦麟、朱升芹、罗宗洛、史维焕、陈志鸿、陈大齐等 7 人为候补理事。

是月 上海市教育局为了提高市民知识，决定举行巡回学术演讲，会场分为东西南北中五区会场，学艺社为西区会场。

1935 年

1 月 12—13 日 理事会成立，并召开第一次理事会议。会议选举何炳松为理事长，刘百闵为理事会秘书。理事会成立后，遵照新社章取消总务、编辑两部，合组总办事处。聘请朱章宝担任总干事。

1 月 27 日 理事会召开第一次临时会议。以朱章宝一再坚辞，议决聘请刘百闵担任总办事处总干事。3 月 1 日总办事处开始办公。

3 月 10 日 第三次理事会议召开。会议议决聘定总办事处职员，总干事兼任会计干事，张味真为文牍干事，魏肇基为编辑兼出版咨询组干事，李南苈为庶务干事。

2 月 26 日 假南京大高同学会举行第一次董事会议，推选陈其采为董事长，潘公展为董事会书记，陈大齐为基金监。议决募集经费，用于《学艺》杂志、《民族复兴丛书》、学艺中学及筹备国乐研究所等。

4 月 理事会送请管理中英庚款董事会，请求拨给庚款。但到 4 月初得到的答复是：今年该会所得息金维持以前核准补助之数，尚缺数十万元，对新请求之文化事业团体无法予以拨助。中华学艺社的经费颇为紧张，各项事业的开展颇显捉襟见肘。

夏 上海市教育局借用中华学艺社大礼堂举办暑期学校。学校自7月8日开课，28日结束，共授课3星期。时上海天气炎热，每天到校学生达五六百人。

9月18日 学艺社接到日本驻上海总领事馆寄来的信函，信函提到"拟在上海开东洋工业会议，并拟假贵社为演讲会所"。

10月 全国木刻展览会、决澜社、中华独立美术协会等美术社团先后借助学艺社社所作为展览会场所。全国木刻展览会展出千余件精选制作的展品；决澜社和中华独立美术协会分别展出百余件展品，展品琳琅满目。

10月26日 学艺社在学艺社礼堂设宴为日本工政会访华代表团洗尘，上海市长吴铁城及外交部、实业部均派代表出席欢迎，宴后由学艺社理事长何炳松担任主席，主持演讲会，日本文学博士圆谷弘和交通大学校长黎照寰分别作了演讲。

12月3日 中华学艺社召开第十次理事会，何炳松、谭勤余、周宪文、傅式说等出席。与会者就殷汝耕等四人之叛国问题予以讨论，一致认为四人"叛国有据"，根据社章第十四条开除社籍。

1936 年

5月下旬、6月初 教育部高等教育司司长顾荫亭及著名书法家潘玉良，借用中华学艺社社所举行个人作品展览会，展出作品数百件。

12月3日 中华学艺社举行20周年纪念会。到会者有上海市市长吴铁城、各机关团体代表及在沪的中华学艺社社员百余人。理事长何炳松致辞并宣读各董事及各地贺电，吴铁城致祝辞，社员林大中追述学艺社发展历史。典礼结束后，全体赴大讲堂参加歌咏会，观看影片《今日之苏联》。《申报》《新闻报》《时事新报》等报刊亦于当日发行特刊。

12月14日 理事会召开第19次会议，讨论改选事宜。议决遵照社章第28条之规定，由理事会就原有理事中于本月内通信互选5人为下届理事，何炳松、傅式说、陈立夫、潘公展、周宪文当选。其余6人依照社章第27条于1937年2月底前推选，周昌寿、谭勤余、刘百闵、白鹏飞、王兆荣、瞿荆洲当选理事，罗宗洛、雷震、马宗荣、陆志鸿、郑贞文、陈高佣、欧元怀 7 人当选候补理事。

12 月底 中华学艺社社员已达 1600 余人。除在上海的总社外，共有 13 个分社，遍布海内外，其中日本有东京和京都两个，国内有南京、北平、武汉、江西、福建、广东、广西、湖南、山西、四川、云南、贵州 11 个。在书刊方面，出版了 150 期以上的杂志和百种以上的专著。

1937 年

3 月 28 日 中华学艺社第二届理事会正式成立，理事有何炳松、傅式说、陈立夫、潘公展、周宪文、周昌寿、谭勤余、刘百闵、白鹏飞、王兆荣、瞿荆洲；罗宗洛、雷震、马宗荣、陆志鸿、郑贞文、陈高佣、欧元怀为候补理事。下午 5 时，第二届理事会第一次会议召开，会议选举何炳松为理事会，决定第八届年会在福州召开，时间定在 7 月 20 日之后。会议还讨论了今后之社务方针。

5 月 2 日 第二届理事会第二次会议召开，会议改推、通过理事瞿荆洲为理事会书记兼总办事处总干事。

7 月 抗日战争全面爆发，打断了中国科学发展的进程，众多的中国高校、科研机构，以及科学社团都遭受到了一场前所未有的浩劫，中华学艺社也不例外。总社及遍布全国各地的分社大受影响，无法正常开展活动。

8 月 淞沪会战爆发后，《学艺》第 16 卷第 4 期无法刊出，被迫停刊。原本准备在 8 月由何炳松、潘公展、刘百闵、周宪文、傅式说、王兆荣、叶溯中组成的赴日考察团，以及寒假在福州举行的第八届年会等，均宣告破产。

10 月 经理事会议决，总社社所除保留自用数个房间外，其余自 1937 年 11 月起全部租给上海交通大学，每月租金 650 元，自第二年每月改为 1200 元。

1938 年

3 月 中华学艺社理事长何炳松在汉口召集第二届第七次理事会，决议将总社迁往重庆，改上海为驻沪办事处，由谭勤余等理事负责管理。

是年 何炳松返回上海主持社务，将总社重要文件及图章寄往重庆大学的社员胡春藻和候补理事马宗荣，以便于在重庆筹备总社。但因战乱，邮件不慎丢失。且胡当时已经离开重庆大学，马宗荣业已病故。社员由沪撤退后，因交通堵塞，久难聚会。重庆政府要求内迁社团在陪都重新登记，中华学艺社既缺少必要的文件和印信等物，又无专人经办，超过政府公布之重新登记期限，未能及时登记。

1939 年

夏 理事何炳松提议，聘请沈三明主持国乐研究所，研究昆曲歌谱。

1940 年

王兆荣、周昌寿、周宪文等理事因公先后来沪，与理事长何炳松会商数次，议决上海办事处由理事长何炳松与周昌寿、谭勤余两理事共同负责。因战事未停、经费竭蹶，上海办事处"仅办理社员通讯及管理杂物而已"。

1941 年

中华学艺社在上海环龙路西菜社召开第九次理事会，决定趁谭勤余赴渝之际，带去第二批印鉴，促成总社迁渝事宜。不久王兆荣、谭勤余等先后抵沪，即将此项决议转达在渝社员。谭勤余赴渝后，总务职责改聘社友徐莲僧继任。

12 月 太平洋战争爆发，理事长何炳松随同暨南大学迁避建阳，上海办事处改由周昌寿理事独自负责，加聘杜佐周为总务干事，因杜不久离沪改由符彪接任。战乱期间，上海办事处迭遭日军搜索，幸赖周昌寿带领在沪员工，苦心支撑，社所及图书得以基本保全。

1943 年

10 月 23 日　理事王兆荣、谭勤余、刘百闵，候补理事龚学遂、雷震，社员周建侯、胡春藻、王惠中、张梦麟、吴羹梅发起成立"中华学艺社社务促进会"，假百龄餐厅召开成立会议，王兆荣、雷震、刘百闵、胡春藻、何公敢、龚学遂、王惠中、张梦麟、周建侯、吴羹梅、谭勤余等 11 人出席。会议议决，推举谭勤余、刘百闵、雷震 3 人为常务委员，向中国工矿银行借款，以筹建社所。

12 月 3 日　雷震、杨云竹、刘百闵、郑伯粹、何公敢、张梦麟、范寿康、李毓田等委员假国民参政会召开第二次促进会，推举李毓田为总干事，负责办理备案及社员调查诸事宜。

1944 年

1 月　中华学艺社召开第十次理事会议，陈立夫、张梦麟、郑贞文、刘百闵、潘公展等社员出席。会议提出，由上海银行存款中提出 21416 元，今后每人每年征收社费 100 元。

4 月 15 日　重庆分社即总事务所成立，通讯处暂设重庆林森路中国工矿银行。分社干事周建侯、杨云竹、吕大吕、苏孟守、翟温桥，社址位于重庆林森路中国工矿银行，并重新呈请社会部批准备案。

7 月 31 日　第十一次理事会会议暨总分社理干事联席会议在林森路中国工矿银行召开，陈其采、雷震、郑贞文、谭勤余、潘公展、何公敢、李毓田、王兆荣、罗宗洛、刘百闵、费鸿年等出席。刘百闵提议，推举代表向市政府请求划借公地，作为重庆分社永久社址案。经议决，推举陈其采、潘公展、雷震、刘百闵、翟温桥 5 人为代表，向市政府交涉。谭勤余提议，推举陈蔼士暂时代理理事长，经讨论予以通过；提议恢复《中华学艺社报》，经讨论由刘百闵负责办理。会议推举潘公展、谭勤余、刘百闵、雷震为常务理事，推举总干事李毓田依照社会部指示，拟订分社社章等。

12月3日下午3时 中华学艺社第二十九周年纪念大会在林森路中国工矿银行召开。苏孟守、胡庶华、田时雨、杨云竹、马洪焕、钱歌川、张梦麟、吴瀚涛、冯仁同、范寿康、程璘、刘百闵、李毓田、吴伯明等出席。胡庶华主席致辞，提出中华学艺社日后之工作。杨云竹、吴瀚涛、刘百闵先后致辞。最后决议，（一）成立东北、台湾两复员协进会；（二）调查技术人员；（三）征求新社员，由重庆分社办理；（四）请陈蔼士接洽社址问题。

1945 年

10月 日本投降后，上海办事处屡次得到总干事李毓田、理事王兆荣和谭勤余来函，嘱即接收社所，并筹备复员事宜。理事刘百闵到沪后积极行动，一面向教育部特派员蒋复璁陈述社产主权，一面又向接收上海交通大学之教务长李熙谋交涉。

10月4日 在中华学艺社社所举行胜利后第一次社员茶会，周昌寿、徐骥、袁文彰、杨子南等社员20余人参加。周昌寿报告了抗战期间驻沪办事处的情况，刘百闵报告了总社迁渝后的情况。会议还商讨了此后推进社务之基本方针，建议组织社务推进委员会，便于复员工作的顺利进行。

10月11日 社务推进委员会发起会在上海福州路杏花楼举行，会议宣布社务推进委员会正式成立，分总务、财务、出服、其他文化事业等四组，具体人员组成是（1）总务组：刘百闵、周昌寿、符彪、袁文彰、徐骥，召集人周昌寿；（2）财务组：杨俊生、瞿荆洲、杨梓林、徐钧溪、戴济民，召集人杨俊生；（3）出服组：周予同、江铁，召集人周予同；（4）其他文化事业组：戈绍龙、沈璿，召集人戈绍龙。

12月9日 贵阳分社成立，分社干事为高士光、张廷休等11人，通讯处贵州文庙六号贵州省卫生用品经理委员会谭勤余转。

年底 上海交通大学未与中华学艺社商议，擅自将社所转让国立临时大学使用。中华学艺社就此提出强烈抗议。

1946 年

1 月　上海交通大学大教务长李熙谋，国立临时大学校长李寿雍在国际饭店宴请中华学艺社全体职员，并请教育部费司长、市教育局局长顾毓琇作陪，对事前未征求中华学艺社之同意深表歉意，并声明国立临时大学于本年 7 月结束，届时将与上海交通大学分担社所修理费，以代租金。

3 月 6 日　台湾分社成立，分社干事为范寿康、罗宗洛、姜琦等 9 人，通讯处台北市省立法商学院周宪文转。

3 月　办妥登记手续，文化服务社同意代为担任总经售，一切发行及经费仍完全由中华学艺社自行负责。

4 月 13 日　何炳松理事长抵达上海。当晚，教育部京沪区特派员蒋复璁在上海办事处宴请何炳松、杜佐周等人，席间谈及中华学艺社的恢复问题。

4 月 14 日　召开中华学艺社上海社务推进委员会第一次各组联席会议，适何炳松理事长先一日抵沪，赶到主持。经讨论，决定与重庆总社联系筹备年会；改选理事、监事，请各董事、理事筹划常年经费；呈请教育部补助中华学艺社事业费等，交何炳松带往重庆，报告总社。后因理事长何炳松留沪，改由杜佐周带到重庆转达。

5 月　周昌寿理事由台返沪，王兆荣理事由成都来沪。适理事长何炳松承担暨南大学、上海商学院的复校和教育部上海甄审区等工作，旧疾复发，卧床不起，在病榻前集会多次，使得社务得以维持。

6 月 23 日　中华学艺社召开第十二次理干联会，王兆荣、刘百闵、周昌寿、白鹏飞、袁文彰、张梦麟、徐骥、戴济民、何炳松等出席。会上报告事项：（1）中华学艺社经费之前向中央信托局所借之款，业已偿还；（2）《学艺》杂志拟即予恢复，托中国文化服务社代印；（3）关于年会究宜在台湾抑或南京俟将来决定；（4）中华学艺社社所破坏甚巨，函请交大、临大，请其恢复原状，向该两校当局要求修理费；（5）中华学艺社房屋出租或出售问题；（6）请袁文彰担任总务，干事徐骥担任文书，干事翟温桥担任交际干事。周昌寿提议：（1）总社由渝迁返上海后，驻沪办事处即行撤消；（2）中华学艺社房屋在出租或创办学校外，必须留一部分作为办公之用。刘百闵提议向国外友好单位、教育部请求，赠送各种科学仪器。王兆荣提议，出版中华学艺社 31 年度至 34 年度社报，由总干事李毓田负责。

7 月 1 日　中华学艺社复员回到上海，进入战后的恢复时期。

7 月 6 日　中华学艺社召开理干事会议，议决本年度之工作计划：（一）设立数理专科学校兼办补习学校；（二）设立行政法学、中国经济、国语、化学、民族卫生、天文等各研究室。

7 月 25 日　理事长何炳松逝世。

8 月 11 日　第十五次理事会议决，由周昌寿任代理理事长。

8 月 15 日　中华学艺社召开理事会，议决：（一）搜集日本出版有关研究我国之文献资料；（二）调查并介绍战后日本之各种设施状况；（三）搜集抗战以来所有日本出版图书杂志；（四）派遣专家赴日本、朝鲜等地，视察当地设施。理干事会议决议复刊《学艺》，由张梦麟、于景让等编辑委员积极筹备，向内政部重新登记，征求文、理各类稿件。推举于景让、戈绍龙等 56 人为编审委员，推举于景让、戈绍龙等 16 人组成编辑委员会，罗宗洛、刘百闵、张梦麟、戈绍龙、于景让 5 人主持编辑事务。

10 月 1 日　《中华学艺社报》正式恢复出版第 13 卷第 1 期。排版形式为保存过去历史，一仍其旧。报头"中华学艺社报"锌版系在重庆时，由谭勤余捐资仿制。

10 月 7 日　南京分社社员白鹏飞、雷震、李毓田三人具名在中山北路大陆西餐厅举行筹备复员座谈会，李捷才、史尚宽、李毓田等 12 人参加。推举杨云竹、李捷才、钱歌川、陈海澄、史尚宽为干事，郑廷卓为候补干事，以杨云竹为召集人，李捷才担任总务，钱歌川担任文书，陈海澄担任交际。

10 月 26 日　贵阳分社恢复座谈会举行，30 余人出席，推选何辑五、高士光、胡雪松、张廷休、徐绍彝为干事，何辑五为主任干事，郎德沛为秘书。社所设于贵阳市会文巷贵阳中学内。

11 月 3 日　北平分社举行恢复座谈会，40 余人出席。会议推举张伯谨、何基鸿、左宗纶、陈雪涛、陈寿祺 5 人为分社干事，陈雪涛为总务干事。社所决定借用大高同学会会所，大高同学会所修缮未竣工之前，暂以北平市西单中国文化服务社陈寿祺经理处为通讯处。

12 月 8 日 假碑亭巷举行茶话会，欢迎各地来京社员，并庆祝中华学艺社成立二十九周年，到会社员 39 人。杨云竹报告此次开会之意义。继由王兆荣代表总社致辞，复由陈雪涛、何海秋相继报告北平分社情形。会议还讨论了南京分社社所问题。

1947 年

1 月 《学艺》杂志第 17 卷复刊号最终出版。复刊后的《学艺》杂志人文、社会科学与自然科学分别出版，单号是人文、社会科学，双号是自然科学，年出 12 册。凡在《学艺》发表文章，一律给予稿酬，每满 1 页国币 2 万元。

4 月 正式公布第三届理、监事选举结果，周昌寿、雷震、白鹏飞、罗宗洛、王兆荣、刘百闵、陈立夫、张梦麟、谭勤余、李毓田、胡政之、杨云竹、陆志鸿、潘公展、朱家骅、戴时熙、戈绍龙 17 人当选理事，范寿康、欧元怀、杨俊生、郑贞文、史尚宽、王云五、何公敢、钱歌川 8 人为候补理事；龚学遂、何基鸿、陈其采、陈大齐、周宪文 5 人当选监事，候补监事陈果夫、王宠惠。推举周昌寿、罗宗洛、刘百闵、戴时熙、雷震为常务理事，周昌寿为理事长。

4 月 20 日 第三届理监事第一次联席会议在总会议室举行，龚学遂、雷震、欧元怀等 10 余人出席。代理事长周昌寿报告学社概况，李毓田作会计报告、资产与负债报告。会议推举周昌寿为理事长，常务理事周昌寿、雷震、罗宗洛、刘百闵、戴时熙，常务监事陈其采。

4 月 22 日 理监事第一次联席会议召开，总干事李毓田提出 1947 年度工作计划。

5 月 17 日 经常务理事会讨论，议决实施以下计划：1. 继续刊行《中华学艺社报》；2. 继续刊行《学艺》杂志；3. 筹刊书报月刊；4. 刊行《日本研究丛书》；5. 发行《学艺丛书》；6. 编印新社员录；7. 定期举行学术讲演或座谈会；8. 筹备三十六年度年会；9. 装修三楼及四楼大礼堂及其他设备;10. 加强社员与社之联系;11. 征求新社员;12. 筹备增设东北、福州、汉口、南昌、长沙各地分社。除总干事外,另设编辑干事 1 人,主任办事员 1 人,文书员 1 人。

6 月 8 日　常务理事会议决,授权理事长选聘编辑干事 1 人,复经 6 月 26 日编审委员会议决,聘请郑允恭为编辑干事,还决定《学艺》实行轮流主编制。

6 月 13 日　社会部京组四字第 33449 号指令"呈件均悉,准予立案,并发给社字第二四六号立案证书一纸"。

7 月　中国科学期刊协会成立,《学艺》当选为监事,会员有《科学》《中华医学杂志》《水产世界》《科学大众》《科学时代》《化学世界》等。《中国科学期刊协会成立宣言》明确表示:"我们这些刊物,在过去都是各行其是,努力的方向各殊,互相间的联系确实不够坚强。为了科学研究的振兴,为了中国建设的促进,为了保持并发扬中国科学在世界科学界的地位,我们都应该坚守岗位,同时也应该紧密地团结起来。一方面求科学期刊工作更进一步的推进,一方面以共同一致的力量谋求当前困难的解除。"自此,中国科学期刊有了联系和推进的机构。

1948 年

是年初　周宪文发表《关于学艺杂志的一点意见》。文章提到,"我也得坦白的承认,今天的学艺杂志,并不怎样受人欢迎;我敢相信,没有几位社友会对今天的学艺杂志感到兴趣的。在这点意义上,可以说本社维持《学艺》杂志是没有多大的意义的;特别是主持编辑的几位先生,他们的苦心,并无得到相当的'反响'"。

2 月 25 日　上海报纸载有"政治性活动消息"一则,将中华学艺社列入,引起上海各社友纷纷来电。中华学艺社在上海《大公报》刊载"紧要启事",声明"本社为一纯学术团体,成立三十余年来,从未参加任何政治活动",后又在《中华学艺社报》上登载"启事",避免以讹传讹。

4 月 30 日　接主管机关指示,称"社报"二字不合适,因此从 1948 年 6 月 1 日(即第 15 卷第 2 期)起,将《中华学艺社报》更名为《学艺通讯》。

6 月 理事白鹏飞病逝，由候补理事范寿康递选为理事。

11 月 6 日 中华学艺社假本社二楼会议厅召开第四次理监联席会议。理事刘百闵等提出筹办"学艺学院"案，经理监事讨论后一致通过，即以出席 9 人复又加推罗宗洛、王兆荣、蔡宾牟、周予同等 4 人为筹备委员，筹组"学艺学院筹备委员会"，公推周昌寿为召集人。拟于 1949 年 1 月招生开课。

12 月 3 日 中华学艺社第三十二周年纪念日，35 人参加。理事长周昌寿宣布开会，继由总干事李毓田报告一年来社务，最后讨论要案：（1）修改社章；（2）恢复学艺大学；（3）紧急措施问题交由理事会全权处理，均经表决一致通过。李毓田辞去总干事之职，旋由费鸿年接任。

是月 召开第五次理监事会议，决议调整社费，常年社费 5 圆、新社员入社费 5 圆、永久社员社费 50 圆、团体社员社费 100 圆。规定社员于缴费时一律按照当月份所在地区之公务员待遇倍数实收，所有旧欠社费亦同样办理。

1949 年

5 月 14 日 科代会第一次筹备会议在北京饭店举行。会议决定由中国科学社、中华自然科学社、中华科学工作者协会、东北自然科学研究会等 4 个科学社团，邀请各界人士及各地区的有关机关和社团代表，共同组成科代会的筹备委员会。筹备委员会成立之前，先组成筹备委员会的促进会，严济慈为召集人，涂长望为总干事。

6 月 19 日 科代会筹备委员会促进会第一次会议在北平召开。

6 月 27 日 经第十次理监事及创办人扩大会议决议，中华学艺社组织成立临时社务委员会，委员有周昌寿、罗宗洛、王兆荣、范寿康、戴济民、谭勤余、张梦麟、李毓田、戈绍龙、龚学遂、周宪文、何基鸿、杨俊生、周予同、李季谷。

7 月 1 日 召开第一次社务会议，推举周昌寿、罗宗洛、龚学遂、周予同、张梦麟为常务委员，李毓田为总干事。

7月3日 召开第一次常委会议,推举周昌寿为主任常务委员兼《学艺》杂志发行人。

7月16日 中国科学期刊协会召开第一次理监会议,中华学艺社推派张梦麟、郑允恭出席,《科学》杂志总编辑张孟闻主持。会上作出如下决议:一是发表宣言,在各会员杂志八月号上刊登,以后各会员杂志每期登载其他会员杂志的出版及地址;二是会员以科学性定期刊物为限,报纸和副刊不得为会员;三是应与政府人士取得联络,以推进会务;四是设法向中央信托局申请配纸;五是借科学社开年会之机,举行期刊展览。

10月1日 中华人民共和国成立,中华学艺社也进入了新的发展时期。

10月14日下午7时 中华学艺社召开社友座谈会,马公愚、蔡宾牟、许君远、张梦麟等出席。总干事李毓田报告,主要内容包括:1. 上海交通大学强占中华学艺社社所之事件经过;2. 成立临时社务委员会,向高教处备案;3. 主任委员周昌寿辞职,由龚学遂代理;4. 商务印书馆拖欠三个月房租迁出,后租与南山职业学校,至本年11月底期满;5. 中华学艺社参加上海科技联合会及上海科学期刊协会;6. 成立"学艺"座谈,楼下辟"阅览室",储有大批外文书籍。会上,围绕清查社员、组织革新委员会和《学艺》改良等问题展开讨论。

1950 年

7月3日 上海市科学团体联合大会在中华学艺社大礼堂举行,100余人参加。会上邀请中国保卫世界和平大会委员会上海分会姜春芳讲《世界和平的意义》,并出售和平纪念章,进行签名运动。

8月12日 中华学艺社第八次社务会议召开,程时煃、张梦麟、高公度、费鸿年等出席。会议议决,代理总干事费鸿年出席8月18日北京召开之全国科学工作者代表会议,顺便联络在京各社友,并征询在京各社友对社今后意见。

8月18—24日 中华全国自然科学工作者代表会议在北京清华大学礼堂召开,中华学艺社费鸿年、洪式闾等社员参加。会议决定成立"中华全国自然科学专门学会联合会"和"中华全国科学技术普及协会"。这两个组织的成立，标志着新中国有了两个全国性的科学组织。

8月30日　中华学艺社第九次社务会议召开，程时煃、陈岳生、盛沛东、华汝成、张梦麟、李季谷、费鸿年、宋大仁、唐惟淑、张有桐出席。代理总干事费鸿年报告了赴京出席科代会议情形，及召开在京社友座谈会的结果。会议议决，科联、科普成立后，中华学艺社之方针：1. 社务委员会，仍以维持本社为原则；2. 确保收支平衡；3. 开辟书报阅览室公开供人民阅览；4.《学艺》杂志继续维持出版；5. 与分科学会联络举办演讲或座谈会。总干事李毓田辞职，由费鸿年接任。会议呼吁，各地分社积极开展联络工作。

12月4日　中华学艺社举行成立34周年周年纪念日，社员49人出席。主席罗宗洛致开会词，称："检讨过去有三种缺点：一、与政治缺乏联系，二、不普及，三、少进步。以后当在这三种缺点上加以改进"。朱章宝认为："本社犹一细胞，政府犹一大脑，细胞本身固然要努力工作，更须与大脑配合相辅而行"，强调了社团与政府之密切关系。

1951 年

1月10日　中华学艺社临时社务委员会第一次会议召开，罗宗洛、张梦麟、张有桐、盛沛东等出席。会议讨论通过了社务委员会章程、本年度工作计划。推举罗宗洛、程时煃为正副主任委员。推举费鸿年为总干事。设常务委员9人，除正副主任委员、总干事为当然委员外，另推李季谷、张梦麟、陈岳生、张有桐、华汝成、盛沛东6人为常务委员，范扬、屠模、高公度、朱洗、许君远、宋大仁、欧元怀、杜佐周为委员；周伯棣、陈则遒、唐惟淑、高铦、杨俊生、杨鹏、郑允恭、魏肇基为候补委员。设财务、出版、联络、服务4个委员会，推举华汝成、高公度筹组财务委员会，张梦麟、许君远筹组出版委员会，李季谷、张有桐筹组联络委员会，陈岳生、宋大仁筹组服务委员会。

7月　《学艺》自本月起开始刊登水产类文章，后来基本成为纯粹的水产类期刊。

本年度　中华学艺社举行讲演五次，配合了新中国的经济和文化教育事业。

1952 年

7 月　中华学艺社通过新社章，表示"遵守共同纲领文化教育政策，在当地文教主管机关领导下，以联合文化界同志，研究学术，交流经验，为人民服务为宗旨"。根据新社章，中华学艺社产生了新的理事会，薛德焴当选为理事长，欧元怀、李季谷为副理事长。三人均为华东师范大学教授，因工作繁忙，无暇社务。

1954 年

12 月　上海市委宣传部就中华学艺社问题，致函上海市文委和市文化局，提出"关于你们提出的中华学艺社的问题，经我们与有关方面研究后，认为该社已无存在的必要，可予撤销。但为了上层统战关系及照顾社会影响，故撤销工作应慎重进行"。

1956 年

11 月 25 日　中华学艺社再次召开理事会，讨论前途问题，大多数理事赞成结束，但也有不少理事不同意。

1958 年

1 月　上海市出版局致函市委宣传部，"中华学艺社虽系历史较久的学术团体，但解放后该社工作早已停顿，主要理事等于挂名，社务被少数分子把持，所谓《学艺》杂志，学术价值不大，且又乱拉广告，各处反映很多，就目前情况看，该社存在已无作用"，建议宣传部或教育卫生工作部召集有关方面开会研究处理方案。

4月29日　上海市出版局局长罗竹风就中华学艺社问题专门致函金仲华副市长。

5月　上海市人委做出批示，同意市出版局关于处理中华学艺社的意见，要求以出版局为主，与市民政局、文化局、房调会等有关单位研究办理。

7月7日　上海市出版局召开中华学艺社、民政局的联席会议，交换有关学艺社问题的意见。薛德焴等认为，综合性社团已无存在之必要，且学艺社并无基金，一切经费只靠房租收入维持，经常入不敷出，因此要求结束。

7月30日　中华学艺社向民政局提出结束之申请。

8月4日　民政局通过电话通知中华学艺社，同意接受申请。

8月5、6日　中华学艺社在《解放日报》登报声明解散。至此，存在42年的中华学艺社正式退出了历史舞台。

参考文献

（一）民国报刊

《学艺》

《中华学艺社报》（后改名为《学艺通讯》）

《孤军》

《艺风》

《洪水》

《官报》

《浙江潮》

《游学译编》

《教育杂志》

《教育周报》（杭州）

《北京大学日刊》

《科学》

《申报》

《民国日报》

《解放日报》

（二）档案

1. 《丙辰学社社员录》（1922 年 10 月调查），丙辰学社ヨリ文化事业费使途ニ関シ申出ノ件（自大正十二年四月），《协会关系杂件》第一卷，日本外务省外交史料馆藏。

2. 《呈为本社总社迁返上海绍兴路原址办公恳请鉴核备案由》，卷宗号 Q235－2－1695，上海档案馆藏。

3. 《大专学校教职员履历表》，陈启修个人干部档案（副本），西南财经大学档案馆藏。

4. 《第三回学術大学参列支那人》，《満支人本邦視察旅行関係雑件/補助実施関係》第一卷，卷号 B05015740300，日本外交史料馆藏。

5. 《合同副本》，卷宗号 Q459 - 1 - 157，上海市档案馆藏。

6. 《片山博士著化学本論翻訳出版事業助成中華学芸社昭和五年七月》，《研究助成関係雑件/出版助成関係雑件》第一卷，卷号 B05015890500，日本外交史料馆藏。

7. 《上海市教育局关于中华学艺社立案换证书及迁移地址卷宗号》，卷宗号 Q235 - 2 - 1695，上海档案馆藏。

8. 《上海市民政局关于结束中华学艺社等社团的请示及有关批复》，卷宗号 B168 - 1 - 823，上海档案馆藏。

9. 《市出版局关于处理中华学艺社的意见》，卷宗号 B168 - 1 - 823 - 29，上海档案馆藏。

10. 《市委宣传部关于对中华学艺社撤销的意见》，卷宗号 B128 - 2 - 1283 - 14，上海档案馆藏。

11. 《外務省報第九十四号（大正十四年十一月一日）/雑報》，《外務省報》（第十卷），卷号 B13091493800，日本外交史料馆藏。

12. 《学芸大学ニ図書寄贈ノ件自大正十四年十一月》，《寄贈品関係雑件》第三卷，卷号 B05016026400，日本外交史料馆藏。

13. 《在南京学芸中学ヘ助成費支出方稟請ノ件昭和九年二月》，《助成費補助申請関係雑件》第二卷，卷号 B05015860900，日本外交史料馆藏。

14. 《昭和六年度分（82）中華学芸社社員》，《満支人本邦視察旅行関係雑件/補助申請関係》第一卷，卷号 B05015705700，日本外务省外交史料馆藏。

15. 《昭和十年中》，《満支人日本語研究状況調査関係雑件》第一卷，卷号 B05016121000，日本外交史料馆藏。

16. 《支那関係事務概要》，《在本邦各国留学生関係雑件・支那留学生部》第一卷，日本外务省档案。卷号 B - 3 - 10 - 5 - 17_ 2_ 001，日本外交史料馆藏。

17. 《中华学艺社概况》（1936年7月），卷宗号 Y4‑1‑589，上海档案馆藏。

18. 《中华学艺社结束专卷》（一）1952年7月，卷宗号 B167‑1‑289，上海档案馆藏。

19. 《中华学艺社社员录》，卷宗号 Q235‑2‑1695，上海档案馆藏。

20. 《中华学艺社要求结束该社》，卷宗号 B168‑1‑823‑25，上海档案馆藏。

21. 《中華学芸社ヨリ本邦図書寄贈斡旋方ニ関スル件》（昭和九年一月），《寄贈品関係雑件》第十卷，卷号 B05015986600，日本外交史料馆藏。

22. 《中華学芸社第五周年会》（自昭和九年四月），《参考資料関係雑件/学校及学生関係》第五卷，卷号 B05016165900，日本外交史料馆藏。

23. 《中華学芸社学術視察団三菱造船所見学の件》（大正14年11月6日），《在本邦智利西班牙公使館附武官との往復文書其他雑》，卷号 C11080431100，日本防卫省防卫研究所藏。

24. 《中華学芸社員本邦視察団》，《満支人本邦視察旅行関係雑件/補助実施関係》第二卷，卷号 B05015741000，日本外交史料馆藏。

25. 《中華学芸社員一行》（分割1），《満支人本邦視察旅行関係雑件》第六卷，卷号 B05015733000，日本外务省外交史料馆藏。

26. 《中華学芸社員一行》（分割2），《満支人本邦視察旅行関係雑件》第六卷，卷号 B05015733100，日本外务省外交史料馆藏。

27. 《中華学芸社創設ノ学芸大学計画書》，《文化施設及状況調査関係雑件/施設計画関係》第一卷，卷号 B05016116600，日本外交史料馆藏。

28. 《助成関係（五）昭和二年十月中華学芸社ノ敷地及会館建築費不足額助成ニ関スル件》，《中華学芸社ノ敷地購入及会館建築助成関係一件》，卷号 B05015960900，日本外交史料馆藏。

29. 陈豹隐：《思想改造运动检讨书》，西南财经大学图书馆藏。

30. 故宫博物院明清档案部编：《清末筹备立宪档案史料》（上），中华书局1979年版。

（三）文献资料

1. （清）朱寿朋编：《光绪朝东华录》，中华书局1958年版。

2. ［日］美浓部达吉：《行政法撮要》，程邻芳、陈思谦译，商务印书馆1934年版。

3. ［日］片山正夫：《化学本论》，郑贞文、张定钊、陈之霖译，商务印书馆1939年版。

4. ［日］日下部四郎太：《最近物理学概观》，郑贞文译、周昌寿校，商务印书馆1922年版。

5. ［日］石原纯：《爱因斯坦与相对论原理》，周昌寿、郑贞文译，商务印书馆1924年再版。

6. ［日］新城新藏：《中国上古天文》，沈璿译，商务印书馆1936年版。

7.《陈布雷回忆录》，东方出版社2009年版。

8.《澄海文史资料》（第20辑），广东省澄海市政协文史资料委员会编，2001年版。

9.《顾颉刚全集·顾颉刚日记》卷一，中华书局2011年版。

10.《郭沫若全集》文学类（9），人民文学出版社1985年版。

11.《胡适的日记》，中华书局1985年版。

12.《胡适来往书信选》，中华书局1979年版。

13.《吕叔湘文集》（第四卷·语文散论），商务印书馆1992年版。

14.《清末各省官自费留日学生姓名表》，见沈云龙主编《近代中国史料丛刊》（494），（台北）文海出版社1974年版。

15.《商务印书馆九十年》，商务印书馆1987年版。

16.《吴虞日记》（上，下），四川人民出版社1984、1986年版。

17.《郁达夫散文》，中国广播电视出版社1992年版。

18.《张元济全集》，商务印书馆2007—2010年版。

19.《张元济书札》，商务印书馆1981年版。

20. 陈豹隐：《我三次受到孙中山先生伟大人格的影响》，陈拓整理，拟收入《陈启修全集》第3卷。

21. 陈承泽：《国文法草创》，商务印书馆1922年版。

22. 陈江、陈达文编著：《谢六逸年谱》，商务印书馆2009年版。

23. 陈望道：《〈一提议〉和〈炒冷饭〉读后感》，见池昌海主编《陈望道全集》（第二卷·文法论），浙江大学出版社2011年版。

24. 陈学恂、田正平编：《中国近代教育史资料汇编——留学教育》，上海教育出版社 1991 年版。

25. 党玉敏、王杰主编：《冯振纪念文集》，广西师范大学出版社 2000 年版。

26. 邓云乡：《水流云在书话》，上海书店出版社 1996 年版。

27. 《董康东游日记》，王君南整理，河北教育出版社 2000 年版。

28. 范寿康：《美学概论》，商务印书馆 1927 年版。

29. 冯其庸：《怀念我的老师冯振心先生》，见童宗盛主编《中国百位名人学者忆名师》，延边大学出版社 1990 年版。

30. 高平叔、王世儒编注：《蔡元培书信集》，浙江教育出版社 2000 年版。

31. 高平叔编：《蔡元培年谱长编》，人民教育出版社 1996—1998 年版。

32. 高言一：《贵州职业教育的先驱者——怀念父亲高士光》，《贵州文史资料选辑》第 30 辑，1991 年版。

33. 高言祯：《深切怀念我的父亲高士光》，见李守明主编《贵阳文史》第 1 辑，1996 年版。

34. 郭沫若：《采桑子文丛·创造十年》，云南人民出版社 2011 年版。

35. 郭沫若：《学生时代》，人民文学出版社 1979 年版。

36. 郭沫若：《樱花书简》，四川人民出版社 1981 年版。

37. 何熙曾：《"永久团体"杂忆》，《文史资料选辑》（第 80 辑），文史资料出版社 1982 年版。

38. 黄淳浩编：《郭沫若书信集》，中国社会科学出版社 1992 年版。

39. 黄美溪：《植物生理学家罗宗洛的一生》，见浙江省政协文史资料委员会《浙江文史集粹》（第 5 辑·教育科技卷），浙江人民出版社 1996 年版。

40. 黄尊三：《三十年日记·留学日记》，湖南印书馆 1933 年版。

41. 姜诗元编选：《陶晶孙文集》，华夏出版社 2000 年版。

42. 《老上海百业指南——道路机构厂商住宅分布图》，上海社会科学院出版社 2008 年版。

43. 林植夫：《林植夫自述》，见中国人民政治协商会议福建省委员会文史资料研究委员会编《福建文史资料》第 19 辑，1988 年版。

44. 刘寅生等编：《何柄松纪念文集》，华东师范大学出版社 1990 年版。

45. 刘真主编：《留学教育：中国留学教育史料》第 3 册，"国立编译馆"1980 年版。

46. 茅盾：《我走过的道路》，人民文学出版社 1997 年版。

47. 庞薰琹：《就是这样走过来的》，生活·读书·新知三联书店 2005 年版。

48. 钱单士厘：《癸卯旅行记·归潜记》，湖南人民出版社 1981 年版。

49. 陶晶孙：《给日本的遗书》，上海文艺出版社 2008 年版。

50. 万希章：《矿物颜料》，商务印书馆 1935 年版。

51. 王拱璧：《东游挥汗录》，见中国社会科学院近代史研究所《近代史资料》编译室主编《五四爱国运动》（下），知识产权出版社 2013 年版。

52. 王光远：《陈独秀年谱》，重庆出版社 1987 年版。

53. 王兆荣：《关于一九一八年我国学生反帝救国的留日学生救国团的回忆》，《秀山文史资料》第 3 辑，1986 年。

54. 吴棱：《忆先父吴虞》，见刘运勇《白云山房丛稿》，四川人民出版社 2001 年版。

55. 谢成仁主编：《杨守敬集》第八册，湖北人民出版社 1997 年版。

56. 许杰：《坎坷道路上的足迹》（四），《新文学史料》1983 年第 4 期。

57. 阎焕东编：《郭沫若自叙》，山西人民出版社 1986 年版。

58. 叶宗镐、万新华选编：《傅抱石论艺》，上海书店出版社 2010 年版。

59. 袁汝诚：《近世道路工程学》，中华书局 1933 年版。

60. 张人凤、柳和城编：《张元济年谱长编》，上海交通大学出版社 2011 年版。

61. 张元济：《张元济日记》，河北教育出版社 2001 年版。

62. 章克标：《九十自述》，中国文联出版公司 2000 年版。

63. 郑善：《记郑贞文》，见中国人民政治协商会议福建省委员会文史资料研究委员会编《福建文史资料》（第 12 辑），1986 年版。

64. 郑贞文：《我所知道的商务印书馆编译所》，见中国人民政治协商会议全国委员会文史资料研究委员会编《文史资料选辑》（第 53 辑），文史资料出版社 1964 年版。

65. 中国人民政治协商会议四川省江安县委员会文史资料研究委员会编：

《江安文史资料选辑》（内部资料）第 5 辑，1991 年。

66. 中国人民政治协商会议重庆市委员会文史资料委员会编：《重庆文史资料》第 33 辑，西南师范大学出版社 1990 年版。

67. 中华学艺社编：《国故论丛》，商务印书馆 1926 年版。

68. 中华学艺社编：《唯物史观研究》，商务印书馆 1926 年版。

69. 中华学艺社编：《法制论丛》，商务印书馆 1928 年版。

70. 中华学艺社编：《性论》，商务印书馆 1928 年版。

71. 中华学艺社编：《电子与量子》，商务印书馆 1930 年版。

72. 中华学艺社编：《战争与科学》，上海良友图书印刷公司 1932 年版。

73. 中华学艺社主编"日本研究资料"：（1）《战后日本的宪法与皇室》，大成出版公司 1948 年版；（2）《战后日本的财政经济》，1947 年；（3）《战后日本与盟国》，1947 年；（4）《战后日本的文教》，1947 年；等等。

74. 《中华学艺社经过情形》，1924 年版，国家图书馆藏。

75. 中华学艺社总办事处编：《中华学艺社概况》，1936 年版。

76. 中华学艺社总办事处编：《中华学艺社社员录》（第六次修正），1935 年。

77. 周佛海：《周佛海回忆录》，龙文出版社股份有限公司 1993 年版。

78. 朱寿桐：《殉情的罗曼司》，百花文艺出版社 1993 年版。

79. 资耀华：《国外汇兑之理论与实务》，中华书局 1939 年版。

80. 资耀华：《凡人小事八十年》，生活·读书·新知三联书店 2012 年版。

（四）参考著作

1. ［法］布迪厄、［美］华康德：《实践与反思——反思社会学引论》，李猛、李康译，中央编译出版社 1998 年版。

2. ［法］戴仁：《上海商务印刷馆 1897—1949》，李桐实译，商务印书馆 2000 年版。

3. ［美］戴维·斯沃茨：《文化与权力：布尔迪厄的社会学》，陶东风译，上海译文出版社 2006 年版。

4. ［日］杉本勋编：《日本科学史》，郑彭年译，商务印书馆 1999 版

5. ［日］实藤惠秀：《中国人留学日本史》，谭汝谦、林启彦译，生活·读书·新知三联书店 1983 年版。

6. 《杜国庠学术思想研究》，广东人民出版社 1989 年版

7. 《湖南历代人名词典》编委会：《湖南历代人名词典》，湖南出版社 1993 年版

8. 陈秀武：《日本大正时期政治思潮与知识分子研究》，中国社会科学出版社 2004 年版。

9. 大连外国语学院编：《外国科技人物词典》（天文学·地理学卷），江西科学技术出版社 1990 年版。

10. 丁建弘：《德国通史》，上海社会科学出版社 2002 年版。

11. 范军、何国梅：《商务印书馆企业制度研究》，华中师范大学出版社 2014 年版。

12. 范铁权：《近代中国科学社团研究》，人民出版社 2011 年版。

13. 范铁权：《体制与观念的现代转型：中国科学社与中国的科学文化》，人民出版社 2005 年版。

14. 贵阳市政协文史和学习委员会编：《贵阳历史人物丛书》（文化教育卷），贵州人民出版社 2003 年版。

15. 贵州省地方志编纂委员会编：《贵州省志·教育志》，贵州人民出版社 1990 年版。

16. 郭太风：《王云五评传》，北京师范大学出版社 2015 年版。

17. 何勤华：《中国法学史纲》，商务印书馆 2012 年版。

18. 何志平等主编：《中国科学技术团体》，上海科学普及出版社 1990 年版。

19. 胡大年：《爱因斯坦在中国》，上海科技教育出版社 2006 年版。

20. 黄淳浩：《创造社：别求新声于异邦》，社会科学文献出版社 1995 年版。

21. 黄福庆：《近代日本在华文化及社会事业之研究》，（台北）"中央研究院"近代史研究所 1982 年版。

22. 黄福庆：《清末留日学生》，（台北）"中央研究院"近代史研究所 2010 年版。

23. 黄兴涛：《文化史的追寻：以近世中国为视域》，中国人民大学出版社 2011 年版。

24. 蒋复璁等：《王云五先生与近代中国》，台湾商务印书馆股份有限公司1987年版。

25. 金龙哲、王东杰编著：《东京大学》，湖南教育出版社1992年版。

26. 近代日本思想史研究会：《近代日本思想史》第二卷，李民等译，商务印书馆1991年版。

27. 久宣：《商务印书馆：求新应变的轨迹》，（台北）利丰出版社1999年版。

28. 李家驹：《商务印书馆与近代知识文化的传播》，商务印书馆2005年版。

29. 李锦全：《墨者·学者·革命者——谈杜老的为人与治学》，中国文联出版社2000年版。

30. 李喜所主编，刘集林等著：《中国留学通史》（晚清卷），广东教育出版社2010年版。

31. 林子勋：《中国留学教育史（1847—1975）》，（台北）华冈出版有限公司1976年版。

32. 刘安彦：《社会心理学》，（台北）三民书局1986年版。

33. 刘会军：《陈豹隐传》，吉林人民出版社2009年版。

34. 吕顺长：《清末中日教育文化交流之研究》，商务印书馆2012年版。

35. 马克垚主编：《世界文明史》，北京大学出版社2004年版。

36. 马敏：《官商之间：社会剧变中的近代绅商》，天津人民出版社1995年版。

37. 马以君主编：《南社研究》（第2辑），中山大学出版社1992年版。

38. 上海市社会科学界联合会编：《中国哲学社会科学：自主创新》，上海人民出版社2012年版。

39. 史春风：《商务印书馆与中国近代文化》，北京大学出版社2006年版。

40. 孙连成、林圃主编：《中国当代著名经济学家》第1集，四川人民出版社1985年版。

41. 汤淑敏、蒋兆年、叶楠主编：《瞿秋白研究新探》，南京大学出版社2003年版。

42. 童晓薇：《日本影响下的创造社文学之路》，社会科学文献出版社2011

年版。

43. 汪家熔:《张元济》,上海辞书出版社 2012 年版。

44. 王桂编著:《日本教育史》,吉林教育出版社 1987 年版。

45. 王建辉:《文化的商务——王云五专题研究》,商务印书馆 2000 年版。

46. 王洁主编:《李大钊北京十年·交往篇》,中央编译出版社 2010 年版。

47. 王晓渔:《知识分子的"内战"——现代上海的文化场域》,上海人民出版社 2007 年版。

48. 王余光主编:《藏书四记》,湖北辞书出版社 1998 年版。

49. 咸立强:《寻找归宿的流浪者:创造社研究》,东方出版中心 2006 年版。

50. 忻平:《从上海发现历史:现代化进程中的上海人及其社会生活》,上海大学出版社 2009 年版。

51. 熊月之、高俊:《中共"一大"的历史空间》,北京师范大学出版社 2013 年版。

52. 熊月之主编:《上海名人名事名物大观》,上海人民出版社 2005 年版。

53. 徐苏斌:《近代中国建筑学的诞生》,天津大学出版社 2010 年版。

54. 许纪霖:《近代中国知识分子的公共交往》,上海人民出版社 2008 年版。

55. 杨树达:《马氏文通刊误》,科学出版社 1958 年版。

56. 杨扬:《商务印书馆:民间出版业的兴衰》,上海教育出版社 2000 年版。

57. 叶宋曼瑛:《从翰林到出版家——张元济的生平和事业》,商务印书馆(香港)有限公司 1992 年版。

58. 应松年主编:《行政法与行政诉讼法》,中国政法大学出版社 2012 年版。

59. 张复合主编:《中国近代建筑研究与保护》(二),清华大学出版社 2001 年版。

60. 张剑:《中国近代科学与科学体制化》,四川人民出版社 2008 年版。

61. 张荣华:《张元济评传》,百花洲文艺出版社 1997 年版。

62. 章清:《清季民国时期的"思想界"》,社会科学文献出版社 2014

年版。

63. 张宪文等：《中华民国史》（第一卷），南京大学出版社 2005 年版。

64. 张笑川：《近代上海闸北居民社会生活》，上海辞书出版社 2009 年版。

65. 张永义编著：《墨者 学者 革命者：杜国庠》，广东人民出版社 2009 年版。

66. 张陟遥：《播火者的使命：幸德秋水的社会主义思想及其对中国的影响》，社会科学文献出版社 2013 年版。

67. 郑逸梅：《艺海一勺》，天津古籍出版社 1994 年版。

68. 周川主编：《中国近现代高等教育人物辞典》，福建教育出版社 2012 年版

69. 朱文通主编：《李大钊传》，天津古籍出版社 2005 年版。

70. 左玉河：《从四部之学到七科之学——学术分科与近代中国知识系统的创建》，上海书店出版社 2004 年版。

（五）代表性论文

1. ［日］芦田肇：《陈启修在东京的文学活动——关于他的诗论、文学评论和文学作品的翻译、"新写实主义"论等》，《中国现代文学研究丛刊》2007 年第 1 期。

2. 白欣、丁玉琴：《周昌寿与中华学艺社》，《科学》2015 年第 6 期。

3. 白秀英等：《〈学艺〉与量子论和相对论在中国的传播》，《西北大学学报》2010 年第 6 期。

4. 常裕如：《著名经济学家的主要学术活动与学术思想》，《四川财经学院学报》1982 年第 1 期。

5. 范岱年：《一个曾致力于人文与科学交融的学术团体及其刊物——中华学艺社和〈学艺〉杂志的兴衰》，《科学文化评论》2004 年第 3 期。

6. 范凡：《1927—1928 年到日本内阁文库访书的中国学者——樋口龙太郎相关文章解读》，《大学图书馆学报》2015 年第 2 期。

7. 范凡：《马宗荣在东京帝国大学留学的时间和专业考》，《图书馆杂志》2015 年第 5 期。

8. 范铁权、郭晓波：《中华学艺社与近代中国科学文化的发展》，《西南交通大学学报》（社科版）2009 年第 4 期。

9. 范铁权：《20世纪30年代科学化运动中的社团参与》，《科学学研究》2010年第9期。

10. 范铁权：《王兆荣与中华学艺社》，《自然辩证法通讯》2014年第6期。

11. 范铁权：《学术与政治之间：中华学艺社兴衰的历史启示》，《兰州学刊》2016年第8期。

12. 范铁权：《中国科学的体制化进程——兼与西方国家的比较》，《自然辩证法研究》2007年第3期。

13. 侯外庐：《悼念杜国庠同志》，《历史研究》1961年第1期。

14. 胡大年：《日本对于相对论在中国传播的影响》，《科学》2005年第6期。

15. 黄兴涛、王峰：《民国时期"中华民族复兴"观念之历史考察》，《中国人民大学学报》2006年第3期

16. 黄正雨：《杨守敬日本访书考略》，《图书情报论坛》1995年第4期。

17. 亢小玉、姚远：《〈学艺〉和〈科学〉扶持华罗庚典型个案研究》，《编辑学报》2009年第6期。

18. 李超：《中华学艺社与中国现代美术传播》，《美术研究》2009年第3期。

19. 李凤琴：《政整会与华北危机》，《江西社会科学》2005年第9期。

20. 刘南燕：《陈启修——第一位翻译〈资本论〉的中国学者》，《前进论坛》2003年第9、10期。

21. 柳和城：《一部不该遗忘的古籍丛书——〈中华学艺社辑印古书〉考》，《出版史料》2009年第3期。

22. 闵杰：《近代中国市民社会研究10年回顾》，《史林》2005年第1期。

23. 齐振英：《留日学生与中华学艺社的科学文化传播实践》，《韶关学院学报》2014年第5期。

24. 钱益民：《1920—1921年商务印书馆的改革》，《浙江师范大学学报》2002年第3期。

25. 孙宏云：《从"庶民主义"到"新政治学"》，《中国社会科学报》2015年4月10日。

26. 王建辉:《中国现代学术文化的双子星座——北京大学与商务印书馆》,《北京大学学报》(哲社版)1999 年第 2 期。

27. 王敏、张培富:《中国近代科学文化体用问题的早期探索——以郑贞文与中华学艺社的科学文化实践为例》,《自然辩证法研究》2015 年第 5 期。

28. 王治浩等:《一代学人郑贞文》,《中国科技史料》1991 年第 3 期。

29. 吴天墀、杨正苞:《献身政法教育的吴君毅先生》,《文史杂志》1998 年第 5 期。

30. 夏文华:《科普期刊发刊词与民国时期的科普思想》,《自然辩证法研究》2014 年第 5 期。

31. 熊飞宇:《国立四川大学首任校长王兆荣著述脞谈》,《宜宾学院学报》2013 年第 5 期。

32. 熊飞宇:《吴永权君毅先生著译的钩玄提要》,《宜宾学院学报》2012 年第 4 期。

33. 姚远:《〈学艺〉及其科学传播实践》,《西北大学学报》2009 年第 5 期。

34. 岳秀坤:《"说难"不是胡愈之——兼议被遗忘的陈承泽》,《清华大学学报》(哲社版)2010 年第 4 期

35. 张培富、齐振英:《中华学艺社社员时空分布探析》,《科学技术哲学研究》2010 年第 2 期。

36. 郑峰:《多歧之路:商务印书馆编译所知识分子研究(1902—1932)》,复旦大学 2008 年博士学位论文。

37. 朱文通:《李大钊与近代中国社团》,河北师范大学 2013 年博士学位论文。

38. 欧阳亮:《中华学艺社研究》,华东师范大学 2004 年硕士学位论文。

39. 郭晓波:《中华学艺社与中国科学的近代化》,河北大学 2008 年硕士学位论文。

40. 齐振英:《中华学艺社史考及其科学社会学分析》,山西大学 2010 年硕士学位论文。

41. 钱益民:《中华学艺社研究(1916—1932)》,复旦大学 2001 年硕士学位论文。

42. 丁玉琴：《近代物理学家、教育家周昌寿》，首都师范大学 2014 年硕士学位论文。

43. 李福春：《大夏之魂欧元怀》，华东师范大学 2008 年硕士学位论文。

44. 魏琳：《民国时期学术研究会研究》，河北大学 2014 年硕士学位论文。

45. 王笑梅：《周昌寿科学活动与科学精神探究》，东华大学 2014 年硕士学位论文。

（六）外文著述

1. ［日］横井和彦、高明珠：《“五校特约留学”と“庚款留学”の比较研究——〈日本留学中华民国人名调〉と〈清华同学录〉にもとずく留学生群の特征の比较》，《经济学论丛》（同志社大学政策学会）66 卷第 2 号，2014 年 9 月。

2. ［日］横井和彦、高明珠：《民国初期における帰国留学生のパフォーマンスからみた留学生政策の効果（上）中国科学社と中華学芸社の比較を中心として》，《经济学论丛》（同志社大学政策学会）66 卷第 4 号，2015 年 3 月。

3. ［日］横井和彦、高明珠：《民国初期における帰国留学生のパフォーマンスからみた留学生政策の効果（下）中国科学社と中華学芸社の比較を中心として》，《经济学论丛》（同志社大学政策学会）67 卷第 1 号，2015 年 7 月。

4. ［日］横井和彦、高明珠：《中国清末における留学生派遣政策の展開——日本の留学生派遣政策との比較をふまえて》，《经济学论丛》（同志社大学政策学会）第 64 卷第 1 号，2012 年 6 月。

5. ［日］芦田肇：《陈启修，东京におけるその文学的营为——日本留学から北京大学教授に》，《东洋文化研究所纪要》第 141 册，东京大学东洋文化研究所 2001 年版。

6. ［日］樋口龙太郎：《梧梗门丛谈（二）马宗荣君を送る》，《图书馆杂志》1930 年第 12 期。

7. Paula Harrell, *Sowing the Seeds of Change：Chinese Students，Japanese Teachers*，1895 - 1905，Stanford University Press，1992.

8. 高明珠：《日本留学生の歴史的貢献からみた清末留学生派遣政策の効

果》,《同志社政策科学研究》（同志社大学政策学会）第 14 卷第 1 号, 2012 年 9 月。

9. 潘吉玲：《中華学芸社の設立：革命から学術救国へ：中国の近代的学術団体草創の一断面》,《アジア太平洋研究科論集》（27）, 2014 年 3 月。

后　记

　　本书是 2012 年度国家社科基金项目《知识传播与学术转型：中华学艺社研究》的结项成果。从课题成功立项，到书稿最终定稿、付梓，过去了整整六个年头。如果从关注中华学艺社这一留日生社团算起，至少已有十年光景。

　　韶光易逝，十年只是弹指一挥间。还记得，最早恩师李喜所教授和我商定，拟以留美生社团——中国科学社作为我的博士论文选题时，当时的我多少还有些犹豫，毕竟读研时自己一直做晚清人物研究，社团对我而言还是个生词。在导师的鼓励下踏入这个领域后，我很快就被这个博大的领域吸引住了，竟一发不可收拾，乐此不疲。历经十余年不懈探索，我的研究范围从一开始的科学社团，扩展到政治、经济、教育、文化、医疗等类别的社团。最近几年，我又将医疗卫生社团这个研究方向延伸到公共卫生领域。从近代人物、民间社团到公共卫生是我学术研究的发展脉络也是目前仍旧关注、钟爱的三个研究领域。

　　如今的学术研究，就查找资料的途径而言，较之从前的奔跑于各地，手抄资料做卡片，无疑是减轻了奔波劳顿之苦，相对省时快捷。数字时代，电子技术的长足进步为学术研究提供了越来越便利的条件，有时候足不出户亦能借助网络与数据库找到所需的珍贵资料。然而，就研究的深度与维度而言，学术研究者却要面对更高难度的挑战。要想在现有研究基础上实现突破或创新，依我个人看法，可以从三方面入手：一是新史料；二是新视角；三是新理论、新方法。当然，这并不否认使用旧史料或"边角料"，凭借高超的能力进行解读，实现"化腐朽为神奇"。我在教学中也时常给学生们说起，学术研究若想出奇制胜，就必须有自己的"一技之长"。就上述三者而言，无论是想拥有哪种"神技"都需要博览群书，在夯实学术知识的基础上，不断拓展个人的学术视野。就像盖高楼、爬楼梯，需从底部入手，再及其他。学术研究，较技术而言，亦有他的不同之处。一门技术的习得、应用，有时可能会很快，在短期内得以应用，产生爆炸性的效果；而学术研究，则绝对是个系统工程，需要知识基础、学术视野、逻辑思维、语言表达等多方面的综合实力，哪个环节薄弱，都直接制约个人学术道路的拓宽。学术研究综合实力的习得，需要不愠不火、坚持不懈，急不得燥不得，更浮夸不得。

2012 年本课题成功立项之时，正值我的教育部项目研究接近尾声。两个课题研究内容有所不同，工作量之大、研究压力可想而知。教育部项目完成后稍作休整，便重新投入对本课题的研究。我的课题组成员或是积极参与了课题的最初论证，或是参与写作大纲的拟定，或是进行英文翻译，从不同方面为课题的最终完成做出了贡献。我的研究生们或协助我搜集、复印资料，或参与个别章节初稿的起草。学生对课题的参与，一方面减轻了我的负担，同时也让我欣喜地看到他们在这个过程中，好的学术习惯、学术品格正在形成，在历练中不断成长。

亲人的理解和支持也是本课题能够得以完成的坚强后盾。课题在资料搜集方面用了近两年的时间。为了帮我将海量资料录入电脑，妻子搬来了救兵，姐姐、侄子、侄女、外甥先后加入"战团"，一人念一人打，从炎炎夏日到数九寒天，在本该休息的日子里协助我做了大量工作。当然，妻子是最辛苦的，她既帮我翻译所需的外文资料，还要操持家务。我们的忙碌，也使得小女在学习、生活很多方面越来越独立，令我倍感欣慰。

此书的出版，还得到河北大学学科处、社科处、历史学院等相关领导、老师的关心和帮助。人民出版社编辑邵永忠先生为此书的出版付出了辛勤汗水，在此一并致谢。

范铁权
2018 年 12 月 12 日

责任编辑：邵永忠
封面设计：黄桂月
责任校对：吕　飞

图书在版编目（CIP）数据

知识传播与学术转型：中华学艺社研究／范铁权 著.—

　北京：人民出版社，2019.2（2022.1 重印）

ISBN 978 - 7 - 01 - 018803 - 4

Ⅰ.①知… Ⅱ.①范… Ⅲ.①社会科学—社会团体—研究—中国—近代

　Ⅳ.①C26

中国版本图书馆 CIP 数据核字（2017）第 325793 号

知识传播与学术转型：中华学艺社研究

ZHISHI CHUANBO YU XUESHU ZHUANXING：ZHONGHUAXUEYISHE YANJIU

范铁权　著

人民出版社出版发行

（100706　北京市东城区隆福寺街 99 号）

北京兴星伟业印刷有限公司印刷　新华书店经销

2019 年 2 月第 1 版　　2022 年 1 月第 2 次印刷

开本：710 毫米×1000 毫米 1/16　印张：27.25

字数：435 千字

ISBN 978 - 7 - 01 - 018803 - 4　定价：75.00 元

邮购地址　100706　北京市东城区隆福寺街 99 号

人民东方图书销售中心　电话（010）65250042　65289539